HANGJIN YEARBOOK 2020

杭锦年鉴

（2020）

杭锦旗档案史志馆 编

方志出版社
Publishing House of Local Records

图书在版编目（CIP）数据

杭锦年鉴. 2020 / 杭锦旗档案史志馆编. -- 北京 : 方志出版社，2020.12

ISBN 978-7-5144-4619-7

Ⅰ. ①杭… Ⅱ. ①杭… Ⅲ. ①杭锦旗—2020—年鉴 Ⅳ. ① Z522.64

中国版本图书馆 CIP 数据核字（2020）第 272559 号

杭锦年鉴（2020）

编　　者：杭锦旗档案史志馆
责任编辑：王　娜

出 版 者：方志出版社
地址　北京市朝阳区潘家园东里 9 号（国家方志馆 4 层）
邮编　100021
网址　http://www.zgfzcb.cn
发　　行：方志出版社图书经销中心
电话　（010）67110500
经　　销：各地新华书店
排　　版：北京纺印图文设计制作有限公司
印　　刷：北京中科印刷有限公司

开　　本：889mm × 1194mm　1/16
印　　张：15.125
字　　数：366 千字
版　　次：2020 年 12 月第 1 版　2020 年 12 月第 1 次印刷

ISBN　978-7-5144-4619-7　**定价**：196.00 元

序

贫困问题一直是困扰人类社会发展的重大问题。中国作为世界上最大的发展中国家，为解决贫困问题进行了长期不懈的努力。改革开放以来，特别是党的十八大以来，以习近平同志为核心的党中央把脱贫攻坚作为全面建成小康社会的底线任务和标志性指标，纳入“五位一体”总体布局和“四个全面”战略布局，以前所未有的力度推进精准扶贫、精准脱贫，扶贫开发成就举世瞩目，显著改善了贫困地区和贫困群众生产生活条件，具有重大的现实意义和深远的历史意义。身处中华民族几千年发展历史上将首次整体消除绝对贫困现象的伟大时代，如何更好地发挥地方志的存史、育人、资政的作用，是新时代全国地方志系统必须深入研究和着力解决的重大课题。

党的十八大以来，在党中央国务院的正确领导下，全国地方志系统深入学习贯彻习近平新时代中国特色社会主义思想，紧紧围绕党和国家事业发展需要，深入推进地方志改革创新发展，凝心聚力，稳扎稳打，勇于担当，主动作为，全国地方志形势和地方志工作者的精神面貌发生了深刻变化，取得了优异成绩。其中，为贯彻落实《全国地方志事业发展规划纲要（2015—2020 年）》，经中国地方志指导小组领导批准，中国地方志指导小组办公室于 2015 年、2017 年先后启动民族地区与贫困地区志书、年鉴出版资助工程（以下简称“志鉴出版资助工程”），对国家级贫困县（区、旗、县级市），中西部地区、少数民族边疆地区面临出版经费困难的志书和综合年鉴给予出版资助。实施志鉴出版资助工程是紧扣时代脉搏、坚持创新发展、传承弘扬中华优秀传统文化的一项创举，不仅有力推动了“两全目标”的实现，而且数十部资助出版的志书、年鉴及时记述了民族地区与贫困地区在全面建成小康社会伟大征程中取得的新成绩和新经验、出现的新情况和新问题、涌现的优秀人物和典型事迹，留住地方文化的“根”和“魂”，为这些地区的经济社会发展、地域文化传播、爱国主义教育、精神文明建设等提供了历史借鉴和智力支持，对全面提升民族地区与贫困地区文化建设水平、确保民族地区与贫困地区和全国其他地区同步全面建成小康社会具有重要意义。

尤为可喜的是，志鉴出版资助工程促成了一批扶贫志书的编纂出版，在文化脱贫攻坚中发挥了独特的作用。例如，《贵州省减贫志》全面系统客观记述了从 1978

年至2015年贵州省扶贫、减贫工作的历程及取得的经验，为贵州省实施大扶贫战略提供了有力的资政辅治参考，集中体现了地方志工作因时而动、顺势而为的新作为。前不久，由福建省地方志编委会和人民网共同编纂的《闽宁扶贫协作图志》，是全国首部扶贫协作图志，图文并茂、直观立体、全方位地展现闽宁扶贫协作波澜壮阔的历程，弘扬“闽宁一家亲”“携手奔小康”的深厚情谊和滴水穿石、久久为功的精神，是贯彻落实习近平总书记扶贫工作重要论述精神，服务国家精准扶贫、精准脱贫战略的有力举措。希望各地以此为鉴，编纂出版更多、更好的扶贫志书、年鉴，助力国家精准扶贫、精准脱贫战略的实施，充分展现地方志的独特价值和作用。

当前，我国脱贫攻坚已进入全面决战决胜的关键时期，尚未脱贫的贫困地区集中分布在中西部深山区、极端干旱山区、高寒阴湿地区等，文化建设还比较薄弱，文化产品还不够丰富，文化精品更是少之甚少。同时，这些地区往往是民族文化、历史文化、红色文化、生态文化富集区，具有发展文化旅游、推进文化扶贫的巨大潜在优势，也是繁荣发展地方志事业的巨大文化宝库。要发挥好文化扶贫凝聚人心的优势，善于利用方志文化优势为贫困地区“赋能”，在脱贫攻坚中做出方志人应有的贡献。要发挥好中国名镇志文化工程、中国名村志文化工程的引领作用，大力加强乡镇村志编纂，让百姓记得起乡情、记得住乡愁，凝聚贫困乡镇村庄的强大民心，补齐贫困乡镇村庄的文化短板，以“扶智”的方式“扶志”，践行习近平总书记强调的“扶贫先扶志，扶贫必扶智”的重要理念。

求木之长者，必固其根本；欲流之远者，必浚其泉源。扶贫扶起的是志气骨气，传承的是家国情怀，守护的是绿水青山。扶贫既要富口袋，也要富脑袋。必须坚持文化脱贫和物质脱贫两手抓，筑牢贫困地区文化之基，补足信仰精神之钙，引领脱贫发展之舵。全国地方志系统要围绕中心、服务大局，坚决投入脱贫攻坚这场必须打赢的硬仗，积极参与脱贫攻坚战，发挥优势和特长，深入挖掘文化资源，着力补齐文化短板，努力帮助民族地区与贫困地区的文化建设实现较大的发展提升，在全面建成小康社会、实现中华民族伟大复兴中国梦的征程中贡献方志人的力量。

是为序。

中国社会科学院院长
中国地方志指导小组组长　谢伏瞻

民族地区与贫困地区年鉴出版资助工程领导小组

组　　　长：高　翔

常务副组长：冀祥德

副　组　长：高京斋　邱新立

民族地区与贫困地区年鉴出版资助工程领导小组办公室

主　　　任：冀祥德

副　主　任：邱新立

成　　　员：于伟平　刘永强　冷晓玲　李　静

《杭锦年鉴（2020）》编纂委员会

主　　任：金广军

副 主 任：刘俊杰　王羽强　乌力吉吉日嘎拉

常务副主任：贾玉宝

委　　员：李文明　闫宗瑞　乔小军　任光飞　孟克图娅　周永强　杨　峰　王东海　郝生荣　包德博信其木格　贾巴特尔　刘志军　王永涛　梁剑钧　刘春光　刘晓荣　朱树青　李忠义

《杭锦年鉴（2020）》编务人员

主　　编：李忠义

副 主 编：薛福茹　王　英　冯树爱

编辑校对：王　英　冯树爱　薛福茹　李金桃　张晨光　龚　丽

校　　对：高晓清　阿荣娜　卢书娟　道日娜　呼和木其尔

编 辑 说 明

1.《杭锦年鉴（2020）》以马克思列宁主义、毛泽东思想、邓小平理论、“三个代表”重要思想、科学发展观、习近平新时代中国特色社会主义思想为指导，坚持辩证唯物主义和历史唯物主义的立场、观点、方法，存真求实，全面、客观、系统地记述2019年度全旗政治、经济、文化及各项社会事业发展的新情况、新进展、新变化，旨在为各级领导机关提供决策依据，为社会各界和人民群众提供信息资料。

2.《杭锦年鉴（2020）》采用分类编辑法。框架结构的主体由类目、分目、条目三个层次组成，以条目为基本记载单元。

3.《杭锦年鉴（2020）》设26个类目，依次为特载、大事记、概况、中共杭锦旗委员会、杭锦旗人民代表大会、杭锦旗人民政府、政协杭锦旗委员会、纪检·监察、群众团体、军事、法治、农牧林水、经济综合管理与监督、财政·税务、城乡建设·环境保护、交通运输·邮政·信息化建设、金融·保险、教育·体育、科技·文化·旅游、卫生·健康、社会生活、镇·苏木、园区、企业、人物、附录。

4.为方便文字记述，文中以旗、镇（苏木）、村（嘎查）来体现记述范围，以“年内”指代2019年、“年末”指代2019年年末。

5.《杭锦年鉴（2020）》资料和数据均由旗直部门、各镇（苏木）及有关单位提供。

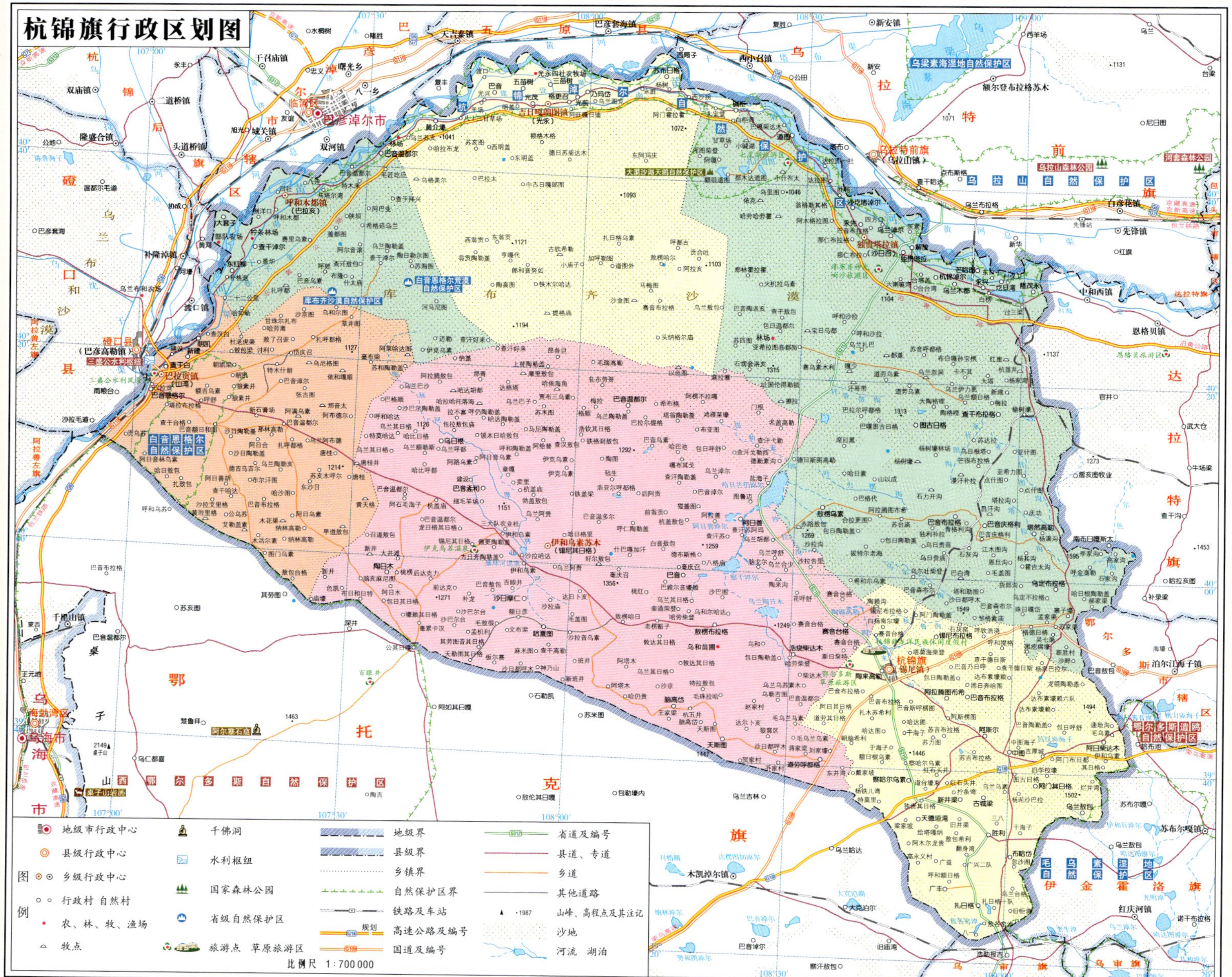

审图号：蒙S（2015）004号

2019 年 3 月 7 日，杭锦旗第十七届人民代表大会第三次会议在杭锦旗综合文化中心报告厅召开

贺利平　摄

2019 年 3 月 6 日，政协杭锦旗第十五届委员会第三次会议在杭锦旗综合文化中心报告厅召开

越晓慧　摄

2019 年 9 月 20 日，杭锦旗“不忘初心、牢记使命”主题教育工作会议在杭锦旗综合文化中心报告厅召开

张 娜 摄

2019 年 8 月 5 日，杭锦旗城市基层区域化党建启动仪式暨共驻共建举行签约仪式　　张 娜 摄

2019 年 4 月 26 日，杭锦旗 2019 年春季重大项目开工动员大会召开　　刘　檬　摄

2019 年 8 月 6 日，内蒙古华洲药业年产 36000 吨医药中间体项目在杭锦旗独贵塔拉工业园区举行奠基仪式
刘　焱　摄

2019 年 4 月 11 日，杭锦旗全体干部职工参加义务植树　　阿拉腾其木格　摄

2019 年 5 月 7 日，全国第四届“万步有约”健步激励大赛杭锦旗赛区开赛　　刘　焱　摄

内蒙古伊泰化工有限责任公司 120 万吨 / 年精细化学品项目厂区夜景　　宋海靖　摄

杭锦旗亿利库布其沙漠生态光伏治沙发电站　　瑞影航拍　何瑞东　摄

杭锦旗库布齐沙漠水生态项目

崔 东 摄

杭锦旗独贵塔拉镇芒哈图村新貌

孟瑞林 摄

2019 年 1 月，杭锦旗综合文化中心投入使用　　孟　孝　摄

2019 年新建 39000 平方米大型景观花海　　贾　贝　摄

亿利库布其七星湖沙漠生态旅游区　　瑞影航拍　何瑞东　摄

鄂尔多斯草原旅游区　　萨仁高娃　摄

2019 年 8 月 22—31 日，国家级非物质文化遗产——“古如歌”荣获在保加利亚共和国举办的第九届世界民俗锦标赛金奖　　呼　和　摄

2019 年 7 月 19 日，杭锦旗圣乐少儿马头琴乐团参加星光大道少儿特别节目　　王光荣　摄

2019 年 5 月 2 日，鄂尔多斯国际沙漠狂欢节之杭锦旗沙漠旅游文化节暨第九届五一“爱在弓弦”库布齐群英会召开　　刘　焱　摄

2019 年 5 月 2 日，举办鄂尔多斯国际沙漠狂欢节之杭锦旗沙漠旅游文化节暨第九届五一“爱在弓弦”库布齐群英会之沙漠赛车活动　　刘　焱　摄

2019 年 8 月 20 日，杭锦旗那达慕大会暨职工运动会召开　　撤　桃　摄

2019 年 8 月 20 日，杭锦旗那达慕大会开幕仪式上马术表演　　刘　檬　摄

2019 年 8 月 20 日，杭锦旗那达慕大会开幕仪式上文艺表演　　李彩骐　摄

2019 年 1 月 23 日，中共杭锦旗委党校揭牌

珠　娜　摄

2019 年 1 月 30 日，杭锦旗退役军人服务中心揭牌

巴格那　摄

2019 年 1 月 24 日，杭锦旗融媒体中心和杭锦旗新时代文明实践中心揭牌　　　薛福茹　摄

2019 年 1 月 30 日，杭锦旗农牧局揭牌　　　　　　阿思塔　摄

2019 年 1 月 30 日，杭锦旗林业和草原局揭牌　　　　　吴　强　摄

2019 年 1 月 31 日，杭锦旗政务服务局揭牌　　　　项小刚　摄

2019年1月31日，杭锦旗文化和旅游局揭牌　　　　　　郭永强　摄

2019年1月31日，杭锦旗医疗保障局揭牌　　　　　　张　慧　摄

2019年4月26日，鄂尔多斯市生态环境局杭锦旗分局揭牌　　柳燕飞　摄

2019 年 7 月 23 日，杭锦旗自然资源局揭牌
阿拉腾其木格　摄

2019 年 12 月 31 日，杭锦旗消防救援大队揭牌
哈斯塔娜　摄

2019 年 10 月，内蒙古自治区鄂尔多斯市杭锦旗人民武装部获“全国脱贫攻坚奖组织创新奖”　乔瑞芬　摄

目　录

经济综合管理与监督

发展和改革

自然资源

能 源

金 融

投 资

工业和信息化

审 计

统 计

基　建

房屋征收安置

住房公积金管理

公共资源交易

城市公共事业服务

生态环保

交通运输·邮政·信息化建设

交通运输

邮　政

移动通信

联　通

卫生·健康

卫 生

医 保

人民医院

蒙医院

妇幼保健

疾病预防控制

社会生活

人力资源和社会保障

民 政

退役军人事务

民族事务

扶 贫

镇·苏木

锡尼镇

特　载

关于旗委常委会工作的报告

（2020 年 1 月 13 日）

鄂尔多斯市政协副主席、中共杭锦旗委员会书记　金广军

2019 年，旗委常委会坚持以习近平新时代中国特色社会主义思想为指导，坚持稳中求进工作总基调，统筹推进“五位一体”总体布局，协调推进“四个全面”战略布局，全面落实中央、自治区党委和市委各项决策部署，凝心聚力、砥砺前行，坚决打好“三大攻坚战”，经济高质量发展取得新进展，“十三五”规划主要指标进度符合预期，为全面建成小康社会打下了坚实基础。

一年来，我们以学习贯彻习近平新时代中国特色社会主义思想为主线，在深学细悟笃行上下功夫，牢牢把握正确政治方向。坚持把学习贯彻习近平新时代中国特色社会主义思想和党的十九大，十九届二中、三中、四中全会精神作为首要政治任务，旗委理论学习中心组先后 19 次进行集中学习，5 次开展专题研讨，引领全旗各级党组织学深悟透。深入贯彻习近平总书记参加十三届全国人大二次会议内蒙古代表团审议时的重要讲话和考察内蒙古工作重要讲话精神，认真学习研究，出台落实意见。扎实开展“不忘初心、牢记使命”主题教育，紧紧围绕根本任务，全面把握“12 字”总要求，建立“1411”工作机制，把“改”字贯穿始终，一批事关群众切身利益、制约经济社会发展的问题得到解决，教育引导全旗广大党员干部进一步树牢了“四个意识”、坚定了“四个自信”、做到了“两个维护”。隆重庆祝新中国成立 70 周年，极大地激发了全旗各族干部群众的爱国热情和奋斗激情。紧扣上级党委确定的重点目标任务，专题研究部署、强化跟踪调度，推动各项决策部署在杭锦落地落实落细。

一年来，我们以打好“三大攻坚战”为重点，举全旗之力集中攻坚，夯实了全面小康基础。坚决贯彻落实“四不摘”要求，紧盯“两不愁、三保障”突出问题，精准落实产业扶贫、健康扶贫、教育扶贫等系列扶持政策，建立防致贫、防返贫机制，完成十项“清零达标”任务，建档立卡贫困户全部脱贫，76 个嘎查（村）集体经济收入均达到 5 万元以上，全面完成中央脱贫攻坚专项巡视反馈问题整改，旗人武部荣获“2019 年全国脱贫攻坚奖组织创新奖”。切实增强防范和化解债务风险的责任感、使命感，采取预算安排、盘活资产和争取债券等多种办法，全年化解隐性债务 20.29 亿元，完成年度任务的 354.72%，十项工程直接相关工程类债务全部化解，超额完成拖欠民营企业账款年度清偿任务。

切实加强金融风险防范和治理，银行不良贷款率降至1.18%。牢固树立“绿水青山就是金山银山”的理念，认真落实河湖长制，实施了毛不拉孔兑综合治理、沿黄生态廊道建设和林业草原等重点工程，完成造林绿化54.5万亩、草原建设47.5万亩，新增水土流失治理面积23万亩，义务植树90万株。成功举办第七届库布其国际沙漠论坛，习近平总书记再次向论坛发来贺信。库布齐水生态建设被50多家主流媒体相继报道。“创造库布齐绿色奇迹的杭锦人群体”荣获第七届感动内蒙古集体奖。扎实推进盐海子及周边地区环境整治，中央环保督察及“回头看”和自治区生态环境保护大检查反馈问题按序时进度完成整改。

一年来，我们以贯彻新发展理念为统领，全力抓项目提质效，经济发展持续向好。坚持走好以生态优先、绿色发展为导向的高质量发展新路子，全旗经济运行稳中有进。预计，全年地区生产总值增长9.9%（现价）；公共财政预算收入完成5.29亿元，增长16.48%；固定资产投资增长1.6%；新增规模以上工业企业6家，规模以上工业增加值增长12%；社会消费品零售总额增长2%。扎实推进“项目落地攻坚年”行动，签约引进重大项目15个、协商引资总额222亿元，实施亿元以上重点项目21个、完成投资34.2亿元。坚持落实“五个一”工作机制，启动编制全旗工业发展总体规划。塔然高勒矿区总体规划修编及煤铀重叠协调开采取得新进展。上海庙至山东特高压输电通道配套可再生能源发电项目完成业主优选，聚野60万吨铸造焦项目复工建设，伊泰宁能50万吨费托烷烃、万瑞日处理100万立方米LNG、库布其沙漠20万千瓦光伏发电等项目建成投产。煤化工产业向延链集群发展。天然气液化日处理能力达464万立方米，新能源并网发电规模达151万千瓦。引进袁隆平海水稻研发团队开展战略合作推进盐碱地改良，南美白对虾、河蟹、黑驴等特色养殖业发展势头良好。全旗推广种植盐碱地水稻1.2万亩，水产养殖面积达到4万亩。培育各类新型经营主体175家，新认证“三品一标”农畜产品12个。编制完成全域旅游总体规划，引导鄂尔多斯草原、七星湖等景区创新开发旅游产品、提升服务品质，成功举办沙漠旅游文化节、杭锦文化日等系列赛事节庆活动。全年接待游客122万人次、实现旅游收入30亿元。加快推进农村牧区物流配送体系建设，覆盖旗、镇、村三级的配送网络基本形成。

一年来，我们以全面深化改革为抓手，积极破难题促发展，不断激发内生动力。紧扣中央、自治区党委和市委全面深化改革的部署要求，分类推进53项年度改革任务，重点领域改革取得积极进展，党政机构改革全面完成，苏木镇机构改革有序推进。深化“放管服”改革，设立投资项目“一站式”服务中心，在全市率先启用“行政审批章”，498项行政审批服务事项进驻旗政务服务大厅，245项审批事项实现网上办理，社会投资类项目审批时限压缩至56天，政府投资类项目审批时限压缩至60天。全面落实减税降费政策，全年减税降费1.86亿元，新增市场主体近2000户。沿黄灌区排干再生水水权交易成功签约，成为全区首家运用市场机制利用再生水的旗县。

一年来，我们以创建全国县级文明城市为载体，不断夯基础补短板，城乡发展面貌持续改观。扎实推进品质城镇建设，建成旗综合文化服务中心，实施了陶赖河河道综合整治、锡尼镇镇区中水灌溉和花海景观等一批市政基础工程，新增停车位1422个，新增和改造提升绿地43万平方米，建成区绿地率达38.4%，公园广场总数达到27个，人均公园绿地面积达16平方米，锡尼广场和百灵公园实现无线网络全覆盖。开展城市管理“百日攻坚”，创建品质小区10个，完成杭锦大街以南三横八纵11条巷道环境整治，镇区公共秩序专项整治实现常态化，居民满意度不断提升。2019年我旗在全国县级文明城市创建工作年度测评中取得全区第二名的好成绩。新交付公租房400套。开通房屋产权办理绿色通道，着力解决房地产历史遗留问题。巴拉贡镇绿洲家园加固修缮工程基本完工。深入实施乡村振兴战略，制定印发全旗乡村振兴战略实施方案和产业振兴等5个专项方案，6个乡村振兴示范村建设取得实质性进展，隆茂营村被评为自治区级乡村振兴示范村，道图嘎查和巴音布拉格嘎查被国家民委命名为第三批中国少数民族特色村寨。持续抓好人居环境整治，发动群众广泛参与，大力推广秸秆打捆、深耕还田和地膜综合回收利用，配套完善垃圾污水处理设施，完成户改厕7808户。总投资近40亿元的G242、S215、S316线杭锦段正式通车，浩北集运线获得核准，独贵塔拉工业园区铁路专运线、杭锦淖尔站台（装货线）升级改造项目列入自治区“公转铁三年行动计划”。投资1.21亿元的沿河三镇自来水提质增效工程让3.45万农牧民喝上放心水。新建改造输配电线路863公里。

一年来，我们以保障和改善民生为目标，突出共建共享，群众幸福指数不断攀升。拓宽群众增收渠道，城乡居民人均可支配收入预计达到44878元和19617元。办好人民满意教育，推进杭锦旗中学优质教育创建和教师轮岗工作，龙子心小学足球馆、巴拉贡镇和吉日嘎朗图镇教师周转房建成投用，全面配套中小学幼儿园消防设施。顺利通过国家卫生县城复核评估，旗蒙医综合医院、吉日嘎朗图镇卫生院即将投入使用。“古如歌艺术”展示代表团荣获第九届世界民俗锦标赛金奖。全面完成第二次全国地名普查和污染源普查、第三次全国国土调查及第四次全国经济普查。全年新增就业973人，城镇登记失业率控制在1.94%以内。认真落实社会保障政策，持续织牢织密保障网。农民工工资保持动态清零。完成杭锦旗籍退役军人信息录入和社保接续工作，退役军人服务站实现全覆盖。成功处置黄河道图段突发险情，加固险工17处。加强社会治理，聚焦农村牧区土地草牧场纠纷、金融信贷等问题，采取“百日攻坚”专项整治、常态化接访下访等多重措施，解决了一批群众关心的信访问题，化解了一批突出矛盾纠纷。扎实开展扫黑除恶专项斗争，核查办结涉黑涉恶问题线索160条，专项斗争取得积极成效。全力做好鼠疫防控，应急管理、安全生产、食药安全形势良好，群众有了更多的获得感、幸福感和安全感。

一年来，我们以发展社会主义民主政治为保障，持续凝聚各方力量，民主政治建设不断加强。坚持党的领导、人民当家做主、依法治旗有机统一，巩固发展民主团结、生动活泼、安定和谐的政治局面。进一步加强党对人大工作的领导，支持旗人大及其常委会履行好法律、财经、民生监督和审议决定重大事项、人事任免等职能。加强和改进人民政协工作，支持旗政协在建言资政、凝聚共识上双向发力。全面依法治旗领导体制和工作机制进一步健全，法治杭锦建设水平实现新提升。认真落实党管武装工作制度，国防教育发展取得新进展。完善党委联系宗教界、新的社会阶层等工作机制，工会、共青团、妇联等人民团体和社会组织的桥梁纽带作用得到充分发挥。扎实推进全国民族团结进步示范旗创建活动，1个集体、1名个人获得全国民族团结进步模范称号。

一年来，我们以新时代党的建设总要求为遵循，从严落实管党治党责任，全面从严治党向纵深推进。认真落实旗委建党校管党校的主体责任，旗委党校新校舍投入使用，整合党校各类资源打造库布其“两山”理论实践培训基地，举办各类培训班50多期，培训党员干部1.6万人次。建成旗融媒体中心和新时代文明实践中心，认真落实意识形态和网络意识形态工作责任制，定期开展意识形态领域舆情分析研判，网络空间清朗有序，牢牢把握意识形态工作主动权。建强基层战斗堡垒，制定嘎查村“两委”干部届中调整和绩效管理考核办法，调整“两委”干部13名。实行“两委”干部包社、党员联户工作机制，643名“两委”干部、2946名农牧民党员结对联系522个自然社、2.99万户常住农牧民，党员的履职能力和荣誉感明显增强，先锋模范作用得到有效发挥。坚持“一村一策”整顿软弱涣散村级党组织2个，基层治理更加有效。探索推行“一联一化三书记，签约服务暖民心”的城市基层党建工作模式，组织全旗2245名在职党员结对联系2.17万户常住城镇居民，全方位开展结对志愿服务活动，民乐社区被评为自治区级学雷锋志愿服务优秀社区。始终坚持重基层、重实绩、重公论，不搞论资排辈的选人用人导向，从脱贫攻坚、重点项目一线和基层一线提拔使用干部27名，占提任干部总数的82%，评选表彰优秀工作者85人，储备科级后备干部147名。着力破解塔然高勒地区和独贵塔拉工业园区管理体制制约，全面完成事业单位超职数干部消化，优化调整事业人员282人，极大地调动了干部职工的工作积极性。细化完善人才激励政策，推选本土优秀人才42名。落实为基层减负的各项措施，旗本级会议、文件、督查检查数量同比下降30%、42%、60%。实行“分类别确定考核指标、分权重设置分值、分层级进行考核和综合评定”的差异化考核模式，压减考核部门，精简考核指标，考核部门由92个缩减至66个，考核指标较2018年减少30%。驰而不息纠治“四风”，立案查处违反中央八项规定精神问题13件，给予党纪政务处分13人。深入整治形式主义、官僚主义，立案52件，给予党纪政务处分62人。持续净化政治生态，立案查处“三务”不公开、假公开、公开不到位问题34件，给予党纪政务处分30人。整治漠视侵害群众利益问题，立案查处扶贫领域问题6件、7人，民生领域问题45件、30人。立案查处“四官”问题66件、42人。评选“清风干部”3353名，激励广大党员干部扬清风树正气。深入推进反腐败斗争，全年处置问题线索410件，立案155件，给予党纪政务处分213人。积极推进旗属国有企业和重点事业单位派驻纪检监察组全覆盖。落实容错纠错机制，及时为两名干部澄清正名，激励干部担当作为。组织开展了两轮巡察，巡察党组织26个，较好地发挥了巡察“利剑”作用。诚恳接受自治区党委巡视，高标准高质量完成反馈问题整改。自治区党委巡视反馈指出：“党的十八大以来，杭锦旗委管党治党政治责任有效落实，党的建设质量不断提升，政治生态持续向好，各项事业发展取得明显成效。”

一年来，旗委常委会坚持“打铁还需自身硬”，始终把加强自身建设摆在首要位置，着力提高把方向、管大局、作决策、保落实的能力和水平，努力建设总揽全局、协调各方的坚强领导集体。带头严守政治纪律和政治规矩，自觉增强“四个意识”、坚定“四个自信”、做到“两个维护”，始终在思想上政治上行动上同以习近平同志为核心的党中央保持高度一致。带头遵守党章党规，严肃党内政治生活，严格按照民主集中制原则作决策办事情。带头强化责任担当，带领全旗各级党组织和广大党员干部不忘初心、牢记使命，较好地发挥了旗委的领导核心和表率作用。带头改进作风，加强廉洁自律，持续营造风清气正的良好政治生态。

在总结成绩的同时，旗委常委会也认识到，杭锦改革发展中还存在不少困难和问题，主要是：产业结构不够合理，新动能新产业培育不足，园区主战场作用发挥不充分，实现高质量发展仍然任重道远；政府债务化解压力巨大，公共服务水平还不高，社会治理能力有待提升，回迁安置、农贸市场等一些民生项目没有达到年初的预期目标，与实现美好生活需求相比还有差距；一些改革事项还没有取得突破性进展；一些干部思想观念陈旧、能力不足，不懂、不会、不善于推动高质量发展的问题比较突出，全面从严治党还需进一步加强。

名词解释：

“五位一体”：经济建设、政治建设、文化建设、社会建设、生态文明建设 -- 着眼于全面建成小康社会、实现社会主义现代化和中华民族伟大复兴。

“四个全面”：即全面建成小康社会、全面深化改革、全面依法治国、全面从严治党。

“三大攻坚战”：指防范化解重大风险、精准脱贫、污染防治。

“1411”：在“不忘初心、牢记使命”主题教育中，形成的工作机制。1 即“一个方案”贯穿主题教育始终；4 即“四个清单”细化工作任务。制定县处级领导、参照实施单位、党支部和指导组“四个清单”。1 即“一周一安排”推动工作落实。1 即“一周一评估”检验工作成效。

“四个意识”：指政治意识、大局意识、核心意识、看齐意识。

“四个自信”：中国特色社会主义道路自信、理论自信、制度自信、文化自信。

“两个维护”：是指坚决维护习近平总书记党中央的核心、全党的核心地位，坚决维护党中央权威和集中统一领导。

“四不摘”：实施脱贫户摘帽不摘责任、摘帽不摘政策、摘帽不摘帮扶、摘帽不摘监管。

“两不愁、三保障”：“两不愁”指不愁吃、不愁穿；“三保障”指义务教育、基本医疗、住房安全有保障。

“清零达标”：脱贫攻坚到户政策未落实或执行有偏差清零；实现有劳动能力贫困人口扶贫产业项目未覆盖和无劳动能力贫困人口兜底政策未覆盖清零；实现贫困嘎查村集体经济清零递增；实现建档立卡贫困户危房清零；实现建档立卡贫困户易地扶贫搬迁建设任务清零；实现贫困嘎查村未通动力用电、贫困户未通生活用电清零；实现精准扶贫数据质量达标；实现基本医疗服务达标；实现建档立卡贫困户饮水安全达标；实现建档立卡贫困家庭义务教育阶段子女控辍保学达标。

“五个一”：一个项目、一名领导、一个团队、一套方案、一抓到底。

“三品一标”：无公害农产品、绿色食品、有机食品（农产品）简称“三品”，农产品地理标志称“一标”，以上通常称“三品一标”是农产品质量安全工作的重要环节。

“两山”：金山银山。

“两委”：村党支部（简称村支委），村级“党的支部委员会”的简称；村民委员会（简称村委），村民委员会是嘎查村的村民选举产生的群众性组织。

“一村一策”：发展村集体经济，每一个村编制一套方案。

“一联一化三书记，签约服务暖民心”：以社区为基础，通过成立社区“联合党委”、实施“两级网格扁平化管理”、“联合党委书记、轮值书记和第一书记”联合议事、签订共建协议等措施，建立起了“横向到边、纵向到底、覆盖全旗”的网格化管理体系。

“三务”：党务、政务、财务。

“四官”：具体指懒官、庸官、乖官、巧官。

政府工作报告

——在杭锦旗第十七届人民代表大会第四次会议上

（2020 年 4 月 26 日）

杭锦旗人民政府旗长　王羽强

2019 年工作回顾

2019 年是新中国成立 70 周年，我们与全国人民一道举行了隆重的庆祝活动，全旗各族人民热爱祖国、建设家园的热情空前高涨。一年来，我们坚持以习近平新时代中国特色社会主义思想为指导，坚决贯彻习近平总书记对内蒙古工作重要讲话重要指示批示精神，全面落实上级党委、政府决策部署，在旗委的坚强领导下，在旗人大、政协的监督支持下，践行新发展理念，把握高质量发展要求，精准施策、集中攻坚，经济社会各项事业迈出新步伐、实现新突破。

经济运行稳中向好。全年完成地区生产总值 125.3 亿元，增长 5.6%；公共财政预算收入 5.3 亿元，增长 16.5%；固定资产投资 37.8 亿元，增长 1.6%；社会消费品零售总额 34.8 亿元，增长 2.1%；城乡居民人均可支配收入达到 44899 元和 20028 元，分别增长 6.6% 和 9.8%。三次产业协调迈进，全旗农作物播种面积 131 万亩，牧业年度牲畜存栏数 172 万头只；煤化工、煤电、新能源等产业规模不断壮大，规模以上工业企业达到 34 家、增加值增长 13.5%；现代服务业稳步发展，全年接待游客 122 万人次、实现旅游收入 30 亿元。

“三大攻坚战”成效明显。完成年度债务化解任务，争取债券资金 10.13 亿元，压减一般性支出 0.56 亿元，十项工程及直接相关工程类债务全部化解，拖欠民营企业账款完成年度清偿任务。全面开展十项“清零达标”专项行动，旗、镇、村三级帮扶干部长期坚守一线，全面落实各类扶持措施，下大力气整改各级反馈问题。投入财政扶贫专项资金 8645 万元，实施产业扶持项目 33 个，完成贫困户危房改造 34 户，为 1491 名建档立卡贫困人口代缴合作医疗和“脱贫保”，资助贫困家庭学生 522 人次。稳步推进村集体经济发展，村均增收 30% 以上。设立 300 万元防返贫保障基金，实现绝对贫困人口动态清零。旗人武部被授予“2019 年全国脱贫攻坚组织创新奖”。深入实施大气、水、土壤污染防治工作。独贵塔拉工业园区、新能源产业示范区空气自动监测站投入使用，全旗空气质量优良率达 86%。大力开展河湖“清四乱”专项行动，启动盐海子周边化工企业设备拆除工作，取缔 13 台 10 蒸吨以下燃煤小锅炉。实施农作物统防统治 60 万亩，改造规模化畜禽养殖场 4 个。中央环保督察和自治区环保大检查反馈问题年度整改任务全部完成。

工业经济稳步提升。实施亿元以上重点项目 21 个，完成投资 34.2 亿元。签约引进重大项目 15 个，引资总额达 222 亿元。建成伊泰宁能 50 万吨费托烷烃、万瑞日处理 100 万立方米 LNG、亨东日处理 60 万立方米 LNG 项目，库布其沙漠 20 万千瓦光伏项目并网发电。新开发天然气井 40 眼，天然气日产气量超过 400 万立方米。联博 40 万吨食品级二氧化碳项目进入设备安装调试阶段。60 万千瓦风电和 20 万千瓦光伏项目完成业主优选和项目核准。全旗工业发展总体规划启动编制。塔然高勒矿区 5 个煤炭勘查区列入自治区地质勘查基金项目库，矿区规划修编取得实质性进展。神华杭锦能源与中国铀业公司签署煤铀协调开采协议，塔然高勒煤矿开采迎来新的曙光。

乡村振兴有序推进。制定全旗乡村振兴战略实施方案和产业、生态、文化、组织、人才等五大振兴专项方案以及 6 个乡村振兴示范村村庄规划，实施乡村振兴示范村项目27个。编制完成沿黄灌区盐碱地改造灌排提升工程可研报告。发放产业扶持贷款1.1亿元，多措并举壮大优势产业，新增优质特色农作物8.5万亩，种植盐碱地水稻1.2万亩，发展水产养殖4万亩，完成耕地轮作2万亩，实施高标准农田建设及高效节水项目5.44万亩。新认定家庭农牧场91家、农牧业产业化龙头企业5家、产业化联合体3家。发放农村牧区产权抵押贷款1600万元。引进袁隆平海水稻研发团队开展盐碱地稻作改良试点工程。推行人居环境整治网格化管理，完成户改厕7808户，建成垃圾处理点3处、污水处理点2处，乡村环境治理初见成效。全面完成“大棚房”专项整治和2018年度森林督查反馈问题整改。

城镇功能日趋完善。以多城联创为抓手，以创促建，提升城镇品质。高质量编制完成杭锦旗城市总体规划（2017—2035）。建成综合文化服务中心及配套广场、道路等基础设施。新建9.3公里给排水管网和园林绿化中水灌溉工程，锡尼镇污水处理厂全面达标运行。建成5处园林景观工程和1处石材市场，在6条主要街道启动垃圾分类不落地收集工程。创建品质小区10个，完成杭锦大街以南三横八纵11条巷道整治，新增停车位1422个。锡尼广场和百灵公园实现免费无线网络全覆盖。圆满完成全国县级文明城市创建年度测评，成绩位列全区第二。开工建设荣泰丰汽车物流园区，建成投用公安业务技术大楼。锡尼镇镇区实现双回路、双电源互补式供电。设立“一站式”窗口，解决房地产历史遗留问题项目30个、房屋10959套，完成存量的72%。巴拉贡镇绿洲家苑加固修缮工程基本完工，金泰通小区二期工程主体完工，廉租房四、五、六期全面交付使用，回迁安置工程开复工3处，新交付回迁房54套，北棚户区改造完成981户。

改革活力充分彰显。着力推进“放管服”改革，组织30个部门的498项审批服务事项进驻旗政务服务大厅。设立杭锦旗投资项目“一站式”服务中心，率先启用“行政审批章”，成立能源类、非能源类两个项目推进办公室，提供“代跑代办”服务，政府投资类项目和社会资本投资备案类项目审批时限大幅压缩，营商环境评价综合排名全市第三。全面落实减税降费政策，全年减税降费1.86亿元，新增各类市场主体1883户。完成党政机构改革，开展事业人员及编制优化配置，实现职能、编制、人员优化协同高效。在全市率先开展水资源优化配置，启动沿黄灌区水权交易试点。推动公立医院改革和精细化管理，建立了以旗人民医院、蒙医综合医院为龙头，基层卫生院、卫生室为支撑的医共体。

基础保障更加有力。总投资40.29亿元的G242、S215、S316三条新穿沙公路建成通车。总投资119亿元的浩北铁路集运线获批建设。建成沿河三镇自来水提质增效二期工程，沿河3.45万农牧民喝上“放心水”。成功处置黄河道图段突发险情，加固险工17处。新建及改造输配电线路863公里，新建通信基站32个。建管并重修复草原生态，完成造林绿化54.52万亩，草原建设47.5万亩，新增水土流失治理面积23万亩，“创造库布其绿色奇迹的杭锦人群体”荣获第七届感动内蒙古集体奖。

民生福祉持续增进。教育事业全面发展，完成全旗中小学、幼儿园消防维修改造工程，建成巴拉贡镇、吉日嘎朗图镇教师周转房和龙子心小学足球训练馆、吉日嘎朗图镇小学风雨操场。通过校企合作，启动实施杭锦旗中学优质教育创建工程，与首都师范大学合作，全年培训教师1200人次。医疗保障更加有力，顺利通过国家卫生县城复核评估，旗蒙医综合医院主体完工，建成浩绕柴达木卫生院和吉日嘎朗图卫生院。文体事业繁荣发展，圆满完成第七届库布其国际沙漠论坛各项保障任务，承办全市首届农牧民健身运动会等各类市级活动7次，举办全旗那达慕大会暨职工运动会、沙漠旅游文化节及一系列文化旅游赛事活动，建成旗旅游服务中心，七星湖AAAAA级旅游景区创建进入预评审阶段。充实乌兰牧骑专业力量，全年开展走基层文艺演出100场次，“古如歌”登上亚洲艺术舞台和世界艺术舞台，荣获第九届世界民俗锦标赛金奖和高质量节目特别奖等系列大奖。扎实推进全国民族团结进步示范旗创建活动，1个集体、1名个人获得全国民族团结进步模范称号，两个嘎查被命名为第三批中国少数民族特色村寨。就业创业稳中有进，发放创业担保贷款768万元，新增城镇就业1013人，农牧民转移就业7099人，城镇登记失业率控制在2%以内。强化治欠保支，积极构建和谐劳动关系。全力做好杭锦旗籍退役军人及其他优抚对象信息录入和社保接续等工作，建立覆盖旗、镇、村（社区）三级退役军人服务体系。全面完成第四次经济普查、第三次国土调查和第二次地名普查工作任务。下大力气解决杭锦淖尔蓄滞洪区和陶赖沟征地遗留问题。“只跑一地”信访工作制度改革在全市推广，“百日攻坚”专项整治取得实效，一大批信访积案得到有效化解，信访形势不断向好。扎实开展扫黑除恶专项斗争，一批涉黑涉恶问题线索得到有效查办。整合部门职能，健全完善应急管理体系，综合防灾减灾能力显著增强，安全生产形势持续稳定。此外，国防双拥、妇女儿童、广播电视、档案史志、人防气象、残疾人等工作均取得新成效。

政府效能全面提升。扎实推进“不忘初心、牢记使命”主题教育，树牢“四个意识”，坚定“四个自信”，做到“两个维护”，坚决履行全面从严治党主体责任和党风廉政建设“一岗双责”，严格落实意识形态主体责任，认真贯彻落实中央八项规定精神和各级党委政府配套规定，驰而不息纠治“四风”。全面整改自治区党委第十三巡视组反馈问题。严格执行“三重一大”集体决策和政府法律顾问等制度，自觉接受人大依法监督、政协民主监督和社会公众监督，办理人大代表建议51件、政协委员提案89件。加强审计监督，深化政务公开，人民满意政府建设取得新进展。

回顾一年来的工作我们深深体会到：只有毫不动摇地坚持正确政治方向，坚决贯彻落实好上级党委的各项决策部署，才能推动杭锦经济社会各项事业稳步发展；只有牢牢把握旗情和阶段性发展特征，才能保证杭锦在新的发展阶段找准定位、明确方向；只有敢于打破“常规”挑战“定势”，才能确保杭锦在新一轮发展中抢占先机、赢得主动；只有干群同心、合力攻坚，才能从容应对前进道路上的任何风险和考验。特别是，面对突如其来的新冠肺炎疫情，全旗上下迅速行动，医务工作者冲锋陷阵，旗、镇、村三级干部日夜坚守，社会各界积极参与，疫情防控工作取得积极成效。在此，我代表旗人民政府，向全旗各族人民，向各位人大代表、政协委员，向所有关心、支持、参与杭锦建设发展的各界人士，表示衷心的感谢并致以崇高敬意！

受国内外经济下行影响，企业投资积极性不高，一些既定项目未按时开复工，致使固定资产投资、社会消费品零售总额等指标未达到预期。在推动高质量发展中也面临不少问题和挑战，主要表现在：支撑地区经济持续发展的产业基础还很薄弱，传统优势资源和新型战略性资源开发严重滞后，煤化工、煤电等项目运行成本较高，对地区财税的贡献暂未显现；农牧业产业化程度不高，龙头企业示范带动能力较弱，品牌影响力不强；政府债务化解压力巨大，污染防治整治不够彻底，脱贫攻坚成果仍需持续巩固；社会事业存在不少短板，教育、医疗、养老等公共服务供给不足、质量不优；改革活力还未充分释放，领导干部改革创新的意识不强，各级干部中普遍存在不会干、不敢干、不想干的现象。为此，我们要以对地区长远发展和对全旗人民高度负责的态度，不忘初心、牢记使命，不畏艰难、尽心竭力做好工作，决不辜负人民重托！

2020年工作重点

2020年是全面建成小康社会和“十三五”规划收官之年，更将迎来第一个百年奋斗目标的实现。我们将以习近平新时代中国特色社会主义思想为指导，全面贯彻党的十九大和十九届二中、三中、四中全会精神，全面落实习近平总书记对内蒙古工作重要讲话重要指示批示精神，按照上级党委、政府和旗委的决策部署，紧扣全面建成小康社会目标任务，坚持稳中求进工作总基调，坚持新发展理念，推动高质量发展，打赢打好三大攻坚战，深入实施乡村振兴战略，扎实做好“六稳”工作，全面落实“六保”任务，千方百计降低新冠肺炎疫情的影响，充分把握好中央、自治区、市在财税金融、援企稳岗、促进消费、新型基础设施建设等方面出台的一系列政策机遇，着力保持经济持续健康发展和社会大局和谐稳定，确保全面建成小康社会和“十三五”规划圆满收官。

主要预期目标是：地区生产总值增长10%左右；公共财政预算收入增长12%左右；固定资产投资增长15%左右；社会消费品零售总额增长4%左右；城乡居民人均可支配收入分别增长6%和7.5%左右。受新冠肺炎疫情影响，完成上述目标的不确定因素将增多，但我们一定会全力以赴争取实现。为此，今年将重点抓好以下几个方面的工作：

紧扣目标、一鼓作气，坚决打赢打好“三大攻坚战”

确保如期全面完成脱贫攻坚任务。按照“四不摘”要求，聚焦“两不愁三保障”和饮水安全，全面开展脱贫攻坚摸底排查整改工作。在产业发展和扩大消费两端发力，重点支持一批效益明显、区域辐射带动力强的产业扶贫项目和村集体经济产业项目，启动实施巴拉贡镇分散式光伏扶贫项目和湖羊、肉牛规模化养殖等产业扶贫项目，力争全旗76个嘎查村集体经济总收入突破1000万元，10万元以上的嘎查村不低于50%。大力开展消费扶贫行动，全方位对接争取更多的大中型企业助力我旗脱贫攻坚，深化“企业＋合作社＋农牧户”合作模式，构建起稳定的购销关系和紧密的利益联结机制。规范完善公益类、经营类和到户类资产“三本账”，切实发挥扶贫资产效益，确保资产保值增值。健全应急救助防贫保障机制，大力推行“防贫保”，将全旗所有建档立卡贫困户和边缘户纳入参保范围，有效防止因病、因灾、因学致贫返贫。取消医疗特别救助1.5万元的起付线，大病医疗特别救助报销比例提高10%。突出抓好易地扶贫搬迁问题整改，强化后续产业扶持和基础设施配套。严格规范扶贫小额信贷管理，做到应贷尽贷的同时，强化多头贷等风险的监测和防范。全面完成各级监督检查反馈问题整改。

确保污染防治取得阶段性成果。全面开展决战决胜污染防治攻坚战十大行动，坚决打好蓝天、碧水、净土保卫战，推动环境质量整体改善。持续推进盐海子周边环境整治，完成燃煤小锅炉取缔和企业超低排放改造及煤棚封闭，保障空气自动监测站正常运行，全旗空气质量优良率保持在85%以上。积极推动毛不拉孔兑、七星湖重点水体水质改善，规划锡尼镇新水源地工程，建成投运锡尼镇镇区中水循环利用工程，持续抓好企业高盐水治理工程。提升生活污水垃圾无害化处理率、畜禽粪便综合利用率，开展重点行业土壤监测和固废综合利用工作，抓好铀矿勘查和天然气开采废弃物集中达标处置，做好农业面源污染防治，改善农业生态环境。扎实做好各级历次督察、检查反馈问题的整改工作。

确保化债工作有序推进。按照“坚定、可控、有序、适度”的要求，充分借鉴学习先进地区经验，采取超常规手段重点做好政府隐性债务化解。大力培植财源税源，完善园区财政体制，统筹资金使用，增强旗本级财政抵御风险的能力；持续做好银宏、西部能源、聚能等煤炭企业的服务保障工作，提升对地方财政的贡献率。全面开展房地产等领域欠税及欠缴土地出让金清理。千方百计争取上级专项资金，积极申请新增专项债券，确保完成6.29亿元政府隐性债务和拖欠民营企业账款年度化解任务，尽最大努力降低政府债务风险等级，保障财政平稳运行。

打赢打好三大攻坚战，是全面建成小康社会必须跨越的关口，直接关系全旗经济社会能否实现高质量发展。我们要以咬定青山不放松的决心和毅力，心往一处想、劲往一处使，奋力开创杭锦经济社会发展新局面。

立足长远、攻坚克难，不断夯实高质量发展根基

突出规划引领。紧扣新发展理念，科学编制“十四五”规划及黄河流域生态保护和高质量发展规划，完成《杭锦旗工业发展总体规划》编制、工业园区总体规划和控制性详规修编工作。优化整合园区职能职责，合理确定园区产业定位，围绕主导产业发展循环经济，提高单位面积投入强度和产出效率，提升工业园区发展水平。紧紧抓住新能源发展大势，启动编制《杭锦旗“十四五”新能源产业发展规划》，争取纳入自治区、市新能源产业发展规划。结合第三次国土调查，完成国土空间规划编制。统筹文化底蕴、自然条件、现状基础，完善全旗旅游规划，重点抓好库布齐沙漠生态旅游产业规划编制。

聚焦资源开发。加快推进优势资源开发利用，尽快使资源优势转化为经济优势。全面推进塔然高勒矿区总体规划修编工作，年内完成矿区煤炭资源详查。强力推动煤铀协调开采，确保年内完成铀矿勘查。加快天然气开发利用，新增天然气产能4.5亿立方米，年内产能达到17.5亿立方米。开工建设500千伏新能源汇集站、60万千瓦风电和20万千瓦光伏项目，推动新能源产业规模化、基地化发展，统筹实施基础配套工程，优化管理运行体制。积极引导社会资本参与补充耕地库建设，推动补充耕地指标跨区域交易和高标准农田建设，提高单位产出率，实现耕地资源高效利用。继续推进全旗非常规水资源开发利用和有偿交易使用。大力开发库布齐沙漠水生态项目，围绕鄂尔多斯草原、七星湖、夜鸣沙、水生态打造一条全新的沙漠旅游线路。

推动产业升级。全力推动联博食品级二氧化碳、华洲药业医药中间体、伊诺高碳醇、聚野铸造焦和兴圣、亨东、万瑞BOG提氦等项目建成投产。开工建设昊华30万吨乙醇、圣远泰两万吨氧化蜡等项目，引进年产5000吨特种蜡、1000吨煤基烷基苯绿色制备、10万吨煤基烯烃、20万吨基础油、15万吨焠取蜡等项目。积极申报创建自治区级现代农牧业产业园区。依托巴拉贡镇现有产业基础打造万亩有机果蔬产业基地。以独贵塔拉镇1000亩盐碱地稻作改良为示范引领，大力推广盐碱地水稻种植、稻蟹共养等特色产业，改造盐碱地两万亩。大力提升农牧业组织化程度，培育旗级以上龙头企业7家，家庭农牧场60家，规范合作社15家，打造农牧业产业化联合体3个，力争农企紧密型利益联结率达60%以上。创新旅游产品，提升服务质量，启动运行旗旅游服务中心，建成集旅游、休闲、观光、体验为一体的陶赖高勒村田园综合体和道图嘎查达拉图集中安置点民宿项目，推动七星湖AAAAA级旅游景区创建工作，促进全旗文化旅游产业健康发展。

统筹生态治理。全力推动黄河流域生态保护和高质量发展，加大黄河流域生态保护与修复力度，推进水资源节约集约利用，保障黄河长治久安。持续深化库布齐沙漠生态治理模式，积极申报“农村水系连通示范县”项目和创建全国生态文明建设示范旗工作，以“零容忍”态度，坚决打击破坏草地和毁林开荒等非法行为，持续开展草牧场改良、沙化退化草原治理、天然林保护等林草重点工程和河湖治理工程，完成林草生态建设47万亩，实施水土保持治理面积12万亩。有效提升“绿水青山就是金山银山”实践创新基地建设水平，不断构筑系统性的沙漠治理支持性政策体系，着力让生态效益更好地转化为经济效益、让生态优势转化为发展优势。

改变杭锦旗发展不平衡、不充分的现状，需要我们紧紧盯住矿区修编、资源开发、产业升级、重大项目建设、生态治理等一批事关杭锦长远发展的大事要事，只有这样才能为全旗经济社会健康持续发展注入持久动力。

突出重点、勠力同心，多维度补齐高质量发展短板

紧盯基础建设补短板。开工建设浩北铁路集运线，完成包银铁路杭锦段征地工作，启动实施阿四线胜利至甘海子段公路改造工程，力争将锡磴线列入自治区省道发展规划，推动实施“三改二”工程。完成新S215线和S316线公路养护站及超限检测站等建设任务。扎实做好自治区“四好农村路”示范旗申报工作，大力推进在建农村公路尾留工程。实施独贵塔拉工业园区道路及管网建设，建成投用南项目区综合服务区。开工建设巴拉贡镇区防洪工程和吉日嘎朗图镇区排水工程。基本消除旗内主要干线和嘎查村通讯盲区，开通锡尼镇镇区5G信号。

聚焦创城目标补短板。紧盯创建全国县级文明城市目标，认真做好国家园林县城申报工作，积极推进县域节水型社会创建。大力推行城市精细化管理，新建雨水管网10公里，实施路灯节能改造工程，推进镇区城市功能分区改造，建成荣泰丰汽车物流园区，改造农贸市场两处，新建公共卫生间5座，推进垃圾不落地、垃圾分类，购置清雪车两辆，小型清扫车12辆，新增停车位1000个。改善居住条件，完成北棚户区首期1085户房屋的改造任务。大力推进品质小区建设，分步推进老旧小区改造，完成历年既有居住建筑节能改造任务，完善公租房配套基础设施建设。大力推进智慧城市建设，助力城镇品质提升。

围绕乡村振兴补短板。持续加大保障扶持力度，引入科研院校、专家团队进驻我旗，组建乡土人才专家团队，建成苏木镇人才工作站7个。紧紧牵住产业振兴“牛鼻子”，在加快培育壮大农村牧区优势产业的基础上，大力调整产业结构，重点扶持湖羊、奶山羊、南美白对虾等特色养殖，积极引导农牧民发展小杂粮、马铃薯、有机果蔬等特色种植。全力争取项目资金，启动实施沿黄灌区盐碱地改造灌排提升工程。推动广拓农牧业呼和木独现代肉牛养殖基地一期工程建设，同步完善水电路等基础设施配套工程，支持锡尼镇南海渔村农牧业综合体项目建设，持续巩固提升6个乡村振兴示范村建设成果。建成沿河四镇农村牧区垃圾、污水处理项目，实施户改厕2982户，新建及改造公共卫生间23座，切实解决重点区域人居环境突出问题。

全面建成小康社会最大的短板在乡村，我们要深入实施乡村振兴战略，大力推进城乡统筹发展，以“多城联创”为抓手，推动品质城镇建设，完善城乡基础配套设施，缩小城乡差距，补齐城乡发展短板。

直面矛盾、迎难而上，破除制约高质量发展障碍

在化解矛盾纠纷上破难题。强化“谁主管、谁负责”和“属地管理”的信访工作责任制和责任追究机制，不断提升信访诉求办结率和满意率。充分利用土地草牧场确权换证成果，全面厘清和化解一批农牧民反映强烈的权属纠纷、界线纠纷，年内基本实现苏木镇之间、嘎查村之间权属和界线纠纷“动态清零”。加强耕地保护，探索林、耕、草一张图管理与应用，彻底解决一地多证和制约项目建设的林耕草矛盾。创新工作举措，加大处非工作力度，重点推动涉府非法集资案件的处置，力争年内全部“清零”。

在解决遗留问题上攻难关。按照“尊重历史，照顾现实”的原则，大力解决房地产历史遗留问题，全面完成住宅回迁安置和住宅小区产权手续办理，基本完成商业安置。集中力量，理清关系，彻底解决杭锦淖尔蓄滞洪区建设和陶赖沟征地等遗留问题。完善基础配套，确保全旗中小学、幼儿园消防工程验收达标。全面排查其他领域历史遗留问题，找准症结、靶向施策，为群众排忧解难。

在回应热点难点上出实招。继续引进优秀教师和医务人员各100名，进一步充实人员力量，提升办学就医水平。全面梳理挂账历年未兑付干部职工的各类津补贴，按比例兑付教师各类津补贴、干部职工住房公积金、失业保险和2019年未休假补贴。强化小区物业服务，完善配套必要的基础设施，实现物业管理全覆盖。全面排查整改小区供热管网年久失修问题，制定完善供电应急反应、联动处置工作机制，切实解决供热供电运行中存在的问题。

面对改革发展中出现的各种问题，我们必须全员行动、合力攻坚，想尽一切办法妥善解决经济社会发展积累下的矛盾纠纷和历史遗留问题，让各类市场主体甩掉包袱、轻装上阵，为经济社会高质量发展创造先决条件。

顺应期盼、竭尽所能，持续改善和保障民生

优化公共服务让群众生活更舒心。建成第八幼儿园，规划建设旗第五小学、独贵塔拉工业园区幼儿园和一所城镇初级中学。全面落实教育领域综合改革，编制《杭锦教育现代化2035》，培养本土骨干教师150名，重点推进杭锦旗中学优质教育创建工程，巩固提升蒙古族中学教学质量，打造优质教学品牌，让杭锦孩子就地接受优质教育，同步享受杭锦发展的成果。建成投用旗蒙医综合医院，启动建设阿门其日格、胜利两所基层卫生院。加强医疗联盟、医联体、医共体和远程医疗平台建设，引进区内外三甲以上医院专家，定期来我旗指导和坐诊。针对新冠肺炎疫情暴露出来的短板和不足，完善重大疫情防控体制机制，推进医药卫生体制改革、重大疾病防控、健康促进和公共卫生应急能力建设，建成鼠疫野外监测站，力争成功创建自治区健康促进示范旗。编印新版杭锦旗地图、地名志和苏木镇地图。启动镇级、村级公益性公墓规划编制工作。

加强社会保障让群众生活更暖心。持续抓好高校毕业生、农牧民工、建档立卡贫困群众和退役军人就业创业，建立用工需求、求职需求与培训信息精准对接机制，完成职业技能培训300人，实现新增城镇就业900人，城镇登记失业率控制在4.5%以内。积极开展第七次全国人口普查工作。大力推进全国民族团结进步示范旗创建工作，不断提升城镇少数民族流动人口服务和管理水平。落实好各项优抚政策，争创自治区双拥模范旗。全面落实社会救助各项政策，有力保障困难群众基本生活。为全旗适龄女性免费接种宫颈癌疫苗。持续推进全民参保计划，实现应参尽参、应保尽保。

强化社会治理让群众生活更安心。扎实推进“扫黑除恶”专项斗争，抓好整章建制，统筹开展各类违法犯罪打击整治行动，确保杭锦和谐稳定。继续推进“视频监控进苏木镇、入嘎查村”“技防小镇打造”工程以及人脸相机布点等项目建设，全力提升治安信息化水平。认真执行《保障农民工工资支付条例》，依法依规处置欠薪行为。积极开展“七五”普法宣传教育，强化法律援助。严格落实安全生产责任制，压紧压实企业主体责任，加强应急救援处置能力建设，配强应急管理专业人才，开展专项整治行动，坚决防止重特大安全事故发生。围绕“减量控大”总目标，突出抓好道路交通隐患排查整治工作。强化食品药品安全监管，确保人民群众饮食用药安全。

人民群众对美好生活的向往，就是我们的奋

斗目标，做好民生工作容不得半点马虎，广大代表要关心、关注、支持民生实事项目建设，确保今年确定的民生实事不折不扣落到实处，让人民生活一年更比一年好！

打通堵点、疏通梗阻，突破制约经济发展瓶颈

在招商引资上全面发力。全面压实招商引资工作责任，优化完善精准招商目录，出台《杭锦旗招商引资优惠政策》，按照“建链、补链、延链”的思路，制定产业招商“路线图”，锁定目标区域、目标企业，集中开展“一对一、点对点”精准招商。在持续办好上海招商工作站的同时，成立南京、深圳招商工作站，深入开展“全民引资、全员招商”行动，力争引资总额达到208亿元。持续深化“放管服”改革，认真落实《优化营商环境条例》，深入推进政务服务“一网、一门、一次”改革，全面推行“容缺受理”“一窗受理”和专业区域“无差别办理”等各项工作。严格落实减税降费政策，提升要素保障水平，进一步优化审批流程，提升工作效率，确保签约项目履约率、落地项目开工率“双提升”。

在农村牧区改革上动真碰硬。全面推进农村牧区集体产权制度改革，完成全旗农村牧区集体资产清产核资、集体经济组织成员身份确认、股权设置和股权证发放工作。持续深化农村牧区承包土地“三权分置”改革，全面开展农村牧区“两权”抵押贷款工作，更好地用活土地承包权和经营权。推动资源变资产、资金变股金、农民变股东“三变”改革，建立符合市场经济要求的集体经济运行新机制。

在城乡治理体系构建上综合施策。创新城市管理方式，推动镇区功能分区改造，提升城市法治化、智慧化、标准化、社会化管理能力，实现市政基础设施一体化建设、运营、管理。常态化保持“街（巷）长”和“公园长”制，加强小区物业和农贸市场管理。严格落实《鄂尔多斯市农村牧区人居环境治理条例》，建管并重，全面推广伊和乌素“农维费”收缴使用管理模式，构筑“户分类、村收集、镇处理”的生活垃圾收运和处理方式，健全以嘎查村为主体的农村牧区道路养护管理机制，组织并引导村民参与道路维修养护。强化联合执法，全面整治沿路沿线及村庄内违章建筑和环境卫生，实现人居环境整治常态化、规范化。

坚持和完善共建共治共享的社会治理制度是党中央提出的明确要求，我们要加快补齐民生短板，完善公共服务体系，使人民群众获得感、幸福感、安全感更加充实、更有保障、更可持续。

保持定力、强化执行，不断加强政府自身建设

加强政治建设。深学笃用习近平新时代中国特色社会主义思想，把不忘初心、牢记使命作为永恒课题，增强“四个意识”，坚定“四个自信”，做到“两个维护”，在思想上政治上行动上同以习近平同志为核心的党中央保持高度一致。深入开展煤炭领域违规违法问题专项整治，确保上级党委各项决策部署落地生根。

严格依法行政。按照法治政府建设要求，加强制度建设，强化制度执行力，基本建成法治政府，严格落实重大行政决策合法性审查，将政府活动全面纳入法治轨道。自觉接受人大及其常委会依法监督、政协民主监督，主动接受监察监督，认真接受社会舆论监督和审计监督，认真办好人大代表建议和政协委员提案。深入推行行政执法“三项制度”，加快法治政府智能化一体化平台应用。

提高行政效能。聚焦观念转变、职能转变、流程转变，优化政府工作流程，实现跨部门高效协同推进工作。增强政府执行力，确保说一件、干一件、成一件。严格落实中央八项规定及实施细则精神，大力整治形式主义、官僚主义，切实转变工作作风。坚持严管与厚爱结合、激励与约束并重，强化实干实绩导向，规范检查考核，改进文风会风，为基层减负、为干部松绑。

坚持廉洁从政。严格落实全面从严治党主体责任和“八个坚定不移”要求，严明纪律规矩，营造风清气正的良好政治生态。树立过紧日子思想，勤俭节约办事业，切实把钱用在刀刃上。保持正风肃纪高压态势，坚决整治群众身边腐败和作风问题，做到严明责任不含糊、严抓纪律不放松、严管队伍不懈怠。

名词解释

“清零达标”：脱贫攻坚到户政策未落实或执行有偏差清零；实现有劳动能力贫困人口扶贫产业项目未覆盖和无劳动能力贫困人口兜底政策未覆盖清零；实现贫困嘎查村集体经济清零递增；实现建档立卡贫困户危房清零；实现建档立卡贫困户易地扶贫搬迁建设任务清零；实现贫困嘎查村未通动力用电、贫困户未通生活用电清零；实现精准扶贫数据质量达标；实现基本医疗服务达标；实现建档立卡贫困户饮水安全达标；实现建档立卡贫困家庭义务教育阶段子女控辍保学达标。

河湖“清四乱”专项行动：对乱占、乱采、乱堆、乱建等河湖突出问题进行专项清理整治。

“大棚房”：以建设农业大棚为名，占用耕地甚至永久基本农田，违法违规建设非农设施。

“六稳”：稳就业、稳金融、稳外贸、稳外资、稳投资、稳预期。

“六保”：保居民就业、保基本民生、保市场主体、保粮食能源安全、保产业链供应链稳定、保基层运转。

“四不摘”：实施脱贫户摘帽不摘责任、摘帽不摘政策、摘帽不摘帮扶、摘帽不摘监管。

“两不愁、三保障”：“两不愁”指不愁吃、不愁穿；“三保障”指义务教育、基本医疗、住房安全有保障。

“十大行动”：矿区环境综合整治行动、工业源污染治理行动、移动源污染治理行动、河湖流域水环境综合整治行动、污水收集处理行动、生活垃圾规范化处置行动、农业面源污染防治行动、工业固废污染防治行动、生态保护与修复行动、能源产业绿色发展行动。

“四好农村路”：建好、管好、护好、运营好农村牧区公路。

5G：第五代移动通信技术，性能目标是高数据速率、减少延迟、节省能源、降低成本、提高系统容量和大规模设备连接。

“减量控大”：减少道路交通事故起数，控制较大道路交通事故。

政务服务“一网、一门、一次”：政务服务“一网通办”和企业群众办事“只进一扇门”“最多跑一次”。

“三权分置”：将集体土地所有权、承包权、经营权分置，实现“三权”既存在整体效用，又有各自功能。

“三项制度”：行政执法公示制度、执法全过程记录制度、重大执法决定法制审核制度。

大事记

1月

2日 鄂尔多斯市考核组召开2018年度市对杭锦旗“五位一体”（经济建设、政治建设、文化建设、社会建设、生态文明建设）综合考评汇报会。

7日 杭锦旗委副书记、政府旗长王羽强主持召开2019年拟建重大项目调度会。

9日 杭锦旗委副书记、政府旗长王羽强到伊和乌素苏木、巴拉贡镇、呼和木独镇、吉日嘎朗图镇、独贵塔拉镇调研产业发展及重点民生工程推进情况。

10日 杭锦旗委十三届八十三次常委会会议召开。会议传达上级扫黑除恶专项斗争，通报自治区第四督导组专项督导情况，汇报全旗扫黑除恶专项斗争“雷霆行动”开展情况并对下一阶段工作作部署。

是日 杭锦旗防范和处置非法集资工作领导小组会议召开。会议研究关于处非办及专项组人员变动申请、人员考核评选办法、处非法律外援申请等有关事宜，并就杭锦旗部分非法集资案件具体处理办法进行讨论。

11日 共青团杭锦旗教育系统工作委员会成立大会召开。

15日 召开2018年度“全旗优秀工作者”表彰大会，会上表彰85名优秀工作者。

17日 中国共产党杭锦旗第十三届委员会第十二次全体会议召开。全会审议通过《杭锦旗机构改革实施意见》，对全旗机构改革工作进行部署。

21日 鄂尔多斯市政协副主席、杭锦旗委书记金广军主持召开杭锦旗委议军会议。

22日 政协杭锦旗第十五届委员会第七次常委会议暨农牧业产业结构调整专题协商会议召开。会议通报关于杭锦旗农牧业产业发展及其结构调整的专题协商意见，听取旗人民政府2018年度政协提案办理情况的通报，审议通过有关人事事项。

23日 中国共产党杭锦旗第十三届委员会第十三次全体会议暨全旗经济工作会议召开。全会听取和讨论旗委常委会工作报告，安排部署2019年工作。

是日 鄂尔多斯市政协副主席、杭锦旗委书记金广军主持召开杭锦旗委十三届八十六次常委会会议。会议讨论《关于深入整治形式主义、官僚主义的实施方案（讨论稿）》和《关于深入整治“四官”问题净化机关政治生态的行动方案》，听取旗纪委工作汇报。

是日 内蒙古煤矿设计研究院有限责任公司副院长及相关技术人员到杭锦旗就东胜煤田塔然高勒矿区矿产资源区划局部调整方案向旗政府及相关部门征求意见和建议，并召开讨论会。

是日 杭锦旗2019年老干部迎春座谈会召开。

是日 中共杭锦旗委党校挂牌，行政学校新址投入使用。

24 日 杭锦旗安全生产工作会议召开。会议安排部署 2019 年工作任务及全旗两会和春节期间安全生产工作。

是日 杭锦旗融媒体中心和新时代文明实践中心揭牌。

是日 杭锦旗委副书记、政府旗长王羽强主持召开 2019 年第一次政府党组会议，会议研究政府有关部门人事任免事宜。

25 日 杭锦旗委副书记、政府旗长王羽强走访慰问退休老干部、企业员工、留守儿童和低保户。

27 日 杭锦旗委常委会召开 2018 年度民主生活会。

28 日 鄂尔多斯市委常委、政府副市长金武等市领导到杭锦旗慰问美德少年、特困职工、生活困难党员、生活困难户、老党员。

是日 杭锦旗纪委监委领导到锡尼镇阿门其日格村召开首次澄清正名会议，为挂职该村受到不实举报的第一书记澄清正名。

29 日 杭锦旗政府领导班子召开 2018 年度民主生活会。

是日 杭锦旗委四大班子领导深入独贵塔拉工业园区和新能源产业示范园区慰问部分企业。

31 日 鄂尔多斯市政协副主席、杭锦旗委书记金广军看望慰问一线职工。

是日 杭锦旗政务服务局举行揭牌仪式。

是日 杭锦旗文化和旅游局举行挂牌仪式，将杭锦旗文化体育广电局、杭锦旗旅游局合并为杭锦旗文化和旅游局。

2 月

1 日 内蒙古自治区鄂尔多斯市杭锦旗乌兰牧骑一行 21 人赴泰国参加 2019 年泰国“欢乐春节”活动。

11 日 杭锦旗委副书记、政府旗长王羽强主持召开 2019 年第 2 次政府党组（扩大）会议。研究部分领导分工事宜。

是日 杭锦旗委副书记、政府旗长王羽强到独贵塔拉镇现场办公，推进大棚房问题清理整治工作。

14 日 鄂尔多斯市政协副主席、杭锦旗委书记金广军主持召开杭锦旗委十三届八十八次常委会。会议研究召开第十七届人民代表大会第三次会议、政协杭锦旗第十五届委员会第三次会议有关事宜。

是日 杭锦旗第十七届人民代表大会常务委员会第十二次会议召开。听取和审议旗第十七届人大代表资格审查报告，做出关于召开旗第十七届人民代表大会第三次会议的决定，通过大会议程草案、主席团和秘书长名单草案、议案审查委员会名单草案、列席人员名单和《旗人大常委会工作报告》。

是日 2019 年杭锦旗蒙古语宣讲团“民族一家亲　同心共筑中国梦”宣讲活动召开。

18—20 日 杭锦旗委副书记、政府旗长王羽强深入杭锦旗各苏木镇（管委会）调研并安排部署乡村振兴工作。

25 日 杭锦旗委副书记、政府旗长王羽强调研重大项目开复工建设情况，并检查安全生产工作。

26 日 杭锦旗煤矿安全生产警示教育暨安全生产大检查部署会议召开。

27 日 杭锦旗召开补充耕地库项目建设招商引资推介会。

3 月

1 日 杭锦旗监察委员会派出锡尼镇、吉日嘎朗图镇、独贵塔拉镇派出苏木镇监察办公室挂牌成立。

5日 内蒙古自治区党委统战部副部长郑洪学带领自治区安全生产督察组到杭锦旗开展安全生产督查工作。

是日 鄂尔多斯市政协副主席、杭锦旗委书记金广军看望、慰问人大代表。

6日 政协杭锦旗第十五届委员会第三次会议召开。会议应出席委员145名、实到委员132人。会议审议通过政协杭锦旗第十五届委员会第三次会议议程（草案）。乌力吉吉日嘎拉作《政协杭锦旗第十五届委员会常务委员会工作报告》，巩智勇作《政协杭锦旗第十五届委员会常务委员会关于旗政协十五届一次和二次会议以来提案工作情况的报告》。

7日 杭锦旗第十七届人民代表大会第三次会议主席团第二次会议召开。会议应出席代表144人，实际出席会议代表136人。会议听取各代表团对各项工作报告的审议情况。听取、审议和通过人民代表大会关于杭锦旗2018年国民经济和社会发展计划执行情况与2019年国民经济和社会发展计划草案的审查报告。

8日 内蒙古自治区纪委副书记、监委副主任陈继清到杭锦旗就中央脱贫攻坚专项巡视反馈意见整改落实工作开展督导调研。

11日 鄂尔多斯市政协副主席、杭锦旗委书记金广军主持召开杭锦旗委十三届八十九次常委会会议。孟克图娅提交《关于加强和改进新形势下宗教工作的实施意见（讨论稿）》，李治成汇报2018年度“五位一体”考评情况。

是日 杭锦旗委副书记、政府旗长王羽强调研春季植树造林绿化工作。

是日 鄂尔多斯市政协副主席、杭锦旗委书记、旗委编制委员会主任金广军主持召开杭锦旗委2019年第一次编委会会议。会上研究讨论并通过《杭锦旗机构改革涉改部门领导职数配置方案》《杭锦旗事业单位设置方案》《杭锦旗人大、政协专门委员会设置方案》。

12日 鄂尔多斯市委副书记、市长斯琴毕力格到杭锦旗调研指导乡村振兴工作。

13日 鄂尔多斯市政协党组副书记、副主席孙树华带领专题调研组到杭锦旗调研文史资料规划工作。

15日 杭锦旗委副书记、政府旗长王羽强主持召开杭锦旗政府2019年第二次常务会议。会上讨论《杭锦旗2019年脱贫攻坚行动实施方案》《脱贫攻坚应急救助保障资金实施意见》。研究全面建立农牧民工工资治欠保支工作长效机制、2019年基础建设及绿化等有关事宜。

是日 杭锦旗伊和乌素人民法庭挂牌成立。

18日 鄂尔多斯市政协副主席、杭锦旗委书记金广军主持召开杭锦旗委十三届九十次常委会会议。会议研究2019年杭锦旗拟实施的重点项目。

是日 鄂尔多斯市政协副主席、杭锦旗委书记金广军主持召开2019年第二次编委会会议。会议研究杭锦旗党政机构“三定”（定主要职责、定内设机构和定人员编制）规定。

19日 杭锦旗组织、宣传思想文化、统战工作会议召开。会议总结2018年工作，部署2019年任务。

是日 杭锦旗2018年度“五位一体”综合考评表彰大会召开。对30个“五位一体”综合考评优秀单位、7个突出进步单位、3个突出贡献单位进行表彰。

是日 杭锦旗优化营商环境大会暨“项目落地攻坚年”动员会召开。

20日 鄂尔多斯市政协副主席、杭锦旗委书记金广军到塔然高勒乌定布拉格村调研指导脱贫攻坚工作。

是日 杭锦旗委常委、政府党组成员、宣传部部长闫宗瑞，旗委常委、政府副旗长任光飞调研创建全国县级文明城市工作。

20—21日　鄂尔多斯市市场监督管理局2019年食品安全监督工作推进会在杭锦旗召开。

20—22日　杭锦旗委副书记、政府旗长王羽强带队赴北京先后拜会中国铀业公司、国家能源集团、新蒙公司和昊华集团领导，就塔然高勒煤矿复工建设、新蒙80亿立方米煤制气、昊华等项目前期手续办理等事宜进行沟通协商。

21日　杭锦旗美术馆成立，为旗文学艺术界联合会所属事业单位，股级建制。

22日　杭锦旗政务服务工作会召开。会上表彰奖励2018年政务服务大厅“红旗窗口”，并要求各窗口服务要形成程序规范、审批透明、办事高效、监管有力的行政权力运行机制。

25日　鄂尔多斯市政协副主席、杭锦旗委书记金广军主持召开中央脱贫攻坚专项巡视反馈意见整改工作领导小组会议。

是日　杭锦旗创建全国县级文明城市推进会暨多城联创工作会议召开。会上通报2018年杭锦旗创建全国县级文明城市测评结果，宣读《杭锦旗创建全国县级文明城市2019年度工作方案》。

是日　杭锦旗抓党建、促脱贫、促乡村振兴嘎查（村）“两委”（村党支部、村民委员会）干部专题培训班举办，杭锦旗嘎查（村）“两委”干部500人参加会议。

27—28日　内蒙古自治区政协主席李秀领到杭锦旗七星湖库布齐治沙示范区调研。

28日　杭锦旗委副书记、政府旗长王羽强调研重点项目建设。

29日　杭锦旗新时代文明实践活动集中启动仪式举行，分别为新时代文明实践中心和志愿服务队授牌、授旗。

是日　杭锦旗委副书记、政府旗长王羽强到锡尼镇棚改、回迁等工程现场进行调研指导。

是日　鄂尔多斯市政协副主席、杭锦旗委书记金广军到中央脱贫攻坚专项巡视反馈意见整改工作领导小组办公室调研指导巡视整改工作。

4月

1日　杭锦旗委副书记、政府旗长王羽强深入杭锦旗城镇中学调研校园消防安全问题。

2日　内蒙古自治区人大教科文卫委员副主任委员孙惠民、副主任委员徐雪峰到杭锦旗调研义务教育均衡发展问题。

3日　杭锦旗委副书记、政府旗长王羽强主持召开学校消防隐患整改专题会。

是日　杭锦旗十三届旗委第五轮巡察工作动员部署会召开。

4日　杭锦旗开展“传承·2019清明祭英烈”祭扫纪念活动，各界代表50多人参加活动。

8日　内蒙古自治区党委第十三巡视组巡视杭锦旗工作动员会召开。

10日　杭锦旗县级领导及各部门干部职工到陶赖沟东坡参加义务植树活动。

11日　杭锦旗县级领导干部大会召开。会上宣读市委决定：李治成不再担任杭锦旗委常委、组织部部长职务；提任杨峰为杭锦旗委常委、组织部部长；提名刘志军为杭锦旗人民政府副旗长。

14日　2019年第一届内蒙古美术展暨第五届内蒙古舞美“金牛奖”颁奖盛典举行，杭锦旗乌兰牧骑选送的蒙古剧《阿拉腾鸿达嘎》荣获内蒙古舞台美术“金牛奖”舞美设计奖。

15—16日　鄂尔多斯市政协副主席、杭锦旗委书记金广军深入15个嘎查（村）查看脱贫攻坚工作、村集体经济发展、扫黑除恶等重点工作。

17日　杭锦旗第十七届人民代表大会常务委员第十三次会议召开。常委会组成人员进行专题研讨交流。

是日　鄂尔多斯市政协副主席、杭锦旗委书记金广军主持召开杭锦旗委十三届九十二次常委会会议。旗委常委、组织部部长杨峰提交杭锦旗委全面深化改革委员会组成人员建议名单。

是日　杭锦旗委政法工作会议召开。鄂尔多

斯市政协副主席、杭锦旗委书记金广军出席并讲话，会议安排部署2019年政法工作。

22日 鄂尔多斯市政协副主席、杭锦旗委书记金广军主持召开书记专题会议，安排部署自治区党委巡视整改工作。

是日 杭锦旗召开人大建议和政协提案交办会，2019年收到人大建议51件，9件被确定为重点建议；收到政协提案88件，其中重点提案4件。

23日 鄂尔多斯市政协副主席、杭锦旗委书记金广军深入独贵塔拉镇道图险工段、道图嘎查、沙日召嘎查、二圪旦湾村，调研指导抢险和精准扶贫工作。

是日 "倡导全民阅读、共建书香杭锦"世界读书日全民阅读启动仪式在蒙古族实验小学举行。

是日 杭锦旗委副书记、政府旗长王羽强深入杭锦旗公安局业务大楼、金泰通小区二期工程、污水处理厂扩建等工程项目施工现场推进工程建设。

24日 创建全国县级文明城市专题研究部署会召开。

是日 杭锦旗委副书记、政府旗长王羽强主持召开政府2019年第四次常务会议。研究讨论棚户区改造、回迁安置工作，教师、医生招聘相关事宜。

是日 杭锦旗文化体制改革专项小组召开第一次会议。会议讨论2019年文化体制改革领域4项工作任务。

26日 杭锦旗2019年春季重大项目开复工动员大会在独贵塔拉工业园区举行，项目总投资89.07亿元。

是日 鄂尔多斯市委书记牛俊雁深入杭锦旗调研重大项目建设。

是日 鄂尔多斯市生态环境局杭锦旗分局举行挂牌仪式。

27日 杭锦旗委副书记、政府旗长王羽强与鄂尔多斯市发改委主任高志华、市交通局局长王水云、市电业局局长王玉良深入杭锦旗呼和木独镇光伏新村、110千伏变电站和乡村振兴产业点实地调研，解决存在的困难和问题。

28日 塔然高勒矿区规划修编推进会召开，内蒙古煤矿设计研究院有限责任公司负责人向旗人民政府汇报项目概况。

29日 鄂尔多斯市政协副主席、杭锦旗委书记、旗委全面深化改革委员会主任金广军主持召开杭锦旗委全面深化改革委员会第一次会议，安排部署2019年度全面深化改革工作任务。

29—30日 杭锦旗委副书记、政府旗长王羽强走访调研乡村振兴示范村建设工作。

30日 杭锦旗纪念五四运动100周年暨"五四"青年节表彰大会召开。

5月

2—3日 2019鄂尔多斯国际沙漠之杭锦旗沙漠旅游文化节暨第九届五一"爱在弓弦"库布齐群英会在杭锦旗独贵塔拉镇举办。

6日 鄂尔多斯市政协副主席、杭锦旗委书记金广军深入锡尼镇调研督查创城工作。

7日 杭锦旗举行以"拥抱健康杭锦 健走你我同行"为主题的全国第四届"万步有约"健走激励大赛杭锦旗赛区启动仪式，此次活动历时100天。

9日 杭锦旗委副书记、政府旗长王羽强深入伊和乌素苏木调研脱贫攻坚工作。

10日 鄂尔多斯市政协副主席、杭锦旗委书记金广军深入同圆市政砖厂调研企业运营情况。

13日 鄂尔多斯市人大常委会副主任何涛到杭锦旗伊和乌素苏木调研民生实事人大代表票决制试点工作推进情况、《中华人民共和国全国人民代表大会和地方各级人民代表大会代表法》及自治区相关实施办法在杭锦旗的贯彻落实情况。

14日 杭锦旗委副书记、政府旗长王羽强带领交通局、财政局等部门负责人到S215线、S316线、沿河三镇水源地、吉日嘎朗图镇卫生院、教师周转房、巴拉贡镇绿洲家苑小区等地进行实地调研。

15日 杭锦旗委副书记、政府旗长王羽强深入独贵工业园区调研重大项目建设和企业运行情况。

18日 内蒙古自治区党委宣传部创建处处长任丽华一行到杭锦旗调研指导创城工作。

19日 第三届美丽公约蓝丝带走进鄂尔多斯文明旅游公益行和纪念鄂尔多斯市徒步协会成立五周年联谊活动在杭锦旗鄂尔多斯草原启动。

21日 鄂尔多斯市政协副主席、杭锦旗委书记金广军深入独贵塔拉镇就黄河防汛、乡村振兴、脱贫攻坚等工作进行调研。

是日 杭锦旗工业项目“集中审批周”活动举行，为企业开启项目审批手续“绿色通道”。

22日 鄂尔多斯市政协副主席、杭锦旗委书记金广军主持召开杭锦旗委十三届九十四次常委会会议。会议讨论关于开展“思想再解放，笃行新发展理念推动高质量发展大学习大讨论”工作安排。

24日 鄂尔多斯市机电规范化管理工作现场观摩会暨农村牧区饮水安全保障工作会议在杭锦旗召开。

27日 鄂尔多斯市委常委、鄂尔多斯军分区政委部德全，鄂尔多斯军分区政治工作处那生，市脱贫攻坚、乡村振兴第六督查推进组常务副组长胡全林深入杭锦旗进行调研。

是日 杭锦旗委副书记、政府旗长王羽强主持召开呼和木独镇万头牛肉养殖项目推进会。

是日 杭锦旗委副书记、政府旗长王羽强深入塔然高勒管委会乌定布拉格村调研有机黑蘑种植产业项目、国土找水项目等乡村产业基础工程建设。

28日 杭锦旗委副书记、政府旗长王羽强主持召开人民政府2019年第五次常务会议。专题研究市政道路建设、改建工程、黄河二期防洪工程、万成购物广场农贸市场改造及污染防治工作进展。

是日 杭锦旗委副书记、政府旗长王羽强深入锡尼镇重点项目施工现场协调解决项目建设中存在的问题和困难。

29日 鄂尔多斯市政协副主席、杭锦旗委书记金广军到杭锦旗扫黑办和公安局调研扫黑除恶工作，并召开“扫黑除恶”专项斗争工作调度会。

是日 杭锦旗政协党组书记、主席乌力吉吉日嘎拉深入巴拉贡镇、伊和乌素苏木视察乡村振兴示范村建设、绿洲家苑加固工程和包联嘎查（村）集体经济发展情况。

30日 内蒙古自治区大数据发展管理局局长张光收一行先后深入旗公安局指挥中心大厅、政务服务中心、信息化综合平台就数字经济发展、数字政府建设、智慧城市建设、吸引用好数字人才等内容进行实地调研。

6月

2日 杭锦旗文化和乡村旅游系列活动之希日摩仁第三届马兰花节开幕。

是日 鄂尔多斯市中级人民法院院长李红艳到杭锦旗人民法院就扫黑除恶专项斗争工作召开专题会。

3日 杭锦旗新任职干部集体谈话会召开，100余名干部参加会议。

是日 杭锦旗委副书记、政府旗长王羽强到杭锦旗政务服务局调研指导工作，查看政务服务各窗口。

4—6日 鄂尔多斯市扶贫办调研员王宇飞一行深入杭锦旗调研指导中央脱贫攻坚巡视整改、包联驻村和脱贫攻坚工作。

7日 杭锦旗400余名学生参加高考，全旗设杭锦旗中学一个考点。

10日 杭锦旗“古如歌”艺术团应邀参加2019年亚洲民俗节，获民俗民风团体演出二等奖、高质量节目特别奖两项奖。

是日 鄂尔多斯市人大常委会调研组到杭锦旗就深化“放管服”改革优化营商环境工作进行专题调研。

11日 杭锦旗委副书记、政府旗长王羽强一行深入独贵塔拉工业园区南项目区调研督查企业项目建设及安全生产等。

是日 成立杭锦旗投资项目“一站式”服务中心，中心进驻13个主要涉审部门、13名委托授权首席代表，涉及82项涉审委托事项。

是日 鄂尔多斯市政协副主席乌兰到杭锦旗调研转变畜牧业经营方式和草原生态保护情况。

12日 杭锦旗委副书记、政府旗长王羽强主持召开2019年第五次政府党组会议。会议研究科级领导按期转正事宜、政府有关部门人事任免事宜、国有公司人事任免事宜。

是日 杭锦旗委副书记、政府旗长王羽强主持召开2019年杭锦旗第一次规委会。会议听取规划选址项目、工程规划设计方案项目的汇报。

是日 鄂尔多斯市政协副主席孙树华到杭锦旗调研文旅融合发展情况。

13日 鄂尔多斯市政协副主席、杭锦旗委书记金广军实地调研背街小巷整治和棚户区及城区空地改造情况。

14日 杭锦旗委十三届九十六次常委会会议召开。讨论《杭锦旗委党的建设工作领导小组2019年工作要点（讨论稿）》，研究2019年被列入全旗“五位一体”综合考评单位建议名单、旗委议事协调机构及其组成人员名单。

17日 杭锦旗委副书记、政府旗长王羽强深入锡尼镇锡尼新村、陶赖高勒村仓储保鲜项目基地、杭锦旗中旺柳编展销中心等地就乡村振兴战略实施情况进行调研。

18日 鄂尔多斯市政协副主席、杭锦旗委书记金广军到投资项目“一站式”服务中心调研指导工作。

是日 杭锦旗委副书记、政府旗长王羽强深入中石化天然气项目现场调研天然气项目建设情况，研究解决存在的问题。

20日 杭锦旗第十七届人民代表大会常务委员会第十四次会议召开。会议听取审议旗人民政府关于将中信银行贷款本息全额列入同期年度财政预算及承诺偿还内蒙古伊泰集团有限责任公司担保资金的议案、旗人民政府关于农牧业机械化工作的报告，听取旗人民法院关于《中华人民共和国人民陪审员法》实施情况的报告，通过杭锦旗人大常委会关于调整内设机构的决定及人事任免事项，并为新任职人员颁发任命书。

是日 政协杭锦旗第十五届委员会第十次常委会会议召开。会议审议通过《关于杭锦旗水产养殖业的现状及发展前景的调研报告》。通过旗政协内设机构设置和有关人事任免。

是日 鄂尔多斯市委宣传部副调研员白宇明一行到杭锦旗调研督查精神文明建设工作。

21日 杭锦旗党委办公系统工作会议暨全旗政务保密档案工作会议召开。

24日 杭锦旗委副书记、政府旗长王羽强就第七届库布其国际沙漠论坛筹备工作进行安排部署。

是日 杭锦旗乌兰牧骑与兴安盟科右前旗乌兰牧骑共同走进武警总队鄂尔多斯支队演出。

25日 国家老龄办调研组一行先后到杭锦旗团结社区卫生服务站、祥和福星老年公寓等地对档案、医护人员配备、养老机构发展、医养结合落实等情况进行了解。

26日 鄂尔多斯市布鲁氏病防控治疗会议在杭锦旗召开。

26—27日 杭锦旗委副书记、政府旗长王羽强先后深入巴拉贡镇、呼和木独镇、吉日嘎朗图镇等地就农牧业产业发展和乡村振兴战略实施情况进行实地调研。

27日　内蒙古自治区医疗保障局局长金满义一行到杭锦旗督导调研医保工作。

30日　伊金霍洛旗四大班子一行到杭锦旗观摩调研库布齐治沙经验。

7月

1日　杭锦旗人民政府与晶科电力科技公司1吉瓦光伏平价上网项目座谈会召开。

2日　鄂尔多斯市政府副市长刘建勋深入杭锦旗防汛一线检查黄河杭锦旗段防汛工作。

是日　杭锦旗委副书记、政府旗长、旗副总河长王羽强深入黄河杭锦旗段调研并督查防汛工作。

是日　杭锦旗委副书记、政府旗长王羽强深入库布其国际沙漠论坛永久会址、亿利库布其农业智慧产业园、生物多样性科技馆、道图嘎查等推进库布其国际沙漠论坛筹备工作。

4日　杭锦旗委副书记、政府旗长王羽强，政府副旗长刘志军与正大集团农牧食品企业中国区副董事长王金文一行召开座谈会，双方就加强地企合作、加快现代农牧业发展进行探讨。

5日　杭锦旗委副书记、政府旗长王羽强深入锡尼镇调研扶贫产业项目运行情况并看望贫困户。

是日　乌兰巴特尔、道日娜新时代文明实践点第九期志愿服务活动在杭锦旗伊和乌素希日摩仁嘎查举行。伊和乌素乌兰巴特尔新时代文明实践点正式挂牌。

8日　鄂尔多斯市第九届“天骄杯”民族小学传统体育艺术节暨校长研讨会在杭锦旗举办。

9日　内蒙古自治区旗县融媒体中心建设督导组到杭锦旗检查督导融媒体中心建设情况。

是日　杭锦旗人民政府2019年第七次常务会议暨经济体制和生态文明体制专项小组召开。研究讨论《杭锦旗防汛应急预案》《杭锦旗乡村振兴示范嘎查村生活污水集中处理实施方案》《杭锦旗领导干部自然资源资产审计制度》《杭锦旗审计发现问题整改责任追究办法》《杭锦旗水资源优化配置指导意见》《杭锦旗沿黄灌区水权交易管理办法》《杭锦旗农牧业担保贷款实施方案》。

是日　杭锦旗通过创建国家卫生县城复核评估。

12日　杭锦旗委十三届九十八次常委会会议召开。汇报杭锦旗巡察存在的问题，提交《杭锦旗关于中央扫黑除恶第15督导组第二下沉组督导报告指出问题的整改方案（讨论稿）》《杭锦旗激励政法干警主动担当作为免责办法（讨论稿）》《杭锦旗农村牧区土地草牧场纠纷专项整治工作方案（审议稿）》《杭锦旗2019年脱贫攻坚“回头看”工作实施方案（审议稿）》。

是日　杭锦旗委全面依法治旗委员会第一次会议召开。提交并原则通过《旗委全面依法治旗委员会协调小组组成人员建议名单（讨论稿）》《旗委全面依法治旗委员会工作规则（讨论稿）》《旗委全面依法治旗委员会协调小组工作规则（讨论稿）》《旗委全面依法治旗委员会办公室工作细则（讨论稿）》《旗委全面依法治旗委员会2019年工作要点（讨论稿）》《2019年依法治旗重点工作任务分解方案（讨论稿）》。

是日　杭锦旗委审计委员会第一次会议召开。研究讨论《中共杭锦旗委员会审计委员会工作细则》《中共杭锦旗委员会审计委员会办公室工作细则》，审议并原则通过《杭锦旗审计问题整改责任追究办法（试行）》。

是日　哈萨尔搏克争霸赛首场赛事在鄂尔多斯草原旅游区举行，“千人跤王”阿拉坦苏合获得冠军。

15—16日　袁隆平青岛海水稻研发中心团

队——青岛海水稻研发中心到杭锦旗调研盐碱地改良种植水稻项目。

15日 鄂尔多斯市人大常委会党组副书记、副主任张月清一行到杭锦旗开展草原“一法一条例”(《中华人民共和国草原法》《内蒙古自治区草原管理条例》)贯彻落实情况执法检查。

17日 “追梦中华　生态优先”2019海外华文媒体鄂尔多斯采风到杭锦旗，19个国家和地区21位海外华文媒体高层参加6天的采风活动。

18日 全国政协副秘书长、工商联副主席黄荣一行到杭锦旗就基层工商联组织建设、“百企帮百村”精准扶贫工作开展情况、民营企业高质量发展、沙漠生态治理及治沙产业工作等进行调研。

18—19日 鄂尔多斯市政协主席王建国带领驻市自治区政协委员考察团到杭锦旗考察经济社会发展情况。

22日 鄂尔多斯市政协副主席、杭锦旗委书记金广军深入锡尼镇调研杭锦旗创城工作。

23日 杭锦旗自然资源局举行揭牌仪式。

是日 鄂尔多斯市政协副主席、杭锦旗委书记金广军主持召开十三届九十九次常委会会议。提交创建全国县级文明城市、纪委查办案件有关事宜。

是日 鄂尔多斯市政协副主席、杭锦旗委书记金广军深入杭锦旗独贵塔拉镇实地调研检查库布其国际沙漠论坛筹备情况。

24日 杭锦旗委副书记、政府旗长王羽强深入塔然高勒调研扶贫工作及现场调度违法占用林地整改工作。

25日 内蒙古自治区人大常委会委员、人大社会建设委员会杨瑞平一行到杭锦旗就贯彻落实《内蒙古自治区实施〈中华人民共和国残疾人保障法〉办法》情况进行执法调研。

26日 内蒙古自治区交通厅党组书记、厅长白智到杭锦旗调研指导交通运输工作。

27日 第七届库布其沙漠论坛在鄂尔多斯市杭锦旗召开，习近平致贺信。

27—28日 第七届库布其国际沙漠论坛在“绿水青山就是金山银山”实践创新基地内蒙古库布其亿利生态示范区（鄂尔多斯七星湖）召开，主题为“绿色一带一路　共建生态文明”。

29日 鄂尔多斯市委联动巡察组向杭锦旗财政局党组和扶贫办党组领导人反馈巡察情况。

30日 鄂尔多斯市政协副主席、杭锦旗委书记金广军，市政府办公室副主任邱林走访慰问杭锦旗人武部官兵、烈属和部分退伍军人。

是日 鄂尔多斯市政协副主席、杭锦旗委书记金广军主持召开杭锦旗委十三届一百次常委会会议，并提交巡视整改问题清单。

31日 杭锦旗委副书记、政府旗长王羽强走访慰问武警中队和部分退伍军人。

是日 杭锦旗库布齐沙区生态建设保护与开发利用专题座谈会召开。

8月

1日 杭锦旗退役军人庆“八一”中国人民解放军建军节座谈会召开。

是日 鄂尔多斯市委政法委副书记、扫黑办副主任付建奇一行到杭锦旗调研反邪教工作并召开会议。

1—2日 杭锦旗委副书记、政府旗长王羽强深入苏木（镇）调研40个点，了解重点工作、重大项目进展情况。

5日 鄂尔多斯市政协副主席、杭锦旗委书记、编委会主任金广军主持召开杭锦旗委员会机构编制委员会第三次会议。研究杭锦旗教育卫生系统2019年订单定向培养学生、人员调整调动原则、机构编制实名制管理系统调整规范、事业编制重新核定等相关事宜，审议通过《杭锦旗事业单位机构及人员编制优化调整工作实施方案》。

是日 杭锦旗城市基层区域化党建启动仪式

暨共驻共建签约仪式举行。

5—6 日 鄂尔多斯市委乡村振兴第二次督查组督查杭锦旗人居环境整治工作。

6 日 内蒙古华洲药业年产 36000 吨医药中间体项目在杭锦旗独贵塔拉工业园区开工。

8 日 内蒙古自治区人大常委会组织部分全国人大代表到杭锦旗，围绕“坚持生态优先、绿色发展为导向，走好内蒙古现代能源经济高质量发展新路子”开展专题调研。

是日 内蒙古自治区档案局局长张琛一行到杭锦旗开展检查，并调研档案工作。

是日 2019 年杭锦旗“全民健身日”活动启动仪式暨健步行比赛启动。

12 日 内蒙古自治区党委第十三巡视组巡视杭锦旗反馈意见整改工作动员大会召开。

是日 鄂尔多斯市政协副主席、杭锦旗委书记金广军主持召开旗委十三届一百〇一次常委会会议。专题研究巡视整改有关事宜。

是日 杭锦旗委副书记、政府旗长王羽强主持召开旗人民政府专题会议。研究国家土地、森林资源督查整改有关事宜及清理拖欠民营企业中小企业账款有关事宜。

14 日 杭锦旗委副书记、政府旗长王羽强主持召开人民政府 2019 年第八次常务会。研究土地纠纷化解事宜。

14—15 日 鄂尔多斯市政协副主席、杭锦旗委书记金广军深入那达慕会场、沿河四镇调研那达慕会场筹备、农牧业产业发展、乡村振兴、脱贫攻坚、基础设施建设、黄河防汛等重点工作推进情况。

16 日 鄂尔多斯市生态环境局杭锦旗分局召开例行新闻发布会，通报 2019 年 1—7 月杭锦旗污染防治攻坚进展情况、环境质量状况及生态系统扫黑除恶专项斗争和“雷霆斩污”生态环境专项执法行动开展情况。

20 日 鄂尔多斯市委副书记、市长斯琴毕力格深入杭锦旗调研乡村产业振兴和农村牧区人居环境整治工作。

是日 2019 年杭锦旗那达慕大会暨职工运动会在杭锦旗民族体育运动场开幕。

22 日 杭锦旗古如歌团应邀参加第九届世界民俗锦标赛，在国际艺术大赛上获金奖。

23 日 杭锦旗委常委会召开巡视整改专题民主生活会。自治区纪委监委第一纪检监察室副主任王延秋、市纪委监委第四纪检监察室主任周青，以及自治区纪委监委、市委组织部有关人员到会指导。

是日 举办以“我和我的祖国——走进残疾人”为主题的残疾人趣味运动会暨“残疾预防日”宣传活动。

26 日 绍兴市柯桥区文联、鄂尔多斯市杭锦旗文联书法创作基地在杭锦旗文化艺术研究院挂牌。

是日 杭锦旗锡尼镇垃圾分类不落地收集工作启动。

26—27 日 中共中央政治局常委、国务院副总理韩正到内蒙古自治区鄂尔多斯市杭锦旗库布齐，就库布齐沙漠防沙治沙和生态建设情况进行调研。

28—30 日 鄂尔多斯市扫黑办巡回检查指导组对杭锦旗落实中央督导组反馈问题整改、线索排查和线索办理、扫黑除恶专项斗争重点工作开展等情况进行巡回检查指导。

9 月

1 日 对全旗 8 处宗教活动场所重新发放登记证书。

3 日 杭锦旗委副书记、政府旗长王羽强主持召开人民政府 2019 年第十次常务会议。会议研究教育相关工作，部分项目招投标，新能源产业示范区污水处理厂运行，滞留“一卡通”银行卡注销，扶贫产业项目绩效评价第三方评估机构选聘，杭锦旗社会中介服务机构审计质量管理，公共租赁住房申请对象分类型、分梯度保障，棚户区改造项目实施主体，自治区农畜产品质量安全监管示范县创建和承办鄂尔多斯市首届农牧民健身运动会等有关事宜。

4—5日 国家发改委、财政部、自然资源部、生态环境部、能源局、林草局、人民银行组成专题调研组，在国家发改委农经司副司长李明传的带领下到杭锦旗对库布齐沙漠生态建设与防沙治沙情况进行调研。

5日 内蒙古自治区水投集团到杭锦旗调研杭锦旗水生态项目及沿河排水项目建设。

是日 杭锦旗卫生健康系统议案促改暨医德医风专项整治动员部署会召开。

6日 杭锦旗委副书记、政府旗长王羽强深入内蒙古伊泰宁能精细化工有限公司调研指导安全生产工作。

是日 “爱我杭锦　幸福家苑”首届家庭花卉展在陶赖沟河花苑举办。

9日 杭锦旗委副书记、政府旗长王羽强看望慰问退休老教师。

是日 全国工商联副主席谢经荣一行就杭锦旗库布齐生态环境治理情况进行调研。

10日 杭锦旗庆祝第三十五个教师节暨表彰奖励大会召开。

11日 鄂尔多斯市政协副主席、杭锦旗委书记金广军主持召开旗委十三届一百〇二次常委会会议及旗委全面深化改革委员会第二次会议。会议研究脱贫攻坚工作、扫黑除恶专项斗争及中华人民共和国成立70周年信访工作。

17日 杭锦旗总工会举办全旗干部职工心理健康知识讲座，行政事业单位600余名干部职工参加。

18日 鄂尔多斯市委副书记、市长斯琴毕力格一行深入杭锦旗政务服务中心调研。

是日 S316线中和西至巴拉贡公路、S215线独贵塔拉至锡尼段公路、G242临河黄河大桥至公其日嘎段3条国省道干道杭锦旗段正式通车。

是日 杭锦旗委副书记、政府旗长王羽强调研锡尼镇镇区供暖工作，确保10月1日前供暖。

19日 鄂尔多斯市政协副主席、杭锦旗委书记金广军主持召开旗委十三届一百〇三次常委会会议。会议审议并原则通过《关于开展“不忘初心、牢记使命”主题教育工作方案》《杭锦旗委“不忘初心、牢记使命”主题教育领导小组组成人员建议名单》《杭锦旗委“不忘初心、牢记使命”主题教育派出指导组组成人员建议名单》。

是日 内蒙古自治区党委组织部副部长、老干局局长岳志君一行到杭锦旗调研指导老干部工作。

20日 杭锦旗“不忘初心、牢记使命”主题教育工作会议召开。市委“不忘初心、牢记使命”主题教育第三巡回指导组到会指导。

是日 2019年杭锦旗“金融知识普及月　金融知识进万家　争做理性投资者　争做金融好市民”暨网络安全宣传周主题宣传活动举办。

22—23日 鄂尔多斯市首届农牧民健身运动会在杭锦旗举办，9个旗区400多名农牧民参加。

23日 杭锦旗监察委员会召开第一届特约监察员聘请会议，聘请6名特约监察员。

24日 鄂尔多斯市政协副主席、杭锦旗委书记金广军主持召开杭锦旗县级领导干部大会。安排部署国庆前后安全工作及重点工作。

是日 鄂尔多斯市政协副主席、杭锦旗委书记金广军带队深入杭锦旗建筑施工工地、危化企业及供热企业，检查安全生产和冬季集中供暖准备工作。

25日 鄂尔多斯市政协副主席、杭锦旗委书记金广军到杭锦旗蒙古族实验小学、杭锦旗第一中学、少年宫慰问在校师生。

25—27日 杭锦旗退役军人事务局为中华

人民共和国成立前入伍在乡复员军人发放“庆祝中华人民共和国成立70周年”纪念章。

26日 杭锦旗中学建校60周年庆祝大会在杭锦旗中学体育场举行。

是日 杭锦旗委副书记、政府旗长王羽强深入亨东天然气、金泰通小区建设现场、锡尼车站及兴杭市场，进行安全生产检查和建设情况调研。

27日 鄂尔多斯市政协副主席、杭锦旗委书记金广军主持召开杭锦旗集中整顿软弱涣散基层党组织部署会议。

是日 杭锦旗召开政府债务化解工作部署会议。

28日 杭锦旗（上海）招商推介会在上海鄂尔多斯大厦召开。

30日 杭锦旗举行庆祝中华人民共和国成立70周年升旗仪式，全旗1500名代表参加。

是日 杭锦旗委副书记、政府旗长王羽强一行深入杭锦旗第一中学、第一幼儿园、第八幼儿园、蒙古族小学、蒙古族幼儿园和蒙古族第二幼儿园实地调研校园消防设施建设工作并组织召开协调会。

10月

8日 杭锦旗委副书记、政府旗长王羽强主持召开2019年杭锦旗规委会会议。会议听取规划选址项目、市政建设项目、建设工程方案项目汇报，讨论并提出修改意见。

9日 政协杭锦旗第十五届委员会第十一次常委会会议召开。会议听取旗政府关于2019年度上半年全旗经济社会运行情况的通报；审议通过《政协杭锦旗委员会常务委员会工作规则》《政协杭锦旗委员会管理办法》，以及有关人事事项。

10日 杭锦旗第十七届人民代表大会常务委员会第十六次会议召开。会议听取杭锦旗第十七届人民代表大会财政经济委员会《关于2018年旗本级财政决算预算草案审查结果报告》，杭锦旗人民政府《关于杭锦旗乡村振兴战略实施方案编制情况的报告》。审议通过旗人民政府关于2019年上半年国民经济和社会发展计划执行情况等。

是日 鄂尔多斯市政协副主席、杭锦旗委书记、旗委审计委员会主任金广军主持召开杭锦旗委审计委员会第二次会议。审议并原则通过《关于2018年度旗本级预算执行和其他财政收支的审计工作报告》《关于旗本级预算执行和其他财政收支2018年度审计查出问题整改情况的报告》《杭锦旗审计全覆盖实施办法（试行）》。

是日 杭锦旗委退役军人事务工作领导小组第一次会议召开。会议原则通过《杭锦旗退伍军人事务工作领导小组工作规则》《杭锦旗委退伍军人事务工作领导小组办公室工作细则》《杭锦旗委退伍军人事务工作领导小组2019年工作要点》。

11日 杭锦旗吉日客葵花籽产业化联合体成立大会举办。会议听取筹备报告，审议通过联合体章程、联合体选举办法草案，选举通过联合体会员领导小组名单。

11—12日 杭锦旗召开“不忘初心、牢记使命”主题教育暨乡村振兴和人居环境整治现场会。

14日 内蒙古自治区第六巡回指导组组长、巴彦淖尔市人大常委会原主任张明中带队到杭锦旗开展“不忘初心、牢记使命”主题教育专题调研。

是日 杭锦旗举行第五期廉租房交工暨保障性住房交房仪式，有5栋400套20000平方米廉租房交付。

15日 鄂尔多斯市委第三巡回指导组对四大班子机关主题教育开展情况进行调研。

16日 原中国人民解放军北京军区内蒙古生产建设兵团二师二十团八连纪念碑揭幕仪式在原址举行。

17日 上海市投资考察团一行19人到杭锦

旗考察调研。

是日 鄂尔多斯军分区司令员陈小艺深入杭锦旗开展扶贫日走访慰问活动。

19日 杭锦旗委副书记、政府旗长王羽强就杭锦旗创城工作开展情况进行实地督导。

21日 鄂尔多斯市政协副主席、杭锦旗委书记金广军带领旗四大班子领导到塔然高勒地区开展“不忘初心、牢记使命”主题教育专题调研。

是日 杭锦旗委副书记、政府旗长王羽强主持召开杭锦旗房地产历史遗留问题及棚改调度会。

22日 鄂尔多斯市易地扶贫搬迁后续扶持工作推进现场会在杭锦旗召开。

是日 鄂尔多斯市政协副主席、杭锦旗委书记金广军围绕“不忘初心、牢记使命”主题教育进行专题调研。

24日 杭锦旗沿黄灌区盐碱地灌排水系统提升改造项目可行性研究报告会召开。自治区水利水电勘测设计院专家组李新民一行出席会议。会议专题研究讨论《杭锦旗沿黄灌区盐碱地灌排水系统提升改造项目可行性研究报告》，并对杭锦旗35万亩盐碱地进行全面分析研究。

是日 杭锦旗委副书记、政府旗长王羽强主持召开杭锦旗人民政府2019年第十一次常务会议。研究讨论与青岛九天智慧农业集团合作建立海水稻内蒙古研发中心，执行并完善中开抵押房产用作公安局业务用房，《成泰房地产四方协议》《盐海子地区环境综合治理方案》落实，独贵塔拉镇污水处理厂、自来水厂回购，部分项目招投标等有关事宜。

24—30日 鄂尔多斯市政协副主席、杭锦旗委书记金广军带领旗发改、能源、国土、苏木镇相关负责人，赴安徽芜湖、江苏南京、四川成都考察，先后实地参观芜湖经济开发区的信义工业园区光伏玻璃生产线、南京市的通威渔光一体产业园、成都市的通威太阳能电池产业园。

28—29日 鄂尔多斯市党组副书记、副主席孙树华带领文史专家到杭锦旗调研文化文史工作。

29日 杭锦旗委副书记、政府旗长王羽强到杭锦旗交通运输局现场督导债务化解工作。

30日 鄂尔多斯市纪检监察工作推进会在杭锦旗召开。

是日 杭锦旗召开新任职干部集体谈话会。

11月

1日 杭锦旗委“不忘初心、牢记使命”主题教育调研成果交流会召开。

4日 鄂尔多斯市委书记牛俊雁深入杭锦旗开展“不忘初心、牢记使命”主题教育专题调研，推动黄河流域生态保护和高质量发展。

7日 杭锦旗新闻战线工作者共同庆祝第二十二个记者节。6名全旗优秀新闻工作者及10条2019年度杭锦好新闻受到表彰。

是日 杭锦旗委常委会、政府党组分别召开“不忘初心、牢记使命”主题教育对照党章党规找差距专题会议。

8日 杭锦旗“11·9”消防宣传月活动启动。

11日 鄂尔多斯市2019年加工贸易（装备制造及煤化工产业链）精准招商推介会在南京市举办。推介会上，王羽强代表杭锦旗人民政府分别与华润电力投资有限公司北方分公司、山东能源集团有限公司、国电电力发展股份有限公司、鲁能新能源（集团）有限公司、国投新能源投资有限公司、中广核新能源内蒙古分公司、通威新能源科技（北京）有限公司、信义光伏产业（安徽）控股有限公司、上海胜义环境科技有限公司企业负责人签订9项战略合作框架协议，项目总投资154亿元。

13日 鄂尔多斯市2019年道德模范、身边好人和文明家庭故事基层巡演在杭锦旗影剧院举行。

14日　杭锦旗第四期廉租房工程竣工移交仪式举行。

15日　杭锦旗委副书记、政府旗长王羽强到政务服务大厅房地产历史遗留问题一站式受理窗口调研并推进工作。

18日　杭锦旗委副书记、政府旗长王羽强主持召开全旗鼠疫疫情防控工作部署会。

是日　内蒙古文联文艺志愿服务书法美术小分队走进杭锦旗，举办书法美术培训。

是日　杭锦旗委常委、政府副旗长乔小军，政府副旗长包德博信其木格对杭锦旗鼠疫防控工作进行督导调研。

19日　8时，黄河内蒙古三湖河口段首次出现流凌，流凌密度在10%左右。

20日　杭锦旗3500平方米新建图书馆逐步启动运行。

21日　鄂尔多斯市卫生健康委员会副主任徐健一行到杭锦旗对鼠疫疫情防控工作开展情况进行检查指导。

22日　杭锦旗委副书记、政府旗长王羽强主持召开杭锦旗ETC（不停车收费系统）设备安装工作部署会。

是日　杭锦旗委副书记、政府旗长王羽强主持召开杭锦旗安全生产工作部署会。

是日　杭锦旗苏木镇改革动员部署会议召开。

23日　内蒙古自治区粮食生产功能区和重要农产品保护区划定成果验收组到杭锦旗检查验收"两区"划定工作。

25日　杭锦旗法学会成立大会暨第一届理事全体会议召开。表决通过《杭锦旗法学会第一次代表大会选举办法（草案）》《杭锦旗法学会章程（草案）》。选举产生杭锦旗法学会第一届理事；选举产生法学会会长、常务副会长、副会长、秘书长和常务理事；旗委副书记、政法委书记贾玉宝当选为杭锦旗法学会会长。

是日　杭锦旗委、政府党组成员、宣传部部长闫宗瑞组织召开杭锦旗创建全国县级文明城市工作测评迎检会。

26日　鄂尔多斯市政协副主席、杭锦旗委书记金广军主持召开杭锦旗委十三届一百〇八次常委会会议。听取全旗脱贫攻坚工作情况和开展民生实事项目人大代表票决制工作情况汇报，审议《杭锦旗委关于自治区党委第十三巡视组巡视杭锦旗反馈意见完成情况的报告》《杭锦旗民生实事项目人大代表票决制工作实施方案》《2019年全旗优秀工作者评选方案》。

12月

2日　学习贯彻中共十九届四中全会精神鄂尔多斯市宣讲团报告会在杭锦旗举行。

是日　鄂尔多斯市政协副主席马嘎尔迪、房建华带队到杭锦旗视察少数民族牧区脱贫产业扶持政策落实情况。

3日　杭锦旗委副书记、政府旗长王羽强主持召开人民政府2019年第十二次常务会议。会议研究乡村振兴战略实施方案、党校餐厅宿舍运营管理方案、信息化建设项目管理办法（暂行）、杭锦旗中学教师招聘、2020年春节街景亮化、花卉种植及污水处理服务费等有关事宜。

4日　中国铀业有限公司与杭锦能源公司就杭锦旗塔然高勒地区铀矿资源调查的设计方案进行评审，并初步达成勘查协议及安全协议。

是日　杭锦旗委副书记、政府旗长王羽强主持召开呼和木独镇生态优质肉牛产业基地建设项目汇报会。

是日　杭锦旗"12·4"国家宪法日暨宪法宣传周集中宣传月宣传活动启动仪式举行。

5日　杭锦旗委常委会"不忘初心、牢记使命"专题民主生活会召开。市委"不忘初心、牢记使命"主题教育第三巡回指导组到会指导。

10日　杭锦旗老干部工作座谈会召开。

11日 杭锦旗“不忘初心、牢记使命”主题教育成果分享会召开。全旗领导干部职工近200人参加。

是日 杭锦旗建设美丽乡村整治重点区域环境乱象“百日攻坚专项行动”工作推进会召开。

12—14日 鄂尔多斯市卫生健康委员会副主任徐健一行对杭锦旗鼠疫防控效果进行评估。

17日 鄂尔多斯市政协副主席、杭锦旗委书记金广军主持召开杭锦旗委十三届一百一十一次常委会会议。会上提交《杭锦旗乡村振兴战略实施方案（审议稿）》。

20—22日 杭锦旗国际商品博览会暨当地民间特产订购会在杭锦旗博物馆一楼召开。

23日 杭锦旗委全面深化改革委员会第三次会议暨旗委机构编制委员会第四次会议召开。会议研究审议《关于深化杭锦旗苏木镇改革推进基层整合审批服务执法力量的实施方案》和苏木镇党政机构设置、人员编制调整及领导职数核定事宜。

是日 全国妇联“贫困母亲两癌救助”中央专项彩票公益金发放仪式在旗妇联举行，为13名“两癌”（宫颈癌和乳腺癌）患病贫困妇女每人发放1万元救助金。

25日 即日起，杭锦旗实施个体工商户全程电子化登记改革，实现窗口登记与全程电子化登记并行的政务服务模式。

是日 杭锦旗委副书记、政府旗长王羽强一行深入锡尼镇等地调研扶贫工作并看望贫困户。

25—26日 内蒙古自治区鼠疫防控效果考核评估组组长韩国新一行到杭锦旗开展鼠防评估工作，并召开评估情况反馈会议。

概　况

基本情况

【区域位置】 杭锦旗地处内蒙古自治区鄂尔多斯市西北部，东与达拉特旗、东胜区接壤，南与伊金霍洛旗、乌审旗为邻，西与鄂托克旗毗连，北与巴彦淖尔市隔黄河相望。地跨鄂尔多斯高原与河套平原，地理坐标位于北纬 39° 22′ 22″ —40° 52′ 47″ 、东经 106° 55′ 16″ —109° 16′ 08″ 。杭锦旗位于黄河“几”字湾南岸，黄河流经杭锦旗 249 公里，库布齐沙漠横亘东西。杭锦旗总面积 1.89 万平方公里，下辖 2 个工业园区、5 个镇、1 个苏木，总人口 14.4 万人，其中蒙古族人口 2.7 万人。

杭锦旗地处鄂尔多斯西北部，北与巴彦淖尔市隔黄河相望，地跨鄂尔多斯高原与河套平原。与北京市的直线距离约为 848 公里，与银川市的直线距离约为 311 公里，与呼和浩特市的直线距离约为 350 公里，处于国家级经济圈呼包银经济圈中心位置。

【地势地貌】 地势南高北低，东高西低。境内地形地貌由黄河冲积平原、沙地沙漠、波状高平原和础砂岩丘陵镶嵌排列，具有明显的带状分布规律；北部是黄河南岸的冲积平原，平均宽度约 10 公里，地势平坦，海拔在 1012—1080 米，西高东低，独贵塔拉镇隆茂营村毛布拉格孔兑沟入黄河处，为杭锦旗最低点，海拔为 1012 米。地质结构为陷落地堑盆地，为厚层细沙及黏土状的第四纪洪积—冲积—湖积物覆盖，厚度达数百米；中北部是横跨全旗的库布齐沙漠，境内东西长 180 公里，南北宽 40—70 公里，面积为 7668.50 平方公里，占全旗土地总面积的 40.54%，海拔 1040—1360 米，西高东低，风沙地貌十分发达，形成以新月形沙丘链、沙垄和蜂窝状沙丘为主的浩瀚的沙漠景观。伏沙为风积、残积物堆积，沙丘多就地形成，沙源来自下伏物质就地吹扬风积而成，其次是邻近地区的风积物；库布齐沙漠以南的中南部地区是波状高平原和丘陵地带，丘陵分布在东西两端，中部为波状高平原，海拔一般在 1068—1619.5 米，东西两端的丘陵区侵蚀、切割强烈，水土流失严重。东部丘陵区乌兰补拉格海拔 1619.5 米，是杭锦旗的最高点；东南部为毛乌素沙地边缘，海拔为 1193—1550 米，以固定和半固定沙丘为主，流动沙丘很少。沙丘形态以新月形沙丘和新月形沙丘链为主。

库布齐沙漠起源于西部，横亘东西，将全旗分为北部沿河区、南部梁外区。

梁外位于库布齐、毛乌素沙漠的中间地带，属于荒漠、半荒漠草原；以草原、天然林保护区为主，草原辽阔。

沿河紧靠黄河南岸，属东西狭长的黄河冲积平原，地势平坦，水源充沛，土壤肥沃。

【气候气象】 杭锦旗气候特征属于典型的中温带半干旱高原大陆性气候。太阳辐射强烈，日照充足，干燥少雨，蒸发量大，风大沙多；无霜期短，10月初上冻，次年4月解冻；四季冷热多变，冬季漫长寒冷，夏季炎热短暂，春季回暖升温快，秋季气温下降显著。

杭锦旗2019年平均气温为7.2℃，与历年6.7℃相比高0.5℃，年极端最高气温为33.2℃，出现在7月26日，年极端最低气温为-24.9℃，出现在2月7日。年降水量为303.0毫米，与历年274.6毫米相比多28.4毫米，年大风日数为47天，比历年大风日数23.7天多23.3天。

【人　口】 年末，全旗户籍人口143672人，总户数65744户。其中，城镇人口27073人。按性别分，男性72999人，占总人口50.8%；女性70673人，占总人口49.2%。按民族分，蒙古族人口27677人，占总人口19.3%；汉族人口115616人，占总人口的80.5%；其他少数民族人口为379人，占总人口的0.2%。家庭户均规模为2.19人。

年末全旗常住人口11.52万人，其中城镇人口6.63万人，乡村人口4.89万人，城镇化率为57.55%。全年出生人口为0.11万人，出生率为9.57‰；死亡人口为0.08万人，死亡率为6.96‰；自然增长率为2.61‰。

【水资源】 黄河自西向东流经杭锦旗全长249公里，年过境水量310亿立方米。旗内还有摩林河、淘赖沟等内陆水系69条，境内河流总长度2351.8公里；湖泊13个，总面积25.18平方公里。全旗水资源总量为69086.88万立方米，可利用量为54447.39万立方米。其中地表水年径流量9980.18万立方米，地表水可利用量1596.84万立方米，地下水资源量为35501.7万立方米，地下水可利用量28698.55万立方米，可利用黄河水指标24152万立方米。

【土地资源】 杭锦旗总土地面积1881430.5公顷，耕地64810.47公顷，园地1655.69公顷，林地171472.28公顷，草地1023417.26公顷，城镇及工矿用地13381.42公顷，交通运输用地7858.54公顷，水域及水利设施用地53808.85公顷，其他用地545025.99公顷。

【农牧业资源】 牲畜以杭锦白绒山羊和鄂尔多斯细毛羊为主，其中杭锦白绒山羊绒质优、产量高，堪称“纤维宝石”。“西北沟”甘草畅销世界。全年农林牧渔及服务业总产值36.3亿元，其中，农业产值22.6亿元；林业产值1.6亿元；牧业产值11.4亿元；渔业产值0.3亿元；农林牧渔服务业产值0.4亿元。

种植业。农作物总播面积108.88万亩，同比下降2.2%。粮食作物播种面积63.97万亩，同比增长2.5%；粮食产量369301吨，同比增长0.7%，其中，小麦产量2489吨，玉米产量353469吨。

畜牧业。日历年度全年畜禽存栏达到1672532头（只）（猪牛羊合计）。其中：猪存栏26621头，牛存栏32159头，羊存栏1613752只。

【矿产资源】 探明石膏储量6500万吨、食盐储量505万吨、天然碱储量700万吨、芒硝储量5000万吨，是无机化工的主要原料。境内有煤面积8319平方公里，煤炭总储量786亿吨。

【新能源资源】 杭锦旗地处北半球中纬度盛行西风带，是西北寒潮路径的中心地带，具有风力强、分布广泛、相对持久稳定等特点；境内日照充足，全年平均日照数约为3105.7小时，年平均辐热量约为8800兆焦每平方米，是内蒙古太阳能资源最富集的地区。

【天然气资源】 杭锦旗区块面积3300余平方公里，三级储量约10102.26亿立方米。

经济发展

【经济综述】 2019年，杭锦旗完成地区生产总值125.3亿元，同比增长5.6%；公共财政预算收入5.3亿元，同比增长16.5%；固定资产投资37.8亿元，同比增长1.6%；社会消费品零售总额34.8亿元，同比增长2.1%；城乡居民人均可支配收入达到 44899 元和 20028 元，分别增长 6.6% 和 9.8%。

分产业看，第一产业完成 22.09 亿元，同比增长 1.5%；第二产业完成 56.07 亿元，同比增长 10.6%，其中：全部工业完成 49.47 亿元，同比增长 11.4%，建筑业完成 6.6 亿元，同比增长 4.9%；第三产业完成 47.17 亿元，同比增长 1.7%。三次产业结构比例为 17.6∶44.7∶37.7。按常住人口计算，人均地区生产总值 109031 元。

【工　业】 2019 年，规模以上工业企业 34 家，完成总产值 179.35 亿元，同比增长 36.0%。分行业看，采矿业 10.62 亿元，化学原料和化学制品制造业 96.83 亿元，医药制造业 1.2 亿元，非金属矿物制品业 0.62 亿元，金属制造业 0.12 亿元，电力、热力生产和供应业 44.53 亿元，燃气生产和供应业 23.72 亿元，水的生产和供应业 1.71 亿元；完成销售产值 179 亿元，同比增长 35.3%；工业产品产销率 99.8%，产销衔接良好。全年规模以上工业增加值同比增长 13.5%。

规模以上工业企业实现主营业务收入 194.43 亿元，同比增长 80.5%；利税总额 6.52 亿元，同比下降 32.8%。亏损企业 5 户，比上年增加 1 户。企业亏损面 14.7%，比上年年末缩小 0.67 个百分点。

【固定资产投资】 2019 年，全社会固定资产投资项目 73 个（新建项目 50 个，续建 23 个），杭锦旗固定资产投资同比增长 1.6%。

按产业分，第二产业同比增长 7.4%，第三产业同比下降 14.6% 。民间投资同比增长 48.9%，房地产开发投资同比增长 9.5%。

【电力资源】 2019 年，建设主配网工程 9 项，总投资 33104 万元，其中电力专项扶贫工程 3 项，投资 21332 万元。全年完成售电量 10.16 亿千瓦时，同比增长 18.23%。综合线损率累计完成 2.8%，10 千伏公线线损率累计完成 8.61%，较计划降低 0.39 个百分点。全年发行电费 4.5 亿元，电费回收率 100%。城镇供电可靠性 99.84%，综合电压合格率 99.61%，比上年提高 0.03 个百分点。

辖区内有 220 千伏变电站 4 座，110 千伏变电站 14 座，35 千伏变电站 18 座；35 千伏输电线路 21 条，总长 617 公里，10 千伏配电线路 115 条，总长 5562.51 里，0.4 千伏低压线路 3315 条，总长 4385.92 公里，运行维护配电变压器 5083 台。

【财　政】 2019 年财政：杭锦旗地方财政一般公共预算收入累计完成 52902 万元，同比增收 7486 万元，较上年同期增长 16.5%。

分地区看，旗本级完成 41746 万元；同比增收 6136 万元，增长 17%；工业园区完成 11156 万元（其中：新能源工业园区 3146 万元，独贵园区 8010 万元），同比增收 1350 万元，增长 14%。

分部门看，税务部门完成 39689 万元，同比增收 3788 万元，同比增长 11%；财政部门完成 13213 万元，同比增收 3698 万元，同比增长 39%。

2019 年，杭锦旗公共财政支出累计完成 290399 万元，同比减少支出 24550 万元，同比下降 7.8%。

【交通运输　邮政】 杭锦旗建成公路 5347 公里，109 国道、110 国道、G18、丹拉高速公路纵贯东西，G242、S215 连接南北；大四铁路、乌锡铁路具备运行条件，包兰铁路途经杭锦旗，并设杭锦旗站；库布齐通用机场前期工作推进。

截至 2019 年年末，杭锦旗境内公路总里程达到 5384.47 公里。其中，高等级公路里程 439.55 公里，高等级公路中，高速公路 253.74 公里、一级公路 185.81 公里。铁路里程 108 公里。

全年公路货运量 192.43 万吨，货运周转量 8469 万吨公里。公路客运量 243.04 万人次，客运周转量 3315 万人公里。

邮政分公司全年邮政业务收入实现 719 万元，同比下降 11%。

【商　业】 全年完成社会消费品零售总额 34.81 亿元，同比增长 2.1%。

按销售地区分，城镇零售总额完成 24.36 亿元，同比增长 1.5%；乡村零售总额完成 10.45 亿元，同比增长 3.5%。

限额以上企业实现社会消费品零售总额 1.06 亿元，同比下降 11.2%。按商品品类值分，粮油食品类完成零售额 0.19 亿元，同比下降 11.2%；中西药品类完成零售额 0.26 亿元，同比增长 3.6%；汽车类完成零售额 0.61 亿元，同比下降 2.9%。

【金 融】 2019 年年末，杭锦旗金融机构存款余额 699387 万元，同比增长 3.9%。金融机构贷款余额 639070 万元，同比下降 2.4%。

社会事业

【旅 游】 杭锦旗依托沙漠、草原、黄河三大旅游资源，建设大漠风光、草原民俗、黄河文化三大旅游带，打造休闲度假、生态观光、运动探险、民俗体验、文化创意、会展研学等旅游品牌。有善提济度寺、朔方郡古城遗址等历史悠久的文化遗产，有黄河、鄂尔多斯草原、库布齐沙漠、七星湖、摩林河温泉、夜鸣沙等独具特色的自然景观。

杭锦旗有旅行社 2 家，AAAA 级景区 3 家，AAA 级景区 1 家，AA 级景区 1 家，景点 3 家，星级酒店 3 家，自治区级星级农牧家乐 14 家，市级农牧家乐接待户 4 家，旗级农牧家乐 12 家，休闲观光旅游农牧业庄园 4 家。全年累计接待游客 122.7 万人次，实现旅游收入 29.9 亿元。

【文 化】 流传在沿河地区的“古如歌”是蒙古族长调民歌中的宫廷赞歌，被称为研究蒙古族族历史的活化石，被列入国家第二批非物质文化遗产名录；霍洛柴登古城遗址被国务院列为第六批国家重点文物保护单位；被誉为“草原瑰宝”的国家一级文物鹰顶金冠饰出土于杭锦旗。

2019 年年末，杭锦旗旗直文化部门 1 个，各苏木（镇）文化站 7 个。文化旅游系统工作人员 125 人。其中，专业技术人员 81 人。图书馆总藏书量 18.2 万册（件），其中图书 11.1 万册、报刊 287 种、电子图书 7.1 万册。

地面数字电视发射台 15 座（自有 3 座，租用 12 座），中央广播电视无线数字地面发射台 4 座，调频广播发射台 4 座。数字电视用户 20900 户，其中地面数字无线用户 12330 户，有线电视用户 8570 户。电视综合覆盖率达到 90%，广播综合覆盖率达到 80%。

【教 育】 年末，杭锦旗有各类学校 28 所（民办 2 所）。其中，幼儿园 18 所（公办幼儿园 16 所、民办幼儿园 2 所），小学 5 所（民族小学 1 所），中学 5 所（初级中学 1 所、九年一贯制学校 2 所、完全中学 2 所）。杭锦旗在校学生人数 14986 人，其中，在校幼儿 3887 人，在校小学生 6994 人，在校中学生 4105 人（初中生 3124 人、高中生 981 人）。杭锦旗共有专任教师 1588 人，其中，幼儿园专任教师 414 人，小学专任教师 612 人，中学专任教师 562 人（初中专任教师 394 人、高中专任教师 168 人）。

【卫 生】 年末杭锦旗有旗直医疗、预防、保健、爱国卫生、卫生监督机构 7 个，苏木（镇）中心卫生院 7 所，社区卫生服务中心 1 个，嘎查（村）卫生室 78 个，个体医疗诊所 52 个。卫生专业技术人员 699 人，其中，高级职称 110 人，中级职称 129 人，初级及其他人员 460 人。杭锦旗共有病床 633 张，其中，旗直 470 张，基层 163 张，妇幼保健 30 张。平均每千人口床位数 4.5 张。平均每千人口拥有医务人员 4.9 名。

【体 育】 国家级社会体育指导员 6 人、自治区一级社会体育指导员 36 人、市二级社会体育指导员 65 人、旗三级社会体育指导员 448 人。年内举办近 24 项重要体育赛事。杭锦旗有 1 个旗级全民健身中心、1 个旗级乒乓球馆。全民健身体系日趋完善，体育场地面积 32.32 万平方米，人均拥有体育场地面积 2.82 平方米。完成体育彩票销售 1861 万元。

【环境保护】 城市环境空气质量全年好于国家二级标准优良天数311天，其中轻度污染32天，中度污染1天，无重度污染，严重污染2天。优良天气达到89.8%以上。全旗二氧化硫浓度为9微克每立方米，二氧化氮浓度为18微克每立方米，PM2.5浓度为20微克每立方米，城镇集中式饮用水源地的水质达标率100%。城镇区域环境噪声Ⅰ类区夜间37.4分贝，Ⅱ类区夜间41.1分贝，道路交通夜间噪声等效声级均值为52.4分贝。

人民生活

【就业和社会保障】 全年新增就业人员1013人。提供就业岗位2202个。全年完成农村牧区劳动力转移输出7099人。城镇登记失业率为3%。

2019年年末，各项社会保险参保人数达到133226人。其中，城镇职工基本养老保险参保23665人（包括企业在职参保人员8345人，机关事业单位在职8107人，企业离退休人员4136人，机关事业单位离退休人员3077人），工伤保险参保13611人，生育保险参保12890人，城镇职工基本医疗保险参保18670人，城乡居民社会养老保险参保64390人。

2019年年末，失业保险人数9085人，征收基金662.49万元，发放人数289人，发放失业保险金45.43万元。

2019年年末，全旗城乡居民医疗保险参保104735人。全年统筹基金收入10811.46万元，统筹基金支出12682.95万元，累计报销38051人次。

2019年年末，享受城镇低保对象156户252人，享受农村低保对象780户1485人。全年发放城镇低保资金143.3万元，发放农村低保资金549.2万元。

【居民生活】 全年居民人均可支配收入实现33084元，同比增长8.1%。其中，人均工资性收入14323元，同比增长6.2%；经营净收入17285元，同比增长13.6%；财产净收入379元，同比下降31.7%；转移净收入1097元，同比下降19.2%。全年居民人均消费支出19815元，同比增长5.1%；其中食品消费支出占家庭消费总支出的比重为25.7%，每百户居民拥有家用汽车69辆，较上年持平。

全年城镇常住居民人均可支配收入实现44899元，同比增长6.6%。其中，人均工资性收入33214元，同比增长8.2%；经营净收入10245元，同比增长6.1%；财产净收入992元，同比增长0.5%；转移净收入447元，同比下降43.5%。全年城镇常住居民人均消费支出22746元，同比增长5%，其中食品消费支出占家庭消费总支出的比重为23%，每百户城镇居民拥有家用汽车89辆，较上年下降3.3%。

全年农村牧区常住居民人均可支配收入实现20028元，同比增长9.8%。其中，人均工资性收入2008元，同比增长40.1%；经营净收入16854元，同比增长10.8%；财产净收入–2元，同比下降100.8%；转移净收入1168元，同比下降16.4%。全年农村牧区常住居民人均生活消费支出16180元，同比增长5.3%，其中食品消费支出占家庭消费总支出的比重为34.7%，每百户农牧民拥有家用汽车48辆，较上年增长4.3%。

中共杭锦旗委员会

杭锦旗委办公室　改革办

【概　况】 杭锦旗委办公室核定行政编制15个，事业编制29个。内设综合文稿股、改革督查股、文秘翻译股、信息调研股、党务法规股、档案管理股、运行保障股。

全年开展理论学习64次，其中理论学习中心组学习12次，领导干部大讲堂12次，按要求开展"学习强国"App学习。

2019年，开展专题调研3次，形成调研报告4篇；向上报送信息1158条，撰写领导讲话、汇报材料、署名文章、主题征文等文稿430余篇；来文918份，发文件315个；召开各类会议108次；53项改革任务完成90%。

【调研与信息】 结合"不忘初心、牢记使命"主题教育，由办公室副主任带队深入基层，围绕推动经济高质量发展、项目落地攻坚年、乡村振兴等主题开展专题调研3次，形成调研报告4篇。制定《杭锦旗委办公室信息调研工作考评办法》《杭锦旗委办公室重大紧急信息报送制度》，建立办公室全员办信息和苏木（镇）、园区、部门、大型企业信息报送机制。全年向上报送信息1158条，反馈信息181条，信息调研工作在全区排名51名，全市排名第5名。撰写领导讲话、汇报材料、署名文章、主题征文等文稿430余篇。建立文稿资源库，将全旗工业经济、农牧业经济、社会事业、生态建设、党的建设等各个方面发展情况、调研点简介全面梳理汇总，定期定人更新。

【政务工作】 建立联席会议制度，促进旗委与旗人大常委会、政府、政协之间的沟通协调。健全完善交办事项登记反馈制度和重点工作调度机制，完善应急预案，健全领导干部值守、信访接待等制度，做好日常事务处理，群众来信来访100%办理。建立并执行年度发文计划制度，实现发至苏木（镇）的文件数量比2018年减少30%。制定印发《杭锦旗党政机关公文处理细则》，落实首办负责、限时办理、责任追究等制度。2019年，收到上级来文918份，同比减少16.5%，制发各类文件315个，同比下降30%，报备规范性文件52件（其中涉改文件34件）。全年旗委及旗委办召开各类会议108次，同比下降30%。打造全旗办公系统交流互鉴平台，创建"杭锦党办"公众号。

【改革督查】 围绕旗委重大决策部署和工作任务，制定全年统筹督查工作计划，聚焦上级党委统一部署的重点工作和杭锦旗重大项目重点工作、常委会会议议定事项、旗领导的重要批示及交办事项等重点，跟踪督查、动态管理、定期通报，及时发现问题、提出建议、督促整改，高效推动各项重点工作按时推进。实行办公室全员督查，让每人都参与督查、掌握第一手资料。制定旗委2019年全面深化改革工作要点，拟定全旗重点改革事项。年初确定的53项改革任务（其中自选改革任务3项）124个成果，基本完成111个，需等待顶层设计13个，完成90%。对涉改单位档案归属、移交、管理等问题，开展2次全旗范围档案综合执法检查，指导、检查、监督、协调各涉改单位档案工作。

【机构优化】 旗委办内设股室由13个优化调整为7个；针对巡视反馈的旗委办牵头负责的2项具体问题，制定印发《杭锦旗委办公室公务用车管理制度（试行）》《杭锦旗委办公室固定资产管理制度》，实行“一车一账、一车一档”。6名干部得到平调或提拔，两名干部进入全旗正科级后备干部库，5名干部进入全旗副科级后备干部库。

（温　峻　杨雅琴　高　磊）

组　织

【概　况】 2019年3月，中共杭锦旗委组织部规范名称为中共杭锦旗委员会组织部。

中共杭锦旗委员会组织部统一管理旗委机构编制、老干部工作、公务员工作，挂直属机关工作委员会、老干部服务中心、非公有制经济组织和社会组织党工委、旗公务员局牌子。下设二级事业单位3个，其中党员教育中心于2019年3月升格为相当正科级事业单位，核定科级领导职数4名（一正三副），核减原副科级领导职数1名。老干部服务中心为所属相当正科级事业单位，核定科级领导职数3名（一正两副）。旗干部人事档案管理中心为股级建制，核定事业编制1个。组织部内设办公室、干部室、组织一室、综合考评办、研究室、人才室、干部教育室、干部监督室、组织二室、旗直机关工委办公室、公务员管理办公室、党的建设工作领导小组办公室秘书室，核定行政编制17个。

2019年，召开旗委全委会1次、旗委常委会党建工作专题会议2次、党建工作领导小组会议2次、办公室会议1次，研究党建议题6项，开展督查3次。进行3个批次、333名科级干部的调整，其中提拔的33名干部中有19名来自基层和重点工作一线。举办各类培训班50期，培训干部16000余人次。全年函询3人次，提醒谈话53人次。考核部门由原来的92个缩减至66个，各部门指标总量较2018年减少30%左右。全旗拿出100万元评选表彰85名“全旗优秀工作者”。全旗76个嘎查村集体经济总收入达到808.1万元，较上年度增长32.4%。全旗2245名在职党员结对联系2.17万户城镇居民。摸排各类民生问题78类849项，各委员单位认领项目635项，完成546项，解决率达86%。打造机关党建示范点19个，创建机关党建品牌43个。推选出42名优秀人才，并发放“杭锦旗人才服务卡”。

【管党治党】 制定《杭锦旗委党的建设工作领导小组2019年工作要点》和旗委党建责任清单，明确年度工作任务。严格落实抓党建“1241”（每年向常委会或全会专题报告一次党建工作；每半年召开一次党建工作例会；每季度调度或督查一次党建工作推进落实情况；每年开展一次书记抓基层党建述职评议考核工作）工作运行机制，全年召开旗委全委会1次、旗委常委会党建工作专题会议2次、党建工作领导小组会议2次、办公室会议1次，研究党建议题6项，开展督查3次。针对自治区基层党建述职评议会议指出的3个问题，提出17项整改措施；针对市委书记就杭锦旗基层党建工作指出的3个方面问题，提出13项整改措施；针对旗委书记在抓基层党建述职评议会议上点评的问题，向各述职党组书记进行反馈。所有问题全部整改完成。

【“不忘初心、牢记使命”主题教育】 形成“1411”工作机制。“1”即“一个方案”贯穿主题教育始终。旗委在反复研究各级党委关于主题教育相关文件精神后，组织召开领导小组会议2次，办公室调度会、协调会、推进会6次，制定出台《关于开展“不忘初心、牢记使命”主题教育工作方案》(简称“方案”)及3个相关配套方案，方案明确主题教育的开展方式、主要内容和工作要求。“4”即“四个清单”细化工作任务。制定县处级领导、参照实施单位、党支部和指导组“四个清单”，将方案细化具体工作任务，明确各领域、各层级主题教育工作职责。“1”即“一周一安排”推动工作落实。将主题教育各项工作分别细化安排在每周。“1”即“一周一评估”检验工作成效。突出问题导向，旗委12个派出指导组围绕“一周一安排”任务，对全旗各级党组织开展评估，并形成评估表，及时发现问题，及时反馈整改，及时检验成效。

【干部选拔任用】 2019年，进行3个批次、333名科级干部的调整，其中提拔的33名干部中有19名来自基层和重点工作一线，占57%。把“三大攻坚战”工作实绩作为选拔任用干部的重要依据，在每一批次干部选拔中，预留一定数量的科级岗位，用于提拔使用表现突出的干部。全旗有31名“三大攻坚战”领域干部受到提拔或重用。加强后备干部库管理，按照党组织推荐，旗委组织部的程序，重新建立后备干部库，储备科级后备干部147人。动议干部坚持从后备干部库中择优选拔，将档案审查及征求执纪执法部门意见“关口”一并前移。出台《杭锦旗事业单位机构及人员编制优化调整工作实施方案》，对全旗事业单位机构、编制及人员进行优化调整。全旗优化调整编制187个，人员282人。

【教育培训】 围绕习近平新时代中国特色社会主义思想、“三大攻坚战”等内容，举办各类培训班50期，培训干部16000余人次。

【日常监督】 全年函询3人次，提醒谈话53人次。

【考核考评】 考核部门由原来的92个缩减至66个，各部门指标总量较2018年减少30%左右。在考核实施方面，近距离查实情、看实效，纠正“简单的、以档案资料多少、有无论实绩、评优劣”的机械式做法，转变系统调度指标全覆盖的运行机制。在结果确定方面，注重多元参与、多维度考评，扩展测评范围，提高测评效率和质量。综合运用日常监控、督查检查、巡察反馈等结果，评价班子和干部的工作实绩。年初，全旗拿出100万元评选表彰85名“全旗优秀工作者”。

【干部人事档案工作】 把好干部人事档案集中自查工作“收尾关”，确保每卷干部人事档案审准核实。将认定的干部任免审批表发放到各部门，把好每名在职干部信息的“准确关”。制定印发《杭锦旗干部人事档案各项工作制度(试行)》，做好档案资料收集整理的“质量关”。抓实事业人员、公职人员辞职及死亡5年以上人员的干部人事档案移交相关部门管理工作。

【老干部服务】 成立离退休干部党工委，统筹指导全旗离退休干部党组织建设和党员队伍教育管理工作。在苏木(镇)和旗直相关部门建立31个离退休党支部，将离退休干部党组书记培训纳入全旗基层党组书记培训计划。开通杭锦“银辉先锋”微信公众号，打造杭锦“银辉党建”品牌。

【党建工作】 农村牧区党建：制定嘎查(村)“两委”干部届中调整办法和绩效报酬管理考核办法，调整“两委”干部12名。建立“两委”干部包社、党员联户工作机制，643名“两委”干部、2946名农牧民党员结对联系全旗522个自然社、2.99万户常住户。四大班子领导带队遍访全旗76个嘎查村、522个自然村，开展嘎查村软弱涣散党组织集中整顿，确定软弱涣散村党组织2个，全部整改转化到位。印发《2019年全旗组织振兴工作要点》，确定6个组织振兴示范村开展集中创建活动。围绕29个集体经济薄弱嘎查(村)选聘29名“名誉书记”，编制村集体经济“一村一方案”，全旗76个嘎查(村)集体经济总收入达到808.1万元，较上年度增长32.4%。

城市基层党建：探索推行“一联一化三书记，签约服务暖民心”城市基层党建工作模式，即组建社区“联合党委”。整合全旗146个机关企事业单位党组织，组建13个社区“联合党委”。开展扁平化管理模式。建立“社区+楼栋”两级网格管理架构，推行“党组织包联小区、党员干部包联居民”服务机制，全旗2245名在职党员结对联系2.17万户城镇居民。配强三名书记。社区书记担任“联合党委”书记，负责日常事务。推行“轮值书记”制度，锡尼镇分别由镇党委书记、政府镇长、人大主席和副书记担任，其他苏木（镇）由党委书记担任，指导开展共驻共建工作。选派旗委常委部门常务副职和人大、政府、政协办公室主要负责人担任“第一书记”，共同协调解决突出问题。实行签约化服务。社区征集居民需求，梳理形成“需求清单”。委员单位结合自身特点，建立“资源清单”。双方通过签约的方式协商认领服务项目，形成“项目清单”。摸排各类民生问题78类849项，各委员单位认领项目635项，完成546项，解决率达86%。

国企党建：将党建工作总体要求写入国有企业章程，理顺党组织与其他治理主体的关系。

非公党建：优化整合建成的联合党组织，推进非公经济和社会组织“两个覆盖”（非公企业和社会组织党的组织覆盖和工作覆盖）提质增效。

机关党建：以政治建设为统领，统筹推进“规范党建、品牌党建、活力党建”，打造机关党建示范点19个，创建机关党建品牌43个。

【人才工作】 出台《关于深化人才发展体制机制改革的若干政策》《高层次人才认定评定实施办法》等政策办法。依托煤化工、沙漠经济等重点产业，培育形成亿利资源沙漠科技园科普示范基地、独贵塔拉工业园煤化工特色产业基地等人才载体平台7个，先后获评市级以上人才载体平台32个。与院士袁隆平海水稻研究团队签订《杭锦旗盐碱地稻作改良战略合作协议》，在青岛启动中华拓荒人计划——杭锦旗站，推动落地海水稻研发中心内蒙古分中心及人才计划专家工作站，打造“杭锦模式”试验田。借助鄂尔多斯市驻外人才工作站优势，在上海挂牌成立“杭锦旗人民政府驻沪招商工作站”，与上海内蒙古商会共同签订《杭锦旗招商引资战略合作框架协议》。制定《杭锦旗人才服务绿色通道实施办法》，从七类人才中推选出42名优秀人才，并发放“杭锦旗人才服务卡”。

（赵俊卿）

宣 传

【概 况】 中共杭锦旗委员会宣传部挂杭锦旗对外宣传领导小组办公室牌子，对外加挂杭锦旗精神文明建设委员会办公室、杭锦旗新闻出版广电局牌子。下设精神文明创建指导中心、网络舆情应急中心2个二级事业单位，撤销原新闻中心、文明办2个二级单位。内设综合办公室、理论思政股、新闻宣传股、文艺出版广电股、外宣股、网信股、精神文明创建综合协调股。核定编制35个，其中行政编12个、事业编15个、工勤编8个。在职职工31名。

2019年，创建全国县级文明城市年度测评成绩位居自治区第二；古如歌艺术团荣获第九届世界民俗锦标赛金奖、亚洲民俗锦标赛民俗民风演出二等奖、高质量节目特别奖；推送的《从黄色沙漠到“绿色银行”的蜕变——内蒙古杭锦旗库布其沙漠治理创新实践》入选中组部《贯彻落实习近平新时代中国特色社会主义思想在改革发展稳定中攻坚克难案例》，《无手律师的正义援手》入围2019“讲好中国故事”创意传播大赛全国复赛；50多个国际主流媒体和中央、自治区、市各级主流媒体集中宣传报道杭锦旗库布齐沙漠治理成效。被市委宣传部评为“全市宣传思想工作实绩突出旗区”。

【理论思政】 制定印发《全旗各级党组织理论学习中心组2019年度学习安排意见》，编印《理论学习中心组学习专刊》13期，举办旗委理论学习中心组学习19次（专题研讨5次）。组织开展县级领导问卷调查、科级领导干部理论武装测试、干部职工知识竞赛各1次。组织基层宣讲员专题培训1期，旗、苏木（镇）两级“新时代讲习团”，“草原学习轻骑兵”围绕习近平新时代中国特色社会主义思想、脱贫攻坚、扫黑除恶等内容，开展“奔小康、看老乡”“强责任、讲担当——脱贫攻坚”等理论宣讲700多场，受众30000多人次。推进“学习强国”学习平台推广使用，组建二级学习管理组82个，评比“万分达人”20名，党员干部注册、学习实现全覆盖。开展“庆祝中华人民共和国成立70周年”理论文章征集评选活动，表彰优秀理论文章11篇。对41名企业政工人员开展专题培训，评审任职助理政工师19名，举办“新思想”报告会25场。

【意识形态】 制定印发《全旗宣传思想文化工作要点》《意识形态工作要点》《宣传思想文化工作考核细则》《宣传委员工作手册》，完善《党委（党组）意识形态工作责任清单》，编印发放《意识形态工作应知应会手册》《党委（党组）意识形态工作责任制导图》各500份，开展意识形态工作自查2次、专项督查2次、抽查1次。旗委常委会专题例会研究意识形态工作6次，旗委中心组专题学习意识形态3次，对26个基层党组织开展专项巡察。制定印发《关于进一步加强对博物馆、红色教育基地等意识形态阵地管理使用工作的通知》《关于进一步规范使用社会宣传标语的通知》等规范性文件，依托意识形态网格化管理体系，对全旗“学习讲堂”、宣传牌匾、博物馆、展览馆、红色教育基地等11类意识形态阵地进行全面排查和登记备案。研究制定《自治区党委第十三巡视组巡视反馈意识形态方面问题专项整改方案》，按期完成8个方面17项具体问题、50条整改任务。

【新闻宣传】 制定印发《杭锦旗推进融媒体中心建设方案》，旗融媒体中心于1月24日正式挂牌成立并搬迁新址，建成集新闻策、采、编、发于一体的“融媒体中心指挥调度平台”，形成矩阵管理、全媒体覆盖的传播体系。制定印发《全旗“不忘初心、牢记使命”主题教育宣传工作方案》等宣传方案14个，开设“壮丽70年·奋斗新时代”“脱贫攻坚在行动”等专栏20多个，策划开展“新时代的奋斗者——全旗优秀工作者事迹展播”“聚焦2019年创城系列报道”等重大主题宣传11次，累计发稿6000多条，组织召开专场新闻发布会8场。

【社会宣传】 全年制作悬挂条幅2000多条，印发张贴公告、海报、宣传单等24万多份，调查问卷7000多份，设置LED显示屏900余处，更新、维护宣传牌匾15000多平方米，制作安装景观小品85处、灯杆旗和灯箱400余个，滚动播放宣传标语7万多次。组织开展“民生集市”活动84场。

【媒体宣传】 制定印发《杭锦旗加强境外媒体记者采访服务管理工作实施细则》，配合海外华文媒体团、中蒙“生态文明建设”媒体团等13批国际媒体记者完成杭锦旗采访拍摄任务，在国际平台刊播稿件200多条。全年接待新华社、中央电视台等国内各级各类媒体记者90批次557人，在中央媒体发稿196条、自治区级媒体发稿313条、市级媒体发稿1190条。向“鄂尔多斯好故事”资源库推送稿件71条，被内蒙古好故事采用55条。推出特色对外宣传片《嗨！我是杭锦旗》，配合中央电视台完成《中国2019》《中国影像方志》《沙漠里的人》，以及“外国青年影像计划”摄制任务。选送作品《无手律师的正义援手》入围2019“讲好中国故事”创意传播大赛全国复赛。推送的《从黄色沙漠到“绿色银行”的蜕变——内蒙古杭锦旗库布其沙漠治理创新实践》入选中组部《贯彻落实习近平新时代中国特色社会主义思想在改革发展稳定中攻坚克难案例》。

【文艺宣传】 启动打造乌兰牧骑，举办大学生春晚、古如歌春晚、创城汇报演出等大型晚会5场，开展2019年“我们的中国梦”——文化进万家活动，“弘扬乌兰牧骑精神　到人民中间去”系列活动，下基层巡演100余场，参加全区乌兰牧骑交流演出12场次。建成投用杭锦美术馆、文艺创作基地、穿沙精神纪念展厅和文化长廊，完成“你阅读　我买单”服务系统安装，建成图书馆二级分馆29个，新组建文艺队15支。举办春节元宵节系列活动、母驼圣火祭祀、祭敖包等民族特色文化活动5场，开展全旗中小学生蒙古语诗歌朗诵比赛、干部职工家庭诗歌朗诵、庆祝中华人民共和国成立70周年全旗职工书画摄影作品展、“我爱你中国”大型合唱比赛等系列主题活动8场，开展创作采风进村20多次，放映精品电影1198场，观影人数达到5.6万人次。加大对古如歌的传承保护开发和对外交流力度，在亚洲民俗节和世界民俗节上获奖。向全区“五个一工程”奖及青年扶持计划、“三大工程”重点选题项目推送优秀作品10余件。

【网络意识形态】 组织召开旗委网络安全和信息化委员会第一次全体会议，制定印发《旗委网络安全和信息化委员会工作规则》《旗委网络安全和信息化委员会办公室工作细则》《2019年旗委网络安全和信息化建设工作要点》《加强全旗舆情信息联席会商暨意识形态工作调度研判实施方案》，组织召开舆情信息联席会商暨意识形态工作调度会6次。开展“网络安全为人民　网络安全靠人民”国家网络安全宣传周活动和2019年全旗网络安全检查，对属地工业控制系统、业务系统、重点网站进行全面排查登记，清理有害信息47条，处置网站高危安全漏洞3个，清理合并微信群119个。组织策划市旗“两会”、春节、“杭锦文化日”等大型会议、重大活动网络宣传6次，征集网评文章43篇。加强网络舆情信息报送、分析研判和预警防控，处置网络舆情38件，下发舆情处置建议书35份，编报网络舆情信息（含专报）36期。

【精神文明】 制定印发《杭锦旗创建全国县级文明城市2019年工作方案》和《工作手册》。以“三个六”（实施六大工程，完善基础设施建设；开展六大专项行动，推进城市内涵式发展；强化六项重点工作，夯实文明城市创建基础）创城工作法为统领，全力推进全国县级文明城市创建，通过2019年度测评工作，测评成绩位居自治区第二。建成投用石材加工市场、食品加工园区，创建食品安全示范街2条、示范店135家，完成背街小巷改造工程14万平方米，启动品质小区提升建设35处，查处、劝导不文明行为11000余次，补划新增停车位2563个、非机动车位437个，并对主要街道实行垃圾无落地收集。打造“五星达标　特色培育”市级乡村振兴示范嘎查村6个，推荐上报自治区文明镇1个、文明单位1个、文明村3个、文明家庭1户，市级文明服务示范窗口2个，评选旗级文明校园6个。评选“新时代好少年”13名，推荐市级新时代好少年1名，推荐上报自治区级新时代好少年1名。开展身边好人推荐评选活动，杭锦旗1人入选中国好人，3人入选自治区身边好人，3人入选鄂尔多斯市身边好人。开展杭锦旗第四届道德模范评选活动，评选旗级道德模范10人，提名奖5人。开展道德模范、身边好人基层巡讲活动6场。启动“小手拉大手　共创文明城”主题实践活动，开展“拾起一个烟头　传播一份文明　获得一分奖励”活动。编印制作《杭锦旗文明市民手册》35000册，发放创城宣传品20000多份。建成杭锦旗新时代文明实践中心，探索形成“12345+3X”〔“1”即建强一个平台；“2”即依托“民生集市”和街巷长制两大常态化服务平台，开展融理论宣讲、事项代办、文明劝导、义诊服务等于一体的一站式志愿服务；“3”即建立三级机构，以旗、苏木（镇）、嘎查（村、社区）三级为单元，成立新时代文明实践中心、所、站，组织开展志愿服务活动；“4”即“四单”服务模式，通过群众“点单”、三级机构“接单”、志愿服务队“送单”、群众“评单”四种模式；“5”即打造“五大平台”，共享理论宣讲、教育服务、文化服务、科技与科普服务、健身体育服务资源；“3X”即组建3X支志愿服务队，建立X个新时代文明实践点，X支志愿服务队，开展X项志愿服务，开展义诊、理发、农技培训等志愿服务〕工作模式，开展新时代文明实践活动860多场，服务群众近8万人次。制定出台《杭锦旗志愿者嘉许礼遇办法（试行）》，全面启动文明督导、文明交通志愿服务工作。

（王瑞田）

统　战

【概　况】 2019年3月机构改革，中共杭锦旗委员会统一战线工作部挂杭锦旗宗教事务局、杭锦旗人民政府侨务办公室牌子。内设机构有办公室和综合业务室，所属二级事业单位有党外代表人士联络服务中心。核定编制15个，其中行政编制7个、工勤编制4个、事业编制4个，设部长1名、副部长4名。在职人员20人。

开展“民族团结一家亲　同心共筑中国梦”宣讲36场次，受众人数达19490人次。举办各类培训7期；争取到鄂尔多斯市尔薪民族用品有限公司向杭锦旗宗教人士捐赠211套冬装、价值9万元的羊绒衫恒温裤等服装；旗佛协慰问全旗80岁以上的喇嘛，给予每人500元慰问金和慰问品；向各宗教活动场所发放10万盏酥油灯和价值3万元的粮油；“泛海助学”资助33名贫困学生及残疾家庭或残疾学生新生每人获得5000元的助学金16.5万元。非公企业达到61家结对52个嘎查（村），投入资金991.77万元，解决就业208人，与257户农牧户签订农畜产品收购协议。

【民族工作】 在旗委理论学习中心组2019年第11次（扩大）学习会议上专题学习党的民族理论和宗教知识。以“视频学习＋网络直播”方式，围绕基层少数民族党员开展“不忘初心、牢记使命”主题教育专题视频讲座。举办全旗少数民族后备干部培训班1期。深入各领域开展“民族团结一家亲　同心共筑中国梦”宣讲活动，全年宣讲36场次，受众人数达19490人次。开展特色宣讲，举办全旗少数民族干部专题培训班1期，文化旅游系统讲解员双语培训班1期，青年志愿者双语培训班1期，干部职工心理健康知识讲座1期，家庭教育讲座1期。与宣传部、文旅局、民委共同组织中国内蒙古杭锦旗“古如歌艺术”展示代表团赴保加利亚共和国参加第九届世界民俗锦标赛荣获金奖。

【宗教工作】 印发《关于加强和改进新形势下宗教工作的实施意见》。集中开展7次全旗宗教工作调研督查，多次深入各宗教活动场所以调研及现场办公的形式解决宗教工作中的难点问题。举办全旗宗教工作“三支队伍”（宗教干部、宗教联络员、宗教教职人员）专题培训班1期，2019年度爱国主义教育、寺庙消防安全培训班1期，组织相关人员300多人次参加各级培训。开展爱国主义教育及党的宗教工作方针政策和法规宣传，整理编印《宗教法律法规汇编（蒙汉）》。指导开展“和谐寺观教堂”创建活动，开展宗教活动场所“六进”（进国旗，进宪法、进法律法规，进习近平新时代中国特色社会主义思想，进社会主义核心价值观，进优秀传统文化，进民族团结）活动。组织宗教界人士开展“珍爱美丽地球　守护自然资源”宗教界人士植树活动。组织有从医资格证的教职人员参加国家重点研发计划“民族医药发掘整理与学术传承研究”项目蒙医乡村医生培训。会同旗佛教协会开展安全生产检查、寺庙隐患排查等行动12次。联合政协文史委、公、检、法、司等部门向宗教团体赠送社会主义核心价值观读本、反邪教宣传画、法律知识读本及中华传统文化书籍300余册。争取到鄂尔多斯市尔薪民族用品有限公司向杭锦旗宗教人士捐赠211套冬装、价值9万元的羊绒衫恒温裤等服装；旗佛协慰问全旗80岁以上的喇嘛，给予每人500元慰问金和慰问品；向各宗教活动场所发放10万盏酥油灯和价值3万元的粮油；联合旗蒙医院组织专家到宗教活动场所开展义诊活动，200多人受益。对全旗8处宗教活动场所重新发放登记证书。制定《喇嘛补贴调整方案（试用）》，根据教职人员的职责、年龄和考勤等方面内容将考核结果分为4个档次差额发放。制定《基督教私设聚会点整改治理工作实施方案》，按照疏堵结合、区别对待、分类处理、纳入管理的原则，以“四个一批”（登记一批、合并一批、过渡一批、取缔一批）措施有效整改和治理杭锦旗基督教私设聚会点。

【非公经济领域统战工作】 先后2次组织杭锦旗35名非公企业家赴浙江、广西等地开展“学习新理念　引领新发展”考察学习。2019年，组织各类学习培训活动7场次，教育培训非公经济人士100多人次。以“百企千人”人才和企业名录工作为载体，将全旗12家企业和39名企业人才推选到内蒙古民营经济经营管理“百企千人”人才和企业名录。经旗委统战部推荐，伊泰集团有限公司等3家企业、赵俊良等3人被评为自治区“光彩事业”优秀民营企业和优秀民营企业家。开展“泛海助学”活动，全旗符合条件的33名贫困学生及残疾家庭或残疾学生新生每人获得5000元的助学金，共计16.5万元。2019年年底，86家企业结对帮扶全旗76个嘎查村，其中非公企业达到61家结对52个嘎查村，投入资金991.77万元，解决就业208人，与257户农牧户签订蔬菜种植、玉米种植、葵花种植订单合同和牛羊肉收购协议。

【其他领域统战工作】 开展主题教育讲座、拓展训练、“百场宣讲进基层”等活动6次，加强对党外知识分子的政策宣传、理论宣讲和思想教育。举办全旗党外干部培训暨“不忘合作初心、继续携手前进”主题教育培训班，赴城川开展红色教育。完成全市第四次归侨侨眷代表大会杭锦旗代表人选推荐及考察工作。开展春节期间上门走访慰问活动和“暖侨心　聚侨力”冬季送温暖慰问活动，为侨务对象特别是困难侨眷送去慰问品。配合中国侨联做好“追梦中华　生态优先”2019海外华文媒体鄂尔多斯采风行动，将杭锦旗生态文明建设、民族文化、非遗文化传播到世界各地，10余篇信息被中新网、华人头条等多家媒体刊登。

（李彩霞）

机构编制

【概　况】 中共杭锦旗委员会机构编制委员会办公室挂事业单位登记管理局牌子。2019年2月28日，杭锦旗机构编制委员会办公室更名为中共杭锦旗委员会机构编制委员会办公室，是管理全旗机构编制工作的职能部门。核定人员编制15个（行政编制7个、事业编制10个），实有在职人员16名，其中主任1名、兼事业单位登记管理局局长1名、副主任1名、工作人员13名。

2019年，完成37个涉改部门“三定”工作。机构改革后，设置旗级党政机构37个，其中党委机构9个、政府机构28个。原来48个旗直事业单位重新调整13个，新组建2个，更名调整16个，19个保持不变。调整后设立50个旗直副科级以上事业单位。对新成立机构核定车编58个。对撤销机构核减车编101个。2019年3月，办理登记事项183件，注册域名148个单位。

【机构设置】 完成涉改部门领导班子任命及挂牌，相继印发配套文件，完成37个涉改部门“三定”规定的印发并组织实施。机构改革后，设置旗级党政机构37个，其中党委机构9个、政府机构28个。划定部门职责分工，理顺部门职责边界。明确对口部门必须以省、市部门“三定”规定为基准，“三定”中均明确牵头部门以及各部门之间的履职分工。重新配置全旗党政机构、人大、政协和群团组织的领导职数。对于职能弱化的部门适当减少副职职数，总体上不少于一正两副；对于职能强化和情况特殊的部门适当增加部分副职职数，总体上不超过一正四副。对全旗54个承担行政职能的事业单位进行分类梳理，撤销12个承担行政职能的事业单位，梳理出771项行政职能，将行政职能划归主管部门或职能相近的党政机构，原有事业单位并入相关行政机构或调整为主管部门的内设机构。在此基础上，对部分职能弱化的副科级以上事业单位进行调整。在原来9个副科级以上执法机构的基础上，重新设置39个副科级以上事业单位（其中设置16个正科级事业单位、23个副科级事业单位），核定科级领导职数77名（十六正六十一副）。结合机构改革，在上述48个旗直副科级以上事业单位中，重新调整13个副科级以上事业单位，新组建2个副科级事业单位，更名调整16个副科级以上事业单位，19个副科级以上事业单位保持不变。调整后设立50个旗直副科级以上事业单位。

【优化人员编制】 重新核定党政群机关行政编制，完成人员转隶工作。按照职能划转、人随编走、编随事走的原则，办理涉改人员的岗位调整、信息变更等相关手续，推进工勤超编人员消化工作。制定出台《杭锦旗事业单位机构及人员编制优化调整工作实施方案》，对全旗现有事业单位人员编制进行全面优化整合，重新核定人员编制，优先保障基层一线和重点工作领域。执行《杭锦旗事业单位空编集中管理暂行办法》，事业单位因人员调出、退休、解聘和去世等原因产生空编，在办理人员注销手续时收回空编，编委按规定在总量内调剂使用。与组织、人社、财政等部门配合，办理人员调动和新增人员的实名制录入和出具人员列编注册工资核拨凭单以及人员退休、调离、自然减员的销编手续等工作。除公务员考录以外，未出现新增其他人员情况。

【车辆编制管理】 对涉改部门的机构性质和人员编制等情况进行摸底，同步更新全旗车辆编制工作台账，做好存档备份。按照涉改单位改革后的人员编制数及职能职责，旗直党政机关机要通信用车编制进行重新调整。对新成立机构核定车编58个，撤销机构核减车编101个。对部分职能划转或工作任务增强机构，根据其所增加的工作量进行重新调整，适当增加车编2个。联合旗纪检、财政（国资）以及旗分管领导对办理车辆落户、转户等手续的单位进行严格审核，对于违反有关规定的单位，坚决不予办理相关手续。年底，编办办理车辆转户51辆，车辆落户4辆。

【改革工作】 人大、政协和群团组织改革。人大、政协的内设机构和领导职数经市委编委批复调整到位。调整优化群团组织的人员编制，工、青、妇等组织的行政编制调整为最少5个。重点围绕工业园区职能转变、机构设置，编制配备等几个方面展开调研，对清理情况进行初步梳理归纳。为工业园区设立2个事业单位，保障工业园区各项工作开展。拟定并印发《杭锦旗苏木镇改革实施方案》，12月底完成苏木（镇）内设机构及所属事业单位组建挂牌、行政权力事项承接、人员调整和工作移接交等相关工作。拟定《杭锦旗五大领域综合执法改革方案》，探索其他执法领域改革工作，实行部分执法领域“局队合一”，以主管名义执法，部分实行更大范围跨领域跨部门综合行政执法改革工作。

【事业单位登记管理】 按照《杭锦旗机构改革方案》，列出新组建、需变更、撤销机构的名单，刻制并启用新的统一社会信用代码赋码专用章。3月底，杭锦旗党政机构改革全部实施到位，旗委编办也同步完成8个初领、23个变更、8个撤销的党政机构统一社会信用代码赋码工作。完成事业单位年度报告公示工作。下发通知，明确时间节点、报送方式和工作流程，线上线下一体化开展服务。对不涉改事业单位，严把受理、审核、核准关完成年度报告；对涉改事业单位，允许先进行年度报告，待调整隶属关系等相关文件印发后再进行变更登记。2019 年 3 月，办理登记事项 183 件，其中，设立登记 3 件、变更登记 37 件、注销登记 7 件、年度报告 136 件，完成 2018 年度事业单位年度报告公示工作。推进事业单位改革中的法人登记工作。对名称变更、隶属关系调整、撤并整合的事业单位进行梳理，按照条例及其实施细则要求办理事业单位法人设立、变更、注销登记手续。对可通过信息共享核实的材料，不再要求提供；对应办理注销登记的，有新单位承担其资产、债权债务的，由承接单位出具债权债务关系证明作为清算报告；对改革后人员转隶、业务交接等工作任务繁重的涉改单位合理把握办理时间。完成事业单位“双随机、一公开”（随机抽查事业单位、随机抽查执法人员，在门户网站公开抽查结果）抽查工作。在全旗年度报告合格的事业单位中按照 5% 的比例随机对列入行政执法名录库的单位和执法人员进行抽取，另抽取 9 个事业单位进行定向核查。抽检 15 家事业单位，抽查结果在旗政府门户网站进行社会公布，将检查结果作为事业单位绩效考核的依据。对符合法定受理条件且有据可查的文件材料的，优化服务简化审批要件，凡是上级机关明确要求清理的一律取消。办理过程中缺少材料的，在不影响后续审查和判断的基础上，由申请人承诺按商定时限补正材料内容，实行“容缺受理”。对提交材料有误的，实行一次性告知，待材料更正后及时办结。

【中文域名工作】 对实有机构和域名进行比对，确保域名与机构一一对应。对到期域名与域名类别建立电子档案，实行台账式管理，保证数据的准确性。重点落实机构改革后新设立的单位和域名过期后重新注册的单位，年底，注册域名 148 个单位。同时对撤销单位和域名过期单位予以清理，删除过期域名 102 个。印发《杭锦旗党政事业单位网上名称管理工作指南》，针对部分行政事业单位工作人员对政务和公益机构域名注册管理系统操作不熟练等情况，采取微信交流、电话答询等方式解答。配合杭锦旗网信办同步开展党政机关事业单位中文域名及网站标识监管，对发现的域名与单位名称不符、网站标识信息不规范等问题及时反馈，全部按要求整改到位。

（张　会）

巡　察

【概　况】 中共杭锦旗委员会巡察工作领导小组办公室内设 2 个股室：综合室、督察室；下设 1 个相当于股级事业单位（杭锦旗巡察数据管理中心），有干部职工 20 人。

2019 年，旗委书记“点人点事”13 件 10 人，3 次作出批示要求。对 26 个党组织开展巡察监督。第四轮巡察反馈问题 54 个，完成整改 50 个，4 个问题在整改，5 人做出书面检查，健全完善制度 31 项；第五轮巡察反馈问题 77 个，完成整改 75 个，2 个在整改；9 个被巡察党组织对 52 人作出处理。

【巡察工作】 2019 年，旗委召开 5 次常委会研究巡察工作，召开 2 次书记专题会听取巡察综合情况汇报。旗委书记“点人点事”13 件 10 人，3 次作出批示要求。巡察工作领导小组召开 7 次会议，组织开展两轮巡察工作。第五轮巡察发现“六围绕一加强”（围绕党的政治建设，重点检查维护党中央权威和集中统一领导情况；围绕党的思想建设，重点检查学习贯彻习近平新时代中国特色社会主义思想情况；围绕党的组织建设，重点检查选人用人和基层党组织建设情况；围绕党的作风建设，重点检查整治“四风”问题情况；围绕党的纪律建设，重点检查党规党纪执行情况；围绕夺取反腐败斗争压倒性胜利，重点检查领导干部廉洁自律和整治群众身边腐败问题情况；加强对巡视整改情况的监督检查）方面问题77个、立行立改问题18个，移交问题线索13件；其中发现村级问题17个，移交问题线索1件。2019年，对26个党组织开展巡察监督，其中常规巡察15个、提级交叉3个，对8个嘎查村（社区）开展专项巡察。上半年，第五轮巡察对9个党组织开展常规巡察，在巡察苏木（镇）时，以“巡镇带村”方式对23个嘎查（村、社区）进行巡察。下半年，第六轮巡察对6个党组织开展常规巡察，对3个党组织开展提级交叉巡察。对党建工作薄弱、脱贫攻坚任务重、群众矛盾纠纷多、村集体经济量大的8个嘎查（村、社区）开展专项巡察。配合纪检、组织等部门做好日常整改监督工作，推动反馈问题整改与移交问题线索办理。第四轮巡察反馈问题54个，完成整改50个，4个问题在整改，5人做出书面检查，健全完善制度31项；第五轮巡察反馈问题77个，完成整改75个，2个在整改，巡察党组织对52人作出处理（其中13人作出书面检查，28人通报批评处理，约谈相关责任人4人，提醒谈话7人）。督促归还违规资金3.64万元，修订完善各项制度79项。移交问题线索办结11件，“书记点人点事”全部办理完毕。自治区党委第十三巡视组巡视杭锦旗期间对旗委巡察工作开展专项检查，反馈5个方面15个问题，针对问题制定38条整改措施，全部完成整改。

（沈丽荣）

党员干部教育

【概　况】 中共杭锦旗委党校内设办公室、教务室、综合研究室、图书资料室。党校派出1名副校长和2名干部组成驻伊和乌素苏木敖楞布拉格嘎查脱贫攻坚驻村工作队。党校在职职工24人，其中副教授8人、讲师4人、助理讲师4人，事业单位管理人员2人，教员6人。2019年12月，6人通过转隶和配置调入党校工作。

2019年1月23日，党校迁址至杭锦旗综合文化中心。

2019年，举办55期专题培训班，培训32328人次。理论文章发稿28次。选派14批次29人次外出学习。

【培训与宣讲】 举办习近平扶贫工作重要论述专题培训班1期，培训500人次。全旗少数民族干部专题培训班2期，培训1014人次。乡村振兴战略专题培训班1期，培训400人次。帮扶企业培训班1期，培训80人次。党建促脱贫、促乡村振兴嘎查（村）“两委”干部专题培训班1期，培训500人次。意识形态专题培训班1期，培训400人次。生态环境保护与城市建设专题培训班1期，培训450人次。习近平新时代中国特色社会主义思想专题研修班2期，培训450人次。第十期中青年干部培训班1期，培训44人次。驻村工作队培训班1期，培训480人次。公务员培训班1期，培训420人次。年轻干部培训班2期，培训180人次。保密知识专题培训班1期，培训52人次。中国特色社会主义理论体系培训班1期，培训480人次。安全生产专题培训班1期，培训260人次。党章党规培训班2期，培训910人次。旗直机关干部集中轮训暨“不忘初心、担当作为”专题培训班2期，培训100人次。基层党员教育讲师宣讲员示范培训班1期，培训36人次。公务员知识更新培训班2期，培训202人次。2019年，杭锦旗党员发展对象集中培训班1期，培训163人次。习近平总书记考察内蒙古重要讲话精神专题培训班1期，培训480人次。杭锦旗2019年党的民族理论和民族政策专题培训班1期，培训480人次。少数民族干部培训班1期，培训35人次。“不忘初心、牢记使命”重要论述专题培训班1期，培训180人次。中心组学习13次（2期），培训960人次。妇女干部培训班1期，培训35人次。党外干部培训班1期，培训40人次。全旗基层党组书记培训班1期，培训240人次。依法治旗专题培训班1期，培训400人次。2019年，鄂尔多斯市基层团组织规范化建设培训班1期，培训170人次。帮扶干部业务素质提升培训班1期，培训420人次。马克思主义基本理论专题培训班1期，培训450人次。杭锦旗鼠疫防控工作暨鼠疫防控知识培训班1期，培训420人次。中共十九届四中全会精神专题培训班1期，培训450人次。人才工作者培训班1期，培训87人次。杭锦旗科级干部学习中共十九届四中全会轮训班3期，培训360人次。网络专题培训班10期，培训20000人次。

【理论研究】 教师（或学员）在各类新闻媒体累计发稿28次。其中，自治区级的2篇，旗级的26篇。

【师资队伍建设】 党校师资库有3支人才队伍，包括校内教师、兼职教师、外聘教师。校内专职教师12人，校外兼职教师7人（旗内部门领导及专业技术人员），外聘专家教授11人（周边党校知名专家），客座教授3人（全国知名专家）。2019年，选派教师14批次分别到内蒙古党校、城川干部教育学院、鄂尔多斯市委党校等培训学习，培训人数达29人次；教研教改活动每周举办一次；理论学习每月举行一次，做到“一日一学，一周一讲，一月一考”。

（郭　丽）

融媒体

【概　况】 杭锦旗融媒体中心系旗委直属正科级事业单位，2019年1月24日挂牌成立，由原广播电影电视服务中心、新闻中心、新媒体中心合并而成。史志办公室划归旗档案史志馆。内设办公室、汉语编辑部、蒙语编辑部、运维技术部、制作播出部、策采中心、经营部。有工作人员58人，核定编制37个。

2019年，主要运营维护“两报两台两网，一微两号三端”（“两报”：“杭锦新闻”蒙语报纸和汉语报纸；“两台”：“杭锦电视台”蒙语节目和汉语节目；“两网”：“杭锦之窗”和“朔方”新闻网；“一微”：“杭锦新闻”微博；“两号”：“杭锦发布”和“杭锦旗融媒体中心”微信公众号；“三端”：新华社古韵杭锦和草原云古韵杭锦及天骄云客户端）12个发布平台及4个基层发射台站。开设10多个栏目，全年播发专题22期，制作报纸专刊71期。《杭锦新闻》汉语报纸刊发105期，蒙报刊发15期。杭锦电视蒙汉语新闻播发312期，汉语一周播报52期。重大活动实现同步网络直播10次。

【构建融媒体工作机制】 2019年，完成业务资源整合和人员转隶工作，构建融媒体总体编审机制，形成以主任负总责，分管副主任具体负责，蒙汉二审编辑分别执行落实，各媒体平台编辑分工负责的编审领导机制。突破传统事业单位薪酬分配机制，实行岗位薪酬+绩效薪酬+考勤薪酬+创新奖励四酬合一的薪酬办法。

【融媒体平台建设】 依托“天骄云”、“草原云”、新华社“现场云”平台，建成杭锦旗融媒体中心独立的App“古韵杭锦”。成立融媒体传媒公司，拓展融媒体服务领域。

【新闻舆论宣传】 2019年，开设《壮丽70年奋斗新时代》《创建全国县级文明城市》《不忘初心、牢记使命》等10多个栏目，全年播发专题22期，制作报纸专刊71期。《杭锦新闻》汉语报纸刊发105期，蒙语报纸刊发15期。杭锦电视蒙汉语新闻每周各播三期，分别播发156期，汉语一周播报52期；《聚焦新杭锦》播出24期；《杭锦先锋》播出30期。“杭锦发布”微信公众号、“古韵杭锦”App一体化刊播，微信刊发2496条，“古韵杭锦”App每日更新。重大活动实现同步网络直播10次。鄂尔多斯蒙汉报纸刊发128篇，鄂尔多斯蒙汉电视台播发282条，鄂尔多斯蒙汉电台播发382条，内蒙古蒙汉电视台播发76条;“学习强国”平均每天上传信息1条，被选登6条;新华网重点推送4条，点击量均超过10万人次。

（高晓清）

档案史志

【概　况】杭锦旗档案局（馆）于2019年6月局馆分开，将负责档案管理行政职能的杭锦旗档案局划转到中共杭锦旗委员会办公室，并挂杭锦旗档案局牌子，将负责档案管理事业职能的杭锦旗档案馆与杭锦旗史志办合并成立杭锦旗档案史志馆，为旗委直属事业单位。杭锦旗干部人事档案管理中心在旗档案史志馆办公。档案史志馆内设办公室、史志编研股、业务指导股、现行文件中心、保管股。有工作人员22人（2人由原旗档案局转隶至旗委办，7人由原杭锦新闻中心、史志办转隶到档案史志馆），核定杭锦旗事业编制16个、事业编制7个、不占编制人员5名。

档案史志馆总建筑面积3198平方米，库房面积1060.86平方米。2019年，馆藏档案约10万卷、3万件，资料1.4万册。

2019年2月，旗档案局被命名为市级文明单位，其中爱国主义教育基地展厅被评为市级文明单位窗口。

【档案资源建设】全年业务指导整理档案73个单位，包括机构改革撤并单位37个，其中20多个撤并单位完成档案和原公章移交接收；完成庆祝内蒙古自治区成立70周年活动和首届那达慕大会重大活动档案收集整理工作；指导整理2个镇及其部分嘎查（村）档案。8月8日，内蒙古自治区档案局局长张琛一行对杭锦旗机构改革档案处置工作进行专项执法检查；配合市档案局完成3项重大工程建设档案检查验收；组织开展全旗档案行政执法检查34个单位；深入各苏木（镇）开展档案工作调研1次。档案馆档案信息化建设投入财政资金22万余元，对馆藏1950—2000年旗委和政府2500多卷、27万多页永久档案进行数字化加工，馆藏永久档案数字化率达到18%；督促40多个涉档单位安装档案数字化科怡软件，其中21个单位完成档案全文存储工作，完成永久长期档案目录输入36000多条，全文存储档案73万多页。征集旗四大班子及部分工作部门2019年印发文件（包括杭锦旗“两会”等会议材料），对现行文件纸质版及其电子版进行规范整理和安全保管。

【档案服务】通过预约、函电、延时等服务方式，接待档案利用者200多人次，查阅档案3100多件。为庆祝中华人民共和国成立70周年活动，编写《组织史》《组织志》《政协志》等提供文史资料和照片。做好《杭锦年鉴（2017—2019卷）》资料收集和编纂工作，完成总编纂任务的70%。协助旗委组织部编写《组织志》《组织史》。推进《札萨克衙门档案》续编。杭锦旗爱国主义教育基地展厅免费向社会开放，接待包括自治区档案局、市政协、市委组织部、市文明办、市档案局领导在内的8000多人次前来参观。

【档案资料保管】制定《档案安全工作应急预案》，采取“八防”（防高温、防潮湿、防盗、防火、防霉菌、防光、防尘、防虫）措施，保障馆藏档案实体安全，保障档案信息安全，与购买数字化加工公司签订档案保密协议，并对数字化加工实行全程监控。

【档案宣传教育】组织开展档案法律法规宣传2次。选派5名业务骨干参加国家、自治区、市档案局举办档案业务培训，其中2人获得档案兼职教师资格证书；派出8人次参加自治区、市史志业务培训。

（冯树爱）

保密机要

【概　况】 2019年1月机构改革后，中共杭锦旗委办公室机要管理职责与杭锦旗国家保密局职责整合。2019年1月29日，成立中共杭锦旗委员会保密机要局。内设办公室、技术法规股和综合业务股，所属事业单位保密服务中心。核定编制11个，有工作人员13人。2019年2月，旗委办9人转隶到保密机要局，11月，2人转隶到旗委保密机要局。

【修订完善工作制度】 定期核对全旗各单位涉密人员信息，建立以分管领导为第一责任人，办公室主任及涉密人员为直接责任人的涉密人员管理档案，更新杭锦旗涉密工作人员一览表，涉密工作人员信息全部上墙，并实行动态备案管理。

【宣传教育】 包联干部主动上门讲保密课，各地各部门结合集中学习和主题党日教育活动进行保密宣传教育，与旗委党校协调，在各类培训班中纳入保密知识宣传，与依法治旗办共同开展普法宣传活动，利用各单位和商铺LED屏、出租车广告、微信公众号等新型媒体进行保密宣传教育。

【防范安全】 加大对涉密单位业务指导和检查力度，推出干部包联地区和部门知识的新型工作模式，全局8名工作人员分四组，分包全旗74个部门，重点对涉密文件存放环境、办理流程、日常管理等方面进行检查，并要求配备“三铁一器”（铁钢门、铁钢窗、钢铁装甲化保险箱，远红外联防报警器）。加强对废品收购站的检查力度，坚决杜绝废品收购站出现涉密文件、非涉密文件资料和党内报刊等。

（钟印唐）

杭锦旗人民代表大会

综　述

【概　况】 人大常委会组成人员31人，其中常委会主任1名、副主任4名。2019年5月，中共杭锦旗委员会机构编制委员会同意调整杭锦旗人民代表大会常务委员会内设机构，调整后下设办公室、财政经济委员会、社会建设委员会、民族法治城乡建设委员会、农牧业环境资源委员会、选举任免联络委员会；机关核定编制32个，实有干部职工43人。

2019年，旗人大常委会组织召开主任会议10次，常委会会议7次，组织召开人民代表大会1次，组织开展执法检查1次，执法调研1次，代表视察1次，专题调研2次，听取旗"一府两院"专题工作报告13次。决定任命22人，决定免职18人；任命125人，免职20人。组织47名被任命人员进行任前法律考试，并向宪法宣誓。

督查工作

【调研督查】 2019年，旗人大常委会对农口部门重点工作进行视察；对库布齐沙区生态保护与开发利用、新型农牧业经营主体和职业农牧民培育工作进行调研；听取审议旗人民政府关于脱贫攻坚、动物防疫、农牧业机械化等工作开展情况及乡村振兴战略实施方案编制情况的专项报告；对动物防疫工作加大法律法规宣传力度、加强基础设施建设资金投入、重点保障防疫工作经费、高度重视防疫队伍建设、大力加强布病防控等审议意见，并对审议意见的贯彻落实情况进行持续监督。

听取审议旗人民政府计划报告、财政预决算报告、审计工作报告以及审计查出问题整改情况报告，对审计查出问题整改情况进行跟踪监督。听取审议旗人民政府关于债务管理工作的专项报告，围绕健全债务风险防控机制、落实债务风险防控措施、防范化解债务风险等方面提出审议意见。执行预算法和自治区预算审查监督条例，推进预算联网监督中心建设，加强对财政预算执行的监督力度。通过开展专项督查，提出加强组织财税收入工作、加强财政预算编制及执行力、优化财政支出结构、保障干部职工待遇4个方面加强财政预算工作的意见，并要求旗财政要全力保工资、保运转、保基本民生。

依法对"一府一委两院"贯彻执行法律法规情况、工作开展情况进行监督。组织开展对《鄂尔多斯市农村牧区人居环境治理条例》贯彻实施情况的执法检查；对《中华人民共和国草原法》和《内蒙古自治区草原管理条例》贯彻实施情况进行执法调研；听取审议旗人民法院关于《中华人民共和国人民陪审员法》实施情况、民商事审判工作开展情况的专项报告，听取审议旗人民检察院关于加强民事诉讼和执行活动法律监督工作情况的专项报告。依法开展规范性文件的备案审查工作，保证法制统一。

围绕教育医疗、污染防治、食品安全、少数民族发展资金项目实施情况等涉及人民群众切身利益、人民群众普遍关心关注的议题，采取“点穴”式监督。完善工作机制，畅通信访渠道，加强信访案件转办工作，接待群众来信来访17次，办理市人大常委会转办自治区信访案2件。

代表工作

【人民代表大会召开情况】 杭锦旗十七届人民代表大会第三次会议于2019年3月6日在锡尼镇召开，会期2天，此次会议应出席代表144人，实际出席会议代表136人。会议听取和审议并通过杭锦旗人民政府、杭锦旗人大常委会、杭锦旗人民法院、杭锦旗人民检察院的工作报告。

【人大常委会召开情况】 杭锦旗第十七届人民代表大会常务委员会2019年度召开7次（第十一至十七次）会议。常委会第十一次会议听取和审议并通过旗人民政府关于旗人民政府机构设置情况的说明和欠拨干部职工工资及津补贴的审议意见办理情况的报告，对2名市人大代表履职情况进行述职评议，推选市人大代表2人，任命杭锦旗人民法院副院长1人。第十二次会议听取和审议并通过关于召开旗第十七届人民代表大会第三次会议各项草案和人大常委会工作报告。第十三次会议听取和审议并通过旗人民政府关于2018年预算执行情况及预算调整的议案、《旗人民政府关于杭锦旗锡尼镇污水处理厂扩建工程财政支出责任资金列入同期年度财政预算和中长期财政规划的议案》《旗人民政府关于巴拉贡镇、呼和木独镇、吉日嘎朗图镇自来水提质增效二期工程PPP项目财政支出责任资金列入同期年度财政预算和中长期财政规划的议案》，依法任免国家机关工作人员21人次。第十四次会议听取和审议并通过旗人民政府关于将中信银行贷款本息全额列入同期年度财政预算及承诺偿还内蒙古伊泰集团有限责任公司担保资金的议案、旗人民政府关于农牧业机械化工作开展情况的报告、旗人民法院关于《中华人民共和国人民陪审员法》实施情况的报告、旗人民法院提请的任命乔永军等100人为人民陪审员的事项，依法任免国家机关工作人员8人次。第十五次会议听取和审议并通过旗人民政府关于2019年代表建议办理情况的报告、旗人民政府关于脱贫攻坚工作情况的报告、旗人民政府关于动物防疫工作情况的报告、《关于接受赵慧同志辞去杭锦旗第十七届人民代表大会代表职务请求的决定（草案）》，对1名市人大代表进行述职评议，依法任免国家机关工作人员4人次。第十六次会议听取和审议并通过旗人民政府关于2019年上半年国民经济和社会发展计划执行情况的报告、旗人民政府关于2018年财政决算和2019年上半年预算执行情况的报告、旗人民政府关于2018年度旗本级预算执行和其他财政收支的审计工作报告、对旗人民政府关于本级预算执行和其他财政收支2018年度审计查出问题整改情况的报告、《关于接受赵广义同志辞去杭锦旗第十七届人民代表大会代表职务请求的决定（草案）》，对3名市人大代表进行述职评议。第十七次会议听取和审议并通过旗人民政府关于债务管理工作情况报告，《关于接受杨建国等同志辞去杭锦旗第十七届人民代表大会代表职务请求的决定（草案）》，任免国家机关工作人员21人次。

（白　旭）

杭锦旗人民政府

政府办公室

【概　况】杭锦旗人民政府办公室核定行政编制19个、事业编制40个，实有工作人员62人，领导班子成员5人。内设股室6个（督察室、综合秘书室、金融外事室、蒙文网站运维中心、机要文书室、信息调研室）。下设股级事业单位1个（行政效能服务中心）和正科建制事业单位1个（大数据应用保障中心）。

2019年，承办政府常务会议13次、政府党组会议12次、旗长办公会议近300次。开展专题调研4次，形成调研报告3篇。撰写领导讲话、汇报材料、署名文章等文稿300余篇，翻译文件、领导讲话稿等达6万字。累计收办各级各类文件12099份，制发各类文件883份。累计上报市政府信息406条，被采用信息67条，截至11月底保持全市第一，位列各旗区之首；发布电子《政府公报》2期。完成全旗全面建成小康社会、经济体制和生态文明体制改革工作。

【办文办会】改进文风会风，严控发文数量，规范发文程序，实现政府文件规范化和重要公文"零差错"。参与中组部"贯彻落实习近平新时代中国特色社会主义思想、在改革发展稳定中攻坚克难案例"丛书编纂工作。承办旗人民政府召开的各类会议。收办各级各类文件12099份，制发各类文件883份；翻译文件、领导讲话稿等达6万字；承办政府常务会议13次、政府党组会议12次、旗长办公会议近300次。

【政务督查】建立督查人员储备库，所有人员均落实2—3项重点工作或重大项目。实行闭环督查管理模式，探索运用OA系统，做到工作任务下达、过程随时掌握，结果及时反馈的闭环管理。采取专项督查、联合督查方式，重点对全旗100项重点工作重大项目、"三大攻坚战"、乡村振兴、多城联创、疫病防控等工作开展督查。编发督查反馈30期、通报7期，承办人大建议51件、政协提案89件。

【反非法集资】制定《杭锦旗非法集资案件资产处置工作实施细则》。年底，接收杭锦旗人民法院移交的非法集资案件12起，其中2018年结案1起。剩余案件中，10起案件发布集资参与人公告，年底结案1起；1起案件因严重资不抵债，且案件涉及其他民生事项，尚未开始处置程序。

【政务服务】全年全旗各部门通过政府门户网站、政务微博、微信，主动公开政府信息5490条。向"鄂尔多斯在线"发布动态类信息582条、采编337条，排名全市第三；各政府部门受理并申请公开3件，按时办结率100%。协助登记录入来杭居住外国人1329人次，接待境外媒体记者2批次40人、对外媒体6批次30人、考察团2批次29人。

【信息调研】全年累计上报市政府信息406条，

被《鄂尔多斯政讯》采用信息57条，被自治区《每日要情》采用10条，前11个月保持全市第一，位列各旗区之首。发布电子《政府公报》2期。

【大数据保障】 成立大数据应用保障中心，负责全旗信息化、智慧城市、大数据等相关工作。在推广使用自治区、市各类业务系统的基础上，与网络运营公司对接，将电子政务外网专线由20兆提升至100兆，市到旗外网专线由100兆提升到1000兆。以“互联网＋政务”为主题，推行政务网和互联网逻辑隔离，网络统一出口试点。完善全旗电子政务内外网信息资源保障工作。部署开源一体化网络运维平台，严格管控接入终端安全。利用旗政务服务中心基础设施，建成多种业务及功能的综合性信息化平台。蒙古文网站综合考评位居全区第三名、全市第一名。

【后勤保障】 落实办公室目标考核、机要保密、公务用车、档案管理、办公用房、信访、安全保卫、值班值守等工作。

【金融外事】 2019年，全旗金融机构各项存款余额79.19亿元，各项贷款余额66.23亿元；不良贷款余额0.87亿元，不良贷款率1.31%，同比下降0.6个百分点；各类保险保费收入8400万元，保险理赔支出2200万元。参与筹办“第七届库布齐国际沙漠论坛”，接待来自联合国专门机构和国际公约组织人员400多人。加强对全旗因公临时出国（境）的审批管理，受理普通护照832人。

（李宝升）

信　访

【概　况】 杭锦旗信访局核定编制15个，其中行政编制5个、工勤编制6个、事业编制4个。内设办公室、综合业务室，下设1个事业单位为信访接待中心（正股级）。在机构改革中，调入7名工作人员，调出2名工作人员。2019年10月，协调调配志愿者1名。设有局领导3名、干部职工18名。

2019年，杭锦旗信访总量178批739人次，较上年下降27%。新增初信初访信访事项128件，办结119件，剩余9件均在办理期限，均未超期。收到信访复查申请29件次，中央扫黑除恶第15督导组转交办信访事项14批49件次，自治区党委第十三巡视组交办杭锦旗信访事项4批177件次，办结226件，办结率100%。

发布各类信息1153条，阅读量达50万次。杭锦旗网上信访占比59%，较上年同期上升2%。县级领导接待群众20批151人次，解决问题16件。

【信访工作】 2019年，信访总量178批739人次，较上年下降27%。到旗访144批678人次，较上年同期下降33%；到市访8批32人次，较上年同期下降54%；赴区访13批16人次，较上年同期下降68%；进京访13批13人次，较上年同期上升450%。从群众信访数据分析，70%以上信访事项主要集中在农村农业、城乡建设、政法、劳动就业保障、自然资源等重点领域。2019年，初信初访实现动态清零，新增初信初访信访事项128件，其中本级录入信访事项88件，上级交转办信访事项40件，办结119件，剩余9件均在办理期限，均未超期。收到信访复查申请29件次，其中受理并出具复查意见6件次，退回责任部门重新调查处理5件次，撤销责任单位原处理意见18件次。中央扫黑除恶第十五督导组转交办信访事项14批49件次，自治区党委第十三巡视组交办杭锦旗信访事项4批177件次，按照“三到位一处理”（群众诉求合理地解决问题到位，诉求无理的思想教育到位，生活困难的帮扶救助到位；行为违法的依法处理）工作要求和依法分类处理信访诉求工作细则，转交办信访事项全部落实县级领导包案，并交办责任单位进行办理，办结226件，办结率100%。

【信访宣传】 2019年，通过政务新媒体发布各类信息1153条，阅读量达50万次。杭锦旗网上信访占比59%，较上年同期上升2%；信访事项及时受理率、按期办结率100%，与上年同期持平；群众满意率96.5%，较上年同期提升10%，参评率78.8%，较上年同期提升30%；“三率”（受理率、办结率、满意率）水平在全市排名靠前。对群众提出的信访诉求，根据反映的问题和诉求类别纳入相应的法律渠道依法处理，确保诉、法、访的精准分离。现场答复及协调部门处理76件，引导和告知法定途径解决15件，转送事权部门依法分类处理33件。按照《杭锦旗多部门联动化解信访矛盾实施方案》，完善“1个属地单位+4个常态协助单位（综治中心、司法局、信访局、公安局）+若干事业单位”的“1+4+X”多部门联动解决信访矛盾工作机制，强化属地、专管和终身负责制，推动46件重大疑难信访矛盾通过多部门联动工作机制妥善化解。

【信访突出问题】 对中央扫黑除恶第十五督导组、自治区党委第十三巡视组、市级领导包案、“四重攻坚”（重点领域、重点问题、重点群体、重点人员）等215件转交办信访事项，全部落实领导包案化解责任，进行集中攻坚，有126件得到解决。要求各地、各部门将领导干部接访下访与下基层调研、深入联系点、驻村扶贫等工作结合起来，开展接访下访活动。县级领导接待群众20批151人次，解决问题16件。集中排查与重点排查相结合，并实行台账式动态管理。开展社会矛盾集中排查12轮次，重点排查5轮次，排查各类矛盾纠纷147件，化解销号27件，办结未销号120件。9月，在全旗范围内开展矛盾纠纷化解“百日攻坚”行动，重点抓好土地草牧场纠纷调处工作。对重点领域、重点群体、重点问题和重点人员建立定期排查研判工作机制，落实化解责任。

【巡视巡察反馈意见整改】 认领自治区党委第十三巡视组巡视反馈意见3个方面4个问题，中央扫黑除恶第十五督导组第一阶段督导反馈意见4个方面5类问题6项整改任务，中央扫黑除恶第十五督导组第二下沉组督导报告指出问题3个方面4类问题4项整改任务，中央扫黑除恶专项斗争督导整改情况1个方面1类问题1项整改任务，坚持立行立改、长期坚持的原则，全部完成整改。

【扫黑除恶专项斗争】 设立扫黑除恶举报窗口、举报箱，公布举报电话。认领中央、自治区、市扫黑除恶督导反馈整改任务5次，全部整改完成；移交旗扫黑办涉黑涉恶涉乱线索4条。通过“杭锦信访”微信公众号、“杭锦信访”今日头条号等媒体发布扫黑除恶信息125条，利用接访中心LED显示屏、宣传栏广泛宣传扫黑除恶标语19条。通过进机关、进乡村、进社区、进商户、进家庭等方式发放宣传材料1000余份，发放宣传品100余份，张贴宣传海报52张。

【依法治旗】 通过“杭锦信访”官方微博、微信公众号、头条号和电子显示屏开展普法宣传85期，参加法律法规宣传活动5次，发放宣传资料500余份，组织全体干部职工参加网络在线测试3轮次。

（马　保）

政务服务

【概　况】 杭锦旗政务服务局核定行政编制6个、事业编制17个，2019年1月因机构改革，组建政务服务局，转隶工作人员12人，实有工作人员23人。内设办公室、综合业务室，下设政务服务中心1个股级事业单位。

组织30个部门的498项审批服务事项进驻政务大厅集中办理。2019年底，“一站式”服务中心受理审批服务事项263项，办结251项。主动公开政务文件及政府信息累计199600条。

【优化政务服务环境专项行动】 组织30个部门的498项审批服务事项进驻政务大厅集中办理。组织梳理“四办”（马上办、网上办、就近办、一次办）目录清单，确定458项“最多跑一次”事项、453项“网上办”事项、75项“马上办”事项、19项“就近办”。组织住建局、文旅局等20个进驻部门启用业务办理系统。在旗人民政府门户网站开通网上办理入口，将梳理出的网上办理事项纳入“网上政务大厅”，提供网上办理。印制审批服务事项“一次性告知单”，利用政务服务网、广告机等多种方式进行公开。

【“一网、一门、一次”改革】 组织各审批部门与服务窗口首席代表签订授权书，确保审批服务事项在政务大厅“一站式”办结。组织开展全国一体化在线政务服务平台集中办公。推进杭锦旗政务服务事项认领、清单编制、电子证照、系统对接等工作。组织各审批部门刻制并启用部门“行政审批专用章”，在行政审批事项审批办结环节使用。组织各审批部门对申请资料进行再清理，优化审批流程，压缩审批时限。

【投资项目审批“一站式”服务】 在政务服务大厅设置“一站式”服务窗口5个，配备后台首席代表室、审批业务室各1间。组织涉及投资项目审批的发改委、工科局等13个部门的82项审批业务全部委托旗投资项目“一站式”服务中心审批管理。明确13名首席代表，签订并公示《行政审批权力事项委托书》《首席代表授权书》。组织开展投资项目审批流程再造工作，将政府投资项目审批和社会资本投资备案类审批时限压缩至60个和56个工作日（除去上级部门审批、公示、中介评等不可控原因）。2019年年底，“一站式”服务中心受理审批服务事项263项，办结251项。组建投资项目审批“代办员”队伍，为投资企业指派专人跟进，提供“代跑代办”服务。根据项目类型、规模投资等情况，每一个项目拟定一套审批专属方案。

【政务公开】 制发《杭锦旗2019年政务公开工作要点》，组织开展全旗政务公开暨政府网站工作业务培训。制定政府网站内容保障、审核发布、监测管理等各项制度。按照自治区要求发布第一期政府公报电子版。主动公开政务文件及政府信息199600条，向“鄂尔多斯在线”发布动态类信息281条，采编206条，排名全市第二位。2019年底，接收热线2375条，办结率达96%。

（杨　雄）

机关事务服务

【概　况】 2019年6月，杭锦旗机关事务管理局更名为杭锦旗机关事务服务中心，为旗政府直属正科级事业单位。机关事务中心内设股室4个：办公室、办公用房与物业管理股、公务用车与节能减排股、财务股。核定编制12个，机构改革前有职工26人，12月6日，转隶出14人，调入2人，机构改革后有在职人数14人。

2019年1月，引进杭锦旗万成物业公司。建立并完善公务用车信息化平台，实现“全旗一张网”信息化平台监督管理。申报国家级节能示范领跑单位2个（杭锦旗中学、杭锦旗人民医院）。

【社会化服务】 2019年1月，引进杭锦旗万成物业公司，开展物业管理服务（安置原聘用人员），对物业公司进行指导和监管。完成党政机关集中办公区的安全保卫、会议保障服务、卫生、环境管理服务工作，保障水电暖设施安全运行。

【公务用车管理】 出台《杭锦旗党政机关公务用车管理暂行办法》，明确各类保留车辆的使用范围、运行机制、保障方式，重新规范审批和派车程序，加强公务车辆运行管理。全旗涉改公务用车均按要求喷涂公务用车标识、公开监督电话，接受社会和公众监督。建立并完善公务用车信息化平台，10月8日，正式启动运行，实现“全旗一张网”信息化平台监督管理。全旗党政机关涉改单位除公、检、法、司（另建平台）外，有使用车辆135辆，除涉及保密要求等暂不需要安装的25辆车外，其余110辆公务用车全部安装车载北斗定位终端，纳入公务用车信息化监督管理平台。按照自治区十三巡视组反馈的“公务用车保障中存在特权现象”问题，全部完成整改。采取建章立制、加强监督、业务培训等方式积极探索公车改革。

【党政机关办公用房管理】 配合各部门做好办公用房使用监管工作。推进全旗办公用房信息管理平台建设工作，引进专业机构对全旗各单位办公用房进行详细测绘、信息采集，年底前完成全旗党政机关总体数据信息统计报送工作。

【节能工作】 组织开展“全国低碳日”“节能宣传周”等活动。完成全旗公共机构能耗数据的统计、分析、上报工作。推进节约型公共机构示范单位创建工作，申报国家级节能示范领跑单位2个（杭锦旗中学、杭锦旗人民医院）。

（康翠莲）

政协杭锦旗委员会

综 述

【概　况】 杭锦旗政协机关下设“一办三委”，即办公室、民族宗教与法制委员会、提案与经济委员会、文史与社会委员会。杭锦旗政协机关核定编制28个，实有干部职工42人。班子成员中，主席1名，副主席4名，其中，少数民族2名，非党2名。

参加全市政协系统第五届职工运动会，取得全市总分第二名的好成绩。

2019年，主题教育形成专题调研报告7篇；在旗政协十五届三次会议期间，全体政协委员就全旗经济社会发展提出意见建议83条。接受委员请辞14人，新增补委员16人。

【理论学习】 政协建立以旗政协党组中心组学习为引领，主席会议集体学习、常委会议集体学习、机关集体学习和委员学习培训等相配套的制度体系，坚持每季度召开1次常委会议、每月召开1次党组中心组学习会议和1次主席会议、每周召开1次机关集中学习会议。

【主题教育】 形成专题调研报告7篇，以建议案或调研报告的形式提交党委、政府参考。政协党组检视出10个方面的问题，班子成员查摆出31条具体问题。对检视出来的问题，立行立改14项、专项整治17项、修改完善制度7项。

协商议政

【协商民主　专门协商】 在旗政协十五届三次会议期间，全体政协委员就全旗经济社会发展提出意见建议83条。班子成员利用列席和参加旗委常委会、党政联席会以及其他重要会议，参与杭锦旗经济建设和社会发展重大问题的决策讨论。组织班子成员、政协委员深度参与到打好打赢“三大攻坚战”、实施乡村振兴战略、回迁安置、招商引资等全旗中心工作中。

2019年，旗政协围绕促进地方招商引资和营商环境、农牧业产业结构调整、民族特色手工业和食品加工业发展、水产养殖业发展、转移农牧民生产生活、嘎查村集体经济发展和易地搬迁及小聚居入住率等课题开展调研考察。所有调研考察活动都形成专题报告，报送旗委、政府领导参阅，部分意见建议进入党政决策，并纳入部门工作之中。

以全旗农村牧区人居环境整治工作为议题，形成《关于全旗农村牧区人居环境整治工作的协商意见》，并组织召开常委会议专题协商，在制定工作规划、发挥村民主体作用、加强宣传引导、优化乡村人居环境整治手段、建立群众诚信体系和村规民约等方面，提出具有针对性和可操作性的意见建议。政协加大对协商成果的跟踪问效，对2018年专题协商课题“两共资金”（业主在购房时就要对住宅的共用部位、共用设施设备建立公共的维修基金）管理使用持续跟进。“两共资金”增值200多万元，实现维修支出100多万元。

2019年，《人民政协报》在头版头条《新时代市县政协新样子》栏目，刊登题为《内蒙古杭锦旗政协为农牧民增收聚力谋远》的文章。《人民政协报》在《委员故事栏目》整版刊登题为《一朵小花的治沙故事》，报道旗政协委员敖特更花致力于绿化库布齐沙漠，带领沙区农牧民脱贫致富奔小康的事迹。敖特更花委员荣获“全国最美基层政协委员”和“全国民族团结进步模范个人”的荣誉称号。

民主监督

【民主监督】 结合旗委“五位一体”综合考评工作安排，制定《杭锦旗政协委员民主评议计分办法（试行）》，对评议内容、方法步骤、结果运用等进行规范。在旗政协十五届三次会议期间，收到提案100件、立案92件，年底所有提案均办理完成，办复率100%。开展重点提案遴选，确定4件重点提案，由政协县级领导领衔督办。制定《政协杭锦旗委员会提案工作办法》，对政协提案工作进行规范。

【专题调研】 配合全国政协机关党组理论研究课题组完成“县级人民政协工作研究”的专题调研。协助自治区、市政协完成依法治市建设、文旅产业高质量发展、加强草原生态保护等10多项专题调研视察活动。完成四川茂县政协、贵州丹寨县政协、青海海东市平安区政协等10余批考察调研组的协调接待工作。致力于兵团文化研究和旧址的保护开发，邀请兵团战士考察回访，累计接待1000余人次。

【文史资料工作】 组织开展系列文史征编、成就宣传活动。编辑出版《杭锦旗文史资料》（蒙文版）第四辑。完成《杭锦旗政协志》的编写和人民好书记奇治民文史资料的收集整理工作。向自治区政协、市政协投稿并采纳文史稿件62篇。协助完成中央电视台《中国影像地方志》纪录片内蒙古卷杭锦旗篇拍摄工作。

社情民意

【协商民主　资政建言】 政协修订完善《委员履职管理办法》，规范委员学习培训、履职尽责、奖惩考核等内容。启动届内委员轮训制度，年内组织45名委员、机关干部赴井冈山进行为期一周的党性教育。组织委员参加政协各类履职活动260人次。接受委员请辞14人，新增补委员16人。

建立专委会“四个一”工作机制，即每个专委会每年至少开展一个专题协商、一个调研、一个视察、一个讲座。配合完成机关内设机构改革，充实专委会工作力量，配齐主任、副主任和工作人员。建立与党政对口部门的沟通机制，参加相关会议和活动。

增设委员联络服务中心。注重政协理论研究工作，在呼包鄂庆祝人民政协成立70周年理论研讨会上所提交的2篇论文，一篇荣获二等奖、一篇入选优秀论文集，并作为旗区政协代表进行交流发言。

（王　瑞）

纪委·监察

综　述

【概　况】杭锦旗监委核定编制103个，实有在职人员109人，其中女干部34人，少数民族干部24人。内设机构11个：办公室、组织部、干部监督室、宣传部、党风政风监督室、信访室、案件审理室、第一纪检监察室、第二纪检监察室、第三纪检监察室、案件监督管理室（旗委反腐败协调小组办公室）。派驻机构19个：派驻独贵塔拉工业园区纪检监察组、派驻鄂尔多斯新能源产业示范区纪检监察组、派驻旗公安局纪检监察组、派驻旗检察院纪检监察组、派驻旗法院纪检监察组、派驻旗教体局纪检监察组、派驻旗卫生健康委员会纪检监察组、派驻旗委办纪检监察组、派驻旗人大常委会机关纪检监察组、派驻旗政府办纪检监察组、派驻旗政协机关纪检监察组、派驻旗委组织部纪检监察组、派驻旗委宣传部纪检监察组、派驻旗委政法委机关纪检监察组、派驻旗财政局纪检监察组、派驻农牧局纪检监察组、派驻林草局纪检监察组、派驻水利局纪检监察组、派驻旗住房和城乡建设局纪检监察组。下设杭锦旗纪委监察委廉政教育中心1个二级事业单位。

2019年，受理信访举报232件，同比下降33.7%；处置问题线索410件，立案155件，同比增长17.4%，给予党纪政务处分213人，同比增长204%；移送司法3人，留置3人；科级干部立案46人，给予党纪政务处分45人。运用监督执纪“四种形态”（批评和自我批评要经常开展，让咬耳扯袖、红脸出汗成为常态；党纪轻处分和组织处理要成为大多数；严重违纪的重处分、作出重大职务调整应当是少数；严重违纪涉嫌违法立案审查的只能是极少数）545人次，增长73.6%。其中第一种形态327人次，占60%；第二种形态184人次，占33.8%；第三种形态23人次，占4.2%；第四种形态11人次，占2%。

重要工作

【监督检查】采取线上日常考核和线下经常性督查方式对“两个责任”（主体责任、监督责任）落实情况进行监控、考核，下发督导提醒函16份。严把选人用人政治关、廉洁关、形象关，开展任前廉政谈话3次，回复干部交流提拔、评先评优、资格审查等方面党风廉政意见166批7942人次。以整治庸官、懒官、昏官、贪官等“四官”为抓手净化机关政治生态，立案66件，给予党纪政务处分42人。持续净化基层政治生态，立案查处“三务”（党务、政务、财务）不公开、假公开、公开不到位问题50件，给予党纪政务处分45人；开展“上访为下访”活动，干部下访25批62人次，息诉罢访10件；评选“清风干部”3581名。立案查处违反中央“八项规定”精神问题13件，给予党纪政务处分13人，通报曝光6期10人。立案查处形式主义、官僚主义问题64件，给予党纪政务处分74人，通报4期12件，督促党员领导干部把“两个维护”落实在具体工作中；对人防系统进行监督检查3次，发现问题线索2件，立案1件，处分1人；开展“大棚房”问题监督检查2次，发现并整改问题4处。坚决整治公职人员违规从事营利性活动问题，立案查处32人，给予党纪政务处分22人，下发监察建议书5份。及时为2名干部澄清正名。

【专项治理】 深化扶贫领域专项治理，抓好脱贫攻坚专项巡视整改，立案查处扶贫领域腐败和作风问题6件，给予党纪政务处分7人，通报曝光5期，整改完成中央脱贫攻坚专项巡视反馈问题2大类7项任务，开展领导包案化解信访案件工作，推动案结事了10件；推进“打伞破网”，处置中央督导组交办问题线索，27件交办件全部办结，立案查处涉黑涉恶腐败、“保护伞”和失职失责问题线索14件，给予党纪政务处分11人；严抓群众身边腐败问题查办，开展漠视侵害群众利益问题专项整治，立案查处民生领域问题47件，党纪政务处分49人，通报曝光5期14件。

【以案促改】 对发现的薄弱环节、制度漏洞、监管盲点，向涉及单位列出问题清单，制发建议书77份；组织全旗副科以上干部集中学习新修订的《中国共产党问责条例》，开展专场警示教育1场次；印发《关于深入开展警示教育的通知》，以脱贫攻坚、公职人员经商办企业、基层微腐败等为题材开展“身边人身边事”专题警示教育活动74场次；制作完成本土警示教育片《小官巨贪》，以本地典型案例为主新建党风廉政教育基地。

【政治巡察】 全年对15个党组织开展常规巡察、对3个党组织开展提级交叉巡察、对31个嘎查村（社区）开展延伸巡察，常规巡察中发现问题77个，立行立改问题18个，移交问题线索21件；通过巡镇带村方式进行村级巡察，发现村级问题83个，问题线索3件，诫勉谈话1人，挽回村级经济损失7.99万元。推进上级巡视巡察反馈意见整改，全面完成中央第四巡视组、中央第二巡视组巡视“回头看”反馈意见整改任务；完成自治区党委第九巡视组巡视反馈意见37项具体整改任务；完成自治区党委第十三巡视组反馈问题中旗纪委监委牵头认领具体问题13个，监督检查旗纪委监委反馈具体问题15个。

【纪检监察体制改革】 制定印发《杭锦旗2019年纪检监察体制改革工作要点》，一体推进“三项改革”（纪律检查体制改革、监察体制改革、纪检监察机构改革）。印发《关于加强旗属国有企业和重点事业单位纪检监察工作的意见》，推动派驻纪检监察组“全覆盖”；编印《派驻纪检监察组考核评价办法》，强化派驻机构管理。全年派驻纪检监察组立案65件，同比增长150%。推进监察职能向基层延伸，印发《派出苏木镇监察办公室工作手册》，各苏木（镇）纪委［旗监委派出苏木（镇）监察办］立案16件，同比增长14.3%。建立旗委反腐败协调小组成员单位查办案件协作配合通报机制，全年公检法、审计等单位移送案件42件，旗纪委监委移送18件。

自身建设

【自身建设】 新建3169平方米业务用房。强化干部教育培训，开展常规培训30期、专题培训43场次；抓好以案代训，每季度选1名苏木（镇）纪委干部参与机关案件查办，开展4批、28人次；参加上级业务培训、案件查办，先后派干部参加上级业务培训80余人次，参与案件查办30人、44人次，开展“岗位大练兵”活动1次。入选自治区第二批监督执纪“百千万人才工程”尖兵1名、合格人员21名。主动接受外部监督，聘请特约监察员6名。处置反映纪检监察干部问题线索5件。

（刘　博）

群众团体

工　会

【概　况】 杭锦旗总工会核定10个编制，内设办公室、综合业务部、职工活动服务中心。其中：主席1人，副主席2人，在职职工15人，社会化工会工作者7人，西部计划志愿者1人。

2019年，杭锦旗总工会被市总工会评为“2019年度鄂尔多斯市工会系统先进集体”，被旗委、旗人民政府评为2018年度全旗“五位一体”综合考评优秀单位。

全旗基层工会组织120家，其中，2019年新成立工会组织47家；工会会员实名登记达16592名；工会经费收入438万元，工会经费总支出403万元。

【经费收支管理】 通过和旗税务局召开工会经费代征工作联席会议，组成工会经费联合工作组，对企业工会经费征缴不正常情况进行联合分析，协调解决疑难问题。新增48家企业正常缴纳工会经费。截至11月，工会经费收入438.01万元（税务代征企业工会经费304.39万元，事业单位自收经费7.83万元，财政划拨工会经费125.79万元）；工会经费总支出403万元。

【基层组织】 开展“职工之家”“双亮工程”创建活动，推动工会组织覆盖。全旗基层工会组织120家（行政单位52家，企业68家），其中2019年新成立工会组织47家（行政单位23家，企业24家）。2019年，重点对吉日嘎朗图镇工会联合会、呼和木独镇工会联合会、独贵塔拉镇工会联合会、亿利能源工会委员会4家基层工会职工文化活动阵地建设进行扶持，投入资金26万元。工会会员实名登记达16592人，其中，农牧民工累计入会919人，货车司机、快递员、护工护理员、家政服务员、商场信息员、网约送餐员、房产中介员、保安员入会487人。

【职工技术技能提升】 举办全旗电工技能大赛、2019年杭锦旗护理职业技能大赛等具有行业特点的劳动技能大赛，帮助263名职工提升职业技术等级。举办2019年杭锦旗美容师职业技能培训班、中式烹调师培训班、育婴师培训班，累计培训农牧民工、国家级贫困户和失业待岗人员48人次。2019年，建成市级“工人先锋号”2家；旗级“工人先锋号”5家，旗级“创新工作室”2家。在全旗范围内营造“劳动最光荣、劳动最伟大、劳动最崇高、劳动最美丽”的社会风尚。徐小军荣获自治区五一劳动奖章；乌兰格日乐、闫慧源、乌日格希拉图3人荣获市五一劳动奖章；内蒙古能源发电杭锦发电有限责任公司、神华杭锦能源有限责任公司煤炭销售中心荣获市工人先锋号荣誉称号；廖原荣获“鄂尔多斯市工匠”荣誉称号。

【维护职工合法权益】 召开杭锦旗构建和谐劳动关系三方机制会议；与旗人力资源和社会保障局、工商业联合会组成督查组，采取抽查的方式，深入27家企业进行实地督导，针对存在的问题限期整改；依法维护职工合法权益，建会企业集体合同和工资专项集体合同签订率达80%，签订企业集体合同、工资集体协商、女职工权益保护专项集体合同各69份，新增行业集体合同1份，新培育集体协商典型单位6家。联合司法局、人力资源和社会保障局等多部门开展2019年“劳动托起中国梦·法治烛照职工心”全旗职工法律知识竞赛、“遵法守法·携手筑梦”服务农牧民工等多种形式的安全法律普及活动，参与企业21家，参赛职工达1200人次。

【困难职工帮扶解困】 对69户在档困难职工进行重新评估，依规退档60户。在档困难职工18户，其中全国级6户，自治区级12户。将职工医疗互助保障行动列入重要议程，举办全旗职工医疗互助保障工作培训班，全旗有4042人参加医疗互助保障行动，截至年底，申领补助15人次，申领补助金5028元；联合多部门举办以“促进转移就业·助力脱贫攻坚”为主题的2019年杭锦旗“春风行动”招聘会暨大学生创业园入园招募会，提供就业岗位428个，吸引600余人应聘求职，80人实现就业再就业；围绕全旗脱贫攻坚，重点对全旗驻村工作队队员和奋斗在酷暑一线的2462名一线职工，送去总价值12.9万元的消暑物品。为全旗一线的296位环卫工人送去总价值1.29万元防暑降温用品。对符合救助条件的7名困难职工家庭大学生发放助学金4.7万元。对全旗新增、在档和渐退期的34名困难职工家庭发放专项救助金23.33万元。给全旗11家民生领域和全旗经济社会发展做出贡献的企业，送去价值6万元慰问物资，为10处“爱心驿站”服务点配备价值7.3万元配套设备。“三八”国际妇女节期间，对6名单亲大病困难女职工进行走访慰问，送去6000元慰问金；举办全旗女职工普法宣传和女职工心理健康知识讲座，对劳资纠纷、工伤纠纷等问题及维权途径和方法进行专题讲解，培训女职工110余人次。

【职工文体活动】 联合多部门开展“爱我杭锦·活力民企”徒步大赛、杭锦旗“优化营商环境·服务驻地企业”暨“走进工会·缘来为你”职工联谊活动、全旗职工工间操大赛、全旗“工会杯”职工篮球比赛、“当好主人翁、建功新时代——庆祝建国70周年”职工广场文艺会演、全旗干部职工蒙汉双语心理健康知识讲座、庆祝中华人民共和国成立70周年全旗职工书画摄影作品展等13次形式多样的文化体育活动；联合新磊超市、UCC国际洗衣店、杭锦旗移动公司、杭锦旗联通公司开展工会会员普惠活动5次，全旗参与活动职工达4600人次。拨付基层工会组织活动经费24.9万元。

【职工活动服务中心建设】 总工会办公场所周边新购置一处约1000平方米商品房，用于建设工会职工活动服务中心，预算投资约750万元（包括装修、配套设备设施等），主要设计功能包括健身室、棋牌室、乒乓球室、台球室、职工图书室、心理咨询室等。职工活动服务中心建设项目办理政府招投标手续。

（孟何何）

团　委

【概　况】 中国共产主义青年团杭锦旗委员会核定编制8个（行政编制5个、事业编制3个），实有干部15人。

2019年，开展各具特色的主题实践教育活动200多场次，青少年植树1000余株，组织志愿服务活动38场次。招募23名西部计划志愿者到杭锦旗服务。新建团组织21个，整顿“软弱涣散”团组织27个，整顿处理不符合要求团干部50人。

获得2019年鄂尔多斯市首届农牧民健身运动会突出贡献奖、2019年杭锦旗那达慕大会暨职工运动会突出贡献奖和“2018年全旗禁毒工作先进单位”等荣誉称号。

【思想引领】 组织开展“庆祝中华人民共和国成立70周年”“十四岁集体生日”“十八岁成人礼”“争做新时代好队员”“红领巾心向党”“民族团结进校园”等主题教育活动50多场次。

【主题育人】“五四”期间，举办纪念五四运动100周年暨“五四”青年节表彰大会、习近平总书记在纪念五四运动100周年大会上重要讲话精神专题学习班、纪念五四运动100周年、中华人民共和国成立70周年——“青春心向党　建功新时代”快闪活动。全旗各级团青组织围绕活动主题，开展各具特色的主题实践教育活动200多场次。

【典型带动】 选树表彰各级各类优秀青年集体28个、优秀青年60名。推荐的杭锦旗青年贾建军荣获“全国农村青年致富带头人”荣誉称号。

【助力生态文明建设】 组织150名青少年开展“青春心向党　建功新时代”2019青少年植绿护绿行动，植树1000余株。联合环保局等单位开展“6·5”世界环境日宣传活动启动仪式暨“万步有约”绿道徒步比赛。

【助力脱贫攻坚行动】 举办消费扶贫助力打赢脱贫攻坚战暨“青联扶贫　为爱企航”义卖活动，组织动员30余家爱心企业参加并筹集善款11.8万元，所筹善款全部用于资助弱势青少年；帮助90名青少年实现微心愿，提供价值约3.6万元的资金物品；向上级团委争取“葵花助学”“希望工程1+1”“国酒茅台”“天翔助学”“小鸟助学”等项目，资助大中小学生149人，发放助学金21.6万元。

【青年志愿服务】 组织开展暖冬行动、学雷锋、爱心送考、普法宣传、扶贫助困、多城联创、社区便民等志愿服务活动38场次。招募青年志愿者为杭锦文化日、那达慕大会、国际沙漠论坛、易地搬迁现场会等提供会务服务，招募志愿者300余名，举办青年志愿者培训班、解说员培训班各1期。招募23名西部计划志愿者到杭锦旗服务。

【青年就业创业】 联合人社、就业等部门共同组织专场招聘会2场，举办大学生电商培训——抖商专场培训班，为待业青年就业创业牵线搭桥、搭建平台。推进“青创易贷”项目，推荐97名创业青年向邮储银行、农业银行申请金融贷款。新建大学生就业创业见习基地3家，组织80名大学生进行岗位见习。推报3个青年创业项目参加“农行杯”第六届“创青春”内蒙古青年创新创业大赛，获专项赛铜奖和优秀奖。围绕“返乡大学生就业创业”主题，开展“共青团与人大代表、政协委员面对面”座谈会。

【青少年健康】 举办“奋斗的青春最美丽”交友沙龙、“优化营商环境　服务驻地企业”暨“青春心向党　建功新时代”青年联谊等活动。围绕网络安全、禁毒普法、护眼知识等内容开展宣传活动12期。在青年干部培养方面，联合旗委组织部举办“年轻干部培训班”2期。

【党建带团建】 杭锦旗委常委会专题听取团旗委工作汇报，团旗委作为固定列席人员，参加旗委常委会9次。5月，召开共青团杭锦旗第十六届三次全委（扩大）会议，通过《关于共青团杭锦旗第十六届委员会委员、常委卸职确认案》，对共青团改革、从严治团等重点工作安排部署。新建团组织21个，整顿“软弱涣散”团组织27个。

【团干部队伍建设】 举办杭锦旗新任嘎查村社区团组织书记培训班，开展全旗团干部廉政警示教育；对“违规任命”团干部进行核查，整顿处理不符合要求团干部50人。完成2016—2018年发展团员信息核实工作，并利用“智慧团建”系统开展失联团员归巢行动，理清共青团组织架构隶属关系。

（刘小娜　王媛媛）

妇　联

【概　况】 杭锦旗妇女联合会核定编制9个，其中行政编制5个、工勤编制4个，在职人员11人。

2019年8月，成立所属事业单位杭锦旗妇女儿童发展服务中心，核定事业编3个，在职人员3人。

2019年，表彰妇女先进典型108个，开展文化大讲堂活动4场次，举办妇女素质提升培训班4期，职业技能免费培训班3期。接待妇女来访25件次，实施法律援助15件次，结案率达100%。为77名中小学品学兼优贫困生发放助学金38500元。

【组宣工作】 举办“巾帼同心同向　助力杭锦辉煌”知识竞赛。表彰妇女先进典型108个，其中全国“最美家庭”1个，自治区“最美家庭”2个，市级先进典型7个，旗级先进典型98个。开展文化大讲堂活动4场次。组织旗乡两级巾帼志愿者开展扶贫济困、人居环境整治、法律宣传等各类志愿服务活动64次。旗镇村三级寻找表彰最美家庭230户。

【妇女发展工作】 举办妇女素质提升培训班4期，分别是联合旗委组织部、党校举办的以强化女干部理论素养、管理水平和决策能力为目的妇干班1期；联合旗就业服务中心、神通职业培训学校举办的以提高无业贫困妇女创业就业能力的美容师、育婴师、中式烹调师职业技能免费培训班3期。与旗委统战部联合组织非公企业、女企业家协会警示教育1次，组织50余人实地参观旗党风廉政教育基地和看守所。联合旗总工会开展“巾帼心向党，硬笔写华章”书法竞赛活动，让170余名妇女干部硬笔书法作品集中展示、互鉴交流。依托全旗各“妇女之家”，开展“70年，我的家与国”女性恳谈活动56场，其中包括组织女企业家协会、社区女党员开展的“庆党节　述党情　感党恩·女企协　女党员　心连心”恳谈活动。主动联系内蒙古能源发电杭锦有限公司与伊泰化工有限责任公司（杭锦旗伊泰工业园区）开展国学文化专题讲座2场。召开两纲统计监测培训会，督促指导21个成员单位做好《中国妇女发展纲要（2011—2020）》《中国儿童发展纲要（2011—2020）》的贯彻落实工作。

【维权工作】 联合旗人民法院专门成立婚姻家庭纠纷诉前调解室，并完善制度，切实维护妇女儿童合法权益。年内，旗妇联接待妇女来访25件次，实施法律援助15件次，结案率达100%。争取实施公益性项目，为26名身患“两癌”的贫困妇女争取到专项基金26万元；为15名贫困母亲发放由家庭小药箱、生活日用品等组成的“母亲邮包”15个；开展“迎春节　送温暖”慰问活动，为8名建档立卡贫困户争取慰问金4000元，为13名困难妇女家庭送去价值2600元的米面油。

【少儿工作】 开展女干部“情系儿童、筑梦未来”助学行动，为77名中小学品学兼优贫困生发放助学金38500元。表彰“品学兼优好少年”40名。开展“家家幸福安康工程”百场宣讲进基层杭锦旗专场活动6场。

（杨　霞）

科　协

【概　况】 杭锦旗科学技术协会核定事业编制10个，在职人员15人，其中：主席1人、副主席2人、工作人员12人。

开展科普进嘎查（村）、进社区、进校园活动20次，发放科普图书、科普宣传材料5000份，受益人数5000人次。组织开展杭锦旗第十届青少年科技创新大赛。建立科普e站90个，注册信息员139人，建科普中国e站94个。

【科普活动】 组织和动员广大科技工作者、科普志愿者以发放宣传资料、播放宣传片、讲党课、举行知识有奖问答、进行科技体验等多种形式，开展惠及四类人群的科普活动。利用杭锦“马兰花”节、科技宣传周、全国科技工作者日等节点，组织开展科普进嘎查（村）、进社区、进校园活动20次，发放科普图书、科普宣传材料5000份，受益人数5000人次。

【科技惠农】 组织当地科技人才、科技专家服务团深入嘎查（村）开展科技服务，引进市农牧专家刘星帮扶陶赖高勒村大棚种植区实地指导10次。

【科普覆盖】 与旗电视台合作在杭锦旗频道开设科普专栏《科普大篷车》节目，每周播1次。

【杭锦旗第十届青少年科技创新大赛】 组织各中小学校教师、学生参加创新大赛，全旗推选上报优秀作品24件。

【科普e站建设】 杭锦旗科协与旗委组织部、旗教育局共同建立科普e站90个（其中乡村e站56个、社区e站13个、校园e站21个），注册信息员139人，在全旗各学校、社区和嘎查（村）建科普中国e站94个（乡村e站61个、社区e站12个、校园e站21个），实现全旗科普e站建设全覆盖。转载分享科普中国文章2.6万篇，浏览量达25万人次，位居鄂尔多斯市第一名，19名优秀科普信息员受到上级部门的表彰奖励。

（莫日根高娃）

文 联

【概　况】 2019年，杭锦旗文学艺术界联合会独立编制机构1个，下设二级单位1个（杭锦旗美术馆）。独立核算机构1个。核定编制6个，其中事业编制6个。年末，实有人数16人，其中：在职人员14人，离岗1人，退休人员1人，3名干部转隶到文联。

2019年，组织开展“走基层，送文艺”志愿服务活动10余场次，文艺交流研讨活动10余场次。为群众送出春联500余幅，推出文学作品9部，推出各类文艺作品200余篇（幅）。

2月，被评为全旗“五位一体”实绩考核突出进步单位。3月，荣获全旗三八红旗集体奖。4月，杭锦美术馆正式揭牌成立，成为鄂尔多斯市内第二家美术馆。

【文艺活动】 开展“庆祝中华人民共和国成立70周年”主题系列活动。3月，开展“翰墨书写教育情，丹青描绘中国梦”杭锦旗教育系统庆祝中华人民共和国成立70周年作品展，作品均由杭锦旗各中小学校、幼儿园教师创作，展出水粉、油画、素描等书画作品70多幅。4月初，“壮丽70年，阔步新时代”杭锦旗庆祝中华人民共和国成立70周年主题文艺作品展在新建杭锦美术馆开展。6月底，联合旗委组织部举办“庆祝中华人民共和国成立70周年暨中国共产党建党98周年”倪志仁书画作品展，展出倪志仁的120余幅书画作品。7月，开展“庆祝中华人民共和国成立70周年”廉政书画摄影作品征集活动，征集廉政题材书法、绘画、摄影类作品120余幅。8月，举办庆祝中华人民共和国成立70周年智拓文化艺术馆第五届师生作品展，展出包括油画、素描、石膏、线描、装饰、色粉、国画、动漫等不同类型作品80余幅（件）。9月，联合旗总工会开展庆祝中华人民共和国成立70周年全旗职工书画展暨书画摄影征文大赛，集中展示杭锦旗干部职工书法、美术、摄影和文学创作作品110余幅（篇），评选表彰优秀文艺作品60余幅（篇）。同月开展杭锦旗“伊泰化工”杯“军民心连心·建功新时代”主题摄影征文活动，并举行颁奖仪式。建设文化服务平台。3月，杭锦旗新时代文明实践活动启动，旗文联组织书法创作骨干和文艺爱好者开展“讴歌新时代，筑梦新征程”送文艺志愿活动，活动中为居民群众送去书籍200余册。4月，联合旗文明办开展纪念“4·23”世界读书日主题活动暨“述改革开放40年事，说杭锦文明新风尚”文艺作品大赛颁奖活动，评选表彰各类文艺作品60余幅（件）。10月，与杭七幼在美术馆开展“感受艺术魅力，体验别样童年——小手拉大手共创文明城”活动，包含参观书画摄影作品展、释放艺彩创作和涂染体验等特色主题活动。在伊和乌素希日摩仁嘎查第三届观赏万亩马兰花旅游文化节期间，组织协会30多位文艺骨干开展“礼赞新中国·讴歌新时代”庆祝中华人民共和国成立70周年文艺志愿采风创作活动，现场创作书法、赠送期刊。7月，组织40余名作家和摄影、美术、书法艺术家及文艺爱好者走进鄂尔多斯草原开展“倾情草原　爱在杭锦”庆祝中华人民共和国成立70周年主题采风活动；结合庆祝中华人民共和国成立70周年及清明、“五一”国际劳动节等重大节庆节点，以诗歌、散文、歌词、书法、绘画等形式，征集原创文艺作品，在网络平台统一编辑刊登，推出“缅怀、感恩、清明”“赞美奋斗、欢庆五一、喜迎五四”“祖国成长我成长”主题网络展播3场次。

【文艺惠民】 组织开展“走基层，送文艺”志愿服务活动10余场次。1月10—20日，旗文联组织书法家协会文艺骨干进社区、进嘎查，先后到锡尼镇四十里梁农牧服务中心、伊和乌素苏木脑高岱嘎查，开展“扎根生活沃土，服务基层群众”迎新春送对联志愿活动；与锡尼镇胜利社区联合开展“送春联、剪窗花、福满社区”活动，为社区居民、嘎查（村）农牧民义务写春联，送去新春祝福，为群众送出春联500余幅。

【文艺启智】 组织协会作家开展“快乐学习，梦想起航”文学创作志愿服务走进校园活动，每月选派旗作协会员深入到蒙古族小学和龙子心小学讲授作文课，为学生提供专业辅导，培养新时代青少年文艺人才。

【文艺交流研讨】 组织开展“春意醉元宵”诗会、书法艺术交流座谈会、文学交流沙龙活动等文化活动10余场次；开展蒙文作家协会文学作品专题“改稿会”4场次；12月底组织各文艺家协会开展文艺交流创作活动，先后开展杭锦旗作家协会、网络文艺家协会、文艺评论家协会“创城走进你我生活”主题文艺活动暨2019年年会，杭锦旗摄影家协会赴鄂尔多斯草原采风创作活动暨2020年工作会议；邀请鄂尔多斯市延安精神研究会相关领导到旗文联美术馆、杭锦旗民族手工艺文化传承基地调研考察；配合上海音乐学院师生“绿野寻音　梦驰内蒙”大学生暑期社会实践活动，同时与伊旗、康巴什等旗区文联一同开展库布齐沙漠创作采风调研活动；邀请无锡市安阳区、绍兴市柯桥区文联开展三地文化交流活动，建立三地书法创作基地，并缔结为友好文联；联合自治区文联开展文艺志愿服务培训，邀请到自治区高等院校和书协美协的名家大家志愿服务团队，为杭锦旗文艺团体会员以及广大美术书法爱好者和旗中学的100余名学员提供中国画山水、人物，油画技法和书法临帖技巧等内容的指导。

【民族文艺创新】 在鄂尔多斯草原旅游区挂牌建立文艺创作培训基地，并打造建成马文化展厅和婚礼文化展厅，5月正式建成开放；打造完善民族手工艺文化传承基地，举办“杭礼杯”首届杭锦旗文化旅游民族手工艺产品设计大赛，征集到来自全旗各地手工艺爱好者290余件作品，包括民族服饰、民族刺绣、孔玉饰品、玉雕、木雕等特色文艺作品。

【文艺人才队伍建设】 旗老干部服务中心常态化开办“全旗干部职工书法临帖培训班”。4月，杭锦美术馆正式揭牌成立，成为鄂尔多斯市内第二家美术馆。6月，杭锦美术馆被市宣传部、市社会科学联合会授予“鄂尔多斯社会科学普及基地”。在馆内开展各类主题展览和书画艺术交流20余场次。

【文艺创作】 推出文学作品《我和我的杭锦》（冯春生）、《神兽》《杭锦婚礼》（那木斯来），个人作品集《倪志仁书画作品集》（倪志仁），电影剧本《布谷鸟之歌》（旺扎淖尔布）、《古如歌》（娜仁高娃），小品剧本《过年》《人民法官为人民》（闫鹏飞），小戏剧本《明白卡》（闫鹏飞）等多部优秀作品；通过《库布齐》和《芒乃淖尔》2本自办刊物及“杭锦旗文联”微信公众号，推出各类文艺作品200余篇（幅）；向精神文明“五个一工程”奖及青年扶持计划、“三大工程”重点选题项目等国家级、自治区级评选评奖活动推送杭锦旗文艺工作者和文艺爱好者的优秀作品10余件，其中杭锦旗青年编剧娜仁高娃的作品《原野密语》入围2019年“青年编剧扶持计划”，短篇小说集《七角羊》选入中国作协2019年度“中国少数民族文学之星”丛书；由乌兰牧骑编排的戏剧类节目《和谐四瑞》被推荐为全区第十四届精神文明建设“五个一工程”选送作品；儿童剧《和谐四瑞》和蒙古剧《阿拉腾鸿达嘎》在蒙古国乌兰巴托市举行的第14届“格根木扎”国际戏剧节亮相，并荣获最佳编剧、最佳导演等14项提名奖和5项个人奖；杭锦古如歌艺术团在2019年亚洲民俗节上荣获民俗民风团体演出二等奖、高质量节目特别奖和1项个人奖。6月底，由文艺骨干贺伟创作的油画作品《苏和与托娅》在第十三届内蒙古自治区美术作品展览中展出，并被自治区推荐为全国作品展选送作品；张鹏书法作品在“庆祝中华人民共和国成立70周年”第七届内蒙古自治区书法篆刻作品展展出；张志荣、张鹏等书法作品在鄂尔多斯市“百花齐放70年”书法、美术、摄影作品展集中展出；杭锦旗蒙古族作家巴雅斯呼楞作品荣获自治区“祖国颂 草原情”征文大赛一等奖。12月初，与文旅局联合开展“鄂尔多斯我的家”第三届鄂尔多斯诗歌那达慕杭锦旗预选赛，在原创诗歌评比、诗歌朗诵比赛和“诗韵墨香”书写大赛三项赛事中，全旗300余名干部学生参加比赛，杭锦旗书法艺术骨干和诗词爱好者宝音吉雅、成志敏、刘志东、刘刚、李建乐等10余人进入总决赛，并荣获奖项。

（乌仁图雅）

残　联

【概　况】 杭锦旗残疾人联合会核定编制10个，在岗职工15人，其中理事长1人，副理事长2人。内设行政审批股、综合业务室、劳动就业服务所、办公室。2019年，研究确定残疾人康复中心改建事项，残联协调发改委完成项目变更审批，协助政府投资代建中心完成项目初步设计评审、招投标等工作。项目设计总投资801.6万元，其中争取中央投资800万元。工程于7月进入施工阶段，建设工程接近完工。

【残疾人康复】 草拟《杭锦旗残疾儿童康复救助实施细则》，协调政府印发《〈杭锦旗残疾儿童康复救助实施细则〉的通知》。对全旗有康复需求的残疾儿童进行普查登记。对在定点康复机构进行训练的26名残疾儿童全部按标准给予康复训练补贴，发放补贴资金28.69万元。按计算口径，年内残疾人康复服务率99%。登记白内障复明手术90例，手术70例，每人补贴1500元，共补贴资金10.5万元。开展残疾人辅助器具需求的摸底调查、建档立卡、供应和适配工作。按照基础数据调查辅具需求，通过争取上级支持，调拨辅具206件，自行采购辅具415件，年内发放辅具670件（含库存），筛查上肢假肢安装需求的残疾人11人，安装11人，筛查下肢假肢需求残疾人7人，安装7人。筛查有矫形器需求的残疾儿童6人，安装6人。按计算口径，年内残疾人辅助器具适配率为99.4%。

【核发补贴】 按月审核重度残疾人和精神智力三、四级残疾人生活补贴及护理补贴。核对肢体残疾人机动轮椅燃油补贴人员信息，享有机动轮椅燃油补贴肢体残疾人80人，发放补贴2.1万元。

【核发管理第二代残疾人证】 2019年，新办残疾人证162件。联合卫健委，组织专家组对全旗2019年度到期换证的、目测的1722名肢体、视力、言语、智力残疾人证进行重新评定，经核查，降低残疾等级181人，提高残疾等级12人，脱残98人，迁出注销4人。全旗有持证残疾人5218人，占全旗总人口的3.7%。

【残疾人基础信息采集和管理】 组织专职委员开展残疾人基本服务状况和需求专项调查培训，并按规定要求完成系统录入工作。

【信访和法律援助】 协调司法部门联合组建旗、苏木（镇）残疾人法律援助服务站8个，开展残疾人法律服务宣传、引导等工作。年内结合市长热线，办理回复反映残疾人危房改造、康复补助等问题4件，办结率100%。

【摸底调查】 年内对建档立卡贫困残疾户及重度残疾并享受低保的困难残疾户家庭进行摸底调查，对其中有无障碍改造需求的40户残疾人家庭实施无障碍改造，完成投资14万元。

【适龄残疾青少年教育】 开展学前残疾儿童、义务教育阶段和高中、大中专院校、特校残疾学生的普查、登记，建立分类管理台账。2019年，全旗有义务教育适龄残疾儿童112人，其中随班就读75人，送教上门11人，特殊学校13人，缓免学8人，未入学5人，适龄残疾儿童入学率为95.5%。对2019年入驻幼儿园的9名残疾儿童发放补贴2700元；对2019年入学的24名大中专院校贫困残疾家庭新生和残疾新生，每人争取泛海助学补贴5000元，共补贴12万元。

【创业就业和培训】 举办农牧民种养殖业实用技术培训班3期，培训残疾人190人；举办城镇职业技能培训1期，培训残疾人55人；举办有就业能力和愿望的残疾妇女手工编织1期，培训40人。年内新增残疾人就业50人，其中城镇新增就业10人，农村新增就业40人。对全旗残疾人大中专院校毕业生就业情况进行摸底调查，并实行建档立卡管理。通过残疾人就业服务平台推荐全旗大专及以上毕业的残疾大学生30名，行政单位工作2人，与企业签订劳动用工合同12人，临时就业5人，创办个体工商4人，在读研究生1人，未就业6人，残疾人大学毕业生就业率达80%。按时对全旗各机关、团体、企事业单位及民办非企业2018年度残保金进行核定。全旗有机构2414家，线上审核机构1208家，审核率50.04%，征收入库残保金1077.21万元。对全旗残疾人自主创业个体工商户和残疾人集中就业企业进行普查、登记，对2019年自主创办的6家残疾人个体工商户每家发放扶持资金1万元，共发放扶持资金6万元。

【残疾人脱贫攻坚】 通过对全旗8户8人建档立卡贫困残疾户走访调研，了解贫困残疾人家庭基本生产生活情况，并为每人发放500元的临时救助金，共发放救助金4000元。对有辅具需求的建档立卡贫困残疾人发放辅助器具1件，对有无障碍改造需求的4户建档立卡贫困残疾户实施无障碍改造工程。为全旗2018—2019年52名建档立卡贫困残疾人进行产业扶持，每人扶持5000元，共发放扶持资金26万元。

【残疾人福利保障】 为全旗2216名重度残疾人代缴基本医疗保险，投入资金67.59万元。为全旗2019年3月前办理残疾人证的4930名残疾人购买意外伤害保险，投入资金12.33万元。

【残疾人宣传及文体工作】 利用“爱耳日”“助残日”“残疾预防日”等残疾人节日，通过宣传单、横幅、电子显示屏等形式，开展残疾人宣传活动3次，宣传残疾人相关法律法规、残疾预防知识等。年内初选全旗优秀残疾人运动员12人，选送一支以残疾人为代表的拉丁舞参加自治区第五届残疾人运动会运动员颁奖晚会。投入资金1.6万元组织锡尼镇、巴拉贡镇举办残疾人趣味运动会共2次。

（王　倩）

工商联

【概　况】 杭锦旗工商联全称杭锦旗工商业联合会（总商会），是杭锦旗工商界组成的人民团体和民间商会，内设办公室、会员部、经济部。杭锦旗工商联（总商会）下辖全旗6个苏木（镇）基层商会和1个行业协会。工商联2019年核定编制9个，实有工作人员12名，其中主席1人，副主席1人，秘书长1人，副科级待遇干部3人，其他工作人员7人。

2019年，杭锦旗工商联荣获“全国工商联2018—2019年度‘五好’县级工商联”“2018—2019年度自治区级‘五好’县级工商联”“2019年全国民营企业调查点工作示范单位”称号。

【非公党建】 举办“坚持党建领航　助推高质量发展”非公有制企业主题培训班，提升非公企业党组织规范化建设。按月推进企业支部“主题党日”活动，确定杭锦大众村镇银行等7个“双强六好”（发展强、党建强；生产经营好、企业文化好、劳动关系好、党组织班子好、党员队伍好、社会评价好）非公企业党组织成为党建示范点。组织非公企业代表20余人赴成陵管委会开展以民族团结进步及革命传统教育和党史旗情教育为内容的学习调研交流。

【商会协会活动】 指导组建杭锦旗同创烟酒副食行业协会。引导企业开展“手拉手心连心，结对帮扶献真情”等活动，累计捐助各类资金7万余元。组织“我爱你中国，庆祝新中国成立70周年”合唱比赛等大型公益活动及以“爱我杭锦，活力民企”为主题的各种活动，组织企业参加亿利生态示范区“两山”理论实践创新基地开展的“珍爱美丽地球，守护自然资源”——第50个世界地球日库布齐全民植树活动。

【企业助推“百企帮百村”行动】 引导民营企业参与“百企帮百村”活动，截至2019年底，全旗86家企业结对帮扶76个嘎查（村），其中非公企业61家结对52个嘎查（村），投入资金约1691万元，带动300多名农牧民增收。资助贫困户34户22700元；资助贫困生6名8100元；销售牛羊肉等农副产品27万公斤847万元；解决就业208人，发放工资512万元；劳务用工79人次，工资支出28.6万元，其他非合同劳务用工支出20万元；与257户农牧户签订蔬菜、玉米、葵花等农作物的订单合同和牛羊肉收购协议。

【非公人士培训教育】 发挥“非公经济大讲台”平台作用，推出“点菜”式培训教育方式，组织非公人士参加推动民营企业高质量发展专题讲座、税收与战略培训班、宏观经济形势与企业基业长青专题讲座、“同心学习　立德圆梦”双月读书、民营企业生存发展之道专题培训班、企业家高层论坛暨内大总裁班办学10周年巡回大讲堂等7期，培训非公人士300余人次。

【非公人士考察活动】 2019年，工商联分2期组织50余名民营企业负责人赴广西、浙江一带开展以民族特色产业、中小企业创新发展为主题的专题考察，旗工商联与温州内蒙古商会、浙江内蒙古商会签订《友好合作协议》，在浙江内蒙古商会挂牌“杭锦旗工商联（总商会）浙江联络处”，参加考察的3个企业与异地商会在农畜产品销售及大数据应用方面达成初步合作意向。

【法律进企业】 与检察院共同建立检察服务民营企业联络点，与旗司法局共同开展“相约大律师服务在身边”律师进企业专题讲座，并建立“相约大律师”服务日制度，每月4日联合旗司法局开展为期2年的“相约大律师”公益性法律服务活动；与金融部门、企业召开银企座谈会，促成签约贷款900万余元，召开全旗“放、管、服”改革政策措施落实座谈会，开展2019年“春风行动”综合招聘会、“失业保险惠企政策进民企”等专项宣传活动和最低工资标准调整执行情况评估活动，举办2019年构建和谐劳动关系暨工资集体协商培训班，开展2次民营企业劳动关系状况监测工作，确定7家劳动关系监测企业，并建立监测企业基础信息档案。

（杨　莉）

红十字会

【概　况】 杭锦旗红十字会有工作人员12人、编制8个，设有办公室、赈济救护部、组织宣传筹资部、备灾部。

2019年，旗红十字会组织“博爱一日捐”募捐，共捐款81.34万元。培训急救员510人。新建红十字基层组织2处，年内新增会员137人。新增志愿者40人，新建志愿者服务队1支。

【“三救”工作】 新增备灾物资价值人民币10.2万元。发放“红十字博爱送万家活动”款物共计7.7万元，受益人群达1329人。开展人道关怀救助活动，发放救助资金7.96万元，受益家庭126户。其中大病救助8人0.8万元，特困救助116人6.96万元，突发事故2人0.2万元。培训急救员510人，普及性培训2530人。推广使用“红十字急救掌上学堂”手机应用软件，普及防灾减灾和急救知识。

【“三献”工作】 宣传造血干细胞捐献、遗体（器官、组织）捐献知识，发放宣传资料2500份；回访86名造血干细胞捐献、遗体（器官、组织）捐献志愿者。

【业务宣传】 1月4日，组织开展“乐享科普中国　助力乡村振兴”活动。1月16日，在四十里梁举行博爱送万家活动启动仪式，为全旗203户五保户及贫困户送去被褥、棉衣、棉裤和食用油。为四十里梁敬老院提供沙发和投影仪，为老人们打造小型电影院。3月5日，组织开展“青春建功70载　志愿服务亮北疆”志愿服务活动，活动通过爱心理发、打扫卫生、洗衣服的形式展开，20余名孤寡老人接受服务。5月14日，开展现场“捐衣助贫”、义诊、义演、应急救援演练等多项宣传活动，发放宣传资料3500余份。6月1日，走进校园，为小学生送去校园安全教材、学生安全书包各215套。6月10日，组织志愿者服务队开展沙漠应急救援演练活动，为独角兽尖刀连200余人五期库布齐沙漠行志愿者提供医疗、住宿保障。6月14日，联合杭锦旗卫计局在百灵公园举办世界献血日无偿献血宣传活动，发放宣传品20份、宣传资料800份。6月18日，组织开展2019年法治进校园活动，走进杭锦旗中学，为师生们普及红十字会相关法律知识及应急救护技能，发放宣传品、资料1000余份。6月28日，邀请市红十字会讲师对供电分局54名职工开展应急救护专题培训。7月12日，开展“心手相牵　爱心传递　扶危济困　惠民饮水”捐赠仪式，为全旗76个嘎查（村）、4个敬老院、28所中小学及幼儿园、13个社区捐赠净水机132台。8月26日，开展捐资助学活动，为5名贫困大学生捐助3.2万元。9月12日，组织5支志愿者服务队在百灵公园开展“世界急救日”主题宣传活动，发放宣传资料1500余份。9月27日，赴二连浩特组织开展“助力‘一带一路’　爱献蒙古高原”捐衣送暖志愿服务活动，赠送衣物10000余件。12月4日，组织开展纪念第32个“世界艾滋病日”活动和宪法宣传周系列活动，发放宣传资料2700份。

【项目建设】 新建应急救护点1处（杭锦旗民族中学），新建应急救护角2个（四十里梁敬老院、杭锦旗第四小学），新建红十字示范校2所（杭锦旗民族中学、杭锦旗第四小学），打造志愿者服务基地1处（四十里梁志愿者服务基地），打造人道文化传播点1处（四十里梁志愿者服务基地），完成2019年博爱家园的基础建设工作。推进“光明行”“小天使”“天使阳光”社会公益活动及贫困白内障患者免费手术常态化工作，白内障患者筛查1690人、手术83人。

（郭　茹）

老促会

【概　况】 杭锦旗老年促进会（简称“老促会”）挂靠在旗扶贫开发办公室，是民政局登记注册的社会团体。该机构实有干部职工8人，中共党员5人，其中专职领导4人（正科级3人，副科级1人），兼职领导2人（副处级1人，正科级1人），借用干部2人。内设办公室、财务室。实有常务理事、理事45人。

2019年，实施生态建设草牧场改良项目，共涉及56户17720亩，投入资金88.6万元。实施生态建设区域草牧场改良项目，共涉及95户28300亩，投入资金111.9万元。

【生态扶贫建设】 2019年，老促会与旗农综办实施全旗重点生态建设草牧场改良项目，实施56户17720亩，投入资金88.6万元。推进草牧场改良，重点推广羊柴、柠条和甘草等沙地植物种植，在改善生态的同时，重点解决贫困户及边缘户饲草料供给问题。安排专项扶贫资金200万元，在全旗范围内推广实施生态建设区域草牧场改良项目，实施95户28300亩（其中贫困户7户2000亩），投入资金111.9万元，剩余资金88.1万元根据实际情况支付。

【革命发展史】 组织有关力量启动编写《杭锦旗革命老区发展史》。年底，确定工作人员进行资料搜集。

（宝音娜）

关工委

【概　况】 杭锦旗关心下一代工作委员会（简称"关工委"）的在职人员整体转隶到旗委组织部老干部服务中心，核定2个事业编制。2019年，全旗有关心下一代工作组织134个，成员1328人。

【开展庆祝中华人民共和国成立70周年活动】 10月8日，关工委组织召开常务领导班子办公会议，专题学习习近平总书记在庆祝中华人民共和国成立70周年大会上的重要讲话，并进行讨论；11月7日，召开常务领导班子办公会议，专题学习贯彻中共十九届四中全会精神。

9月30日，全旗各中小学幼儿园开展喜迎中华人民共和国成立70周年活动。全旗各中小学校开展以"爱我中华——纪念新中国成立70周年"为主题的"中华魂"主题教育活动，学生们制作"纪念中华人民共和国成立70周年"手抄报3650份。举办全旗"爱我中华"——庆祝中华人民共和国成立70周年书画摄影展作品征集活动，将征集回来的"五老"人员和青少年的优秀作品进行评选，最终推荐25幅书法、绘画作品参加鄂尔多斯市"爱我中华"——庆祝中华人民共和国成立70周年书画摄影展。

【基层组织建设】 关工委先后组织人员4批次参加市里的培训活动；开展创建旗区"五好"（领导班子建设好、骨干队伍作用发挥好、制度健全执行好、积极探索创新好、活动效果好）关工委活动，组织基层关工委人员培训，组织专题学习活动。组织召开2019年全旗关心下一代工作会议。会议对亿利东方学校、杭锦旗第一幼儿园等5个全旗2018年度关心下一代工作先进集体进行表彰。推广杭锦旗城镇中学"党建促关建"、第四小学关爱留守儿童、实验小学评选美德少年常态化经验；在社区关工委中推广锡尼镇胜利社区、新华社区、巴拉贡向阳社区先进经验。在苏木（镇）关工委中推广巴拉贡镇关工委先进经验。在嘎查（村）关工委中推广呼和木独镇巴音温都尔嘎查、巴拉贡镇乌吉尔嘎查先进经验。嘎查（村）关工委建设中涌现出吉日嘎朗图镇乃玛岱村关工委和独贵塔拉镇乌兰淖村关工委等先进单位。锡尼镇关工委组织召开社区关工委工作经验交流会。

【"五老"建设】 2019年杭锦旗关工委强化对基层关工委"五老"骨干的培训。年内，旗关工委"五老"讲师团先后以"不忘初心、牢记使命""纪念毛泽东诞辰126周年""学习贯彻党的十九届四中全会精神"为主题，对全旗"五老"骨干人员进行专题培训。巴拉贡镇关工委发动51名"五老"（老党员、老专家、老教师、老战士、老模范）人员在传统教育、校外辅导、法律咨询、文化传播、捐资助学、家庭教育等方面发挥作用。年内，单增资助民族教育50余万元。旗关工委推荐"五老"人员单增当选第七届感动内蒙古提名人物奖。

【家长学校】 全旗各中小学幼儿园都成立家长委员会，成立21所家长学校，家长学员发展到13246人。对教育局讲师团进行充实。上半年举办家庭教育讲座23场次，受培训家长8488人次。关心下一代工作委员会联合旗教育局、旗文明办、旗妇联、团旗委举办全旗中小学幼儿园、社区家长学校经验交流会。教育局关工委组织全旗中小学、幼儿园30余名关工委、家长学校负责人赴东胜区两所学校、一所幼儿园进行一天的参观学习。

【青少年健康教育】 关工委和各级关工委以及旗关工委成员单位开展帮学、帮困、帮致富、帮教活动。2019年，争取捐助金额达1007120元，受益人数1847人。巴拉贡镇关工委协调企业，为困难大学生王凤芹捐款1万元。巴拉贡镇兴建村关工委与社会各阶层配合，帮助5位贫困生完成学业，累计捐款30000余元。“六一”国际儿童节，呼和木独镇关工委争取赞助金16800元。独贵塔拉镇关工委争取社会各界和爱心人士更多的支持和捐赠，捐款146925元，为95人次儿童提供帮助。

（张荣华　图　雅）

军　事

人民武装

【国防动员】 组建国防教育讲师团，组织讲师进机关、进校园、进牧区，开展爱国主义常识和国防知识宣讲，全年宣讲20余次。协助驻地机关、学校、企业进行军训，组织适龄青年参观人武部国防教育展厅，组织民兵开展国防教育；全年组织民兵应急力量进行13天军事训练，组织草原消防灭火排专业分队进行15天专业训练，荣获全市第二届群众性练兵比武竞赛总分第三名和团体单项第三名；完成国防潜力数据采集上报工作；完成新兵征集任务。

【后备力量】 组织动员各苏木（镇）、有关部门、企业完成编组任务，完成基干民兵编组工作。对23支分队进行任务分工。组织各苏木（镇）民兵应急连进行集结点验4次。

【获得荣誉】 2019年，荣获“全国绿化模范单位”称号，获得“全国脱贫攻坚奖组织创新奖”。

（马庆敏）

武　警

【军事工作】 2019年，武警中队改造建设智慧磐石工程，实现执勤智能化。

【政治工作】 4月，邀请驻地心理讲师到中队授课。

（赵燕青）

法 治

政 法

【概　况】 杭锦旗政法委员会为正科级单位，下设二级事业单位杭锦旗综治服务中心。内设办公室、政治部、综合业务股。核定编制14个，其中行政编制8个、工勤编制6个，二级事业单位编制13个。2019年，成立全市首家合伙制法律服务所和法官权益保障委员会。破获邪教案件1起。全旗排查受理涉黑涉恶线索172件，核查办结137件，办结率79.65%。排查发现矛盾纠纷365件，化解355件，化解率97.26%。全年信访总量162批623人次，同比下降27%。

【维护社会稳定】 做好中华人民共和国成立70周年、第七届库布其国际沙漠论坛、中共十九届四中全会及重大节假日和重要节点的安保维稳工作，适时启动7×24小时值班备勤机制。对旗旅游集散中心建设项目、杭锦旗残疾人康复中心业务用房及附属工程等14个项目进行社会稳定风险评估，所有评估事项无一引发重大矛盾纠纷。制定全旗政治领域社会领域的工作方案，压实各有关部门责任，细化工作措施，确保防范化解重大风险各项工作落到实处。化解各类涉稳隐患。破获一起邪教案件，打击邪教人员10名，收缴邪教非法书籍、资料10余份。在反邪教警示宣传上，以“健康生活、远离邪教”为主题，以“2346”〔“2”是借助2个媒体平台。杭锦电视台播放1期反邪教专题片，在“杭锦反邪”微信公众号、“反邪教工作”专栏和反邪教志愿者微信群经常发布旗内反邪教最新活动，转载其他地区的先进经验和做法。“3”是建设三大阵地。“一室一墙一窗”反邪教阵地。“4”是面向4类人群。面向青少年、面向农牧民、面向嘎查（村）“两委”干部、面向老年人。“6”是开展“六进”活动〕工作法为载体，重点倾向基层、倾向青少年开展警示宣传教育活动37场次。

【扫黑除恶】 与全旗100项重大项目重点工作同步推进。召开旗委常委会会议、政府常务会7次、专题会议10次。召开“大三长”（公安局局长、法院院长、检察院检察长）会议10次，“小三长”（公安局、法院、检察院副职或者分管领导）会议8次，推动侦查与起诉、审判有效衔接。抽调12名工作人员充实到旗扫黑办工作。苏木（镇）和重点部门蹲点开展专项斗争工作3次。旗财政累计拨付工作经费281.4万元（2019年拨付228.4万元）。推进“六进”宣传，开展理论宣讲活动800余场次，编辑工作动态400余条（篇），利用移动MAS平台发送宣传短信15万余条。张贴海报、通告2.2万余张，悬挂安排“扫黑除恶”灯杆旗240根、擎天柱2处、桥体4处、宣传展板950处，悬挂条幅1500余条，墙体喷绘3000余平方米，设置举报箱120余处，发放印有宣传内容的水杯、抽纸盒等生活实用小礼品8.8万余份，漫画彩页等宣传资料、宣传单10万余份，《致全旗人民的一封信》18万份，调查问卷4万余份，集中开展“民生集市”品牌宣传活动63场次，开展“文化进万家”等下基层演出活动46场次，在社区、广场、学校等地放映《天刃》《守梦者》等扫黑除恶影片18场次，编排、创作《扫黑除恶意义大》《送礼》等群众喜闻乐见的文艺作品16件。对涉黑涉恶案件的扩线深挖，重点核查群众举报较为集中的案件，深查其背后的腐败和“保护伞”问题。聚焦反馈问题和案件核查侦办工作，推行案件联合研判工作机制，成立涉黑涉恶资产处置专项工作组。年底，冻结查封杜某某涉案资金100余万元。针对行业领域存在的问题，发出公安提示函4份、检察建议书34份、司法建议书15份。制定《杭锦旗农村牧区土地草牧场纠纷专项整治工作方案》等17个专项整治方案，开展本领域的集中专项整治。梳理嘎查（村）“两委”换届“回头看”发现的35条问题线索，对受到刑事处罚的2人及时进行清理；对受到行政处罚、违纪处分、治安调解的20人分别进行组织处理；对涉嫌违纪的11人进行立案审查；对被举报存在涉黑涉恶问题的2人进行核查。选优配强嘎查（村）“两委”，届中调整6名嘎查（村）“两委”干部。结合“不忘初心、牢记使命”主题教育工作，组织全旗县级领导深入包联苏木（镇）和嘎查（村），逐村开展软弱涣散嘎查（村）党组织排查，研判确定全旗有软弱涣散党组织2个，全部进行整顿。制定整改方案、建立问题清单，分解任务、逐项整改。自治区反馈的6个方面27个问题全部整改到位，移交的11条问题线索全部办结。市督导组反馈的6个方面16条具体问题，全部整改完毕。中央第15督导组反馈的3个阶段的83个问题整改完成82个，中央督导组向杭锦旗移交的44条问题线索和49个信访事项，全部核查办结。市扫黑办向杭锦旗移交的13条问题线索全部核查办结。年底，全旗排查受理涉黑涉恶问题线索172条，核查办结137条，正在办理35条，办结率79.7%。

【社会综合治理】 完成13个重点群体8000余人的人员信息搜集工作。年底，全旗登记出租房屋10306户，流动人口33279人，社区矫正对象107名全部帮助就业，重点青少年122人，落实638名严重精神障碍患者监护补贴救助资金153.12万元。健全自治、法治、德治相结合的乡村治理体系，全旗排查发现矛盾纠纷365件，累计化解355件，化解率97%。将科技信息成果广泛融入治安防控工作各环节、各步骤。发挥三级综治中心信访投诉连接、矛盾联调、社会联管、工作联动、治安联防、平安联创、情报信息共享的作用，实现矛盾纠纷“一站式”受理。年底，三级综治中心共接待群众来信来访186批538人次，化解各类矛盾纠纷294件次，办理各类便民服务事项64557项，梳理民情253件，解决230件。全旗70%以上信访事项主要集中在农村农业、城乡建设、劳动就业保障、自然资源等重点领域。全旗信访总量162批623人次，同比下降27%；赴区、到市信访同比分别下降54%和47%。

【法治建设】 成立全市首家合伙制法律服务所，改变杭锦旗法律服务机构缺少的问题。建立普法责任清单制度，组织全旗8700余名公职人员开展网上学法用法，组织开展法治宣传、送法下乡助春耕、送法进百企等法治宣传活动和法治讲座83场次，发放各类普法宣传资料20000余份。开展“法律援助进企业”“为农民工讨薪”等主题活动，办理援助案件140件。完成法学会成立及理事会成员选举工作。11月25日，召开旗法学会成立大会暨第一届理事全体会议。完善旗法院、检察院入额领导干部办案责任制，规范法官、检察官权责配置，建立完善权力清单和履职指引制度，成立法官权益保障委员会，完善法官、检察官职业保障机制。完成政法委机构改革、人员转隶和法院、检察院内设机构改革。通过设立涉法涉诉案件接待窗口、律师参与、开通阳光执法监督热线等方式全力化解涉法涉诉信访案件。全年登记来访、来电涉法涉诉信访事项47件，其中来访41件、来电来信6件。拨付涉法涉诉司法救助金9万元。

【政法队伍建设】 把《中国共产党政法工作条例》（简称“条例”）纳入理论学习中心组学习和政法干警教育培训计划。分批分阶段开展全旗政法系统领导干部专题培训暨专题党课辅导和贯彻条例及习近平关于扫黑除恶重要论述专题学习。政法各部门开展集中学习185场次，输送1名优秀干部参加全旗第10期中青年干部培训。组织开展以“迎七十华诞实现伟大梦想、祝祖国昌盛砥砺政法前行”为主题的全旗政法系统职工运动会。制定出台《杭锦旗激励政法干警新时代担当作为免责办法（暂行）》。推进政法系统政治督察制度，完善政法系统政治部联席会议制度，并以“两制度”作为党风廉政建设主体责任、监督责任和“一岗双责”的主要抓手。

（白雪亮）

公 安

【概 况】 杭锦旗公安局内设机构23个，派出机构10个。总警力576人，其中警察244人，文职281人，辅警34人，协勤17人。内设机构有警力358人，派出机构警力153人，消防大队借调警力18人，交管大队借调警力47人。

2019年，独贵派出所建成大调解中心，1426起矛盾纠纷全部在基层得到解决。120条涉黑涉恶线索侦查办结86条，破获各类案件84起，连续25年保持命案全破，查处治安案件等197起。看守所保持“37年安全无事故，27年民警无违纪”成绩。

2019年，有46个集体、130名个人受到各级各部门表彰，公安局团委获评全区五四红旗团委，王勇、刘畅及尚继雄、呼木吉乐图师徒获评全区公安机关拜师学艺模范师徒，李亦滨获评全区禁种铲毒先进个人，关金宝入选“鄂尔多斯好人榜”。

【维护稳定】 聚焦中华人民共和国成立70周年大庆安保，推行“日周月”会商研判及战时“三研判一调度”（早会商研判制度、日日周商研判制度、24小时即时研判制度、每日调度工作制度）机制，完善舆情“分时分类分级”巡查处置，专报《情况反映》139期，编辑《本地网络舆情》39期，319名重点人员未发生漏管失控事件；派警考察学习“一村一警”“枫桥经验”，巴拉贡所打造“（1+1）+N”（“1+1”指警司合作；“N”指村嘎查支书、村嘎查长、村两委成员、社区书记、社区主任、第一书记、网格联络员、治保会成员、志愿者积极分子等）矛盾化解网，呼和木独所将调解室设在离村民最近的大套子村，独贵所建成大调解中心，1426起矛盾纠纷全部解决在基层，群体性事件“零”发生；打击处理邪教专案涉及杭锦旗违法嫌疑人19人，举行“践行新使命·忠诚保大庆”拉动演练、2019反恐应急拉动演练以及各类反恐防暴处突联合演练16次，开展重大节庆以及两会、第七届库布其国际沙漠论坛、那达慕大会、中华人民共和国成立70周年大庆等安保工作，全旗未发生有影响的政治、暴恐和个人极端案件。

【社会治安】 120条涉黑涉恶线索侦查办结86条，侦破涉恶类案件8起，其中，涉恶团伙3个，涉恶个案5个，抓获各类涉恶嫌疑人38人，查封扣押冻结涉黑涉恶人员财产110余万元；侦破各类刑事案件61起，抓获犯罪嫌疑人76人，抓获网上逃犯14人，发案率同比下降9%，破案率37.8%，3起现行命案全破、连续25年保持命案现案全破；推进“天骄肃毒”“利剑二号”，开展涉税犯罪“百城会战”等专项行动，侦破涉毒刑事案件2起、行政案件2起，缴获毒品安钠咖2.49万克，戒断人员“零”复吸，新发现吸毒人员“零”增长；侦破经济案件16起，挽回经济损失1217万元，成功侦破涉案金额达1839万元的于海、王杨涉嫌虚开增值税专用发票案；侦破破坏生态环境刑事案件3起、行政案件2起，始终保持对食品药品资源环境违法犯罪“零容忍、零懈怠”。

【治安案件】 完善1.3.5分钟驻警点建设，推进护校安园、实名登记、缉枪治爆、黄赌整治等行动，查处治安案件163起，处理违法人员467人，案件数同比下降50%；查处黄赌案件32起，处理172人；侦破非法制造枪支案2起，收缴流散社会非法枪支55支、子弹74发，危爆物品“零爆炸、零丢失、零打响”。推进农村道路综合治理、“逢十必查”，查处交通违法行为47438起；看守所保持“37年安全无事故，27年民警无违纪”成绩。

【执法服务】 推进“四统一”（刑事案件法制部门统一进口、统一审核、统一出口、涉案财物统一管理）改革，组建法律顾问团，创新法制民警包片、案件审核分工等模式，开展执法专项巡查3轮次、质量评查11次，全年批捕率87%，起诉率94%。接待来访群众36批次36人，同比下降15%，涉法涉诉结案29起，办结率80%。推行二代证全旗通办、相片多拍选优、换证提醒等业务，创新推出“现场受理+快递送达”，实现“只跑一次”“零费用”；投放出入境证件互联网预约服务机、自助签注机，外国人管理延伸至各苏木（镇）、社区、旅游景区；各窗口提供“一站式”“一窗式”“只跑一次”“蒙汉双语”等服务。

（王俊英）

交通管理

【概　况】 杭锦旗交通管理大队办公营房占地面积10000平方米，大队实有人员182名，其中，大队领导2名，市直正式民警14名，借调旗公安局正式民警17名，分配到大队新考录公务员6名，市直文职6名，旗局文职28名，辅警109名。大队设立15个部门，其中，设7个岗路勤中队，业务部门4个（事故中队、车管分所、执法服务中心、执法办案中队），机关部门4个（内务中队、设施保障中队、宣传中队、督察中队）。大队有制式警车27辆，其中，2辆因老旧破损无法使用，7辆行驶里程均达到30万公里以上，即将达到报废标准；非制式警车4辆；警用摩托车12辆。

大队管辖道路5384.47公里。其中，国道、省道、县道、旅游专线、运煤专线、各连接线、工业大道、护堤景观大道等道路里程1614.47公里，农牧区道路3770公里，管辖6个苏木（镇）、1个管委会、76个行政村。辖区机动车保有量34880辆，驾驶人35175人。

大队开展各类学习活动168次，其中利用“业余警校”“网络警校”“微警校”开展执勤执法培训、安全防护培训、事故处理培训、宣传业务培训、车驾管业务培训等各类业务知识培训活动57期，受训人数达2600人次。利用“全国交警网校”“业余警校”“微警校”等开展考试12次，开展岗位大练兵4次，每季度开展1次，以岗路勤中队自行组织实施，大队机关各业务部门集中的方式进行，每次岗位大练兵训练时间不少于15天，第一季度训练时间30天，每次参训人员达167人次。

【交通秩序】 全年大队查处各类交通违法行为101888起，其中现场查处违法63233起，非现场处罚38655起（查处超速16119起、闯红灯11809起、不礼让行人910起、违章停车8847起、其他970起）。一般程序969起，其中醉酒后驾驶机动车87起（事故醉酒21起），饮酒后驾驶机动车71起（饮酒后驾驶营运机动车1起），无证驾驶285起，准驾不符86起，擅自改变机动车外形96起，使用变造驾驶证8起，货车超载50%以上案件22起，超速50%以上271起，驾驶达到报废标准的机动车案件13起，不按规定投保机动车强制保险10起，驾驶证吊销期间驾驶机动车18起，故意遮挡号牌1起，使用其他车辆号牌1起。

【交通安保】 完成第七届库布其国际沙漠论坛，2019年杭锦旗沙漠旅游文化节暨越野e族北京大队第八届五一“爱在弓弦”库布其群英会，第二届杭锦旗“那达慕”大会及全旗职工运动会，首届全市农牧民运动会及中共中央政治局常委、国务院副总理韩正考察调研等交通安保任务9批次。

【警保合作及“两站两员”建设】 全面提升农村牧区道路交通安全管理水平，警保合作推进“两站两员”（交通管理站、交通安全劝导站，乡镇交通安全员、农村安全协管员）建设、“农交安”手机App推广应用及农村牧区公路“千灯万带”示范工程，各岗路勤中队建立警保合作站13个，下载安装“农交安”手机App 155次，录入劝导员日志31000余篇。

【交通事故】 2019年，全旗发生各类交通事故1036起，死亡48人，受伤305人，直接经济损失1769982元。与上年同期相比：事故起数多发478起，上升85.66%；死亡人数多15人，上升45.45%；受伤人数多伤43人，上升16.41%，直接经济损失少损失375053元，下降17.48%。适用一般程序处理的交通事故203起，死亡48人，受伤305人，财产损失1209262元。与上年同期相比：事故起数多发生1起，上升0.5%；死亡人数多死15人，上升45.45%；受伤人数多伤43人，上升16.41%，直接经济损失多损失281827元，上升30.39%。适用简易程序处理的交通事故833起，财产损失560720元。与上年同期相比：事故多发生477起，上升133.99%，财产损失少损失656880元，下降53.95%。

【交通安全宣传】 在鄂尔多斯电视台“交管在线”栏目播放典型案例3条，通过中国移动通信向广大交通参与者群发交通安全提示信息6000条，《鄂尔多斯日报》上稿16篇，《内蒙古法制报》上稿48篇，鄂尔多斯新闻网上稿1篇，北方新闻网上稿1篇，《鄂尔多斯晚报》上稿9篇，《内蒙古晨报》上稿12篇，《内蒙古交通安全周刊》上稿3篇，支队网页上报信息336篇。在抖音短视频平台发布原创交通安全宣传作品33条，快手短视频发布9条，微信公众号发布各种交通安全宣传、案例警示、违法曝光230条，微博发布各种交通安全宣传、案例警示、违法曝光310条。其中8月22日使用快手短视频发布的作品在参与自治区“畅行内蒙古，护航新时代”交通安全创意短视频大赛中获奖，快手号获最具潜力账号奖第二名。

【宣传讲座】 全年开展各类主题交通安全宣传讲座56场，其中“畅行安全路，幸福奔小康”专题讲座17场，“鄂尔多斯我的家，文明交通靠大家”专题讲座14场，“扫黑除恶、涉路涉车”专题讲座8场，“美丽乡村安全行、电影下乡进万村”专题活动9场，其他主题讲座8场。深入危客运、货运企业召开宣传信息工作通报会14场，深入辖区学校、社区、企业、农村上交通安全课68节，播放宣传事故警示案例52场次。制作各类宣传海报300份，发放宣传纸杯、钥匙环、鼠标垫、笔袋等各类宣传品2000份，宣传册1000份，各类宣传单3000张。

【车驾管业务】 车驾管业务总量19688笔。驾驶证业务7633笔，其中初次申领1776人，增驾申请261人，补证换证2411人，满分学习423人，驾驶证注销14人，年度体检12人，信息变更6人，驾驶证转出26人，恢复驾驶资格5人，驾驶人审验1254人，军警换证1人，C1以上满分学习培训654人，驾驶人审验培训725人，互联网业务65人。

机动车业务12055笔，其中注册登记1516辆，转移登记1604辆，变更登记98辆，抵押登记529辆，注销登记395辆，转入业务353辆，核发临时号牌87辆，补换牌证检验合格标志861辆，补换登记证书34辆，核发检验合格标志2557辆，受托检验273辆，外检查验3515辆，互联网办理业务233笔。

大中型客货车检验报废情况：12月底，八类重点车辆中，重型货车检验率90.1%，重型挂车检验率92.6%，面包车检验率78.8%，报废率98.5%，重点驾驶人审验率98.25%。

【执法办案】 2019年，受理全旗道路交通非事故类严重违法行为725起。刑事案件66起（其中刑拘49起，取保17起）；吊销驾驶证50本。移送起诉66起，检察院决定不起诉5起。行政案件659起（其中行政拘留21人）。行政案件包括无证137起，准驾不符67起，使用变造驾驶证8起，吊销、暂扣驾驶证期间驾驶机动车的20起，货车超载50%以上案件22起，小车超速50%以上行政案件285起，饮酒后驾驶机动车48起，私改案件43起，驾驶达到报废标准的机动车案件14起，机动车未投保案件12起，饮酒后驾驶营运机动车1起，故意遮挡号牌1起，使用其他车辆号牌1起。

（王铁梅）

消　防

【概　况】 杭锦旗消防救援大队（包括中队）有在职消防人员35人，其中消防员14人（指挥员8人、消防员6人），政府专职消防员21人（文职人员11人、专职队员10人）。内设办公室、中队部、战斗班、专职战斗班、通讯班、后勤班。

2019年，旗消防救援站获得“全旗青年五四奖章集体”荣誉；旗政府专职消防队获得市消防救援支队优秀政府专职队；大队1人受自治区消防救援总队表彰，4人受市消防救援支队表彰；在市消防支队“火焰蓝，心向党”演讲比赛中，大队获得全市第二名；旗政府专职消防队在市消防救援支队组织的“火焰蓝”消防运动会中获得总体成绩第一名。

大队全年开展实战演练96次，普查水源2次，接警出动184次，其中火灾132次，抢险救援39次，社会救助13次，抢救被困人员19人，疏散被困人员23人，抢救财产价值93.1万元。

【执勤训练】 处置“1·18”运煤专线甲醇罐车泄漏、“4·23”运煤专线皮卡车超载相撞、“6·22”塔锦线车辆相撞爆燃、“11·14”巴拉贡创业园区液压油火灾、“11·29”运煤专线客运班车侧翻、“12·23”独贵塔拉烯烃罐车侧翻泄漏、“12·31”独贵塔拉柴油罐车侧翻泄漏等事故。参与并完成包括旗那达慕大会，第七届库布齐国际沙漠论坛，“8·26”中央政治局常委、国务院副总理韩正调研亿利沙漠经济等各项消防安保工作任务10余次，出动车辆28台次，出动警力120人次，保卫近20万人。组织全旗消防员开展夏季集中强化培训；聘请专业体能培训教师、游泳教练3人，为大队水域救援队进行水域方面训练指导；邀请化工企业专家及工程师开展示教与授课3次，组织全旗2个政府专职队、5支企业消防队开展业务培训和无预案演练。

【火灾防控】 大队提请旗政府先后召开《全旗消防工作会议》《消防安全责任制实施办法宣贯会议》《全旗煤化工及易燃易爆场所负责人约谈会》，以及季度联席会议和各重点单位约谈会等政府联席会议10余次；开展大型商业综合体、人员密集场所、电动自行车、文物建筑博物馆等10余个专项治理，以及全旗消防安全大检查、2019年冬2020年春火灾防控、春夏火灾防控等全旗性专项检查，全年检查单位1608家，整改隐患1925处，临时查封8家，责令“三停”（停产、停业、停止施工）3家，罚款6.1万元，警告8人，执法六项指标较上年有所下降。大队结合“11·9”消防日开展“消防知识进校园”“消防救生操”等系列大型宣传活动，开展消防安全培训1230余人次，发放消防宣传资料5300余份。利用LED、互联网、新闻媒体拓宽消防宣传渠道，通过“双微”（微信、微博）平台发送消防警示标语170余次。

（白　宇）

森林公安

【概　况】杭锦旗森林公安局为副科级政法机关，森林公安局实行林业和公安部门双重领导的管理体制，党政工作由旗林业局管理为主，公安工作由旗公安局管理为主。内设办公室、政工室、法制室、警务保障室、刑事侦查警察大队、警务督察室、科技信息通讯室、治安管理大队。下设杭锦旗森林公安局阿鲁柴登派出所、杭锦旗森林公安局摩林河派出所、杭锦旗森林公安局濒危植物保护区派出所、杭锦旗森林公安局甘珠庙派出所、杭锦旗森林公安局库布齐派出所。核定政法专项编制46个，有在编民警36人，文职人员4人。

2019年，侦办各类案件116起，林业行政罚款1760234元。

【案件侦办】非法占用林地行政案件。在森林督查执法中侦办林业行政案件84起，处罚84人，案件办结率100%；非法占用农用地刑事案件11起，其中8起结案，并移送起诉，3起撤案。森林火案刑事案件1起，行政案件1起；非法狩猎刑事案件19起，查获犯罪嫌疑人21人。

【保护过境候鸟】开展“保护过境候鸟”专项行动，救助野生动物43只，其中国家二级保护动物37只（鸮22只、老鹰14只、灰鹤1只），“三有”（有益的、有重要经济价值、有重要科研价值）动物（野鸭）6只。

【信访工作】推进阳光信访，受理答复市长热线1起。

【矛盾排查化解】开展矛盾纠纷“大排查、大化解”行动，全年化解涉林矛盾纠纷11次，化解率100%。

（赵喜报）

检　察

【概　况】杭锦旗人民检察院有在职职工65人。副科以上领导干部16人（包含三级检察官及以上）；占政法专项编制人员25人，事业编制人员2人，地方事业人员20人，项目人员2人，聘用制书记员4人，临时聘用人员12人。

杭锦旗人民检察院位于锡尼镇阿斯尔大街西，占地8400平方米，2019年4月，将原有内设机构整合为“四部一室”：政治部、办公室、第一检察部、第二检察部、第三检察部，另设司法警察大队、基层检察室、检务服务中心。核定领导职数七正七副。

2019年，办理各类案件794件，受理群众来访131人次，办结各类信访案件126件次。

2019年，检察院被市委评为“全市先进基层党组织”，被市检察院评为“全市先进基层院”“实绩突出单位”，荣立集体三等功，被旗委评为“五位一体考核先进单位”“全旗优秀领导班子”。有11名干警受到旗级以上机关表彰。

【各类案件】2019年，办理刑事案件243件301人，办理审查逮捕案59件80人，批准逮捕45件57人，不批准逮捕14件23人；办理审查起诉案184件221人，其中提起公诉170件206人，不起诉14件15人。办理民事监督案件141件，法院采纳检察建议101件；办理行政检察监督案件68件，发出检察建议42件。办理支持起诉案1件，维护农民工合法权益。办理诉前程序案件138件，以诉讼、庭审接力推动问题解决，提起诉讼7件。办理破坏生态环境资源犯罪案19件19人，督促恢复林地、草原400余亩，拆除乱建2.29万平方米，责令整改10处非法采矿行为，清除整治乱占260亩，整改非法占用土地3起。督促追缴人防异地建设费192.2万元。

全年受理群众来信来访131人次，办结各类信访案件126件次。成功化解息诉一起上访7年的信访积案，并为当事人申请到5万元的司法救助金，事迹被《检察日报》报道。适用认罪认罚从宽制度办理刑事案件62件67人，其中起诉59人，不起诉8人。

（撒　伟）

法　院

【概　况】 杭锦旗人民法院核定编制78个，实有干警155人，其中男94人，女61人；副县级2人，正科级7人，副科级14人，主任科员3人，副主任科员9人；蒙古族干警46人，满族1人，汉族108人；完成内设机构改革，将原有的20个内设机构整合为8个。

全年受理各类案件5651件，审（执）结5275件。其中审结刑事案件160件，结案率94.67%；审结民商事案件2858件，调解1466件，撤诉543件；审理行政案件7件，结案率75%；受理非诉执行审查案件27件，结案27件，结案率100%；受理执行案件2379件，执结2209件，结案率92.85%。

【刑事犯罪】 依法公开审理郭强、郭瑞、付勇等人开设赌场的案件。全年指定辩护案件45件53人，实现普通程序案件被告人辩护的全覆盖。

【民商事案件】 深挖经济、金融等重点领域的涉黑涉恶线索，先后2次对10747件民事案件进行摸排梳理，依法准确打击"套路贷"、虚假诉讼等违法犯罪行为。组织召开法律服务进企业工作座谈会3次，保护各类市场主体的合法权益。

【行政争议】 依法保护生态环境安全，审理行政公益诉讼案1件。向行政单位发出司法建议17份。

【执行工作】 全年开展涉民生案件等集中执行行动6次，对76名被执行人采取拘留措施，公布失信被执行人281人次，限制高消费1391人次。

【创新审批管理制度】 制定法官员额退出制度，明确入额法官办案指标，倒逼法官提升审判质效。制定《院长和庭长审判监督管理工作机制》，规范法官办案，约束法官行为。院长、庭长结案2112件，占员额法官结案总数的40.04%。

【强化"两个一站式"建设】 诉前调解服务中心受理诉前调解案件970件，其中调撤299件，司法确认157件，转立案380件。受理各类信访案件40件，息诉罢访29件，接待来访群众35人次。受理小额诉讼案件461件，结案447件。

【基层法庭建设】 正式挂牌成立伊和乌素人民法庭，提升沿河地区中心人民法庭、巴拉贡人民法庭等各基层法庭信息化应用水平。5个基层法庭受理各类案件1624件，结案1538件，结案率94.7%。

【陪审员工作】 完成人民陪审员"倍增计划"，年初选任的100名人民陪审员经培训合格、人大任命走上陪审岗位。人民陪审员参审案件173件，陪审率65.78%。

【法治教育】 法院24名干警被旗教体局聘任为各中小学、幼儿园法制副校（园）长，开展法治教育工作。

（李　龙）

司　法

【概　况】 杭锦旗司法局下设7个基层司法所，3个二级事业单位（社会矛盾纠纷大调解中心领导小组办公室、法律援助中心、公证处），7个内设股室（办公室、社区矫正管理股、普法与依法治理股、人民参与和促进法治股、公共法律服务管理股、法制工作股、政治警务室），实有干警64名。杭锦旗司法局核定编制51个，其中司法行政专项编制37个，事业编制14个。

2019年，举办各类法治讲座18场，开展集中宣传和咨询40余场，发放各类普法宣传资料20000余份。办理援助案件140件，其中民事86件、刑事54件。排查调处各类矛盾纠纷360起，其中调处成功346起，成功率达96%以上。

【普法工作】 制定普法责任清单和年度普法项目任务书，指导督促各普法责任主体及时发布、更新，开展4次督查考评。把党委（党组）中心组学法、法制培训、依法决策等制度落实情况作为法治建设的重要内容，严格公职人员网上学法用法和在线普法考试。开展中小学生“我讲法治好故事”主题班会、入学守法宣誓等活动。推进培育千名嘎查（村）“法律明白人”工程。运用“三下乡”、新时代讲习团、“法治乌兰牧骑”等载体，先后组织开展春节期间专项法治宣传、宪法主题宣传、送法下乡助春耕、送法进万企等法治宣传活动，举办各类法治讲座18场，开展集中宣传和咨询40余场，发放各类普法宣传资料20000余份。

【法律服务】 开展每月4日“相约大律师”公益服务活动，走进企业联合开展法律服务民营企业专项行动，开展法律服务专项活动12场。刑事案件律师辩护全覆盖，开展特殊困难群体维权和农民工讨薪专项服务行动，组织开展法律援助进企业、为农民工讨薪等主题活动。办理援助案件140件，其中民事86件、刑事54件。成立全市首家合伙制法律服务所。实行公证事项证明清单、收费标准公开、一次性告知等制度。全年办理公证850件。

【特殊人群管理】 配齐社区矫正中心功能室，接通视频系统，指挥平台。加强社区服刑人员外出请假、居住地变更、矫正宣告、训诫等关键环节，举行全旗社区服刑人员行为规范训练观摩活动。规范运用jipad开展交付接收、信息采集、矫正执法、教育管理等工作。有在册社区服刑人员94名，无脱管漏管和重新犯罪发生；有刑满释放人员271名，全部登记在册，无脱管、无漏管。通过制订方案、发布公告、随机抽选、资格审查、征求意见、公示公告等程序，完成100名人民陪审员选任工作。开展春节、“两会”等重要节日和会议期间矛盾纠纷排查调处及“大排查、早调解、护稳定、迎国庆”专项活动。排查调处各类矛盾纠纷360起，其中调处成功346起，成功率达96%以上。宣传扫黑除恶法律法规、奖励办法，在系统内及人民调解领域、社区服刑与刑满释放人员中开展以坦白检举为主的涉黑涉恶线索摸排。加强对律师代理涉黑涉恶案件的指导监督，落实庭前约谈、庭审旁听、庭后总结制度。加强特殊人群监管，严格落实好社区服刑人员“日定位、周听声、月见面”制度，对5年内刑满释放人员进行全面梳理，杭锦旗“两类人员”（服刑人员、刑满释放人员）中未发现涉黑涉恶人员。

【法治建设】 开展政府决策事项合法性审查工作，受理重大决策合法性审查37件，审结并出具审查意见书33件。加强行政复议和行政应诉工作，推进行政复议规范化建设，接到行政复议申请5件，受理2件，不予受理3件，收到行政应诉案件22件。围绕全旗医药卫生、食品安全、环境保护、安全生产、社会治安、道路交通等重点领域开展行政执法专项督查。

（杨　志）

农牧林水

农　牧

【概　况】杭锦旗农牧业局于2019年1月更名为杭锦旗农牧局。2月，原杭锦旗草原工作站划入杭锦旗林业和草原局草原工作站，原中共杭锦旗委员会农村牧区工作部由旗委划入杭锦旗农牧局农村牧区社会事业服务中心，农业综合开发办公室由杭锦旗财政局划入杭锦旗农牧局。6月，产业化服务中心更名为杭锦旗农牧综合服务中心，原杭锦旗农牧业机械化服务中心并到杭锦旗农牧综合服务中心，成为杭锦旗农牧局所属事业单位。12月，杭锦旗农畜产品质量安全监督管理站撤销，其人员编制、职能职责划转到杭锦旗检验检测中心。农牧局内设股室6个：办公室、财务审计股、草原饲料股、畜牧业股、种植业股、市场信息与经济合作股；下设所属事业单位27个：杭锦旗家畜改良工作站、草原工作站、农牧区经营管理站、农村牧区人口转移工作领导小组办公室、农业技术推广中心、农畜产品质量安全监督管理站、水产管理站、农牧业信息中心、农牧综合服务中心、农村牧区社会事业服务中心、农业综合开发服务中心、内蒙古自治区农业广播电视学校杭锦旗分校、饲料草种监督检验站、兽医局、动物疫病预防控制中心、锡尼镇动物卫生监督站、伊和乌素动物卫生监督站、巴拉贡动物卫生监督站、呼和木独动物卫生监督站、吉日嘎朗图动物卫生监督站、独贵塔拉动物卫生监督站、塔然高勒动物卫生监督站、农村牧区产权交易服务中心、农村土地承包经营纠纷调解仲裁委员会办公室、摩林河种畜场、哈拉淖尔良种场、农牧和水务综合执法局。农牧系统有工作人员278人，核定行政编制13个、工勤编制3个、事业编制217个。

2019年，优化产业结构。按照“稳粮优经扩饲草”的思路，以改善品质、提高单产、增加总产为突破口，稳定粮食产量，压缩葵花，增加优质牧草，扩大特色作物种植面积。发展订单农业3.42万亩，新增优质特色农作物8.5万亩，全旗总播种面积达131万亩。

发展绒山羊、肉羊、肉牛和奶牛产业，推进种养结合，形成以养带种、为牧而农、农牧结合的种养结构。完成种公畜普查鉴定2910只，全旗牲畜种子工程实现联网管理。新建2处绒山羊种羊场，鉴定核心群15群。普查鉴定肉羊基础母羊，择优选取8000只进行杂交改良。累计创建肉牛标准化规模养殖场4个、奶牛标准化规模养殖场2个、生猪标准化规模养殖场2个、羊标准化规模养殖场1100个，标准化基地饲养量分别达到0.07万头、0.38万头、0.44万头、41万只。开展蒙古马品种保护工程，普查鉴定蒙古马60匹。奶山羊、散养鸡、黑驴等特色产业发展势头良好。引进虾、蟹及渔业新品种，发展特色水产养殖业，全旗水产总养殖面积达40000亩，实现渔业经济总产值8000多万元。

2019年，农牧局2人被评为全国农业农村系统先进个人及全国农业植物新品种保护先进个人，2人被评为自治区农机维修管理及安全监理先进个人，3人获得市级科普先进及“五一劳动奖状”。

【乡村振兴示范村建设】 指导各苏木（镇）编制乡村振兴示范村建设方案。统筹各类项目资金，全面启动“五星+X”市级乡村振兴示范嘎查村建设，探索“企业+村集体+农牧户”“合作社+村集体+农牧户”等模式，重点抓好6个示范村“五星+X”达标创建工作。6个嘎查村开工建设27个项目，投入资金6335.3万元，其中产业类项目17个，投入资金2451.8万元；基础设施建设项目10个，投入资金3883.5万元。

【农牧区环境整治及建设】 开展人居环境综合整治集中攻坚行动，形成“人人参与　齐抓共管”的工作局面。开展“十县百乡千村”示范行动，集中打造示范镇1个（独贵塔拉镇）、示范嘎查村12个。示范镇及示范嘎查村生活垃圾处理覆盖率均达到85%。清理农村生活垃圾17100吨，清理水塘33口，清理沟渠180公里，清理畜禽养殖粪污等农业生产废弃物47570吨，清理淤泥3085吨，发动农民群众投工投劳37000人次，清理断壁残垣560处。实施农村牧区“厕所革命”，开工5000余户。

完成“两区”（粮食生产功能区和重要农产品生产保护区）划定及数据库建设和“大棚房”问题清理整治工作。推进中低产田改造，完成盐碱地水稻试种1.2万亩，耕地轮作2万亩。推进5.44万亩高标准农田及高效节水灌溉建设。新建高标准养殖棚圈3.3万平方米。

推进农牧业绿色发展，落实草原生态保护补助奖励政策，发放资金8100万元。扎实开展农牧业面源污染防治工作，实施社会化服务项目7.66万亩，完成秸秆综合利用5.4万亩，农田草原病虫害绿色防控及统防统治60万亩，种植业标准化生产53.8万亩。完成4处规模化养殖场粪污处理设施配套工作，建成秸秆加工厂3处。

【农牧业经营管理】 新认定家庭农牧场91家，培育示范社7个、旗级龙头企业5个，组织申报市级龙头企业5家。合作社牵头发展“联耕联种统收统销”合作经营5万亩，代耕代种、联耕联种5000亩。重点龙头企业均与农牧户建立利益联结机制，农企利益联结率达到57%。

建立全旗乡村产业振兴项目库，通过农牧业产业基金“投贷联动”，做大产业发展资金总量，全旗入库项目167个，总投资21.77亿元，其中列入全市乡村振兴项目库项目70个，总投资8.49亿元。发放产业发展扶持贷款10745万元。

【农畜产品品牌化建设】 开展农资市场联合执法检查及农资打假行动。实施农畜产品质量安全水平提升工程，完成农畜产品质量安全检测355批次，合格率100%。推进鄂尔多斯市农畜产品质量安全网格化移动监管平台的应用，对监管对象实行动态监管。开展春秋两季动物集中免疫工作，免疫畜禽324.1万头（只、羽）。全力做好非洲猪瘟防控及鼠疫防控工作，未发生重大农畜产品质量安全问题及区域性重大动物疫情。推进农畜产品品牌培育，重点打造塔拉沟羊肉、西草地甘草猪肉、西北沟甘草、库布其沙漠野生黄牛等区域公用品牌；培育吉日客葵花籽、亿利甘草、绿美西草地有机生猪产业化联合体3个；新申报有机产品、绿色产品、地理标志及名特优新农产品12个。

【农牧业科技服务】 组建苏木（镇）专家服务队7个，深入开展农牧业科技服务，完成优势粮油作物绿色增产增效34.3万亩，新品种新技术示范片7个。培养新型职业农牧民300人，开展农牧民实用技术培训10000人次。建成全程机械化作业示范基地1处，全旗主要农作物综合机械化作业水平达到84.3%。开展草地贪夜蛾应急防治及农牧业政策性保险工作。

【农村牧区改革】 全力推进土地、草原确权颁证“收尾”工作，充分利用确权登记颁证工作成果，发放农村牧区产权抵押贷款1600万元，完成农村牧区集体经济产权制度改革清产核资及人员摸排工作。采取“党支部+合作社+农户+贫困户”模式，组织独贵塔拉镇杭锦淖尔村21户农户，探索开展土地经营权入股发展农牧业产业化经营试点工作。

【农牧产业扶贫】 2019年，把各苏木（镇）、嘎查（村）贫困人口产业发展纳入全旗重点发展产业链条中，整合各类项目资金，依托龙头企业、专业合作组织、嘎查村集体经济等，推进特色优势产业项目16个。对享受政策的建档立卡贫困户落实种畜扶贫、牲畜出栏补贴产业扶贫政策，发放出栏补贴41.46万元，发放扶贫种畜35只。选聘30名专业技术人员对全旗脱贫攻坚重点嘎查（村）和自治区级贫困嘎查（村）贫困户进行一对一的产业指导服务，产业指导员入户指导800人次。扎实推进中央脱贫攻坚专项巡视反馈问题整改工作。

【惠农惠牧政策落实】 争取落实各类项目资金及支农惠农补贴资金约1.3亿元，农牧业保险理赔约1000万元。

【农牧业领域专项行动】 做好“十项工程”直接相关项目拖欠工程款化解工作，推进生态移民住房安置、补贴发放等后续管理工作。开展“项目落地攻坚年”行动及招商引资工作，在全旗备案、有投资意向的涉农涉牧项目40项，其中建设规模较大，投资额度较高的10项，总投资近5亿元。开展农牧领域扫黑除恶专项行动，重点整治涉农涉牧违法用地、土地权属纠纷、侵占集体资产乱象及农牧民集中反映的涉黑涉恶问题，推动农牧业领域“扫黑除恶”斗争常态化。

（张玉琴）

林业和草原

【概　况】 杭锦旗林业局于2019年1月与杭锦旗自然保护区管理局合并成立杭锦旗林业和草原局，是杭锦旗人民政府部门正科级单位。2019年2月26日，杭锦旗自然保护区管理局30名工作人员整体转隶到旗林业和草原局自然保护区工作站工作。林草局内设1个森林公安局和15个局属股级事业二级站室，分别为森林公安局、办公室、行政审批股、林草资源管理股、项目管理股、森林草原防火工作站、林业工作站、森林病虫害防治站、林木种苗站、林沙产业办、场站管理站、天然林保护中心、自然保护区工作站、草原工作站、自然濒危植物保护管理站、林草服务中心；下设股级事业国有林业场站5个：浩绕柴达木治沙站、阿鲁柴登治沙站、改更召治沙站、甘珠庙柠条林场、什拉召治沙站；下设股级事业林工分站7个：独贵塔拉林工分站、巴拉贡林工分站、伊和乌素林工分站、锡尼镇林工分站、吉日嘎朗图林工分站、呼和木独林工分站、塔然高勒林工分站。林草系统有在职职工224人，核定编制158个、不占编66个、临时工2名。

2019年，市林草局下达杭锦旗林业生态建设任务54.5万亩，实际完成林业生态建设任务54.52万亩，完成率100%。其中人工造林11.52万亩，飞播造林5万亩，封山（沙）育林1.5万亩，森林质量提升31.5万亩，灌木林平茬5万亩。市林草局下达杭锦旗草原生态建设任务46.5万亩，实际完成草原生态建设任务47.5万亩，完成率102%。其中围栏建设10万亩，改良种草5万亩，多年生牧草种植0.5万亩，一年生牧草种植12万亩，草原灭鼠20万亩。

【林草重点工程项目建设】 京津风沙源治理二期工程完成人工造林5.2万亩，封育0.5万亩，完成苜蓿人工饲草、草种基地种植0.5万亩，完成贮草棚建设0.66万平方米，暖棚建设0.19万平方米，青贮窖建设 2.21 万立方米；天然林保护工程完成人工造林 0.59 万亩，飞播造林 5 万亩、封育 1 万亩；森林抚育项目完成 15 万亩、灌木平茬 2 万亩；蚂蚁森林人工造林完成 4.12 万亩；利用草原生态保护补助奖励政策绩效奖励资金完成贮草棚建设 0.8 万平方米，暖棚建设 0.07 万平方米。

【全民义务植树】 开展全民义务植树及春季造林，完成义务植树 90 万株，合计 0.61 万亩，累计 5.46 万人参与，尽责率达到 95%。

【企业造林】 采取“政府主导、企业运营、农牧民参与、实现多赢”的模式，引进鄂尔多斯市绿远生态有限责任公司、鄂尔多斯市嘉烨生态开发有限责任公司、内蒙古伊泰北牧田园资源开发有限公司等多家企业，首次实施中国绿化基金会“蚂蚁森林”公益造林项目以及企业自身造林，完成造林 4.55 万亩。

【重点区域绿化】 落实重点区域绿化项目地块，并编制项目规划、设计、实施方案等。完成重点区域绿化 3.36 万亩，其中公路绿化长 10 公里，面积 0.04 万亩；村屯绿化完成 20 个村子，面积 0.5 万亩；厂矿园区绿化完成 4 个厂区，面积 0.02 万亩；城镇周边绿化完成 7 个，面积 0.24 万亩；黄河南岸绿化 2.56 万亩。

【林业种苗】 完成育苗 6314 亩，其中新育 147 亩，出圃各类合格造林苗木 240.1 万株。检验各类造林苗木约 2094.5 万株，抽检率 100%，遣返不合格苗木 3980 株。推进良种基地建设，完成良种基地防护林补植 5440 株。对已建的 2000 亩母树林进行补植、松土、除草、浇水等抚育管理。

【林业执法】 2019 年，侦办各类林业案件 123 起，林业行政罚款 176.02 万元。在 2015—2016 林地变更执法中侦办林业行政案件 7 起，处罚 7 人，案件办结率 100%；侦办刑事案件 4 起，其中 3 起判决，1 起在侦查。在 2017—2018 森林督查执法中侦办林业行政案件 75 起，处罚 75 人，案件办结率 100%；侦办刑事案件 10 起，其中移送起诉 5 起，侦办 2 起，不予立案 3 起。在侦办 2019 森林督查执法中侦办林业行政案件 2 起，案件办结率 100%。在“严厉打击破坏森林和草原资源违法犯罪”专项行动中侦办刑事案件 4 起，其中非法占用农用地案 4 起（移送起诉 2 起，侦办 2 起）。侦办森林火灾刑事案件 1 起、行政案件 1 起。侦办非法狩猎刑事案件 19 起，查获犯罪嫌疑人 21 人。救助野生动物 43 只，其中国家二级保护动物 37 只。化解涉林矛盾纠纷 11 起，化解率 100%。

【林政资源管理】 帮助用地单位办理林地使用手续，发放采伐证 101 张；采伐蓄积量 129.80 立方米，办理征收占用林地项目 36 个，面积 85.80 公顷，涉及森林植被恢复费 757.2 万元。发放木材运输证 21 张。全面完成 2015 年、2016 年林地变更及 2018 年、2019 年森林督查违法违规使用林地案件整改工作。2015 年度林地变更疑似违法违规项目 702 个，涉及面积 5725.97 公顷。2016 年度林地变更疑似违法违规项目 31 个，涉及面积 148.66 公顷，整改到位率 100%。2019 年度疑似图斑 649 个，面积 1016.48 公顷，经实地自查核实，细斑数为 660 个，其中未改变林地用途的细斑数为 295 个，改变林地用途的细斑数为 365 个，对涉嫌违法破坏森林资源的 12 个图斑进行行政立案，并全部查处到位，组件上报办理征占用手续。更新 2018 年林地变更成果“一张图”。通过国家林业和草原局驻内蒙古自治区森林资源监督专员办对杭锦旗 2018 年保护发展森林资源目标责任落实情况检查验收。

草原生态保护领域执法。规范征占用草原项目审核审批手续，受理上报的草原征占用申请共计 87 起，涉及草原面积 4643.64 亩。其中，畜牧业基础设施审核审批 41 起，涉及草原面积 185.94 亩；临时占用审核审批 12 起，涉及草原面积 243.54 亩；永久性征用使用审核的 34 起，涉及草原面积 4214.16 亩。发放甘草采集许可证 66 本，涉及草原植被恢复费 31.09 万元。

【禁牧督查】 开展禁牧督查16次，通报偷牧抢牧案件144起。草原违法案件立案33起，涉及草原面积2040亩。其中查处非法开垦草原案件6起，破坏草原面积94亩；查处违法征占用草原案23起，涉及草原面积1946亩；查处非法采挖甘草案件2起，没收处置违法所得（甘草）2782公斤；查处偷牧案件2起，处行政罚款2230元。

【森林草原防火】 发生火灾次数4起，火灾面积20.29公顷。累计出动人员500人次，出动森林草原防火车辆80台次，悬挂防火横幅150条，发放森林草原防火宣传单3000余份、防火宣传袋3000余个、防火知识笔记本2000余本。

【病虫鼠害防治】 全旗发生林业有害生物30.31万亩。病害发生两种，杨树烂皮病发生面积0.4万亩，旱柳枯萎病发生面积2.3万亩；鼠（兔）害发生1种，发生面积0.5万亩，主要为三趾跳鼠；虫害发生10种，发生面积27.11万亩。全旗防治各种林业有害生物29.61万亩，投入防治资金547.12万元，其中森林保险理赔资金385.87万元。

【自然保护区建设及管理】 内蒙古杭锦荒漠生态系统国家定位观测研究站实验楼主体工程完工，进入室内装修阶段，5个观测塔建成，其中2个投入使用。完成白音恩格尔荒漠濒危植物自然保护区200万元环境保护专项资金项目和内蒙古自治区林业厅拨付200万元中央财政林业专项资金项目建设任务。完成保护区野外巡护检查12次，对全旗境内濒危植物进行全面摸排调查1次。

【林沙产业发展】 随着国家灌木林平茬补贴试点在杭锦旗实施，在沙柳、柠条、羊柴生物质饲料，生物质发电，沙障治理及其他延伸产品等方面发展并初具规模，亿利生物质饲料、源丰热电、绿远梭梭接种肉苁蓉产业等助力杭锦旗林沙产业发展，同时在鄂尔多斯市绿远生态有限公司、鄂尔多斯市嘉烨生态开发有限责任公司、内蒙古伊泰北牧田园资源开发有限公司及全旗有意愿种植经济林农牧户中，广泛种植梭梭林、苹果、梨、山桃、山杏、红枣、欧李（钙果）等经济林苗木。

【国有林场改革及管理】 完善国有林场改革，落实国有场站地方财政供养人员公积金等问题，做好迎接国家验收准备。协调苏木（镇）、不动产登记等相关部门开展国有林场站“国有土地使用证”换发“不动产登记证书”工作。配合自治区勘查规划院编制完成《国有林场2018—2027年森林经营方案》。全面完成天保工程区内国有场站199名职工社会保险缴纳以及2019年天保工程数据库更新工作。各场站完成造林4577株，抚育留床35亩，新育沙枣苗3亩，平茬抚育5000亩。

【集体林权及公益林管理】 2019年11月4日，召开2019年度草原管护承包启动会，落实国家级公益林国有林管护面积12.7万亩，落实护林员35名，落实国家级公益林个体林总面积235.12万亩，按照“谁的林地谁管护”原则，将林权权利人落实为护林员，共计8388人，并签订管护合同。

（岳　倩）

水　利

【概　况】 2019年1月29日，杭锦旗水务和水土保持局更名为杭锦旗水利局。6月，黄河灌溉局、排干管理局合并为黄河灌排服务中心。水利局内设股室4个：办公室、水利股、工程建设和管理股、行政审批股；下设二级单位12个：黄河灌排服务中心、防汛抗旱办、塔然高勒水保站、摩林河水库管理所、淘赖沟水库管理所、巴拉贡水厂、水资源管理中心、水土保持工作站、巴拉亥河道管理段、吉日嘎朗图河道管理段、独贵塔拉河道管理段、巴拉贡河道管理段。水利系统有工作人员224人，核定编制191个，其中行政编制8个、工勤编制3个、事业编制68个、自收自支编制112个。

2019年，实施饮水安全工程、灌溉饲草地项目、农业水价综合改革项目、防洪堤护坡工程、农村基层防汛预报预警体系建设项目、水土保持生态建设等14个项目。

5月24日，在杭锦旗举办全市机电井规范化管理工作现场观摩会暨农村牧区饮水安全保障工作会议，杭锦旗地下水管理机电井颁证工作在全市推广。

2019年，水利局被鄂尔多斯市委评为鄂尔多斯市先进基层党组织，被杭锦旗委评为杭锦旗先进基层党组织，被杭锦旗妇女联合会评为2018年度旗级妇女工作先进集体，被杭锦旗档案局评为2018年度档案管理工作先进单位，河长制微视频《握手成拳守河安》获得全国优秀奖。

【饮水安全工程建设】 实施沿河三镇自来水提质增效二期工程，主要对巴拉贡镇、呼和木独镇、吉日嘎朗图镇供水管网进行改造提升，完成管网改造195公里，安装智能水表8500块，完成投资3442万元。实施饮水型氟超标地区病防治工程，投资271万元，解决塔然高勒管委会5个村、巴拉贡镇2个村706户1426人的饮水不安全问题。实施塔然高勒管委会巴音庆格利嘎查等5个嘎查饮水安全巩固提升工程，完成投资123.1万元，解决当地40户农牧民的饮水不安全问题，其中涉及国贫户7户。

【灌溉饲草地项目建设】 实施灌溉饲草地项目，发展高效节水灌溉面积2.55万亩，全部为滴灌，投资2381万元，9月17日完成招投标，年内地下管道全部完成。

【农业水价综合改革项目建设】 实施农业水价综合改革项目，灌溉输水渠道衬砌2公里，新建农民用水户协会8个，投资311万元，工程全部完工。

【防洪堤护坡工程建设】 实施朝凯沟防洪堤护坡工程，堤防加固0.2公里，护坡护脚7.68公里，投资1864万元，完成主体工程。

【防汛预报预警体系项目建设】 实施防汛预报预警体系项目，建设农村山洪灾害预警预报系统，争取上级投资428万元，全部完工。

【水土保持生态建设】 2019年，市级下达杭锦旗水土流失治理任务23万亩，完成23.13万亩，其中水保林8.53万亩，封禁14.6万亩。

实施杭锦旗陶赖沟河道综合整治项目，采取一次性规划，分期投资的形式进行建设，一期工程投资5000万元，2019年全面完成。水清、河畅、岸绿、景美的清洁陶赖沟见雏形，推进创建全国县级文明城市和园林县城创建工作。

实施京津风沙源治理二期工程2019年水利水保项目，新增小流域综合治理项目15平方公里，水源工程60处、节水工程6处，争取投资935万元。10月9日，完成招投标工作，年内完成水源工程建设。

沙棘经济林建设。完成沙棘种植0.6万亩，投资100万元。

实施国家水土保持重点工程2019年锡尼镇巴音布拉格生态小流域项目。新增小流域综合治理项目20平方公里，投资1000万元。5月15日开工建设，年内完成主体工程。

实施伊和乌素希日摩仁生态清洁小流域治理工程。新增小流域综合治理项目20平方公里，争取投资1000万元。5月15日开工建设，年内完成主体工程。

实施塔然高勒乌定补拉小流域综合治理项目。新增小流域综合治理面积5.4平方公里，投资800万元，完成主体工程。

【水资源管理和水保监督】 执行最严格水资源管理制度，抓好水资源"三条红线"（一是确立水资源开发利用控制红线，二是确立用水效率控制红线，三是确立水功能区限制纳污红线）管理，依法实行取水许可，严禁非法开采地下水。做好全旗生产建设项目水土保持方案审批、事中事后监管和验收备案工作。组织申报杭锦旗县域节水型社会建设评定工作，7月2日，自治区水利厅对杭锦旗节水型社会达标建设工作现场核查，并下达奖励资金 100 万元。征缴水土保持补偿费 412 万元（市级下达任务 200 万元）。封闭公共供水管网覆盖范围自备水源 29 眼。

【河湖治理保护】 完善河长制湖长制工作体系，完成一河（湖）一档和水域岸线管理保护利用规划编制工作，7 月 11 日，进行审查。划定河湖管理保护范围，树立河（湖）长公示牌，通过网络、电视、报纸等新闻媒体宣传河长制相关工作。旗河长办及相关部门对毛布拉孔兑及支流“四乱”（乱采、乱占、乱堆、乱建）问题进行检查，对所有违规砂场进行关闭。

【防汛抗旱】 2019 年开河，黄河一直大流量、高水位运行，最大流量达到 2950 立方米 / 秒，超过 2000 立方米 / 秒，大流量运行 1 个多月，造成大套子、福茂西、毛匠圪旦、红泥圪台、黄介壕、乃玛岱、西沙拐、道图等多处险工出现险情，尤其是道图险工冲淘最为严重，黄河主流贴近堤脚，危及堤防安全，4 月 18 日 7 时启动黄河防汛二级响应，并启动险段应急治理工程，并进行巡堤查险和抢护。杭锦旗及时启动黄河南岸总干渠分洪，累计向库布齐水生态分凌汛水近 1 亿立方米，推进黄河流域生态保护和高质量发展，同时获新华社、黄河网、《内蒙古日报》、《鄂尔多斯日报》等媒体多次报道。开展淤地坝和摩林河水库防汛应急避险疏散演练。

【水利工程建设监督管理和安全运行】 出台《杭锦旗水利工程建设监督管理制度》，杜绝挂靠和转包、进场不开工、开工不完工等不良现象发生。落实黄河、水库、淤地坝、山洪沟三级防汛责任人，推进水利工程安全运行。开展水利工程质量和安全监督检查巡查，实行全部闭环管理，排查隐患，整改销号。建设水利水保重点工程项目管理平台，实现工程建设信息化管理。

【水利工程维修养护】 开展水库、淤地坝、灌区工程维修，争取上级水利工程维修养护经费 2245 万元。

【深化水利管理制度改革】 全面深化水利管理制度改革任务 4 项，深入推进“一网、一门、一次”（一网通办、只进一扇门、最多跑一次）政务服务改革。梳理部门权力清单，行政许可 13 项，行政奖励 1 项，行政处罚 155 项，行政强制措施 2 项，行政强制执行 7 项，行政监督检查 9 项，行政征收 2 项，其他行政权力 1 项。整合部门审批职能，进驻政务大厅，委派首席专家及工作人员负责行政审批工作。建立水资源优化配置及交易管理相关制度，落实最严格水资源管理制度，持续深化水资源管理制度改革。与亿鼎、新杭二期项目用水进行交易，办理交易相关手续。建立适度规模化种植模式，试验示范改造盐碱地。在光茂村整合近 1800 亩土地，实行种植管理“五统一”（统一购置籽种肥料、统一种植品种、统一耕种、统一收割、统一销售）合作规模化经营模式，农民以土地经营权入股，按土地亩数和等级评估确定分配比例，统一分配收益。光茂村以集体企业与盐碱地弃耕农户签订 5 年改造协议，试验示范盐碱地改造。

【水利宣传教育】 利用“世界水日”“中国水周”等开展《中华人民共和国水法》《中华人民共和国水土保持法》等法律法规宣传，悬挂横幅 8 条，摆放宣传展板。在杭锦旗龙子心小学开展水法宣传活动，发放宣传读本。组织单位公职人员开展法宣在线网络学习和考试。

（高　燕）

经济综合管理与监督

发展和改革

【概　况】杭锦旗发展和改革局于2019年1月更名为杭锦旗发展和改革委员会。3月30日，杭锦旗发展和改革局挂牌单位杭锦旗科技局与杭锦旗经济商务和信息化局合并成立杭锦旗工信和科技局；挂牌单位杭锦旗粮食管理局更名为杭锦旗粮食和物资储备局，划入民政局关于物资储备的职能职责，同时设立粮食和物资储备局二级单位杭锦旗粮食和物资储备保障中心，相当于副科级事业单位。发改委内设股室7个：办公室、价格收费管理股（行政审批股）、综合业务股、产业发展和环资股、社会和基础设施发展股、农牧和地区发展股、粮食与物资储备管理股；下设二级单位3个：杭锦旗价格认定局、旗推进现代服务业中心、粮食和物资储备保障中心。核定编制41个，其中核定行政编制12个、事业编制22个、工勤编制7个，有在岗职工45人，其中"三支一扶"（支农、支教、支医和扶贫工作）高校毕业生1人，临时工1人。

杭锦旗全年地区生产总值完成125.33亿元，增长5.6%；公共财政预算收入完成5.29亿元，增长16.5%；固定资产投资37.8亿元，增长1.6%；社会消费品零售总额完成34.8亿元，增长2.1%；城乡居民人均可支配收入达到44899元和20028元，分别增长6.6%和9.8%。

2019年，实施重点项目65项完成投资39.98亿元，其中21项亿元以上重大项目完成投资34.28亿元，市级层面调度8项亿元以上项目完成投资23.2亿元。

【项目审批及资金争取】2019年备案项目96项，批复项目41项。通过发改渠道争取到库布齐濒危及沙生植物国家种质资源库建设项目、天然林资源保护工程、农村牧区饮水安全巩固提升、京津风沙源治理、农业生产发展专项5个项目中央、自治区预算内资金6530万元。

【助力易地扶贫搬迁】累计完成全旗673户1732人搬迁安置，重点做好搬迁人员后续扶持工作，着力发展产业，调整经济结构，拓展增收渠道，使搬迁群众"搬得出、稳得住、能致富"。

【申报自治区级服务业集聚区】申报鄂尔多斯草原旅游区、库布其七星湖沙漠生态旅游区为自治区级服务业集聚区，其中为鄂尔多斯草原旅游区争取到自治区服务业引导资金1000万元。

【价格管理】编制完成2019年全旗行政事业单位收费年度报告，审核、上报、公示全旗37户行政事业单位收费清单，公示73户经营性服务收费清单，并实行动态管理。受理价格认证案件26起，其中价格认定刑事案件25起，价格认定行政案件1起。

【社会信用体系建设】全年累计公示行政许可信息5556条、行政处罚信息909条，开展失信专项治理1次，联合惩戒9条。做好信用“红黑名单”审核、认定、公示工作，报送和谐劳动关系信息4条、纳税信用A级纳税人信息15条、失信被执行企业信息9条、“异常经营名录”信息34条。联合旗民政局开展“信用+社会组织”创建活动，联合旗司法局对经济犯罪缓刑人员进行信用培训，联合旗教体局开展“信用+教育”工作，联合旗人民银行开展“优化营商环境，创建信用杭锦”系列宣传活动。

【粮食监管】 成立杭锦旗政策性粮食库存数量和质量大清查协调机构，参加自治区组织的大清查培训5人次，组织开展旗国有企业及储备粮承储企业大清查业务培训，落实大清查经费8万元，购置电脑、红外线测距仪等清查设备。开展全旗粮食库存自查，库存粮食191584.9吨，对纳入大清查范围内的粮食质量进行取样检验，全部达到国家三级标准以上，质量合格率达到100%。

（刘　媛）

自然资源

【概　况】 杭锦旗国土资源局于2019年1月更名为杭锦旗自然资源局。2019年3月，杭锦旗规划事业服务中心合并到杭锦旗自然资源局。内设股室5个：办公室、综合业务股、行政审批股、自然资源调查利用与保护股、国土空间规划用途管制股；下设二级单位3个：不动产登记中心、规划事业服务中心、土地收储中心；下设基层国土资源所6个：锡尼镇国土资源所、独贵塔拉镇国土资源所、吉日嘎朗图镇国土资源所、呼和木独镇国土资源所、巴拉贡镇国土资源所、伊和乌素苏木国土资源所。自然资源系统有工作人员98人，核定行政编制7个、事业编制66个、工勤编制4个、不占编人员21名。

杭锦旗城市总体规划通过市政府批准实施，并荣获2019年度自治区城乡规划优秀成果二等奖。完成6个市级示范村村庄规划编制工作，其中独贵塔拉镇杭锦淖尔村及隆茂营村村庄规划荣获2019年度自治区城乡规划优秀成果三等奖。

全年组件上报自治区政府建设用地审批报件9个，总面积974.7亩。完成2018年和2019年报件批复12个，总面积1531.8亩。完成土地供应235宗，总面积2065亩，累计收缴土地出让金1.44亿元，其中挂牌出让和协议出让收缴土地出让金1.14亿元，拖欠清理收缴土地出让金2919.47万元。年初，自治区下达杭锦旗闲置土地53宗，消除40宗，剩余13宗在收集企业开工竣工资料，完成清理闲置用地率达到75.47%。

坚持挂图作战，推进增减挂钩项目、土地整治项目、补充耕地库项目建设。完成9个项目土地征收工作，征地面积7948.91亩，拨付征地补偿款834.87万元。

全年受理不动产登记9200个，颁发不动产证书8361个，不动产登记信息查询2.13万人次，收缴不动产登记费20.2万元。

2019年12月12日，自然资源局被鄂尔多斯市“扫黑除恶”专项斗争领导小组评为首届平安法治鄂尔多斯市建设标兵和鄂尔多斯市扫黑除恶专项斗争工作先进集体。

【修编城乡总体规划】 构建杭锦旗“四区、五片、六廊、多环”的生态空间格局，即“四区”：南部生态涵养区、中部草原区、中北部沙漠区和北部沿河区，锚固全域绿色空间底线；“五片”：库布齐沙漠生态区、摩林河生态区、黄河蓄滞洪区、白音恩格尔生态区、盐海子生态区，加强五片重点生态功能区保护；“六廊”：毛不拉孔兑生态廊道、陶赖沟穿沙公路生态廊道、杭临生态廊道、摩林河生态廊道、沿黄高速生态廊道、锡磴生态廊道六条生态廊道，重点加强生态修复，提高生态服务能力，强化陶赖沟上游生态屏障功能，构建6条宽度在200—1000米的生态廊道和生物多样性保护网络；“多环”：在全旗构建多条宽度在200米以上的环城镇（锡尼镇中心城区、独贵塔拉镇、吉日嘎朗图镇、呼和木独镇、巴拉贡镇、伊和乌素苏木）、环园区（独贵塔拉工业园区、新能源产业示范区、塔然高勒煤电物流园）生态林带，加强环城、环镇、环园区生态区建设。规划220千伏高压走廊宽度按30—45米控制，110千伏高压走廊宽度按15—30米控制，作为禁建区不得安排城市建设用地，围绕城市公共服务、空间布局等规划短板，统筹谋划医疗、教育、绿地、停车、污水等各项配套设施的规划，制定合理的城市空间结构布局。杭锦旗城市总体规划通过市政府批准实施。2019年，确定的6个市级示范村完成村庄规划编制工作。配合塔然高勒煤电园区开展总体规划和控制性详细规划修编工作。科学布局生产生活生态空间，建立“多规合一”的国土空间规划体系，形成国土空间规划“一张图”。成立国土空间规划编制领导小组，初步完成永久基本农田、生态保护红线和城镇开发边界控制线划定工作；国土空间开发保护现状评估报告上报自治区审核。

【城乡用地项目建设】 完成2012年度城乡建设用地增减挂钩试点项目和2018年度增减挂钩项目验收工作完成。完成2012年度城乡建设用地增减挂钩1800亩，使用建新指标949.22亩。率先实现增减挂钩指标交易，跨旗区交易增减挂钩指标77.1亩，交易金额385.5万元，率先实现在鄂尔多斯市范围内“0”交易的突破。实施2018年的土地整治项目2万亩，土建工程完工，电力工程办理开工手续。开展2018年1.5万亩高标准农田建设，开工项目区完成总工程进度的30%。2018年的巴拉贡镇朝凯村和昌汗白村先建后补项目通过市局验收，新增耕地2890亩，申报列入占补平衡库。实施补充耕地库项目，通过公开招投标确定4家企业共同建设8万亩补充耕地库项目，4家中标企业缴纳项目诚意金8000万元，开展项目前期立项工作。完成9个项目土地征收工作，征地面积7948.91亩，拨付征地补偿款834.87万元。

【第三次全国国土调查】 在第二次杭锦旗土地调查和土地变更调查的基础上，采用第三次全国国土调查工作分类和“互联网+”等科技手段，累计勾勒图斑22万个，举证图斑1.7万个，实地拍摄举证照片17万多张，全面摸清全旗土地利用现状。杭锦旗第三次国土调查初步成果通过国家级审查，检查差错率0.06%，乡镇抽查差错率0.12%，成果质量居全市第一；全面整改成果通过自治区核查，并报送国家三调核查组。

【草原资源调查】 在杭锦旗召开2019年鄂尔多斯市草原资源综合植被覆盖度与生物量样地外业调查现场会，中国农业科学院草原研究所、自治区土地调查规划院相关专家到会对草原资源调查政策、技术等进行解读、答疑。完成草原资源综合植被覆盖度与生物量样地外业调查，调查成果数据按时汇交。

【自然资源执法监察】 开展自然资源执法监察，动态巡查800余次，发现制止违反自然资源法律法规行为61宗，责令限期整改33宗，立案查处23宗，处罚没款75.44万元，立案调查5宗。推进2018年卫片执法监察，下发图斑371宗，面积1.39万亩，其中违法图斑49个，合并为14宗，面积为6361亩，占耕地面积165.93亩，全部立案查处，并通过恢复土地原貌方式整改到位5宗，其余9宗报批。2018年下发矿产卫片执法图斑16宗，其中伪变化图斑13宗，违法图斑3宗全部立案查处并复垦到位。开展2016—2018年土地例行督察，全旗涉及96个问题，其中限期整改问题86个，全部整改到位，转持续整改问题10个，整改进度在全市范围内位于前列。对2018年年底自治区下发的167个“大棚房”疑似图斑进行核查，发现涉“大棚房”问题项目4个，占地面积0.5公顷，全部拆除整改到位。开展违建别墅清查整治及公墓排查。根据“国土调查云在线举证平台”下发的1个疑似图斑进行核查，未发现别墅类建筑。重点对3个省级自然保护区、国家级地质公园、重要河道、湖泊、水库、饮用水源保护区等进行摸排，未发现疑似违建别墅问题。对全旗范围内开展“住宅式”墓地排查行动，发现14处“住宅式”墓地，全部拆除复垦到位。开展毛不拉孔兑及支流和磨石沟等采砂河道存在“四乱”问题的采矿点进行清理整治，对排查发现的51处“四乱”问题，逐一进行清理整治，对存在“四乱”问题的12家有证采砂场进行责令停业整顿和复垦工作，全部清理整治到位。开展“扫黑除恶”专项斗争，召开“扫黑除恶”专题会议18次，以推动中央督导反馈问题整改为目标，照单接收共性问题12个、个性问题7个，全部整改到位。受理扫黑除恶信访转办案件3件，全部办结。

【不动产登记服务】 采用“互联网+政务服务”模式。按照不动产交易登记、税收一体化运行要求，新增窗口4个，设立自动查询机1台，将房管、税务、不动产人员统筹布局到不动产登记窗口。一般登记、抵押登记业务做到100%按时办结。全年受理不动产登记9200个，颁发不动产证书8361个，不动产登记信息查询2.13万人次，收缴不动产登记费20.2万元。受理信访案件18件，其中转办自治区第十三巡视案件11件、信访系统转办案件5件，其他案件2件，办结17件，剩余1件办理中；受理市长热线40件，全部答复；受理“12336”微信违法线索举报3件，全部办结，信访案件办结率达到98%。

【自然资源法规宣传教育】 利用世界地球日、全国土地日等开展自然资源法律法规宣传活动。组织行政执法人员参加资格认证法律知识考试及执法人员培训。

（杜欣芮）

能　源

【概　况】 根据《杭锦旗机构改革方案》《杭锦旗机构改革实施意见》，2019年1月31日，杭锦旗能源局正式挂牌成立，为旗人民政府所属正科级工作部门，撤销旗煤炭局，将其职能和人员编制划入杭锦旗能源局，主要承担全旗能源行业节能和资源综合利用；能源开发、生产、运行和管理、能源市场秩序规范维护；全旗能源重大装备技术研发及重大科研项目的组织推进等工作。2019年3月，成立二级单位杭锦旗能源服务中心，为副科级事业单位。内设办公室、煤炭股、电力股、科技装备和石油天然气股。在职工作人员41人，行政编制8个、事业编制14个、工勤编制10个。

2019年，能源局牵头负责实施重大项目重点工作7项，推进塔然高勒矿区煤铀项目、杭锦旗可再生能源基地建设项目、库布其60万千瓦光伏治沙项目二期20万千瓦光伏发电项目、杭锦旗3兆瓦光伏扶贫电站项目、天然气项目等建设。

【修编塔然高勒矿区总体规划】 编制《内蒙古自治区矿产资源规划局部调整方案（东胜煤田塔然高勒矿区）》，5月9日通过评审论证。中央地勘基金管理中心原则同意与自治区地勘基金管理中心签订勘查工作协议，完成勘查区煤炭地质详查项目立项、论证及入库工作。塔然高勒矿区总体规划修编区5个勘查区列入内蒙古2020年地质基金项目库中，项目总预算3.29亿元。6月28日，中国铀业有限公司致函杭锦旗政府，明确铀矿勘探四至界限等事宜。

【煤铀资源勘探开发利用】 多次赴国家能源集团、中核集团对接协调煤铀资源勘探、开发、利用等工作。2019年12月4日，国家能源集团授权神华杭锦能源有限责任公司与中国铀业有限公司签署《关于在塔然高勒煤矿采矿权范围内从事铀矿资源勘查协议》《关于在塔然高勒煤矿采矿权范围内从事铀矿资源勘查施工安全协议》，协议约定由中国铀业有限公司出资1.44亿元，在神华塔然高勒煤矿采矿权范围内布设钻孔208个，钻探工作量约12万米，勘查面积约347平方公里。中国铀业有限公司编制《塔然高勒地区铀矿资源调查总体设计》，并向神华杭锦能源有限责任公司提交勘查报告及相关成果资料。

【电力项目建设】 实施上海庙至山东特高压输电通道配套杭锦旗可再生能源基地建设项目，总投资60亿元，确定项目开发企业。建成库布其60万千瓦光伏治沙项目二期20万千瓦光伏发电项目。完成杭锦旗3兆瓦光伏扶贫电站项目综合验收评估工作，该项目可为125户贫困家庭带来每年每户3000元收益。

【天然气项目建设】 中国石油化工股份有限公司华北油气分公司东胜气田58号区3亿立方米天然气开发项目在杭锦旗境内实施井位44口，完成下达的任务。实施万瑞天然气日处理100万立方米LNG项目，总投资3.5亿元，土建工程全部完成。实施内蒙古兴圣天然气有限责任公司天然气BOG提氦项目，总投资0.6亿元，土建工程完成95%。

【品质小区电力基础设施建设】 投资3万多元，建成和完善锡尼镇品质小区电动车充电桩等小区基础设施。

（越　磊）

金　融

【概　况】 杭锦旗人民政府办公室金融外事室为政府办股级科室，隶属于旗人民政府办公室。有工作人员6人，核定编制6个。

全旗有银行类金融机构9家、驻地银行监管机构2家（人民银行和鄂尔多斯市银保监局杭锦监管组）、小额贷款公司4家、融资性担保公司1家，初步形成以国有银行为主体，农村信用社、邮政银行、村镇银行、鄂尔多斯银行为辅翼，小额贷款公司和融资性担保公司为补充的金融和准金融机构体系。

2019年，全旗金融机构各项存款余额80.85亿元，各项贷款余额69.40亿元，不良贷款余额0.81亿元，不良贷款率1.16%，同比下降0.8个百分点，继续保持“双降”（不良贷款余额与不良贷款比例继续保持双降）趋势。辖内有银行类金融机构9家，营业网点机构40个，其中县域网点20个、乡镇网点20个。有从业人数470人，各银行业金融机构布放自助设备2854台，其中ATM机84台，POS机具2546台，其他自助服务终端224台。全旗有保险业金融机构14家，各类保险保费收入8400万元，各类保险理赔支出2200万元。

【金融机构不良贷款处置】 旗政府通过核销、转让、置换等多种手段，帮助金融机构化解不良贷款，旗司法机关通过开展专项行动，处置涉及金融领域违法行为，全年不良贷款余额0.81亿元，不良贷款率1.16%，同比下降0.8个百分点。推动农信社改制农商行工作，压降不良贷款余额，不良贷款按五级分类下降至0.42亿元，累计不良贷款化解0.1亿元，不良贷款率2.88%，资本充足率12.28%。

【金融服务资本市场】 推动多层次资本市场发展，扩大直接融资规模。杭锦旗设立内蒙古股权交易中心杭锦旗工作站，为全旗中小微企业股权交易和融资搭建新的服务平台。全旗3家企业在区域性股权市场挂牌，1家企业完成孵化板上市准备工作，2家企业筹备区域性股权市场挂牌资料报送工作。对融资平台公司进行全面清理规范，对化解各类政府性债务风险进行支持和监管。

（李宝升）

投　资

【概　况】 杭锦旗招商局于2017年8月更名为杭锦旗招商引资服务中心，2019年6月由杭锦旗招商引资服务中心更名为杭锦旗投资促进中心，主要负责杭锦旗招商引资规划、统筹、协调、指导、管理和服务等工作。内设办公室、项目股、网络信息与政策法规股。有在职人员 20 人，核定事业编制 8 个。

2019 年，全旗招商引资新签约项目 19 项，合同引资额 222 亿元，完成市对旗招商引资任务的 111%；续建项目 12 项，实际到位资金 26 亿元；在谈项目 19 项。全年向上级部门争取招商专项资金 50 万元。

【拓宽招商引资渠道】 杭锦旗将招商引资任务纳入全旗年度目标考核，并分解下达招商引资任务，出台《2019 年招商引资工作考核细则》。组织参加省内外招商推介会、展会、论坛会等各类招商引资活动 14 场次，发放宣传资料 3000 余（册）份，开展座谈洽谈 15 次。组织上海等 6 批考察团、30 家企业、150 余人到杭锦旗考察投资。

【落实招商引资项目】 与上海内蒙古商会签订《杭锦旗招商引资战略合作框架协议》，成立杭锦旗人民政府驻沪招商工作站，召开杭锦旗上海招商专题推介会，与上海胜义环境科技有限公司签约。引进浙江益尚客商贸有限公司全国连锁超市和儿童娱乐城项目，投资 3000 万元，并投入运行。引进签约煤化工产业链延伸项目 3 项，逐步形成煤化工循环产业体系。

【招商宣传】 制作完成《投资洼地　兴业热土》专题宣传片和《塞外明珠　绿色杭锦》PPT 介绍，编印《投资与梦想宣传册》《招商引资政策汇编》，及时更新发布到杭锦招商微信公众号。挑选 30 个重点产业类项目作为精品推介项目，编写《杭锦旗项目推介册》。

【招商服务】 完善招商项目跟踪服务机制，对引进来的企业提供全方位、零距离、专人包办“保姆式”帮办服务，协调有关部门帮助企业解决项目落地、手续办理、开工等问题，继续实施《杭锦旗招商引资项目承诺制实施意见》，扭转“重招商、轻落地”的局面。

（张玲秀）

工业和信息化

【概　况】 杭锦旗经济商务和信息化局于 2019 年 1 月与杭锦旗科技局合并成立杭锦旗工信和科技局，并挂杭锦旗商务局牌子。内设股室 6 个：办公室、商务股、工业股、信息化股、节能与综合利用股、节能监察中心；下设副科级事业单位 2 个：旗商务和煤炭综合执法局、电子商务服务中心。在职人员 56 人，核定行政编制 13 个、工勤编制 6 个、事业编制 20 个（包括旗商务和煤炭综合执法局）。

全旗 31 家规模以上工业企业完成产值 129.51 亿元，同比增长 2.31%，完成全年任务的 86.17%；火电发电量 33.88 亿千瓦时，完成产值 7.19 亿元；生产煤化工产品 215.1 万吨；液化天然气（LNG）64.25 万吨；火电发电量 36.4 亿千瓦时；新能源发电量 24.16 亿千瓦时。全旗社会消费品总额完成 34.8 亿元，同比增长 2.1%。

2019 年，全旗实施亿元以上重点工业项目 5 项：鄂尔多斯新杭能源有限公司技术改造 60 万吨草酸技改乙二醇填平补齐项目、内蒙古伊泰宁能精细化工有限公司 50 万吨 / 年费托烷烃精细分离项目、内蒙古万瑞天然气有限责任公司日处理 100 万立方米天然气液化项目、鄂尔多斯市联博化工有限责任公司年产食品级二氧化碳 40 万吨项目、内蒙古库布其生态新能源有限公司 200 兆瓦光伏项目，累计完成固定资产投资 16.47 亿元。

【服务中小企业】 利用中小企业公共服务平台和各类主流媒体、网站、微信等开展政策宣传解读，组织相关企业参加专题培训、专家讲座 12 期。

【企业安全生产检查】 对辖区内 1 家民爆企业、60 家加油站和 28 处再生资源网点、商场、宾馆、超市开展安全生产大检查，发现安全隐患 56 处，其中商务领域 33 处，电信和民爆领域 23 处，全部完成整改，整改率 100%。在电信、民爆、商贸领域未发生安全事故。

【通信网络信息化建设】 推动农村牧区通信网络信号覆盖，全年新建通信基站32个，全旗通信基站累计达到785个。实施免费Wi-Fi惠民工程，完成锡尼镇百灵公园和锡尼广场无线网络覆盖工程建设。组织协调移动、联通、电信等企业完成第七届库布其国际沙漠论坛、杭锦旗那达慕大会暨全旗职工运动会等重大活动通信保障任务。

【商务贸易】 推动电商综合物流园区建设，依托邮政、报业、荣耀3家物流企业，构建旗、镇、村三级物流配送格局，实现服务基层群众最后一公里。为荣耀互联网、义康老年养护院等企业申请2019年服务业发展专项资金110万元，为杭锦旗察汗部落、吉日客电子商务2家争取消费美食品鉴活动和绿色农畜产品展销洽谈会项目资金18万元。在2019年中国（鄂尔多斯）国际羊绒羊毛大会暨展览会上，杭锦白绒山羊与50多家羊绒羊毛企业洽谈合作意向近3000万元；在2019内蒙古味道——内蒙古绿色农畜产品展览交易会上，鄂尔多斯市大漠杭盖种植专业合作社等3家企业与鄂尔多斯正康农牧业开发集团有限公司上海分公司达成购销意向110余万元；在2019年第二届中国（上海）进口博览会上，鄂尔多斯亿达工贸有限公司与日立电梯（中国）有限公司签订合作协议171.1万美元。组织开展电商扶贫农特产品展销会暨秋季促销、消费扶贫助力打赢脱贫攻坚战暨青联扶贫为爱启航义卖以及第二届美食文化节等活动，完成交易额近60万元。

（高　磊）

审　计

【概　况】 杭锦旗审计局为主管全旗审计工作的政府部门，旗委审计委员会办公室设在审计局，旗审计局接受旗委审计委员会的直接领导。内设办公室、法规审理股、财税审计股、行政事业审计股、农业与资源环保审计股、政府投资审计股、经济责任审计办公室、教科文卫审计股。审计局核定行政编制13个，有干部职工49人，其中具有审计师、会计师和造价师等资质17人。

2019年，重点围绕6个方面60个审计项目进行审计监督，查出违规资金5404.1万元，管理不规范资金585701.02万元，发现各类问题197条，提出审计建议114条，移送有关部门处理18件，其中移送纪检委处理1件。

【召开审计专题会议】 2019年4月1日，召开全旗审计工作会议。7月9日，召开旗人民政府常务会议第7次会议，讨论并通过《杭锦旗领导干部自然资源资产审计制度（修订）》。7月12日，召开旗委审计委员会第一次会议，讨论并通过《中共杭锦旗委员会审计委员会工作规则》《中共杭锦旗委员会审计委员会办公室工作细则》，审议通过《杭锦旗审计问题整改责任追究办法（试行）》。10月10日，召开旗委审计委员会第二次会议，会议审议通过《关于2018年度旗本级预算执行和其他财政收支的审计工作报告》《关于旗本级预算执行和其他财政收支2018年度审计查出问题整改情况的报告》《杭锦旗审计全覆盖实施办法（试行）》。11月19日，召开全旗审计发现问题整改推进会，会议通报2018年和2019年审计发现问题未整改单位。

【重点工程审计监督】 完成S215—光伏园区公路、胜利北路道路建设、五期廉租房、横二路道路工程等14个政府投资重点项目审计，完成政府投资审计2.43亿元，审定金额2.35亿元，核减工程造价778万元。

【旗本级预算执行和苏木镇财政决算审计】 完成旗财政局、水利局、独贵塔拉工业园区、住建局等7个旗本级预算执行情况审计和独贵塔拉镇、吉日嘎朗图镇等3个苏木（镇）财政决算审计，查出违规资金4737.24万元，管理不规范资金58.21亿元，发现各类问题56条，提出审计建议42条，移送有关部门处理6件。

【精准扶贫、债务化解、污染防治审计监督】 实施政府债务专项审计，调查10个部门和单位，核查200余笔政府性债务。实施精准扶贫资金专项审计、惠农补贴“一卡通”管理使用情况专项审计和村集体经济及互助资金专项审计，查出共性问题10条，提出建议5条；对全旗7个苏木（镇）、76个嘎查（村）扶贫资金和项目进行审计调查，发现各类问题92条。对污染防治进行审计，提出审计建议2条。对领导干部自然资源资产任中审计，发现问题9条，提出审计建议5条。

【重大政策跟踪审计】 实施清理拖欠民营企业中小企业账款专项审计，查出重大政策落实存在的问题4条，发现拖欠民营企业中小企业账款2790万元，提出意见建议5条。

【领导离任（任中）经济责任审计监督】 在2019年旗县机构改革中，对纪委监委、农工部、发改委、安监局等24个单位党政主要领导进行离任（任中）经济责任审计，查出违规资金666.76万元，管理不规范资金3596.74万元，发现各类问题55条，提出审计建议65条，移送有关部门处理12件。

（郝　甜）

统　计

【概　况】 杭锦旗统计局内设股室3个：办公室、综合股、工业股。下设事业单位3个：城市居民收入调查队、农村经济调查队、普查中心。有职工22人，核定编制18个，其中行政编制6个、事业编制9个，工勤编制3个。

2019年，杭锦旗地区生产总值完成125.33亿元，同比增长5.6%。全社会固定资产投资完成37.8亿元，同比增长1.6%；社会消费品零售总额预计完成34.8亿元，同比增长2.1%；城镇常住居民人均可支配收入完成44899元，同比增长6.6%，农村牧区常住居民人均可支配收入完成20028元，同比增长9.8%。

【第四次全国经济普查】 8月15日，完成杭锦旗第四次全国经济普查。全旗普查单位1901家（其中法人单位1619家、产业活动单位282家），个体户抽样639个，等待上级业务部门反馈第四次全国经济普查数据。

【常规统计调查】 完成夏季畜牧业抽样调查；全面开启全国人口和劳动力调查，10月30日完成清查摸底，11月15日完成全部调查；开展文化产业调查及14个专业常规统计调查等。及时跟进基本单位名录库更新维护工作。

【统计服务】 按月完成主要经济指标预测，按季撰写经济运行综合分析报告。通过政务信息平台、微信公众号、报纸、网络媒体等报送信息234条。发布2018年国民经济和社会发展统计公报、2019年季度统计公报，按季编印统计资讯，按月编印统计月报等。

【统计执法】 完成全旗联网直报企业统计和守信企业认定工作。深入“四上”（规模以上的工业、商业、服务业和有资质的建筑业）企业督查核查统计数据5次，深入各苏木（镇）、企业、个体户督察检查“四经普”数据4次。借助第四次全国经济普查、统计开放日等通过电子屏、悬挂横幅、发放宣传单等方式开展统计法律法规宣传12次。

（高冬香）

统计调查

【概　况】 国家统计局杭锦调查队内设办公室、财务室、档案室。有职工8人，核定行政编制8个。

杭锦旗城乡居民可支配收入33084元，同比增长8.1%，增速位居全市第三；城镇常住居民可支配收入44899元，同比增长6.6%，增速位居全市第二；农村牧区常住居民可支配收入20028元，同比增长 9.8%，增速位居全市第四，城乡居民收入比由 2018 年 2.3∶1 缩小为 2.24∶1。

【城乡居民收支调查】 采取电子记账的方式，对全旗 110 户记账户进行城乡居民收支调查，电子记账率达到 90% 以上，其中城镇户电子记账比例 100%，农村牧区比例 81.6%，均居于鄂尔多斯市前列。

【农业调查】 出台《杭锦调查队农业统计数据质量评估制度》《杭锦调查队粮食产量抽样调查数据生产与管理规范化规程》等相关制度。开展遥感测量及粮食产量抽样调查，全旗粮食播种面积 42644 公顷，同比增加 2.52%；粮食产量 369301 吨，同比增加 0.7%。

【统计服务】 围绕旗委和政府中心工作、经济发展的难点和社会关注的热点，以及经济运行苗头性、趋势性、倾向性的问题，深入开展分析研究。全年内网累计采用工作动态 13 篇、分析 5 篇、风采 18 篇，其中国家统计局采用 8 篇，杭锦党办采用 13 篇。

（牛振声）

市场监督管理

【概　况】 杭锦旗市场监督管理局于 2017 年 6 月 22 日成立，由杭锦旗工商行政管理和质量技术监督局、杭锦旗食品药品监督管理局合并而成，并挂杭锦旗食品药品监督管理局、食品安全委员会办公室牌子。2019 年 3 月 30 日，挂杭锦旗知识产权局牌子。实有工作人员 141 人，核定行政编制 31 个、工勤编制 6 个、事业编制 54 个。内设股室 15 个，分别为办公室、法规股、登记注册股（行政审批股）、消费维权股、信用和价格监管股、知识产权和网监广告股、食品安全协调股、食品监管股、药械特化监管股、质量监管股、计量和标准化管理股、特种设备监察股、科技和信息化管理股、人事督察股、党建办；下设所属事业机构 4 个，分别为正科级建制 1 个：市场监督管理综合执法局，股级建制 3 个：产品质量计量检测所、食品药品检验检测中心、药品医疗器械不良反应中心；派出机构 5 个，分别为锡尼镇市场监督管理所、独贵塔拉市场监督管理所、伊和乌素市场监督管理所、巴拉贡市场监督管理所、吉日嘎朗图市场监督管理所。

2019 年，完成上级下达各项目标考核任务。查办食品药品、产品质量、计量、标准化、特种设备、知识产权等各类违法案件 340 起，罚没款 177.17 万余元。截至 10 月底，案件数量在全市市场监管系统排名第一。

全年企业年报率 92.32 %；全旗个体工商户年报率 79.09 %；全旗农牧民专业合作社年报率 80.08 %，综合年报率 82.29 %。全旗核发“三十二证合一”（三十二项涉企证照及登记备案事项与营业执照合并登记，与全国同步实现“三十二证合一”改革）营业执照 2459 份。

全旗累计注册商标 1776 件，2019 年新注册商标 347 件，年增长率 46%。拥有发明专利 101 件。

【食品药品安全监管】 2019 年 3 月 20 日，全市食品安全监管工作推进会在杭锦旗召开。全年开展食品、药品监督抽检、快检食品 727 批次，未发生食物中毒事故。配合市局做好 15 批次药品、4 批次医疗器械、2 批次保健食品、5 批次化妆品等 26 批次产品抽样工作，抽检结果全部合格。持续实行餐饮单位“明厨亮灶”“4D”“五常”“6T”（“4D”：责任到位、培训到位、整理到位、执行到位；“五常”：常组织、常整顿、常清洁、常规范、常自律；“6T”：天天处理、天天整合、天天清扫、天天规范、天天检查、天天改进）等管理模式，采用“4D”“五常”等先进管理模式餐饮单位 52 家。推进小餐饮规范化管理，锡尼镇地区小作坊实行入园统一管理，入园率达到 90%。为锦华农贸市场 12 户生肉销售者打造“食品安全屋”。开展乳肉制品和农村牧区食品市场、“保健”市场乱象等专项整治。完成第七届库布其沙漠论坛、庆祝中华人民共和国成立70周年等重大活动食品安全保障工作11次，保障人数4.5万人次。

【特种设备安全监察】 对全旗144家特种设备生产、使用单位、5010台（套）特种设备、5条长达221.81公里的长输管道进行监督检查。对49家重点监督监控单位进行安全隐患排查和集中整治行动。

【产品质量安全监管】 配合上级业务部门完成成品油抽检31批次，农资抽检19批次。完成校服、儿童服装、絮棉制品等产品抽检，不合格产品11批次，并对不合格批次进行立案查处。

【商事制度改革】 推进“证照分离”改革，通过减少证照数量，简化程序，降低成本，与全区同步实现“三十二证合一”改革，同时全面推开“简易注销”、企业登记全程电子化、电子营业执照发放工作。全旗核发“三十二证合一”营业执照2459份，并核发首张无介质电子营业执照。实行“独任注册登记制”，实现“一人通办”，最大限度地减少审批环节，简化流程，缩短办理时限。

【商事事中事后监管】 2019年6月30日，全旗企业年报率92.32%；全旗个体工商户年报率79.09%；全旗农牧民专业合作社年报率80.08%，综合年报率82.29%。协同监管平台公示市场主体经营异常信息7146条；归集31个相关部门行政许可信息3700条、行政处罚信息736条，归集各相关部门抽查检查及跨部门随机联合检查信息14条，共计归集涉企信息11587条。录入随机抽查事项714项，执法检查人员名录库收录具有行政执法资格的执法人员295名。完成企业抽查66批次，抽查市场主体152户，检查结果全部通过国家企业信用信息公示系统（内蒙古）对外公示。

【商标注册及专利发明】 引导企业注册商标，扩大全旗商标拥有量。截至11月14日，全旗累计注册商标1776件，2019年新注册商标347件，年增长率46%。全旗拥有发明专利101件。组织开展注册商标专用权保护行动。

【质量强旗建设】 实施“标准化+”战略，推进企业标准自我声明公开。全年31家企业累计更新并上报108项标准，涵盖127种产品，全旗企业产品标准自我声明公开率达到95%以上，强制性标准达到100%。指导帮助创建自治区级标准化试点——“沙漠生态甘草种植标准化示范区”，杭锦旗通过上级部门验收。检定各类强制检定计量器具15500余台件，出具检定证书15500余份。

成立杭锦旗质量提升领导小组，完善质量管理机制，推动企业承担质量提升主体责任。检查获证企业10家，其中要求3家企业自行整改，全部完成整改。建立辖区获证企业分类台账，获证企业年度自查率达到100%。

【市场扫黑除恶专项斗争】 成立市场“扫黑除恶”专项斗争领导小组，召开动员会部署会。通过张贴海报、发放传单、悬挂横幅等方式开展宣传活动。建立涉黑涉恶线索摸排、审核、移交和跟进等工作机制，与各部门联动协同作战，资源共享，做到“黑恶必除，除恶务尽”。

【消费维权】 及时办理消费者的市场监管投诉和举报，受理投诉举报148起，办结148起，为消费者挽回经济损失20万元，办结诉转案2起。在1户超市推行七日无理由退货。开展杭锦旗2019年“月月3·15”宣传活动。

【市场监管执法】 采取“领导分工交叉、工作岗位交叉、业务工作交叉”3项举措，打破业务工作界限，将领导分工、股所人员岗位交叉串联，实现业务工作深度融合。采取股、所、执法局联动办案、执法人员全员办案、股所协同办案等举措，打造一支“人人学办案、人人会办案、全员能办案”的市场监管执法队伍。成立市场监管专项行动组，办案数量超过上年案件总数。建立执法办案激励机制，根据各股、所案件办理数量、“成案率”和股所业务考核分值进行奖励。

（张　垒）

应急管理

【概　况】 杭锦旗应急管理局于2019年1月挂牌成立，为旗人民政府正科级职能部门，撤销杭锦旗安全生产监督管理局，将其行政职能和人员编制划入杭锦旗应急管理局，主要承担安全生产综合监督管理、应急值班和救援、民政救灾、地质灾害防治、水旱灾害防治、森林草原防火和旗安委会、防汛抗旱、减灾、抗震救灾、森林防火等指挥部相关职责。内设股室5个：办公室、综合协调股（行政审批股）、危险化学品安全监督管理股、安全生产基础股、综合减灾股。下设所属事业单位两个：杭锦旗安全生产监管综合执法局、杭锦旗应急管理服务中心。有工作人员61人，核定行政编制10个，其中领导职数一正四副。

杭锦旗安全生产监管综合执法局，机构规格为副科级，内设股室5个：综合办公室、政策法规股、危化监察中队、非煤矿山监察中队、综合监察中队。核定事业编制17个。

2019年，全旗发生道路交通生产经营性事故3起，死亡4人，工矿商贸未发生生产安全事故。

【健全安全生产管理责任体系】 明确安委会各成员单位工作职责。推进企业安全生产诚信体系建设，做好企业诚信信息录入工作，以联合激励惩戒为手段，倒逼企业落实主体责任。联合旗委、政府督察室等开展安全生产督导检查，依托“一函一书一令（提醒函、建议书、整改令）”、安全生产巡查、约谈等手段，严格落实安全生产“一票否决”制，印发提醒函16份。

【完善应急管理机制】 根据机构改革和职能职责需求，对防汛抗旱、森林草原防火等指挥部进行调整。聘请专业团队对全旗突发公共事件、生产安全事故、防凌防汛、地震、森林草原火灾等10项预案进行重新修订。运用安全生产信息化平台，整合各类应急管理资源，融合在线监控预警和视频实时监控系统，查重大风险、盯重点区域、治重大隐患，推进安全隐患整治。备案各类安全生产应急预案151家，组织开展各类应急演练600余次，储备应急救援物资1批。针对杭锦旗旱情、暴雨、冰雹和黄河冲淘灾情，争取上级防汛抗旱资金410万元。在黄河西沙拐和208险工储备格宾石笼、塑土枕抛投机和物料（1900立方米）累计100万元防汛应急物资。成立森林草原扑火预备队，协同森林草原专业扑火队做好应急处置工作，处置森林草原火灾22起。

【打非治违专项行动】 创新“七查”（领导带队查、聘请专家查、夜间突击查、重点行业专项查、部门联合查、整改回头查、媒体曝光查）方式，督促生产经营单位建立完善隐患排查治理制度，实行隐患“三个盯”（企业盯、行业盯、安委办综合盯），紧盯危险化学品、非煤矿山、八大行业等重点行业领域，全年检查生产经营单位2821家次，排查整治各类安全隐患问题1782项，对辖区内存在安全隐患的企业主要负责人进行约谈，并进行整治。聘请第三方技术服务机构各行业专家对全旗危险化学品生产企业进行安全风险评估诊断。

【安全生产宣传教育】 邀请国家、自治区教授讲师对安委会成员单位主要领导和分管领导及安全监管执法人员进行专题培训3次。对生产经营单位相关人员进行培训，开设各类培训班44期，参训人数达1643人次。利用“安全生产月”等常态化开展安全生产法律法规及安全知识宣传活动，悬挂宣传横幅，张贴宣传标语，发放宣传资料7000余份。开展主题宣讲及警示教育8场次，应急演练6场次，举办知识竞赛、演讲比赛5场次。

（乔　飞）

供　销

【概　况】杭锦旗供销合作社联合社于2015年4月由旗经信局二级单位调整为旗政府直属全额拨款事业单位，科级建制。内设办公室、财务室、综合业务室。2019年，有在职人员7人，核定事业编制5个。

2019年，围绕供销合作社综合改革任务，扎实推进组织体系、流通服务体系建设，发展壮大社有企业。完成营业收入419万元，资产总额73.26万元。

【供销合作社综合改革】办理完成锡尼镇原四十里梁乡发电厂办公用房资产划拨手续，用于恢复基层供销社建设。按照自治区关于恢复空白苏木（镇）基层供销社的要求，利用供销合作社综合改革专项资金和政府划拨的闲置资产，基本完成独贵塔拉基层供销社维修改造工作。成功申报市级农牧民专业合作社示范社1户，争取上级建设资金4万元。通过实地走访调研、外出参观学习、招商引资等方式探索基层社运行模式。

（石瑞香）

烟　草

【概　况】杭锦旗烟草专卖局内设综合办公室、专卖管理股、客户服务部、专卖内部监督派驻组。有工作人员18人，其中正式合同工14人、劳务派遣制合同工4人。

2019年，卷烟营销部累计实现卷烟销量6467.93箱，较上年同期销量6441.78箱，同比增长0.41%；销售金额17785.70万元，较上年销售金额17451.80万元，同比增长1.91%；单条均价109.9元，较上年单条均价108.32元，同比上升1.46%；实现毛利5133.63万元，较上年5037.67万元，同比增长1.9%。

【烟草专卖执法检查】组织出动联合执法人员1100人，出动车辆260次，查获各类涉烟违法案件65起，查获涉案卷烟34.966万支，涉案金额20.78万元，上缴财政罚没款1.76万元，没收非法销售卷烟87.6条，标值2.56万元。

（路　伟）

财政·税务

财 政

【概 况】 杭锦旗财政局内设股室14个：办公室、预算股、行政政法股、教科文股、农牧业股、经济建设股、社保股、工业交通股、综合会计股、国库股、信息股、涉外股、乡财股、农村牧区综合改革领导小组办公室；下设所属事业单位8个：杭锦旗政府采购监督管理办公室、杭锦旗工资发放中心、杭锦旗非税收入管理局、杭锦旗财政投资评审中心、杭锦旗债务化解服务中心、杭锦旗财税监督办公室、杭锦旗国有资产管理中心、杭锦旗农业综合开发办公室（2019年2月，将其事业职能和人员编制划入旗农牧局）。有职工104人，核定行政编制19个、工勤编制12个、事业编制66个。

2019年，全旗公共财政预算收支完成情况：一般公共预算收入累计完成52902万元（旗本级完成41746万元，工业园区完成11156万元），同比增收7486万元，增长16.48%。其中税收收入完成37345万元，非税收入完成15557万元。全旗一般公共预算支出累计完成290399万元，同比减支24550万元，下降7.79%。

【增收节支】 全面落实各项减税降费优惠政策，支持企业降成本。做好综合治税、化债和清欠税收工作，争取上级县级基本财力保障机制奖补资金、化债奖补资金等转移支付，争取上级各类资金32.01亿元，其中一般性转移支付4.97亿元，专项转移支付16.91亿元，新增债券资金10.13亿元（一般债券2.13亿元、专项债券8亿元），全旗一般性支出下降20%。集中有限的财力突出保障政府债务化解、解决拖欠民营企业账款、脱贫攻坚、生态文明建设等重点支出，坚决守好“发展、民生、生态”三条底线。

【财政支持三大攻坚战和乡村振兴战略】 通过预算安排、开源节流、处置国有资产、向上争取资金等措施，化解政府隐性债务20.29亿元，完成年度化债目标的355%。化解十项工程外直接相关债务3.11亿元，直接相关工程类债务全部化解完成，清欠民营企业账款5.74亿元。支持保障脱贫攻坚精准有力，实现扶贫资金动态监控。全面推行绩效管理，对2018年扶贫资金开展绩效评价。健全完善脱贫攻坚经费投入保障机制，投入扶贫资金8644万元，支持产业扶贫、易地扶贫搬迁、教育扶贫和健康扶贫等项目。旗本级财政支出节能环保资金1468万元，兑付上级环保专项资金3552万元，深入实施大气、水、土壤污染防治工作，对重点流域、园区和运煤道路进行专项整治。全力支持实施乡村振兴战略，坚持把“三农”作为财政支出优先保障领域，争取乡村振兴专项资金4269万元，用于垃圾污水处理、人居环境整治、厕所革命等重点工作。

【惠民支出】 健全完善财政投入民生稳定增长机

制，全旗民生领域支出达17.7亿元，占公共财政预算支出的60.95%。争取自治区增加均衡性转移支付和县级基本财力保障机制奖补资金等一般性转移支付，缓解全旗财政减收增支压力。统筹自有财力和上级转移支付，兑付教师津补贴等，解决教师待遇问题；支持义务教育薄弱学校改造和贫困大学生资助；城乡居民低保月人均标准达到675元和514元，基本公共卫生服务项目年人均财政补助标准69元，常住人口服务率达到100%；支持第七届库布其国际沙漠论坛、全旗那达慕大会暨职工运动会、全市首届农牧民健身运动会以及文化旅游各项赛事活动；保障融媒体建设、乌兰牧骑、多城联创、扫黑除恶、疫病防控等重点工作资金需求。

【深化财政体制改革】 全面实行预算绩效管理，委托第三方对全旗101个扶贫资金项目编制绩效评价报告，指导督促全旗188个预算单位公开部门预决算，预决算公开率达到100%。应用“互联网+政府采购”模式，将合同备案、交易管理、网上商城等业务融为一体，实现政府采购全过程电子化管理。政府采购预算14069.2万元，实际采购金额12272万元，节约财政资金1797.2万元，节约率12.77%。完成旗级财政性投资预算评审项目53项，审减金额1273.3万元，审减率5.3%。开展惠民惠农财政补贴资金“一卡通”专项治理和减税降费政策措施实施效果监督检查工作。全面摸清行政事业单位资产管理情况，并做好党政机构改革经费、资产、债务核实划转工作。健全完善旗本级预算安排资金、上级转移支付审批下达流程，做好预算审查服务工作，收回上年部门预算结余资金900万元，统筹用于扶贫领域支出。

（白云龙）

税务

【概　况】 国家税务总局杭锦旗税务局成立于2018年7月，由杭锦旗国税局和杭锦旗地税局合并而成，承担着全旗5个镇1个苏木和2个园区所辖2801家企业和5641户个体纳税人的税费征收管理。内设机构13个：办公室、法制股、税政一股、税政二股、社会保险费和非税收入股、收入核算股、纳税服务股、征收管理股、风险管理股、财务管理股、人事教育股、党建工作股、纪检组；下设事业单位1个：信息中心；下设派出机构4个（3个副科级）：第一税务分局、巴拉贡创业园区税务分局、独贵塔拉工业园区税务分局、锡尼镇税务所。2019年，单位有职工119人。

2019年，全旗完成税费收入155492万元，其中完成税收收入99045万元，社会保险费收入48860万元，其他收入7587万元。完成旗县级公共预算收入39689万元。

2019年2月，税务局被评为2018年度全旗“五位一体”综合考评优秀单位。6月被评为“旗级先进基层党组织”，7月税务局二支部被评为“全区税务系统先进基层党组织”。在2019年全国纳税人需求调查工作中，税务局最终得分97.59分，在自治区128个旗（县、区）税务机关中排名第26名，在全市18个税务机关中排名第三名。

【社保规费】 配合旗财政局、社保局、医保局等完成数据比对1000余条。在3处税务窗口征收基础上，在基层7个社保所、12个卫生院及锡尼镇6个社区增设云POS机征收点，城乡居民可以选择就近缴费点缴费，同时办理城乡居民养老保险和医疗保险。对锡尼镇各社区及周边卫生院征收人员进行社保业务培训，对偏远地区征收地点上门业务操作辅导。开展社保应享未享自查，完成5户企业非税收入多缴退费工作。2019年1月，开出全市第一张城乡居民基本养老保险完费证明，标志着杭锦旗社保划转工作平稳过渡。

【减税降费】 构建“党政领导、部门协同、上下联动”的减税降费共治格局。开展减税降费走访纳税人1500余户，通过线上和线下多种渠道开展减税降费系列宣传和上门辅导企业500余户，举办现场培训班15期，开办减税降费“县长税课”1次，组织开展税收宣传月活动1次，发放减税降费宣传资料600余份，受益人次1000余人。全年累计减免1.82亿元，其中税收收入减免16895.08万元，其他收入减免295.31万元，社保费减免1005.72万元。旗县级公共预算收入减免7357.33万元。下辖1030户小型微利企业均享受小微企业优惠政策，实际惠及面达到100%。

【纳税服务】 推行新税务、新服务理念，深入推进“放管服”改革，全面实行“一窗式办理”、税务事项“应进必进”、纳税人“承诺制”容缺办理和纳税申报“提醒纠错制”，践行“最多跑一次”制度。推广新版电子税务局，推出微信和支付宝等多元化缴纳税费方式，推广“自然人增值税普通发票代开系统”。

【依法治税】 对第三方巧立名目乱收费行为进行排查整治，对减税降费政策宣传是否到位进行入户调研督察，对减税降费风险疑点办理情况进行随时跟踪。利用内控监督平台和RED系统，实现风险源头防控、纠错提前介入、操作全程留痕和过错实时追究。接收系统推送疑点4399条，全部疑点均核查处理完毕。

【税收质量征管】 完成全旗2285户企业信用等级评价。创新“银税互动”服务，结合企业纳税信用与银行信用额度关联程度，针对“云税贷”等金融产品向A、B、M级纳税人推出“以税获贷”的纯信用贷款。做好增值税发票风险管理工作，应用税收风险管理系统，对大数据平台进行分析利用。开展规范进户检查，实行差别化管理，对暂无风险纳税人不打扰，对低风险纳税人予以提醒辅导，对中、高风险纳税人进行纳税评估并重点监管。

【欠税清理】 2019年，清理欠税2840.28万元，另外有意愿与政府清税化债欠税的纳税人19户，可清税化债金额约4800万元，其中12户纳税人签订清税化债承诺书，清税化债金额约2200万元。成立税源摸底调查及欠税清理工作组，对全旗未批先建地块所涉及的城镇土地使用税、房产税和耕地占用税等进行核实征收，对辖区内露天开采用地进行漏征复核比对，对辖区内漏征漏管户进行延伸排查。

（张益忻）

城乡建设·环境保护

住房和城乡建设

【概　况】 杭锦旗住房和城乡规划建设局于 2019 年 1 月更名为杭锦旗住房和城乡建设局，并挂人民防空办公室牌子。2019 年 6 月，杭锦旗保障性住房和房产交易管理中心（房管事业服务中心）、人防办合并到杭锦旗住房和城乡建设局；规划事业服务中心划入杭锦旗自然资源局；房屋征收安置局将其事业职能和人员编制划入杭锦旗房屋征收安置服务中心，调整为旗政府直属相当于正科级事业单位；基本投资建设管理办公室，将其事业职能和人员编制划入杭锦旗代建中心，调整为旗政府直属相当于正科级事业单位。住建局内设办公室、城乡建设管理股、工程质量安全监管股、政策法规股（含行政审批）、住房与工程建设管理股；内设二级单位 1 个：住房和城乡建设服务中心；下设所属事业单位 2 个：城市管理综合执法局和城市公共事业服务中心。住建局有在职职工 72 人，核定编制 38 个，其中行政编制 9 个、工勤编制 2 个、事业编制 27 个（领导职数一正三副）。

杭锦旗城市管理综合执法局于 2019 年 4 月成立，为住房和城乡建设局所属事业单位。在职职工 61 人，核定事业编制 49 个（领导职数一正一副）。

2019 年，全旗市政基础建设完成投资约 1900 万元，完成消化库存非住宅商品房 2.13 万平方米，完成危房改造 39 户，全旗新建及续建工程 7 处。

【市政基础建设】 完成背街小巷居民巷道改造约 80000 平方米，铺设混凝土路面约 20000 平方米，道路罩面约 10000 平方米，更换路缘石 3450 米，修建雨水管网约 500 米，新建停车场四处约 6500 平方米，残垣断壁改造 12 处，更换停缓建工地围挡 5 处，绿化拆迁空地 4 处约 1800 平方米，完成投资约 1340 万元。完成 109 国道、阿斯尔大街、锡尼路等 16 条街道 32358.4 平方米标线施划工作，清除错误标线约 1400 平方米，完成投资约 260 万元。完成春秋两季养护及市政设施维修工作，完成投资约 300 万元。

【廉租住房建设】 实施民生小区 A 区廉租住房四期项目，工程竣工；实施民生小区 D 区廉租住房五期项目，投入使用；新建民生小区六期廉租住房项目，主体工程完工，配套基础设施建设项目完成施工图设计和财政预算评审。

【物业供热管理】 完成 2018—2019 年供暖和各项供热设施设备检修工作。完成 2015 年度既有居住建筑节能改造项目花园小区 1 号楼屋顶保温和防水工程，其余楼栋因资金问题暂未实施；完成 2018 年度既有居住建筑节能改造项目；实施 2019 年度既有居住建筑节能改造项目，包括 8 个小区 14 栋楼，改造面积 41112.114 平方米，投资约 750 万元，进行施工、监理招投标公示。开展锡尼小区门口至万豪 B 区路段管网改造，工程进入决算审计阶段。

【危房改造】 完成6户"四类户"（五保户、低保户、贫困残疾人家庭、其他贫困户）国家危房改造任务。将33户建档立卡贫困户列入2019年旗级危房改造指标中，并全部完工。组织相关部门对建档立卡贫困户中137户疑似危房户进行住房安全复核评定，并将评定结果做到"四级"留存。

【解决房地产历史遗留问题】 杭锦旗房地产历史遗留问题涉及55个项目，完成19个项目（施工许可、竣工验收及消防验收备案）9683套114.67万平方米，项目、套数、面积比率分别完成：34.55%、61.60%、62.71%；为5家房地产公司审核办理10个项目商品房预售许可证，涉及1834户；网签备案审核1421户；补缴公共维修资金345万元。

【工程质量及安全监管】 全旗新建及续建工程7处，均办理安全监督相关手续。创建金泰通工程为市级建筑施工安全标准化示范工地和自治区级建筑施工安全标准化示范工地。下达质量整改通知书41份，整改回复率100%，完成镇区321户危房鉴定工作。开展扬尘治理、防汛、深基坑、消防安全生产等安全专项检查7次，检查企业282家次，出动检查人员613人次，下发安全隐患整改通知书54份，停工整改通知书9份，发现安全隐患478条，整改回复率100%。开展高处坠落、消防应急演练2次。为5台塔吊、7台物料提升机、1台吊篮办理使用告知相关手续。

【工程项目消防审查验收】 联合旗消防大队完成塔然高勒内蒙杭锦发电厂、亨东天然气、安德力化工等7处工程项目消防验收工作，并出具消防验收意见书；向万豪普雅9号地块3号商业楼、蒙医综合医院出具消防设计审查意见书；同消防技术服务机构完成4处工程项目消防验收工作，并出具2份消防验收意见书；配合教育局对全旗25所学校进行消防初验。

【工程建设管理】 对建筑市场转包、违法分包、挂靠等违法行为开展检查5次，上报不良行为主体2个。督促企业缴纳农民工工资保障金950万元，实行实名制备案管理，同时缴纳工伤保险，实现农民工工资与工程款分账管理，建立完善治欠保支各项制度。全旗在建项目未发生拖欠工人工资情况。

【绿洲家苑工程质量问题处置】 绿洲家苑工程基础加固部分和新建二层商业楼全部完成，完成25户二至五层裂缝维修处理，完成基础沉降观测3次，完成小区内旧排污管道更换、铺装硬化、道路硬化、门房新建、锅炉房维修及配电室等工程，并交付使用。聘请物业公司进驻小区。

【行政审批】 深化"放管服"改革，用"数据跑"代替"群众跑"，推进审批提速和便民措施落实，办理行政审批事项488项。开展"一站式"审批服务改革，将梳理出的46项审批业务全部委托旗投资项目"一站式"服务中心审批管理，"一站式"服务中心受理审批住建局服务事项29项，办结25项。

【燃气管理】 对锡尼镇镇区4个燃气企业进行安全检查5次，下达安全隐患限期整改通知书16份，发现安全隐患49条，全部整改完毕；对全旗11家燃气点供点进行安全检查3次，下达安全隐患限期整改通知书33份，发现安全隐患68条，全部整改完毕；对镇区25家燃气器具经销店进行燃烧器具备案检查，所有销售灶具均备案。

【人防建设】 开发建设杭锦旗锦荣新城二期工程，完成图纸审核工作。追缴人防易地建设费1632.2万元，新缴人防易地建设费104.91万元。开展人防教育宣传活动，展出宣传展板12块，发送宣传册2000余本，受教人员达4000余人。

【城建污染防治】 完成户改厕7808户，完成公共卫生厕所（陶赖高勒村）2座。完成13台燃煤小锅炉拆除及并网工作。

【政府债务化解】 2019年，政府债务任务总额6621.65万元，完成化解7951.88万元，完成全年任务总额的120%。

【城市管理综合执法】对市政工程维修项目进行综合调度。签订硬化修复协议4份，签订硬化修复承诺15份，移交相关责任单位修复硬化和破损市政设施80余处。与商户新签订“门前三包”责任状。以钢材市场、三门市巷、社保巷及锡尼路为整治重点，清理乱堆乱放780余处，清理乱堆放物品13200余件。对镇区建筑垃圾进行全面排查，清理建筑垃圾10处12000余立方米。清理“三乱”小广告13800余处，同色覆盖2900余处。督促责任单位更换破损井盖80余处。审批门头牌匾183块，审批户外广告175个，拆除陈旧破损广告门头牌匾140余块，清理破损户外广告喷绘及横幅290余处。引导流动商贩入市经营630多起，立案处罚流动商贩5起，清理占道经营1530余次。查处车辆违规停放938起，自行和强制清理僵尸车94辆，引导规范停车行为1320余次，张贴违章停车单938张。拆除私搭乱建违章建（构）筑物21处180平方米，拆除过期临建8处2715平方米，发现临建12处，全部下达限期拆除通知书，拆除1处，其余逐步拆除。

【民生项目建设及管理】完成汽修物流园区建设前期相关手续，土地使用手续待自治区自然资源厅审批，项目土方回填48万余立方米，其余项目推进中；新建石材加工市场和皮毛交易市场，并投入使用，商户搬入市场集中经营；新建货车租赁市场，并完成整体搬迁；民丰市场北门压设排污管道，商户全部接入排污管道；拆除锦华市场后院旱厕，建成水厕；将流浪狗集中到流浪狗基地统一饲养。

【城市管理创新】推行“街（巷）长制”，实有街（巷）长22名，街（巷）长助理22名，动员各相关单位工作人员、志愿者210余人，基本实现锡尼镇镇区街（巷）全覆盖。建立“杭锦城市管理随手拍”微信群，微信群人数达到364人，受理各类投诉、举报460余起，全部办结。在重点路口设立“杭锦城市精细化公示牌”，明确公示片区相关人员责任。

（李 娉）

基 建

【概 况】杭锦旗政府投资项目代建中心为旗政府直属正科级事业单位，2019年3月成立。2019年6月，撤销旗住房和城乡建设局所属事业单位杭锦旗基本投资建设管理办公室，将其事业职能和人员编制划入旗代建中心。内设办公室、财务股、合同预算审查股、工程建设技术股、工程建设管理股、工程前期业务股。核定编制14个，在职人员25人（2019年6月旗基建办25人转隶到旗代建中心，10—12月3人调离，3人转隶到旗代建中心）。

2019年，全旗实施复工续建工程4项、新建工程10项、完工并交付使用工程4项，改建工程1项、累计完工工程35项。

2019年4月，代建中心承建杭锦旗综合文化活动中心影剧院项目被内蒙古自治区建筑业协会评为“2018年度内蒙古自治区建筑工程优质结构金奖”，同时被内蒙古自治区住房和城乡建设厅评为“2018年度内蒙古自治区建筑施工安全标准化示范工地”。

【复工续建工程】实施复工续建工程4项：实施吉日嘎朗图中心卫生院门诊楼及附属工程，建筑面积2600平方米，合同价573.64万元；实施杭锦旗蒙医综合医院工程，建筑面积12984.08平方米，合同价5933.5万元；实施杭锦旗综合文化活动中心工程（杭锦旗影剧院项目、杭锦旗科技馆项目、杭锦旗少年宫项目、杭锦旗图书馆项目、杭锦旗党校项目），总建筑面积28316.61平方米，总用地面积151500.87平方米，合同总价1.39亿元。

【新建工程】新建工程10项：实施杭锦旗锡尼镇

综合文化活动中心3条环路道路及管网工程，道路总长度为1377.3米，合同价为2091.9万元；实施杭锦旗综合文化活动中心建设项目室内外配套附属工程，室内29800平方米、室外146000平方米，合同价7569.65万元；实施杭锦旗第八幼儿园工程，建筑面积6829.39平方米，总投资3598.36万元；实施杭锦旗门球馆工程，建筑面积1546.15平方米，总投资约390万元；实施杭锦旗拘留所工程，建筑面积1526平方米，总投资约473万元；实施杭锦旗第五小学工程，建筑面积11927平方米，总投资约6423万元；实施杭锦旗阿门其日格卫生院项目，建筑面积800平方米，总投资约280万元；实施四十里梁卫生院项目，建筑面积1000平方米，总投资约350万元；实施胜利卫生院项目，建筑面积1300平方米，总投资约455万元；实施杭锦淖尔卫生院项目，建筑面积1300平方米，总投资约455万元。

【完工并交付使用工程】 完工并交付使用工程4项：实施巴拉贡镇教师周转宿舍工程，建筑面积2800平方米，合同价580万元；实施吉日嘎朗图镇教师周转宿舍工程，建筑面积1513.5平方米，总投资约510万元；实施杭锦旗纪委监察委廉政教育管理中心工程，建筑面积3286.2平方米，合同价885.27万元；实施杭锦旗人民医院外墙保温工程，保温面积11466.42平方米，合同价433.12万元。

【改建工程】 实施杭锦旗残疾人康复中心业务用房及附属工程，建筑面积4837平方米，合同价733.41万元。

（张　倩）

房屋征收安置

【概　况】 2019年6月，杭锦旗房屋征收安置局将其事业职能和人员编制划入杭锦旗房屋征收安置服务中心，调整为旗政府直属正科级事业单位。内设办公室、征收股、法制室、统计股、财务股，主要负责杭锦旗锡尼镇地区国有土地上房屋征收与补偿安置工作。在职职工28人，核定编制15个。

2019年，开展棚户区征拆、旧城区回迁安置及锡尼镇3平方公里旧城回迁范围内遗留房屋、危旧房征收拆除工作。

【棚户区改造】 协调南棚户区签订征收协议46户。推进北棚户区首期征收任务，涉及征收户1085户，签订征收协议101户，发放补偿款2批62户2125.22万元，签订征收协议980户，征收率90.32%。棚户区改造在货币化安置的基础上，为棚改居民增加公租房选购租用等渠道，争取政府装修完善公租房72套，入住安置40户，解决棚户区低收入、老弱群体的房屋征收与入住安置。

【在建回迁工程复工建设与回迁安置】 推进旧城改造“一企一策”。3家房地产企业（日月轩C区、鑫亿达和金泰通）复工，在建回迁工程全部建成，并具备交付条件。2019年，新交付回迁房54套，交付回迁房6836套，完成回迁率98.51%，剩余82户103套房屋（其中住宅17户20套、商业65户83套）未安置。协助征收双方当事人办理回迁户房屋不动产证，旧城改造项目的各企业全面启动网签办证工作。

【旧城遗留房屋征收和危旧房屋征收拆除】 以创建全国县级文明城市，推进品质杭锦建设为契机，协调与锡尼镇儿童公园周边7户、锡尼北路海昌地块5户、兴杭街8户、第一幼儿园消防通道建设用地5户等遗留征收户达成协议，完成各处零星征收任务25户。开展旧城回迁范围的危房拆除，同时对镇区房屋进行再梳理再排查。锡尼镇达到危房级别房屋279户，签订征收协议63户，征收率22.5%。

【房屋拆迁债务化解】 债务化解任务是修建外环路拆迁补偿款利息1748.14万元，完成债务化解10000元。

（麻志芳）

住房公积金管理

【概　况】杭锦旗住房公积金管理中心内设主任室、财务室、办公室、业务大厅。在职人员8人，核定编制8个。

杭锦旗管理部财务全部上划至鄂尔多斯市住房公积金管理中心，杭锦旗产生的公积金归集、贷款、提取相关数据统一由市住房公积金管理中心进行统计和管理。

（刘金海）

公共资源交易

【概　况】鄂尔多斯市公共资源交易中心内设综合部、业务部、信息部、专家管理部、政府采购部、建设工程部。在职人员19人，核定事业编制19个。

2019年，组织进场交易108次，交易总额33956.96万元，中标（成交）金额30256.53万元，节约资金3700.53万元。

【公共资源交易平台建设】利用公共资源交易平台实现网上业务受理、招标公告发布、虚拟子账户缴退投标保证金。建设工程除交通项目外，其他建设工程均实现网上报名、开标、评标、定标、异地评标；政府采购实现网上报名。利用标准化政府采购文件版本及档案管理版本，形成规范的政府采购文件资料和档案，并由专人登记造册和保管。

2019年，购入业务用房188平方米，设置开标二室和监督室，并购置计算机、摄像机、拼接屏幕、视频分配器、网络模块、办公桌椅等。

【公共资源交易】2019年，由于政府化解债务等原因，建设工程进场交易次数明显减少，全年组织进场交易108次，交易总额33956.96万元，中标（成交）金额30256.53万元，节约资金3700.53万元，其中，组织建设工程招投标28次，进场交易总投资额22040.5万元，中标总金额20030.08万元，节约资金2010.41万元；组织政府采购项目招投标75次，预算总额11864.15万元，中标总额10174.05万元，节约资金1690.10万元；产权交易5次，起拍价52.29万元，成交价52.39万元，增值0.1万元。

（李煜茹）

城市公共事业服务

【概　况】2019年6月，杭锦旗给排水事业管理局更名为杭锦旗城市公共事业服务中心，为旗住房和城乡建设局所属相当于正科级事业单位，同月，撤销杭锦旗园林环卫局，将其职能职责和人员编制整体划入杭锦旗城市公共事业服务中心。公共事业服务中心内设办公室、综合督查股、工程规划股、苗圃园研股、亮化管理股、公厕垃圾管理股、公园管护股、街道清扫清运管理股、给排水管护股。在职职工79人，核定事业编制54个。

2019年，实行道路机械化清扫+人工作业保洁的作业模式，对城区19道主次干道进行卫生清扫保洁，并将机扫范围扩大到部分巷道。开展垃圾收集不落地试点工作，收集清运生活垃圾2.45万吨，集中处理乱倒垃圾27处80余吨，流动回收餐厨垃圾。对城区53座旱厕和28座水厕进行清扫保洁，清掏粪便1.56万吨、污水3.5万吨。镇区污水处理总量194.77万吨，削减COD化学需氧量1424.61吨，削减氨氮92.07吨。

全年审批在建、续建工程附属绿化工程11个，绿化用地临时占用审批14个。园林养护浇水近15万吨，病虫害防治喷洒药物2次，对城区19条道路行道树、灌木进行修剪整形。春节前在9处公园广场节点摆放花灯，在16条街道悬挂灯笼。管护城区1620套路灯、高杆灯，维修路灯375次，更换各类零配件340个。

【城市公共服务重点工程建设】推进中水灌溉工程

建设，在环城绿化带、杭锦大街、阿斯尔大街实施园林绿化灌溉系统工程（建成后，将实行喷灌、滴灌节水型灌溉方式，可覆盖浇灌绿地面积225公顷，主管道全长28公里，同时连接污水处理厂，改变传统的绿地机械浇灌方式），工程完成21公里管道回填工作，完成总量的75%。完成育才公园建设，绿地面积1.5万平方米，种植乔木1000余株、灌木1.3万平方米。开展街道树木补植，补植乔木932株、灌木绿篱22.3万株。开展城区花卉种植，通过栽植、直播等方式种植花卉200万株，在城区各出入口摆放立体花坛29组，在杭锦大街、政府广场设置大型立体花坛2处。绿化原打零市场裸地2.3公顷，绿化民政局南裸地3.9公顷，打造大型花海景观。实施污水配套管网工程，铺设污水管网9.2公里。实施污水处理厂绿化工程，种植针叶树1085株、乔木574株、灌木382株、绿篱13000株、地被马兰115000株，播种波斯菊7500平方米。

【城市公共服务其他工作】 城市公共事业服务中心完成债务化解任务1645.45万元，给排水事业管理局债务化解任务192.32万元，全部超额完成任务。开展街道清扫扬尘污染防治，主次干道均实行机扫，对生活垃圾处理场防飞散网进行加固修补，对驻锡尼镇周边13家企业生活垃圾进行收集清运。在创建全国县级文明城市复审期间，张贴宣传标语6条，更换公园绿地宣传栏内容15处，打造健康小屋1处。

（李　娟）

生态环保

【概　况】 杭锦旗环境保护局于2019年3月上划为鄂尔多斯市生态环境局杭锦旗分局，系鄂尔多斯市生态环境局派出机构。内设办公室、水环境管理室、土壤生态环境管理室、大气环境管理室、行政审批室、固体废物与天然气开采环境管理室、自然生态保护室、规划监测室、政策法规室、党建办。环保局有在职人员44人，核定编制27个。

2019年，建成常规六参数空气自动站5家，实施水污染防治工程9项，确定土壤环境重点监管企业1家。对68个建设项目进行环境影响登记备案。选定环境教育基地1处，环境友好型学校1处。

【大气污染防治】 2019年，杭锦旗空气质量有效监测天数285天，优良天数225天，轻度污染天数55天，中度污染天数4天，无重度污染，严重污染天数1天。优良天气达到78.9%以上。

完成123套棚户区住房改造任务，拆除13台10蒸吨以下燃煤小锅炉，完成17家企业端视频监控系统安装联网，建成5家常规六参数空气自动站。

【水污染防治】 完成四个季度地表水、地下水水质监测任务；完成巴拉贡镇、呼和木独镇、吉日嘎朗图镇自来水提质增效工程保护区划定方案；完成陶赖沟河道生态修复治理工程建设；新建及改造9.15公里排污管网，完成管网建设6900米、顶涵204米；完成4家养殖场污染防治设施工程建设；完成20家加油站双层罐更换或防渗池建设任务。

【土壤污染防治】 确定1家土壤环境重点监管企业，组织开展土壤环境监测。污泥无害化处置率达到100%。

【项目环评管理】 受理环境影响报告审批项目77个，出具批复文件73个，环境影响评价执行率达到100%，对68个建设项目进行环境影响登记备案。

【环境问题整改】 完成中央环保督察反馈15个问题整改，完成自治区生态环保大检查反馈8个问题整改。

【生态环境宣传教育】 利用微博、微信公众号发布环保信息74篇，组织开展生态环保开放日活动2次。选定环境教育基地1处，环境友好型学校1处，准备申报资料，建成环境文化宣传橱窗1处。开展普法进企业宣传22次（随旗普法宣传队宣传15次），组织环保业务培训8次、环保基层讲座5次。

（段东平）

交通运输·邮政·信息化建设

交通运输

【概　况】杭锦旗交通运输局在职人员35人，核定编制15个。内设办公室、规划股、公路股、运输股、行政审批股、安全生产监察股。下设二级单位4个：杭锦旗地方海事处、杭锦旗交通运输综合执法局、杭锦旗农村牧区养护管理所、杭锦旗铁路民航办公室。

杭锦旗地方海事处核定事业编制11个，实有工作人员14人，其中管理人员1人、专业技术人员3人（中级2人、初级1人）、工勤岗位10人（高级技师2人、技师1人、高级工1人）。

杭锦旗交通运输综合执法局内设综合办公室、政策法规股、超限检测中队、执法中队。核定编制35个，在职人员72人，其中大专及以上学历66人、中专及以下学历6人。

杭锦旗农村牧区养护管理所有在职人员15人，核定编制10个。内设办公室、养护股、财务股。地方段在职人员33人，核定编制38个。

杭锦旗铁路民航办公室内设办公室、业务股。在职人员6人，核定事业编制6个。

2019年，实施交通基础设施建设项目8项、民航建设项目1项、铁路建设项目2项、养护工程建设项目3项。

全旗完成客运量243.04万人次，同期下降3.14%；完成客运周转量3315.15万人公里，同期上升1.78%；完成货运量192.43万吨，同期上升4.22%；完成货运周转量8468.85万吨公里，同期上升7.14%。

2019年4月，交通运输局被市交通运输局评为2018年度完成责任目标“实绩突出单位”和安全生产工作“先进单位”。8月，被杭锦旗委政府评为2019年杭锦旗那达慕大会暨职工运动会“突出贡献奖”；2019年被杭锦旗品质小区提升改造工作领导小组评为“品质小区创建最佳包联单位”。

【公路设施建设】实施S215线独贵塔拉至锡尼段公路工程，全线土建、房建、机电、交安工程基本完工，9月18日正式通车，后续综合服务区及超限检测站进场施工，完成投资约13.8亿元。实施S316线中和西至巴拉贡段公路工程，主体工程全部完成，9月召开项目交工验收会议，9月18日正式通车，房建部分养护道班及治超站在建设，累计完成投资7.98亿元。实施G242临河黄河大桥至公其日嘎段公路工程，全面完成建设任务并投入运营，9月18日正式通车。6月，杭锦旗巴音乌素至包日呼舒公路工程可行性研究报告通过审查并获批，同时施工图设计通过审查，7月完成施工投标文件评审工作，年内完成路面主体工程。7月，S24兴巴高速独贵塔拉天桥至光伏园区公路工程可行性研究报告获批，年内完成建设任务并投入运营。2月，杭锦旗X623线阿镇至锡尼镇公路旧路改造工程两阶段初步设计图获批，4月施工图获批，8月完成征地拆迁工作，年内完成招投标，施工单位进场进行路基及桥涵施工。S215锡尼镇至扎日格公路完成规划选址、环评、土地预审等手续，进行财政承受能力论证。锡磴线改造工程编制完成三级公路可研报告，开展二级改建工程前期调研。

【铁路、民航基础建设】 完成民航华北地区管理局对机场选址的批复工作，开展项目可行性研究立项等有关前期工作，立项所需的前期支持性资料除军方对机场场址核准文件未完成外，其他资料均齐备。浩北集运线于4月17日自治区发改委正式批复立项申请，8月27日在呼和浩特召开初步设计评审会，待评审公司专家组出具评审报告。独贵塔拉工业园区专业线与杭锦淖尔站台（装货线）升级改造项目业主向呼铁局上报独贵塔拉工业园南北2个项目区专用线可行性研究报告，杭锦淖尔站台（装货线）升级改造项目一并被纳入北项目区专用线实施，与和呼铁局协商接轨方案，被纳入自治区“公转铁3年行动计划”。

【道路运输市场服务及监管】 结合“创城”“创卫”工作，改善锡尼镇汽车站软硬件设施，完善车站服务功能，及时维护公交站牌、公交候车亭站牌宣传图。按季度对城市公交服务质量进行考核。开展打击“黑车”等非法从事出租汽车经营专项治理活动，排查到“黑车”涉乱线索9批次，疑似涉案车辆230余辆，查获非法营运黑车7辆。

【公路管养服务】 全面推行“路长制”，落实农村公路管养责任，按照“县道县管养”“乡道乡管养”“村道村管养”的分级负责制，2019年3月，将历年来实施农村公路、街巷硬化工程管养权移交各苏木（镇），并签订《公路管养移交协议》。投入879万元，完成S215线独贵塔拉镇至四十里梁段暴雨洪涝灾害应急恢复工程、吉日嘎朗图镇至羊场农村公路养护工程及S215线锡尼镇至胜利段安全生命防护工程建设。对公路、桥涵，尤其是危桥险路段进行重点隐患排查治理和应急抢通，更换完善公路安全设施，完成X621（锡磴线）、S215（穿沙公路）、S226（荣乌连接线）等公路路面灌缝、坑槽修补、水毁补垫工作。

【公路沿线环境整治】 对公路沿线环境脏乱差等现象进行集中整治，依法开展超限超载专项治理，伊和乌素、独贵塔拉超限检测中队实现驻站执法常态化，赛台超限检测中队启动24小时定点联合执法。全年查处违法超限超载车辆33辆，卸载分流货物1365.75吨，发现暴力闯卡线索1条，超限超载违法违规线索6批次，查处超限超载违法违规车辆36辆。组织开展公路巡查，出动1200余人次，路面巡查4万多公里，拆除公路建筑控制区内违法牌匾84块，现场清理路障48处，及时向公路养护部门反馈200余条公路病害信息。

【交通运输安全检查】 开展安全生产大检查19次，并对道路运输领域危货运输、公路建设领域在建施工工地、水上交通领域船舶安全管理等领域进行重点督查，下达整改指令9份，整改率达到100%。

【交通债务化解】 承担债务化解任务（清理拖欠民营企业中小企业账款）4802.2万元，完成5181.22万元。

（魏苏楞高娃）

邮　政

【概　况】 杭锦旗邮政分公司是直属国有企业，内设综合办公室、市场经营部、集邮传媒文化部、渠道部、寄递事业部、投递部、代理金融部和工会。下设金融储蓄网点5个：阿斯尔支局、光明路支局、百灵路支局、锡尼东路支局、巴拉贡支局。合同用工49人、劳务用工7人、劳转承用工3人。

2019年，全旗5个金融网点综合资产34663万元，其中储蓄余额21295万元、保险1352万元、理财12016万元。全年收入完成697万元。

公司投递线路单程总长度900公里，投递点10个，乡镇通邮率100%。全年邮政业务收入660万元。

【通邮建设建制村】 制作规格牌匾、信箱，并通过中邮揽投系统进行每日打卡，经纬度准确到0.1°，做到全旗偏远嘎查（村）通邮。

【邮政经营】 全年投递国内函件5.13万件，国内汇票业务完成6.77万笔，国内异地特快专递信函件8.28万件，征订报纸17.56万份、杂志11.78万册，业务收入660万元。

（张　倩）

移动通信

【概　况】 杭锦旗移动通信公司内设综合部、网络建设部、市场部、集团客户中心、锡尼南路营业厅。在职职工55人，其中党员8名。

2019年，全旗移动通信服务用户达到11.76万户，市场占有率75.24%，担负着全旗75%以上群众移动通信服务任务。

【移动通信网络建设】 建成覆盖范围广，通信质量高，服务水平一流的移动通信网络，累计移动通信基站总数突破221处，2019年新建4G基站53处，微蜂窝基站8处。推进电子政务网建设和维护农村牧区移动信息化建设。

【移动通信网络服务】 全旗营业服务网点28个，其中特许专营店27个、自营厅1个，泛渠道83家，为广大客户办理各项业务。

（曹晓雁）

联　通

【概　况】 杭锦旗联通公司内设8个网格：4个乡镇网格、综合支撑中心、网络运行维护网格、综合营销网格、集团客户部。在职职工46人，其中合同制员工44人、劳务派遣员工2人。

2019年，公司收入预算目标2223万元，全年完成收入2014万元，完成预算收入的90.62%，同比减少1.82%。

【联通通信网络建设】 2019年新建农村基站5个，扩大移动信号覆盖面，成为第一家覆盖S215道路的运营商。

（张　茹）

电　信

【概　况】 杭锦旗电信公司内设5个支局1个部门，分别是政企支局、商圈支局、社区支局、独贵塔拉支局、巴拉贡支局、销售部。在职职工27人，其中后端综合支撑人员3人、网运综合化管理1人、划入支局人员21人。

2019年，完成业务收入1283万元，完成预算收入97%，同比增长0.1%。网络建设投资700万元。

【通信网络建设】 全年新建4G LTE 800兆站13个，新建光缆200皮长公里，新建及改造升级小区5个，网络建设投资共计700万元。

（曹铁祥）

广播电视网络

【概　况】 内蒙古广播电视网络集团有限公司杭锦分公司系内蒙古广播电视网络集团有限公司下属二级分公司，内设综合财务部、客服部、工程部、运维部。在职职工12人。

广播电视网络覆盖全旗6个苏木（镇）、76个行政村，敷设主干光缆资源700多公里、支干光缆资源1200多公里，覆盖用户规模达4万余户。

2019年，全旗有数字电视用户16305户，农网无线缴费用户13350户。有线电视主终端安装360户，互动业务安装620余户。

【广播电视通信网络建设】 全年农网光纤覆盖巴拉贡镇镇区2230余户、独贵塔拉镇镇区4500余户、塔然高勒管委会500余户。开展巴拉贡镇镇区、独贵塔拉镇镇区光纤入户转换工作。

【广播电视网络服务及管理】 全面推行网格化管理，开展上门服务和延时服务，用户故障报修第一时间发到运维工作群，一般故障半小时内予以解决。完善机房安全防护措施，对机房设备、用电线路进行安全排查，并对109国道干线光缆进行巡查保护。

（杨　宇）

金融·保险

人民银行

【概　况】中国人民银行杭锦旗支行内设综合业务部、金融管理部、综合办公室、纪检监察审计室。在册职工14人，其中行级领导4人，环节干部4人。

2019年末，全旗金融机构各项存款余额699387万元，比年初增加26057万元，同比增加3.72%；各项贷款余额639070万元，比年初减少15772万元，同比减少2.4%。

【支付结算、国库会计核算】2019年末，杭锦旗地区开立账户451户，惠及企业413家。发生收入业务234657笔，完成各级财政收入659480万元；发生支出业务70136笔，完成预算支出661360万元。

【征信工作】2019年末，中国人民银行杭锦旗支行查询企业信用报告318笔；查询个人信用报告7044笔，其中自助查询机查询6746笔，前置机查询298笔，发生第三次及以上个人信用报告查询505次，收费5050元，个人信用报告查询费全部按月上缴中国人民银行征信中心，按季度上报个人查询本人信用报告收费情况统计表。年内对信用联社进行现场检查指导1次。

【监督管理】2019年，辖内9家金融机构未发生重大事项。全年收缴假币270张，金额22950元。2019年年末，杭锦旗扶贫再贷款余额11050万元。

【国库工作】发生预算收入退付1992笔，金额5969万元；发生更正（调库）286笔，金额2193万元。截至2019年12月31日，杭锦旗支库柜面监督发现不合规预算收入5笔，金额230万元；发现不合规预算收入退付业务6笔，金额49万元；发现不合规更正业务2笔，金额145万元。杭锦旗支库事后监督发现差错收入96笔，金额73万元；纠正收入96笔，金额73万元。

（李超岭）

农业银行

【概　况】中国农业银行杭锦旗支行配备1名行长、1名纪委书记、2名副行长，内设综合管理部、客户部、风险管理部，下辖3个营业机构：支行营业部、锡尼支行、育才支行。全行在职员工48人，其中：女职工22人；大专以上文化程度38名，占总人数的79%；中级职称人员13名，占总人数的27%。2019年，各项存款余额121142万元，各项贷款97396万元，实现拨备后利润7067万元，较同期增加5433万元。

【存款业务】2019年，各项存款时点余额121142万元，较年初增加3659万元，在当地四大行中，存量市场份额排名第一位，增量市场排名第三位。其中：储蓄存款时点余额94771万元，较年初增长982万元；对公存款时点余额26371万元，较年初增加 2677 万元。

【贷款业务】 支行各项贷款 97396 万元，较年初增加 17342 万元。在当地四大行中，存量市场份额排名第二位，增量市场排名第一位。其中公司类贷款 56754 万元，较年初下降 1927 万元，个人类贷款 40642 万元，较年初增长 19270 万元。

对农牧业产业（特别是能够带动贫困户脱贫、利益联结机制完善的新型经营主体）的支持，截至年末，农户贷款余额 33925 万元，较年初增长 19017 万元。

【利润、中收情况】 实现拨备后利润 7067 万元，较同期增加 5433 万元。到年末实现中收 290 万元，较上年增加 92 万元。

（李淑婷）

农业发展银行

【概　况】 中国农业发展银行杭锦旗支行设领导职数一正两副，内设办公室、信贷业务部、会计结算部。在职职工 18 名，其中，女职工 11 名，蒙古族职工 3 名。大专以上文化程度 18 名，占总人数的 100%；中级职业资格人员 5 名，占总人数的 27.8%；职工平均年龄 40 岁。

2019 年，农业发展银行各项财务收入 1980.63 万元，12 月末，农业发展银行各项存款余额 18823 万元，各项贷款余额 34280 万元。

【经营指标】 2019 年，农业发展银行各项财务收入 1980.63 万元，同比减少 674.82 万元，其中：贷款利息收入 1968.33 万元，同比减少 681.21 万元；金融机构往来收入 0.09 万元，同比减少 0.02 万元；中间业务收入 3.25 万元，同比增加 0.72 万元。各项支出 2287.19 万元，同比增加 444.28 万元，其中：存款利息支出 63.25 万元，同比增加 7.46 万元；系统内往来利息支出 1301.74 万元，同比增加 38.36 万元；贷款减值损失 383.77 万元，同比增加 386.88 万元；业务管理费支出 531.20 万元，同比增加 46.11 万元；营业外支出 3.46 万元，同比减少 5.17 万元。收支相抵亏损 306.56 万元，同比增加亏损 1119.10 万元。

【存款业务及中间业务】 12 月末，农业发展银行各项存款余额 18823 万元，比年初增加 9657 万元。增加原因为以贷引存资金及营销贷款企业和非贷企业自有资金增加。其中：企业存款 11895 万元，财政存款 308 万元，单位定期存款 6620 万元。各项存款日均余额 9351 万元，比年初减少 6472 万元。其中：企业存款日均 4913 万元，财政存款日均 4438 万元，完成市分行下达任务的 116.89%。中间业务收入余额 3.25 万元，其中：人民币结算手续费收入 3.06 万元，投资银行类业务收入 0.19 万元。

【贷款业务】 12 月末，农业发展银行各项贷款余额 34280 万元，比年初减少 6467 万元。2019 年度收回中长期贷款 5550 万元，收回上年度发放的市场化收购贷款 917 万元。贷款结构情况如下：地方储备贷款 4447 万元，占贷款总额的 12.97%；市场化玉米收购贷款 1000 万元，占贷款总额的 2.92%；挂账及不合理占用贷款 2627 万元，占贷款总额的 7.66%；附营业务停息挂账 216 万元，占比 0.63%；棚户区改造中长期贷款 1090 万元，占比 3.18%；扶贫“过桥”贷款 24900 万元，占比 72.64%。

按上级分行最新报送口径计算，2019 年 12 月末，农业发展银行各项贷款余额 34280 万元，其中：正常类贷款 6537 万元，占比 19.07%；关注类贷款 27743 万元，占比 80.93%。

【累放累收贷款】 农业发展银行收回贷款 15550 万元，其中：收回棚户区改造中长期贷款 450 万元，收回扶贫过桥中长期贷款 5100 万元，收回市场化玉米收购贷款 10000 万元。发放贷款 9083 万元，其中：发放市场化玉米收购贷款 9000 万元，发放市级储备粮贷款 83 万元。

【未发放贷款】 2017 年 11 月 20 日，经自治区分行批复农业发展银行棚户区改造中长期贷款15400万元，用于杭锦旗锡尼镇2017年棚户区“城中村”改造项目，期限18年（含宽限期1年）。审批书要求企业项目资本金与农业发展银行贷款同比例且先于农业发展银行贷款到位，与贷款配比使用，项目总投资19277万元，项目资本金3877万元。2019年，审批未发放贷款13860万元。

【收购贷款】 2019年12月11日，经鄂尔多斯市分行批复“同意鄂尔多斯市兆丰粮油有限公司用信3000万元”，用于解决企业市场化玉米收购资金需求，贷款期限11个月，12月末发放金额1000万元，尚有审批未发放贷款2000万元。

（乔瑞芬）

工商银行

【概　况】 中国工商银行杭锦支行在职职工25人，内设业务部和综合管理部，营业网点1个。2019年，支行各项存款余额10.5亿元，各项贷款余额7.31亿元。全年实现拨备前利润1277万元。

【负债业务】 2019年年末，支行各项存款余额10.5亿元，较年初增加0.61亿元，其中：储蓄存款余额7.27亿元，较年初增加0.04亿元；公司存款余额1.16亿元，较年初减少0.51亿元；机构存款余额1.64亿元，较年初增加1.04亿元；同业存款余额0.43亿元，较年初增加0.04亿元。

【资产业务】 2019年末，各项贷款余额7.31亿元，较年初减少1.15亿元，其中：公司类贷款余额6.31亿元，较年初减少0.7亿元；个人贷款余额1亿元，较年初减少0.45亿元。

【个人金融业务】 个人客户63288户，较年初增加21626户，5万元以上客户3076户，较年初减少108户。个人理财类产品销售13319万元；销售个人基金364万元；销售个人保险64万元；销售个人国债2.93万元；借记卡存量发卡量69749张，较上年新增发卡30216张；信用卡发卡量9362张，比上年初增加4895张。

【客户拓展方面】 个人有效客户46385户，个人中高端客户10766户；代发工资84927户；企业网银证书客户419户，比年初增加96户；个人网银证书客户10834户，比年初增加268户；手机银行客户14004户，比年初增加1140户；私人银行客户资产1949万元，比年初增加1949万元；对公客户667户，较年初增加63户,5万元以上客户142户。

【资产质量】 全行个人不良贷款余额1555万元，较年初下降765万元，不良贷款中法人客户2432万元。2019年末，累计清收转化不良贷款3197万元。

【利润指标】 2019年末，利息收入3580万元，中间业务收入201万元，利息和费用支出1860万元，实现拨备前利润1277万元。

（王美蓉）

农村信用联社

【概　况】 杭锦旗农村信用合作联社全辖营业机构18个，其中营业部1个、信用社14个，信用分社3个；联社机关内设业务发展科技和安全保卫部、计划财务部、综合管理部、审计部、风险合规部、信贷资产管理部等6个职能部室。在职职工166名。

2019年，信用联社资产总额268227万元，负债总额245596万元，各项存款余额236276万元。

【业务经营】 2019年，信用联社资产总额268227万元，较上年增加21911万元；负债总额245596万元，较上年增加17572万元；所有者权益22631万元，较上年增加4339万元；各项存款余额236276万元，较上年增加15139万元，增幅6.85%，日均存款余额230244万元，较上年增加10911万元，增幅4.97%。各项贷款余额147187万元，较上年增加2078万元，增幅1.43%。

【信息化建设】 2019年，开通手机银行1884户、网上银行211户、短信通业务8523户、新发展

POS 收单业务 117 户、聚合支付商户 874 户、银联云闪付用户 1276 户，与社保局、医保局合作，保障农村养老保险全额发放的同时，做好全旗未持社保卡人员的信息采集、制发卡工作，累计制发社保卡 7 万多张。

（李　鑫）

大众村镇银行

【概　况】杭锦大众村镇银行在职员工 81 人。设有总行营业部、林荫南路支行、独贵塔拉支行、吉日嘎朗图支行、巴拉贡支行、锡尼支行 6 个营业场所。在塔然高勒矿区、独贵塔拉工业园区、民生小区、呼和木独镇设有离行式自助银行；内设财务部、授权中心、综合管理部、稽核内审部、风险合规部、安全保卫后勤保障部、市场营销部。

2019 年，资产总额 191663.67 万元，负债总额 171707.38 万元。2019 年，发放扶贫贷款 11.9 亿元，

【经营指标】2019 年，资产总额 191663.67 万元，负债总额 171707.38 万元，其中各项存款 132895.27 万元；所有者权益 19956.29 万元，其中股本金 15061 万元，实现利润 1164.11 万元；各项贷款 86636.23 万元，其中微小企业贷款余额 35291.53 万元，涉农贷款余额 80556.52 万元，占 92.98%。

【代发工资】全年拓展内蒙古能源发电杭锦发电有限公司、鄂尔多斯兆丰粮油有限公司、杭锦旗中学等 30 家企事业单位开办代发工资业务，新增存款客户 2037 户，月工资额 814 万元。

【普惠金融】2019 年，发放扶贫贷款 11.9 亿元，受益农牧户 10000 户（其中贫困户 3247 户）；推动“两权”（农村承包土地经营权、农民住房财产权）抵押落地。为民营企业、村集体经济、新型农牧业经营主体提供贷款。2019 年，为绿美农牧业公司等 3 家民营企业办理两权抵押贷款 1500 万元。

【社会资助】2019 年，向杭锦旗辖区内 50 多名贫困学生和品学兼优的学生送去价值 12000 元的学习用品和体育用品；与社区结对资助一名贫困大学生，捐助 3000 元学费；为希日摩仁嘎查提供 50 万元无息贷款，解决集体经济发展启动资金不足的问题，赞助 2 万元支持其举办乡村旅游文化节——马兰花节；“七·一”中国共产党建党日组织党员到杭锦旗祥和福星敬老院慰问孤寡老人，为他们送去米、面、油、牛奶等生活用品。

【风险合规】全年开展专项稽核 1 次，全面稽核 4 次，柜面现金突击检查 5 次，经济责任审计 10 人次，离职审计 5 人次，强制休假 4 人次并出具审计报告，整改落实乌海银行、银监部门、人民银行检查发现的问题和意见 65 条，通报批评 11 人次，经济处罚 126 人次。2019 年，修改完善规章制度 22 部，包括员工管理、财务会计、稽核审计、风险合规、信贷业务等。

（赵霄彦）

中国银行

【概　况】中国银行股份有限公司杭锦旗支行在职员工 11 人，其中行长 1 人，派驻业务经理 1 人，营销副行长 1 人，封闭式柜员 2 人，开放式柜员 2 人，大堂经理 2 人，综合客户经理 1 人，信贷柜员 1 人。租赁办公区总面积 821 平方米。2019 年，一般存款余额 25943 万元，支持贷款 3000 万元左右。

【存款业务】2019 年，一般存款余额 25943 万元，其中公司存款 4312 万元，较年初新增 1750 万元；个人存款 21631 万元，较年初新增 2847 万元。

【支持民营及小微企业发展】中国银行杭锦旗支行跟进民营企业的资金需求，对接了解客户流动资金贷款需求，支持贷款 3000 万元左右，对接贷款所需资料并上报。2019 年 6 月，一户小微企业通过中国银行杭锦旗支行推介在市分行审批贷款 80 万元。中国银行杭锦旗支行推出普惠金融业

务，针对中小微企业利率低至4.86%，走访杭锦旗各家中小微企业了解实际需求。

（刘　星）

中国建设银行

【概　况】中国建设银行股份有限公司杭锦旗支行内设综合管理部、客户部、营业部，在职员工20人。2019年，支行全口径存款余额57700万元，各项贷款余额189700万元，利润总额3877.61万元。

【存款业务】2019年12月31日，中国建设银行杭锦旗支行全口径存款余额57700万元，其中对公一般性存款余额16300万元，个人一般性存款余额41400万元。各项贷款余额189700万元，账面中间业务净收入84.98万元，利润总额3877.61万元。

【裕农通、普惠业务】办理裕农通109户，基本实现地区行政村裕农通业务的全覆盖。普惠贷款方面，截至2019年12月31日，累计完成小微快贷授信额度1103.49万元，发放小微快贷41户，发放额达566.31万元。

（高启明）

鄂尔多斯银行

【概　况】鄂尔多斯银行杭锦旗支行内设营业部、综合业务部办公室。支行有在职职工22人（其中正式员工18人，劳务派遣4人），行政领导1名，环节干部3人。2019年，支行各项存款日均余额71001.81万元，贷款余额59039.9万元。

【各项存款】2019年，支行各项存款日均余额71001.81万元，较年初增加35701.81万元，完成比221.9%，其中对公存款日均余额23398.58万元，较年初增加21664.58万元，完成任务比361.08%。储蓄存款日均余额47603.23万元，较年初增加14037.23万元，完成任务比128.78%；各项存款时点余额83806万元，较年初增加48506万元，完成比287.02%，其中对公存款时点余额34637万元，较年初增加32903万元，完成任务率548.38%；储蓄存款时点余额49169万元，较年初增加15603万元，完成任务率143.15%。

【银行卡办理】截至2019年12月31日，年内发放借记卡3026张，累计发卡量达到22435张。公务卡累计发卡570余张，覆盖42个行政事业单位。

【ATM业务】ATM自动柜员机运行情况良好，根据监管部门及旗治安大队的检查整改要求，2019年12月26日完成二级支行ATM防尾随门更换。

【中间业务收入】2019年，鄂尔多斯银行杭锦旗支行各项中间业务收入64.72万元。2019年度，销售理财产品29978万元，销售贵金属105471元。

【信贷业务】2019年，全行贷款15笔，贷款余额59039.9万元，其中个人贷款697万元，对公贷款58342.9万元。截至12月31日，累计利息收入459.52万元，贷款收息率100%，无不良贷款。

（郭　慧）

邮政储蓄银行

【概　况】中国邮政储蓄银行杭锦旗支行内设个人业务部、公司业务部、信贷业务部，在职员工12人，其中支行长1名。邮储储蓄银行杭锦旗支行设有1个VIP客户室，1个公司业务台席，2个个人业务台席，自助取款机、存款机和ITM机各1台。全年储蓄存款余额21766万元，单位存款余额1618万元，放款1.29亿元。2019年，杭锦旗支行被市分行评为“2019年度优秀集体”“零售信贷明星支行”“精准扶贫先进集体”“公司业务综合拓展优秀团队”等荣誉。

【业务经营情况】2019年，放款1.29亿元，同

2018年相比，贷款同比增幅52.6%。贷款结余达1.08亿元，其中：小额贷款放款1.22亿元，商务贷款放款635.8万元，消费贷款放款110.6万元。在带动精准扶贫贷款方面，全年实现放款净增528.14万元，结余1117.25万元。全年贷款不良金额192万元，不良率1.7%，不良率在风险可控范围内。储蓄存款余额21766万元，单位存款余额1618万元。

（苏 强）

财产保险

【概 况】 中国人民财产保险股份有限公司杭锦旗支公司内勤人员23人，营销人员120人，下设8个部室及5个苏木（镇）三农保险服务部。

2019年，公司完成总保费3802.57万元，其中政策性农业保险19.64万元，市场份额51.9%；货运险保费6.93万元，同比增长71.96%；健康险保费556.16万元，同比下降4.8%；企财险保费575.38万元，同比增长0.16%；责任险保费619.11万元，同比增长119.38%；意外伤害险保费124.52万元，同比下降28.49%；交强险保费791.54万元，同比增长5.43%；商业险保费991.81万元，同比增长11.17%；保证险1.41万元；工程险20.67万元；家财险94.55万元；商业养殖险0.85万元。支付各类赔款1740.87万元。

（陈 博）

人寿保险

【概 况】 中国人寿保险股份有限公司杭锦旗支公司内设综合部、营销发展部、客服部、团险银保部。公司内勤11人，外勤197人。2019年，收保费1187.96元，理赔款350万元。2019年，连续三个季度获得总公司争先进位奖，在全年考核指标中获得全区系统“明星旗县支公司”称号。

【业务情况】 2019年，收保费1187.96万元。个险渠道保费816.96万元，其中规模保费218.81万元，标保保费598.15万元；团险保费280.58万元，其中意外险保费110.96万元，健康险保费90.47万元，定期险保费79.15万元；银保渠道保费90.42万元，其中三至五年期保费78.5万元，十年期保费11.92万元。2019年，理赔款350万元。

（石玉芬）

教育·体育

教育体育

【概　况】 杭锦旗教育局于2019年1月与杭锦旗体育事业服中心合并成立为杭锦旗教育体育局。有在职人员23人，核定事业编制10个、行政编制9个、工勤编制2个。内设股室8个：办公室、人事股、计划财务监督审计股、基础教育和德育股、学校体育卫生与艺术教育股、学校安全管理和法治股、汉语言文字工作委员会、民族教育股。下设二级单位29个：杭锦旗教育发展基金管理中心（挂教育资助中心牌子）、杭锦旗教育信息技术培训中心、杭锦旗教育教学研究中心、杭锦旗督导室、杭锦旗招生办公室、杭锦旗青少年活动中心、杭锦旗体育事业服务中心、全旗公办各级各类学校22所。

全旗有学校29所，其中公办学校22所（完全中学2所、九年一贯制学校2所、初级中学1所、完全小学5所、公办幼儿园12所），新建村级幼儿园4所，锡尼镇注册民办幼儿园2所，独贵塔拉镇注册民办幼儿园1所。全旗有教职工2107人，其中幼儿园教师560人、小学教师732人、初中教师483人、高中教师206人、机关和二级单位教师126人。中小学幼儿园教师1981人，其中专任教师1588人，占教师总数的80.16%；非专任教师393人，占教师总数的19.84%（包括学校行政管理、教辅、后勤服务人员）。

2019年，3所幼儿园被评为市级示范幼儿园，2所幼儿园被评为一级甲类幼儿园，同时筹建杭锦旗第八幼儿园。中考方面：蒙古族中学5名同学分别以556分、529分、527分、511分、500分、500分的总分成绩考入内蒙古师范大学附属中学。2019年，全市总分500分以上有18名学生，其中杭锦旗蒙古族中学占33.33%，居全市第一。56名同学考入鄂尔多斯市蒙古族中学占考生97名的58%。高考方面：本科上线192人［普文、普理类121人（一本9人），艺体类71人］，本科率由2018年的57%提高到2019年的59%。

杭锦旗教育体育局荣获杭锦旗2018年度“五位一体”综合考评优秀单位、鄂尔多斯市2018年教育工作良好奖、全市教体系统首届职工健身运动会优秀组织奖和红色联谊会优秀组织奖、鄂尔多斯市首届农牧民健身运动会突出贡献奖和团体总分第一名、2019年杭锦旗那达慕大会暨职工运动会突出贡献奖、杭锦旗“我爱你中国”——庆祝中华人民共和国成立70周年大型合唱比赛第一名。

【教育体育基础设施建设】 全旗累计投入教育基础建设项目经费8100万元。龙子心小学足球训练馆和吉日嘎朗图镇小学风雨操场全部完工；新建巴拉贡镇教师周转宿舍和吉日嘎朗图镇教师周转宿舍，工程完工并投入使用；推进18所学校消防维修改造工程，消防设备基本完善。

【师资队伍建设】 2019年9月，完成全旗22所学校、幼儿园校（园）长聘任工作。实行教研员带动团队教研制度，公开选拔一批教研员。联合首都师范大学成立校长和园长研修班，举办校（园）长环节干部能力提升培训3次，参训达到250人次；选派校（园）长环节干部50人参加国培、区培、市级各类培训；组织1200人参加全旗各学科教师培训；选派中小学幼儿教师366人外出培训，包括国培、区培、市级培训等；邀请东康地区6位名师对新招聘的66名教师进行岗前培训，并全部分配到基层教学一线。组织第二轮教师交流轮岗22名。

【教学改革】 实行局领导和责任督学包校制度，定期深入各学校指导教育教学工作。开展集体备课教研和区域研修活动。推进生本课堂教学改革，开展巴拉贡中学生本教学课堂阶段总结。召开全旗中高考备考专题工作会2次，并深入各中学进行中高考调研。全面推动心理健康教育工作，组织全旗各中小学120名教师赴康巴什、东胜等地开展观摩班主任工作坊研修活动和召开班级文化现场会，同康巴什教体局达成“手拉手德育共建”战略协议。邀请市教体局德育讲师团到杭锦旗开展多元育人整合课理论与实践专题培训。

【体育艺术教育】 组织2019年初中升学体育考试。组织开展“旗长杯”校园足球联赛和“娜荷芽杯”幼儿组比赛，选拔优秀队员参加“市长杯”校园足球联赛。在巴拉贡学校举办杭锦旗第十一届中小学生田径运动会。完成杭锦旗那达慕大会各项工作，举办全市第十届中小学生艺术节。

【民族教育】 将民族教育摆在全旗教育工作优先重点发展位置。从11月开始，旗财政每月拨款9.8万元用于提高全旗各民族学校、幼儿园794名教师工资待遇。选派200余人参加全市、全区蒙语授课中小学学科骨干教师培训。组织全旗各学校开展民族团结进步活动。承办全市第六届民族幼儿园“手拉手心连心 促团结促提升”区域性联合教研和幼儿园特色建设与管理经验交流活动、全市第九届“天骄杯”民族小学民族传统体育艺术比赛暨校长研讨会。完成巴拉贡学校蒙语授课班送教下乡、全旗蒙授中小学课堂教学改革衔接、中考备考调研等各类教研教学活动。

【教育扶贫】 全面落实国家、自治区、市、旗建档立卡贫困户教育救助政策，上级专项资助：2019年下达各类学生资助资金1653.75万元。本级配套资助：落实资金80.56万元，全部发放到位，惠及建档立卡家庭贫困学生522人次（幼儿园60人、小学189人、初中87人、高中74人、大学112人）。对在校学生就读实行动态监测，持续做好2014—2018年精准扶贫贫困户义务教育阶段在读学生就读排查摸底工作，除因病因残未就读学生实行送教上门外，其余义务教育年龄段学生都在校就读，无因贫导致辍学情况。3月召开教体系统推普脱贫工作推进会，组织开展推普“重点人群”普通话培训测试，参训人数350人，对建档立卡贫困户实行普通话上门培训，发放《普通话1000句》260本、宣传资料300份。市理工学校、旗扶贫办和就业中心共同举办扶贫培训3期；邀请市理工学院4位专家对伊和乌素苏木、巴拉贡镇等地农牧民开展种植养殖专业技术培训，对200多名贫困农牧民开展电焊、烹饪等专业技术培训。

【教育督导】 完成教育工作常规督导4次，对开学条件保障、安全管理、依法依规办学、课程开设、义教均衡等教育教学情况进行督查，对存在安全隐患、不符合规定的办学行为予以纠正。开展2018年市对旗督导成绩分析工作，召开市对旗督导工作总结会，并进行整改落实。构建“一校一评价”现代学校制度体系，开展“鄂尔多斯市教育督导评估系统”应用培训。

【规范办学行为】 执行“划片招生、阳光分班”政策，推进全旗中小学“减负提质”工作。全面规范校外教育培训机构，实行校外培训机构黑白名单动态化管理，联合相关部门在全旗范围内开展校外培训机构全面摸底排查 4 次，对不符合条件的校外培训机构下达整改建议通知书，对符合办学条件的校外培训机构发放办学许可证书。

【学校安全管理】 开展学校安全、“扫黑除恶”、校园欺凌等专项整治工作。联合旗市场监管、城市管理综合执法等部门定期、不定期对校园周边环境进行整治。召开学校安全工作推进会，每月深入学校开展安全检查，并进行综合考评考核。举办学校保安、消防培训班。

（段小军）

体育服务中心

【概　况】 杭锦旗体育事业服务中心内设办公室、群众体育股、体育产业股、竞技体育股。在职职工 12 人，核定编制 10 个。2019 年，旗内健身器材配备、保养、维修总投资 100 余万元。有各级社会指导员 502 人，开展各类规模以上比赛和活动 8 次。

【体育基础设施建设】 结合创城和打造品质小区工作，对旗内健身器材进行保养维护，更换器材 17 处，维修器材 32 处，保养器材 41 处，新配备器材 110 余件，总价值 100 余万元。完成胜利路北、光明街 2 个笼式足球场变更选址。完成杭锦旗党校体育设施采购任务。对全旗体育场地开展普查，全旗有体育场地 552 处（其中健身场地 273 处、足球场地 18 处、室内体育场地 114 处、室外体育场地 147 处），体育场地总面积 32.32 万平方米，人均体育场地面积 2.82 平方米。

【体育比赛】 承办 2019 年全市农牧民健身运动会、全旗那达慕大会暨职工运动会。举办鄂尔多斯市电力系统羽毛球和乒乓球比赛；举办全旗篮球比赛、乒乓球比赛、羽毛球比赛、徒步大赛、健走激励大赛、健走大赛、健身操舞大赛、工间操大赛、“男儿三艺”比赛、全民健身日启动仪式暨健步行比赛；举办全旗中老年气排球比赛，选派队伍参加 2019 年全市中老年气排球比赛；举办中老年门球比赛，选送运动员参加自治区门球比赛。与旗马业协会共同举办杭锦旗“第七届剪鬃节”。

【体育技能人才培训】 指导全旗 9 个单项体育协会开展体育健身比赛和培训交流活动。选送 6 人参加鄂尔多斯市一级社会体育指导员培训，选送 17 人参加鄂尔多斯市二级社会体育指导员培训，组织 30 人参加三级社会体育指导员培训。全旗有各级社会体育指导员 502 人。

【体育产业发展】 2019 年 4 月，全民健身中心免费开放，全年开展各类规模以上比赛及活动 8 次，接待各类健身人群 6 万人次。新批设体彩店 2 家，全旗体彩店 20 家，完成体育彩票销售 1600 万元左右。以库布齐沙漠为主阵地，开展“恒盛兴杯”越野群英会、爱在弓弦爱在库布齐越野挑战赛、五月端午犀甲改装 UTV 邀请赛、第二届库布其七星湖热气球节等比赛。

教育教学研究中心

【概　况】 杭锦旗教育教学研究中心内设办公室、民教室、幼教室、艺教室、小教室、中教室、科研室。在职教职工 29 人，其中专职教研员 28 人（区级学科带头人 1 人、区级教学能手 1 人、市级教学能手 15 人、市级学科带头人 2 人、区级优秀教研员 1 人、区级课题成果 3 人、市级优秀教师 3 人、旗级教学能手 2 人）。2019 年，举办全旗首届幼儿园集体教师教学与课题研究成果展评活动，开展“十三五”旗级课题阶段总结与评价。组织 2 次中考模拟考试。

【常规教研工作】 2019 年，开展 4 次全旗性的主题教研活动。制定出台名师工作坊及成员的工作机制，落实相关任务。与基层开展网络教研活动常态化，3 月 21 日，参加鄂尔多斯市 2018—2019 学年度第二学期名师大讲堂——第一站小学段数学理论讲座同频互动学习。推进生本教育课改活动，3 月 4 日，杭锦旗教研室语文、数学、英语、音乐、美术教研员深入实验小学、龙子心小学、第四小学的课堂，开展课改推进指导，每校进行为期 2 周蹲校教学指导。以自主申报的方式组织开展全旗“课改公开日”活动。5 月 14—17 日，分别由各小学学科教研员组织带领杭锦旗各小学的部分语文、数学、英语、音乐教师参加康巴什区“落实减负提质 深化课程改革”小学课堂教学改革阶段总结会暨基于课程标准下课例会研讨会。6 月 11—13 日，小学蒙授语文、数学教研员到基层巴拉贡学校蒙授班进行蹲班指导。10 月 8 日，教研室语文、数学、英语教研员到杭锦旗亿利东方学校听课，进行点评，提出教学建议、优化教学策略。10 月 25 日，举办杭锦旗教育教学研究中心与东胜区教研中心跨区域小学语文联合教研活动。

【教研员队伍建设】 选派教研员外出学习，先后参加校（园）长提升班培训、教材培训、名师工作坊培训等 15 人次。3 月 31 日至 4 月 15 日，教研员先后参与由首都师范大学组织的中小学语文、数学、英语教师培训。推进教研员执讲示范课，10 位教研员讲课 105 节。实施教研联系帮扶学校工作制，每名专职学科教研员联系 1 所学校，通过深入学科教学，研究解剖 1 所学校或一个学科的教学教研工作，深入学校教学一线进行调研与分析，学科教研员每人完成 1 篇调研报告。依据单位制度加大对教研员量化考核，实行每周工作积分制；另外选择部分学科骨干教师组织教研活动。

【中考备考】 3 月 4 日，开展为期一周的中考备考专项调研活动。3 月 19 日，组织全体初中教研员带领毕业年级的全体学科教师到康巴什进行为期 1 天的备考学习交流。3 月 28 日，组织全旗化学教师观看东胜区二中老师的视频课并总结体会。4 月 13 日，邀请东胜区一中初中 9 个中考学科名教师开展同课异构，指导交流中考备考。5 月 25 日，邀请东胜区语文、数学、英语、思政学科初中骨干教师到杭锦旗指导交流 2019 年中考学科并做示范课。

【基础年级质量检测分析】 4 月 28—30 日，组织对初中三年级的语文、数学、英语、思品、历史、物理、化学，初二年级生物、地理进行中考第一次模拟考试。5 月 6—9 日，中学各学科教研员对一模进行质量分析。5 月 30—31 日，与东胜区联系考试，对初中三年级的语文、数学、英语、思品、历史、物理、化学，初二年级生物、地理进行中考第二次模拟考试，提出后期复习规划。6 月 10 日开始，全体初中教研员赴城镇初级中学、蒙古族中学关于中考备考进行蹲校指导。1 月，组织完成 2018—2019 学年度第一学期四、五、八年级期末考试，抽测学科的教学成绩统计等工作。2 月 28 日至 3 月 1 日，召开 2018—2019 学年度四、五、八年级各科联考情况分析会，从各年级的试卷分析、得分情况、存在问题及后期整改措施等方面进行详尽地梳理分析，结合教研员在平时的教研视导中发现的问题，提出教研建议。5 月 21—24 日，组织全旗小学一、二年级学生语文、数学素养单项测查，并核算进入质量督导考核中。7 月 2—5 日，联合东胜地区对三、六、七年级联合抽测，完成质量分析。7 月，组织完成 2018—2019 学年度第二学期期中、小学期末考试，并完成成绩统计质量分析等工作。9 月，进行教学常规督导评估检测。

【课题研究和成果推广】 4 月 2 日，教科研领导小组深入各小学开展课堂教学改革与课题研究调研指导工作，组织开展听课评课、调查了解、听取汇报、征询意见、点评指导等工作。6 月 3—6 日，举办全旗首届幼儿园集体教师教学与课题研究成果展评活动，推进课题研究工作，让课题研究与课堂教学实践活动融合并分享成果。9 月，科研室开展“十三五”旗级课题阶段性总结与评估。10 月 14—17 日，课题负责人深入基层学校和幼儿园进行教科研工作调研，督查学初课、评课、档案检查、课题指导等工作。11月，开展全旗首届高中教师课改与课题研究展评活动。

【民族教研指导工作】 配合鄂尔多斯市教体局民族教育科落实跨旗区各项教学交流活动，协调推进全市蒙授初中大区域教研活动。音、体、美教研员深入中小学开展体育、艺术教学研究、课改、指导与评价工作。3月4—8日，在第四小学组织全旗美术教研活动，针对该学期教研小组讨论、研究，以课件优质制作、特色课程设计、高质量作业完成、教师有效示范等几个环节开展教研活动。3月5—6日，深入实验小学，开展全旗音乐教学活动。幼教教研员在幼儿园进行蹲园指导，带领教师从区域活动、集体教学等活动中一起观察分析，一起组织探讨小组活动，帮助教师解决在教育教学中遇到的困难。3月5—8日，幼教教研员走进杭锦旗第六幼儿园进行跟班指导活动。10月16日，在第四小学开展全旗中小学艺术组教研活动。

教育信息培训中心

【概　况】 杭锦旗教育信息技术培训中心内设电教教研室、实验教研室、继续教育管理办公室、资源编辑室、办公室。在职职工27人，核定编制21个。2019年，组建杭锦旗信息化教学讲师团，完成杭锦旗教育区域网升级改造工作，组织举办各类教师和学生教学信息化培训班。

【教育工作】 2019年，深入了解杭锦旗各中小学教师信息素养、信息化教学现状及影响教学应用原因等情况，3月13—15日，组织“杭锦旗教师信息素养评估项目”。教师信息素养评估项目加入动态现场评估手段，深入了解全旗各学校教师对于信息化教学的态度和教师信息化教学能力的优势以及不足之处。6月中旬，举办提升工程推进工作会，开展“优课大赛”和“微课制作”比赛活动。5月，协助市电教馆完成2019年度杭锦旗初中毕业生“信实考”考务工作。完成杭锦旗教育区域网的升级改造工作，实现“千兆网络校校通，百兆网络进班级”的目标。9月，在全旗中小学和幼儿园进行“网络与信息安全”演练活动。协助市教体局对杭锦旗各学校的监控系统进行普查，设计制定杭锦旗各学校的监控系统升级方案，按照实施方案完成所有监控系统工程，实现网络集中管理，实时可视。成立全旗中小学“信息化教学讲师团”，从各学校选取26名信息化教学应用的骨干教师，组建杭锦旗“信息化教学讲师团”，确定讲师团发展目标和任务，6月和10月分别举办2次讲师团教研工作会，推出一批优秀培训课程。在全旗开展2018—2019年度“一师一优课　一课一名师”活动，推送优课89节。推进各学校“学校空间、班级空间、教师个人空间、学生个人空间、家长个人空间”建设，改变教师教育理念，学生学习方式，实现师生网络学习人人通。2019年，利用市电教馆的网络教学平台，组织全旗信息技术教师参加网络公开课的教评活动，共同设计并直播杭锦旗教师网络公开课。利用“同屏互动教室”，与市内外的中小学展开远程互动课堂教学，开展网络教研工作。通过网络阅卷系统配合旗教研室完成网络集中试卷批阅工作；配合市电教与教研部门，完成杭锦旗蒙文资源建设与应用工作；组织各学校教师参加各级各类相关培训学习；开展网络课堂教学，实施“鸿合在线课堂”“尚学智慧课堂”以及“网络名师课堂”。对各学校的动漫课开设情况开展调研，研究杭锦旗动漫教学深度开展方案，研讨相关活动开展方式与方向。组织参加2019年全市第十届科技节暨第七届动漫节。组织全旗中小学、幼儿园美术教师开展“中小学、幼儿园陶艺制作第三期培训”。组织全旗各中学地理教师进行地理专业教室应用示范课教学活动。协助市电教馆组织开展“信息技术实验教学送教下乡教研活动”。

【管理工作】 监督、检查各学校危险化学药品的管理、使用、购入情况，对管理不科学的学校限期整改。彻底清查学校危险药品，回收闲置危险化学品，并统一交到有关部门处理。整合和统一各学校软件和硬件的使用要求。组织全旗中小学教师进行“鸿合爱学班”应用培训，使各中小学教师能够使用最新班级多媒体系统完成课堂教学工作。对考试结果进行汇总和分析，把存在的问题及时反馈学校，要求学校对存在问题进行分析和总结，制定整改措施。讨论并制定杭锦旗信息技术学科网络化教学目标，讨论研究教研活动开展方案。修订杭锦旗中小学“现代教育技术”“实验教学”及“科技创新”2019年度督导评估方案。上报杭锦旗教育系统危化品库存统计和自查报告及整改措施；组织第二届全区中小学实验教学课活动，并上报相关内容；组织全旗第二届中小学教师实验教学基本功大赛；组织召开2019年杭锦旗小学科学课堂教学研讨会；组织参加全区学校实验室和实训场所安全管理培训会；组织参加中国教育装备行业展览会；组织各学校小学科学教师参加全市小学科学教师培训及小学科学骨干教师外出培训；上报2018年度普通中小学教育装备事业发展报告旗（县）域基础数据表；组织参加全市普通高中理化生实验教学培训和初中生物中考实验操作研讨会。5月，在全旗各学校开展“2019年度科技创新作品评比大赛”，评选出10件优秀作品，并报送参加市级评选活动。要求各学校自查图书室的盗版、淫秽色情、凶杀暴力、危害儿童恐怖漫画类等书籍，进行统计、标记并上报有关上级部门。督促各学校进行创建师生共读活动，并制定相应的措施。11月，对小学毕业生进行科学实验操作抽查考试，统计抽考成绩，记入督导评估总分；配合教体局做好“杭锦教育”微信公众号的维护工作。全年发布教育新闻信息20多条。

青少年活动中心

【概　况】 杭锦旗青少年活动中心是杭锦旗政府投资兴建的公益性校外教育机构，隶属于杭锦旗教育体育局。2019年10月，新址落成并投入使用。有教职工15人、其中专职教师2名、内聘专业教师13名。活动中心突出体验式模式、个性化教学、实践性活动，教学特色鲜明，努力打造教师专业化、教育品牌化的少年儿童快乐成长乐园。

【主要工作】 1月，承办2019“阳光梦想”杭锦旗少儿春节联欢晚会。2月，组织拉丁舞学员参加元宵节庆祝活动。3月，承办首届“风采飘扬少年宫筝高博远展梦想”风筝比赛。4月，组织全体教师参加以“绿水青山就是金山银山”为主题的防沙、治沙义务植树活动。6月，承办“我和我的祖国”杭锦旗教育体育系统庆祝中国共产党建党98周年暨庆祝中华人民共和国成立70周年文艺会演。7月，组织中小学、幼儿园音乐教师参加“我爱你——中国”庆祝中华人民共和国成立70周年大型合唱比赛，并获得第一名。8月，组织700多名学生参加杭锦旗那达慕大会暨职工运动会，获得突出贡献单位荣誉称号。9月，协办“我和我的祖国”第十届中小学艺术节。11月，接受创建全国县级文明城市验收。

杭锦旗中学

【概　况】 杭锦旗中学创建于1959年，是杭锦旗唯一一所汉语授课完全中学。学校占地面积67800平方米，建筑面积34930平方米，主要建筑有教学楼、综合楼、餐厅、学生宿舍楼等。学校内设办公室、教务处、教研室、德育处、安全办、总务处、学生生涯规划指导中心、团委。在职教职工244人，其中专任教师172人（具有高级职称教师45人、一级教师103人；具有自治区级优秀教师2人、市级各类荣誉教师44人；具有研究生学历教师 14 人）。学校有教学班 38 个，在校生 1308 人，其中高中教学班 26 个，学生 830 人；初中教学班 12 个，学生 478 人。杭锦旗中学以普通初、高中教育为主，将艺体教育作为特色。2019 年高考中，本科上线 192 人（普文、普理类 121 人，一本 9 人；艺体类 71 人），本科上线率 59.07%。

【建校 60 周年庆祝活动】 9 月 26 日，杭锦旗中学举办建校 60 周年庆典。

蒙古族中学

【概　况】 杭锦旗蒙古族中学是杭锦旗唯一一所蒙语授课寄宿制完全中学。学校总占地面积 8.15 万平方米，总建筑面积 2.89 万平方米。内设办公室、教务处、德育处、总务处。有教职工 164 人，其中高级教师 31 人；自治区级优秀教师和优秀班主任 8 人、市级学科带头人和教学能手 23 人、市级优秀教师和优秀班主任 45 人。学校有教学班 26 个，在校生 638 人，其中住校生 495 人。2019 年，中考成绩全市总分 500 分以上有 18 名学生，其中杭锦旗蒙古族中学占 33.33%，居全市第一。5 名学生考入内蒙古师范大学附属中学；56 名学生考入鄂尔多斯市蒙古族中学，占 97 名考生的 58%。

【文体活动】 4 月 4 日，举办“十佳歌手”“十佳乐手”“十佳舞者”评选活动颁奖晚会暨校园班集体现代舞比赛。4 月 12 日，男足代表杭锦旗参加“市长杯”比赛，荣获第四名。5 月 17 日，在全旗职工工间操比赛中，荣获一等奖。6 月，在杭锦旗“工会杯”篮球比赛中荣获“道德风尚奖”；在第十六届“腾格尔蒙古人杯”比赛中，男足荣获亚军；国家“十三五”规划课题之基于“蒙古族传统体育、艺术教育”落实中学生核心素养的研究，“基于蒙古族传统体育　艺术落实学生核心素养”顺利结题。7 月 1 日，在第十六届“腾格尔蒙古人”杯蒙古族中学生技能大赛暨传统体育艺术比赛中，荣获初中组总分第一名；在全旗第十一届中小学田径运动会上，荣获总分第二名，初中团体荣获总分第二名。8 月，在杭锦旗那达慕大会暨职工运动会行政事业单位职工排球比赛中荣获冠军。9 月 28 日，在鄂尔多斯市第十届中小学生艺术节中，学校选送的集体舞“欢乐”荣获冠军。10 月，在杭锦旗中学生篮球联赛中，男女队均获得冠军，并荣获优秀组织奖。11 月，在鄂尔多斯市初中学生排球锦标赛中，女子队荣获第六名。12 月，在鄂尔多斯市初中学生篮球锦标赛中，男子组荣获第四名。

城镇初级中学

【概　况】 杭锦旗城镇初级中学始建于 1986 年，是杭锦旗唯一一所单设初中学校。学校占地面积 47327 平方米，建筑面积 19716 平方米。内设教学处、德育处、办公室、总务处、宿管部、安全办、团委。有教职工 165 名，其中专任教师 145 人；学校有教学班 32 个，学生 1169 名，其中住校生 380 名。2019 年，开展初中学生学业水平检测和质量分析会 2 次，组织毕业年级备考模拟考试 4 次。

【教学工作】 做好教研教改集体备课；开展全区全市全旗各科网上同频互动教研活动；组织师生书法比赛；开展“讲红色故事　传革命精神”故事比赛；组织开展“喜迎七十华诞　吟诵经典诗词”比赛；组织开展“飞扬青春　展现自我”新年文艺会演；举行第十七届运动会；召开校园卫生现场会。

【德育工作】 组织全校班主任从“如何抓好班级常规管理”“如何与家长有效沟通”“如何提高班级成绩”等方面开展主题式研修活动；通过专家讲座、校长主题讲座、家长会等形式，加强学校和家长的沟通工作，家校联手，共促学生养成良好的行为习惯；开展主题班会、竞赛活动、国庆升国旗活动，以正确的思想引领，培养学生集体主义、爱国主义精神；组织“校园卫生现场会”，促进德育常规管理。

实验小学

【概 况】杭锦旗实验小学是杭锦旗建校最早一所汉语授课完全小学。学校占地面积38740.75平方米，建筑面积24668.2平方米，主要建筑有教学楼、实验室、图书室、多功能活动室、音乐大厅、宿舍楼、阶梯教室、塑胶操场等。内设教务处、德育处、总务处、办公室。有教职工145人，教学班40个，在校学生1646人。

2019年，规范集体备课，通过打造工作室名师引领课、骨干教师生本研究课、青年教师风采课、集体备课展示课、师徒结对课、包年级领导推门课等课型，对教师听评课进行改革。打造书香校园，继续推进“大阅读”活动。构建“五星十礼”（“五星”：安全纪律星、文明礼仪星、勤学爱学星、卫生环保星、体育锻炼星；“十礼”：入校礼、行走礼、课前礼、课中礼、课后礼、三操礼、健身礼、安全礼、集会礼、生活礼）教育课程体系和阳光少年评价体系，评价奖励培养阳光少年。在课本剧大赛中荣获全市第一；在汉字听写学生组大赛中，荣获全旗第一。

2019年，实验小学获得鄂尔多斯市课本剧大赛第一名、内蒙古自治区“园林式单位”、内蒙古自治区“法制教育示范学校”、鄂尔多斯市首届农牧民健身运动会突出贡献奖、杭锦旗第十一届中小学生田径运动会小学女子乙组4×100米接力赛第一名、杭锦旗第十一届中小学生田径运动会小学女子乙组4×50米迎面接力赛第一名等荣誉称号。

【教学工作】以“424”规范集体备课，“4”：定时间、定地点、定主备人、定集备内容；“2”：备后两磨课；“4”：统一划分课时、统一确定每课时的学习目标、统一学生自学后出现的疑难问题解决方法、统一课堂作业。课堂上采取“自主、合作、探究”的学习方式，以“小组合作”为主要形式，打造“工作室名师引领课”“骨干教师生本研究课”“青年教师风采课”“集体备课展示课”“师徒结对课”“包年级领导推门课”等课型。对教师听评课做改革，评课方式在保持以前“2+2”模式（听课教师要记录自己的两点收获以及两点建议）的同时，新增加“观课表”教务处顶层设计，各备课组组成“观课团队”从老师提问有效次数、教师讲课时间、学生自主合作学习时间及效率、学生整体参与程度以及教师在课堂中对学习困难生的关注等方面进行设计，具体到数字统计详细计时。制定“一生一案”，帮助学生在不同的起点上有不同进步。尝试在情境中体验、跨学科整合“快乐遨游　智慧闯关”形式“乐考”。成立以校长为首的“巡课组”，制定巡课计划，采取“日日巡”“节节巡”的地毯式网格化管理方式，并将每天的巡课结果进行日通报、周汇总。打造书香校园，教师、学生共同读书，推进“大阅读”活动，各班选定班级共读书和选读书，师生一起制定详细的阅读计划单，利用“晨诵”“午读”“自读”“亲子共读”将读书落到实处。

【德育方面】构建“五星十礼”养成教育课程体系，通过评价奖励培养阳光少年“十礼”（入校礼、行走礼、课前礼、课中礼、课后礼、三操礼、健身礼、安全礼、集会礼、生活礼）。

依托“五星十礼”养成教育课程体系，设计阳光少年评价元素，安全纪律星、文明礼仪星、勤学爱学星、卫生环保星、体育锻炼星的五星争章，铜星、银星、金星，直至最后的七彩阳光少年，构成阳光少年评价体系。

蒙古族实验小学

【概 况】杭锦旗蒙古族实验小学总占地面积

88305平方米，建筑面积26086平方米，主要建筑有教学楼、综合实验楼、男女生宿舍楼、餐厅、运动场、体育馆。有教职工151人（其中专任教师121人），教学班40个，在校生1152人。开设蒙古象棋、沙嘎、鹿棋、摔跤、射箭、三弦、四胡、马头琴、扬琴等40多项民族特色教育课程。2019年，开展读书活动，组织师生及家长参加第四届鄂尔多斯诗歌那达慕，与杭锦旗多所小学举办民族团结主体活动。组建圣乐马头琴乐团，多次参加全国各地演出，取得优异的成绩。

【教学工作】 开展读书活动，将教师读书心得装订成册，举办学生读书心得演讲比赛。组织师生以及家长参加“鄂尔多斯我的家”第四届鄂尔多斯诗歌那达慕。与东胜区第四小学、杭锦旗实验小学、龙子心小学、第四小学、巴拉贡学校等举行“民族团结主题教育活动”。2019年，教师外出培训学习80余人次。

【体艺方面】 蒙古族实验小学校内组建“圣乐马头琴乐团”，该乐团多次到北京、上海、呼和浩特、鄂尔多斯市等地参加星光大道、非常6+1、春晚等大型演出。参演2019年中央电视台“星光大道”嘉年华晚会。3月，参演中央电视台“星光大道”家乡美节目。6月，参演中央电视台《星光大道》少儿特别节目；参演2019全国“童祝祖国好”、“六一”国际儿童节少儿文艺晚会。8月，参加鄂尔多斯第九届“天骄”马头琴比赛，荣获一等奖；参加2019年全国第六届中小学艺术节，荣获器乐组二等奖；参加2019年第七届库布其国际沙漠论坛文艺演出；参加2019年第二届杭锦旗那达慕文艺演出。10月，参加鄂尔多斯第十届中小学生艺术节，荣获一等奖；参加鄂尔多斯第十届中小学生艺术节开幕式晚会；参演杭锦旗2020年春节联欢晚会。

2019年，蒙古族实验小学举办“校园十佳歌手比赛”；举办中华人民共和国成立70周年“梦的世界”主题绘画比赛；举办庆祝中华人民共和国成立70周年红歌合唱比赛。12月，举办雪地足球比赛；参加“校长杯”足球联赛，参加“旗长杯”、全市蒙古语授课小学“五箭育英”校园足球联赛等赛事，获得优异成绩；举办2019秋季校园广播体操比赛；举办2019冬季越野赛。3月，承办第五届“楚日亚杯”诗歌朗诵大赛。4月，承办第十二届“鄂尔多斯民间故事演讲大赛”。7月，承办由鄂尔多斯市民委和鄂尔多斯市教育体育局主办的全市第九届“天骄杯”民族小学传统体育艺术节。11月，主办“全市蒙古语授课小学语文教师名师工作坊”全体会议。

龙子心小学

【概　况】 杭锦旗龙子心小学占地面积29746平方米，建筑面积12877平方米。学校内设德育处、教务处、总务处、办公室、少先队、安全办、德育处。有在校职工138人，教学班38个，在校学生1508人。

2019年，学校建设校园网络，初步实现智慧办公，部分班级圈建设初具规模。开展中华经典诗词诵读工作。校本培训融入校本教研。3名教师被评为市级教育能手。

【读书、诵读】 2019年，学校开展中华经典诗词诵读工作，每天早晨安排诵读课，保证诵读时间，合理调整诵读内容，一、二年级以古诗300首为主；三、四年级巩固古诗词300首，诵读《三字经》《弟子规》与七年级课本中要求背诵的古诗文篇章；五、六年级巩固以前背诵内容，背诵《论语》、宋词，以及八、九年级课本中要求背诵的古诗文。与家长配合做好诵读检测，做好个人诵读记录卡。在阅读方面，阅读推介课、阅读推进课、阅读交流汇报课课型基本成型。选择主题阅读内容，与教学有机融合，课堂上教给学生读书的方法，激发阅读兴趣，课外推荐阅读书目，师生共读、亲子共读相结合，精读、略读相结合，监管与奖励相结合。

【智慧校园建设】 建设校园网络，为每个触控一体机安装爱学班和多媒体集控管理软件，对全体语、数、英教师进行鸿合爱学班的培训，有三分之一的教师，能熟练制作微课和发布分享。在日常管理中注重各级平台的使用，初步实现智慧办公，如教师考勤、课表查看、社团选课、财务助手等，部分班级圈建设初具规模。

【教学研究】 2019 年，校本培训融入校本教研，集体备课、教研课、公开课等教研模式与校本培训结合起来，以校本培训促进校本教研，以校本教研促进教师专业成长。通过师徒结对、邀请教研员指导、分管领导跟踪等形式，加强青年教师的培养，鼓励教师参加一师一优课、市教学能手比赛，该学期龙子心小学 3 名年轻教师被评为市级教学能手。

【社团活动】 2019 年，学校开设艺术类、益智类等 19 个社团，老师组织各社团活动。开展“第十一届校园文化艺术节”。

第四小学

【概　况】 杭锦旗第四小学创建于 2011 年 7 月，学校占地总面积 7.5 万平方米，其中建筑总面积 20440 平方米，主要建筑有教学楼、男生公寓楼、女生公寓楼、多功能报告厅、学生餐厅等。校园有占地 18000 平方米塑胶操场和体育馆 1 座。内设教务处、德育处（含安全办）、总务处。有教职工 126 人，其中教师本科学历 99 人、专科学历 27 人；少数民族 33 人；女教师 79 人；专任教师 103 人；取得中级及以上职称人数 53 人。学校有教学班 36 个，学生 1276 人，其中住校生 86 人、午托生 268 人。

【德育工作】 建设“12347”德育工作体系：围绕“1 个中心”、构建“7 个目标”、抓好“2 条主线”、实施“3 个途径”、坚持“4 个结合”。开设明德、启智、健体、尚美四大项，基础、拓展、特色三大类，32 门校本选修课程，36 个授课班级。有 23 门课程，形成规范化的校本课程教材，如金话筒、剪纸、围棋、金钥匙诵读等。构建全面的养成教育体系（“12345”工作体系）：落实“1 个手册”（养成教育手册），强化“2 个积累”（评星栏和学生成长档案），实施“3 个方案”（养成教育实施方案、养成教育评估方案、养成教育考核认定方案），培养“4 种能力”（责任担当能力、自主学习能力、健康生活能力、科技创新能力），统一“5 个思想”（领导的思想、教师的思想、社区的思想、家长的思想、学生的思想）。利用学校讲师团推进家长培训，组织家长学习每期鄂尔多斯新家庭教育网络课堂，在微信群交流感悟，书写心得体会。

【教学工作】 课堂教学常规检查从教师教学习惯和学生学习习惯两方面入手检查和培养。教师教学习惯包括以“我的课堂我负责”意识为主导的十条好习惯和“四个关注”（注意力、参与度、情绪状态、思维状态）；学生学习习惯包括专心听讲、认真完成作业、勤于思考、乐于表达等。制定督导标准，利用 5 种课型对不同层次教师授课进行针对性指导。细化集备过程，开展行政领导蹲点检查。采取多元化备课方式：校长备课式、问题引领式、集体研讨式、集体备课与个人独立备课相结合、自备汇报式。

【德育、教学共融】 坚持教书与育人相统一，树立“培养习惯”的意识，在备课、上课、作业、复习、考试等教学活动中坚持高标准、严要求。观课评课要“三看三反馈”：一看课堂教学情况和备课情况；二看行为习惯养成情况；三看班级管理情况。在教案中融入德育元素。

【人员培训】 2019 年，12 个批次 31 名教师外出培训，涉及语文、数学、英语、体育、美术、科学、道德与法治、信息技术 8 个学科，投入资金 8 万多元。

第一幼儿园

【概　况】杭锦旗第一幼儿园占地面积4760平方米。有教职工65人，其中总园有61名教师，分园有4名教师，学历合格率100%。幼儿园总园有班级13个，幼儿335人；分园有班级2个、幼儿22人。

2019年，重新规划南院分园幼儿活动场地；开展小组研究、实地教研观摩、公开课活动；推出体验式、参与式家园，开展亲子游园和家长助教活动；举办“爱与美味同在”精品膳食品尝会；利用微信群开展家庭教育讲座和育儿经验分享活动。

2019年，幼儿园被评为市级语言文字示范单位、市级文明单位、市级教育系统先进集体、市级民族团结先进单位等称号。

【安全管理工作】重新聘评后勤人员，合理利用人才资源，重新打造厨房重地，完善考核激励机制，推行三餐两点制，提升幼儿膳食质量。开展安全检查工作，制定每周安全重点领域检查内容，坚持执行安全小组人员“每日一查、每周一大查、每月一总结”制度。

【保教工作】推进小组研究活动开展，注重孩子在游戏中自主性探究、思考。教研方面：教师树立正确儿童观和教育观，开展观摩活动实地教研，对课程开展方面存在问题进行针对性小组讨论教研，名师骨干带头上示范课，中青年教师开展公开课活动，在追随幼儿兴趣线索基础上进行小组交流活动。课程建设方面：树立正确儿童观，追随孩子、读懂孩子、支持孩子，在自主游戏中达到深度学习，培养孩子高阶思维，构建自己的知识结构。尝试让“玩中学，玩中教，玩中求进步”做到“玩出品质，玩出智慧，玩出自我”的课程理念。改变课程理念：根据孩子的兴趣找线索，从线索中找出有价值的课程主题，支持孩子的兴趣点，支持孩子的活动，用语言引导或通过材料的接入让孩子的游戏不再是漫无目的游戏，而是成为有价值的学习探究活动，成为发展幼儿高阶思维的探究活动。校园文化建设方面：围绕幼儿园课程理念和幼儿园整体文化建设，重新规划南院幼儿的活动场地。

【家园共育】推出体验式、参与式家园工作，提升家园互动质量及家教理念。开展“老鼠你好，小猪拜拜”新年亲子游园活动、家长助教活动。定期召开家委会，家委会成员参与幼儿园的管理，对幼儿园的教育教学、实践活动、后勤等方面的目标、措施等各项工作献计献策；开展“爱与美味同在”精品膳食品尝会；利用微信群每周五进行家庭教育讲座和育儿经验分享活动。

蒙古族幼儿园

【概　况】杭锦旗蒙古族幼儿园占地面积9764平方米，建筑面积6969平方米的三层保教楼。幼儿园设有园长室、副园长室、保教室、保健室、总务室、心理咨询室、监控室等。有在职教职工58名，教学班12个，幼儿323名。

幼儿园荣获市级文明单位、特色教育幼儿园等称号。2019年11月，被评为市级食品安全示范点。11月，被评为家长工作先进单位。12月，在旗级联合督导验收中食品安全工作荣获第二名。

【教育教学管理】厨房4D管理，确保幼儿饮食安全。召开第四届食品安全研讨会，提高厨房工作人员专业技能，提升幼儿饮食质量。全体保育员通过培训、考核，持证上岗。完善家长学校设施设备，注重对全园家长培训。《保育员一日手册》于2019年4月整理成册。在“五一”国际劳动节期间，幼儿开展牧区生活体验活动。庆祝中华人民共和国70华诞，国庆节期间开展升国旗仪式、教师演讲、文艺会演、幼儿国旗下的感言、“我的梦　中国梦”主题幼儿绘画比赛等“爱国”主题系列活动。深化民族团结进步宣传教育，每学期专门设有民族团结周，把每周一定为民族团结日，在园内民族团结一家亲体验室开展幼儿爱祖国、爱民族教育实践活动，和第一幼儿园、第三幼儿园、第六幼儿园及基层幼儿园等多所姊妹园结对开展“民族团结一家亲”主题教育活动。承办全市第六届民族幼儿园“手拉手心连心促团结促提升”区域性联合教研和幼儿园特色建设与管理经验交流活动。先后派出40多名一线教师到南京、深圳等地学习；多次邀请专家给全园家长教师进行培训指导。

蒙古族第二幼儿园

【概　况】 杭锦旗蒙古族第二幼儿园位于杭锦旗东环城路西侧，占地面积19683平方米，建筑面积5162.42平方米。设有电教室、校医室、保教室、园长室、财务室、办公室、美工室、图书室、会议室等。有教职工56名，其中正式工36名、临聘工20名。幼儿园有教学班12个，幼儿345名。

【保教工作】 2019年，组织教师参加教学观摩研讨活动；组织教师赴南京、呼市、东胜、康巴什、乌审旗等地参加业务学习培训；开展游戏化教学、园本教学、特色语言教学工作；推进安全卫生保健常识教育。9月，做好从教室到走廊环境创设工作。

第三幼儿园

【概　况】 杭锦旗第三幼儿园占地面积13338平方米，园舍建筑面积67585平方米。设有会议室、党建活动室、图书室、生态美工室、淘气堡、亲子室、心理咨询室、陶艺室、木制坊等12间公共功能室。有教职员工79人，其中在职教师54人（本科学历22人、大专学历26人；高级教师8人、一级教师12人、二级教师18人；市级教学能手4人、旗级教学能手6人），教学班15个，在园幼儿528名。

2019年2月，杭锦旗第三幼儿园晋级为自治区级示范幼儿园。3月，被评为2018年度旗教育体育系统食品卫生安全标兵单位和旗教育体育系统2018年度综合督导评估二等奖。6月，被评为全旗民族团结创建活动示范单位。

【安全工作】 凸显“自主+精致”绿色管理，全园落实“一岗双责”。每月1次的安全会议，实行针对性突击检查及针对性安全指导工作，每人检查分析自己岗位的安全隐患，做到立行立改，做好服务、宣传、说教、改进等防范工作。利用每周一安全日，组织落实每周安全第一堂课。每月1次的安全教育活动，如交通安全教育、不在马路上玩耍、安全教育危险的玩具、安全活动防拥挤踩踏及全园地震安全演练，安全教育如何使用尖利的物品。每月由园长、分管副园长、总务主任突击检查，抓采购和生熟品制作环节，执行跟踪监督制，发现问题加以改进。细化卫生及业绩考核内容，并每月定期召开后勤工作会议。每月检查1次保健医膳食营养计算及搭配工作，并不定时考核快检。开展安全卫生专题培训、专题会。

【保教工作】 建立以幼儿为本的园本课程观，深入开展自然课程的研究，解决课程改革中出现的问题，构筑学习型组织，制定为期3年的发展性督导评估方案。在研究实施中改变预设教研模式，变为观察儿童后的教研形式。教研活动按照每月教研计划制定实施，共同制定两周1次的教研主题、观察记录分享、生成课分享以及档案的搜集整理等。组织全园教师开展常青藤教育理念级“环境与材料”集中培训教研，在教研中通过听讲座、进班指导、实地观摩等形式进行教研活动。加强教师的思想政治教育和职业道德教育。对幼儿园环境进行创艺设计。开展幼儿晨间活动，为幼儿全身发展提供空间。

【保育工作】 保育工作以“自主+礼仪”为年度

核心内容，根据孩子的年龄特点布置任务，如一日生活中的“班级公约”“值日生”等，让幼儿成为班级真正的小主人，形成我的班级我做主、我的行为我负责意识。根据教师岗位职责制订基础管理流程，总结梳理具体流程。

【家长工作】 组织召开“班级工作计划”家长会。每月第四周组织1次家访工作及幼儿成长记录谈话活动。定期组织全园“我来当老师”半日活动、家长体验幼儿园活动，制订教育措施。

第四幼儿园

【概　况】 杭锦旗第四幼儿园占地面积13280平方米，建筑面积4823.3平方米，有教师正式工58名，教学班16个，幼儿508名。幼儿园实行一园两址一体化管理，塔然高勒分园建园于2015年9月，占地面积6718平方米，建筑面积1262.47平方米。分园有教职工8名，教学班1个，幼儿17名。2019年3月，被评为全旗“三八”红旗集体；2019年8月，被评为国家级足球特色园。

【保育保教工作】 2019年3月，开展安吉特色游戏活动；鄂托克前旗二道川幼儿园和巴拉贡幼儿园到该园参观交流；旗教体局托幼办、教研中心幼教办到该园调研；承办杭锦旗“娜荷芽杯”足球赛开幕式；承办爱眼护眼知识讲座。5月，举行第八个全国学前教育宣传月启动仪式暨大型家长宣传活动；组织开展庆“六一”国际儿童节活动。9月，安吉教育研究中心负责人到该园指导工作。10月，对幼儿户外活动板房进行以防火材料为主大面积整体性的改造；增添一系列户外玩教具；参加鄂尔多斯市第四届“娜荷芽杯”幼儿足球联赛。11月，市教育体育局体卫艺科科长张有拴一行到该园调研校园足球开展情况；与蒙古族第二幼儿园开展民族团结园际交流活动；添加攀爬玩具、攀爬架、收纳整理柜等。12月，召开第三届教职工代表大会。

第五幼儿园

【概　况】 杭锦旗第五幼儿园位于杭锦旗锡尼镇民生E区。室内设有美工室、搭建室、表演室、游泳抚触馆、亲子室、母婴室。幼儿园试行一园两部的办园模式，托幼部有教学班11个，幼儿254人；早教部有亲子班9个，会员98人。有教职工58人。2019年7月，第五幼儿园获评市级示范园。2019年10月，获评全旗语言文字工作达标学校。

【保育保教工作】 2019年12月，与北京猎鹰军拓科技教育有限公司签约，引进幼儿军警课。推进全面教学改革，研发“课程改革七步法”（第一步：区域游戏时间1小时；第二步：落实“追随幼儿一日生活”的课程；第三步：集体教学改为一节；第四步：本着“儿童在前，教师在后”的原则；第五步：落实“一日活动兼课程”理念：第六步：把主题环境还给儿童；第七步：提高幼儿自我服务能力和为他人服务意识）。

第六幼儿园

【概　况】 杭锦旗第六幼儿园位于杭锦旗锡尼镇胜利E区。幼儿园设有美工室、生活体验室、图书室、多功能舞蹈室、家长学校工作室、心理咨询室。有教职工42名，教学班13个，幼儿456名。早教中心有幼儿45名，托班3个，亲子班1个。2019年，被评为“节约型公共机构示范单位”，在4D厨房管理中荣获全旗督查第一名。

2019年，通过自治区足球特色园审核；增加幼儿攀爬器械3组，完善喷泉及益智沙池；打造童趣走廊环境；全面引进蒙台梭利教育；开展“愉快阅读”特色活动。

【保育保教】 组织教师学习《新时代幼儿园教师职业行为十项准则》和“强师德　铸师魂”教师节师德师风承诺活动，以及师德师风案例分享会等活动。每周开展2次教研活动。专家进园2次开展为期2周的蒙台梭利教育学习、省外培训2次，省内培训1次，带领骨干班教师先后赴康巴什3次，东胜1次，旗内幼儿园若干次进行交流学习；开设舞蹈兴趣小组、美术兴趣小组；开展教师每天十点朗读、每周大阅读、每月读书日阅读特色培训与学习。

【安全工作】 幼儿园设有4D厨房，严格卫生操作流程，工作人员每天上岗前接受晨检，定时召开全园食品安全工作部署会议，坚持每日巡查。全面落实各岗位人员安全责任，层层签订安全责任书并做好安全宣传教育工作。

第七幼儿园

【概　况】 杭锦旗第七幼儿园有教职工43名，核定编制33个，教师专业合格率100%。有教学班8个，幼儿194名。

2019年，改扩建三楼楼顶活动场地；新增58个摄像头；开展安全教育讲座12次，同时开展防地震、防火灾、防爆防恐等安全演练；采用集中备课—个人反思—集中反馈教学模式和区域大联动教学方式。

【管理工作】 2019年，确定幼儿园管理框架，召开职工代表大会2次，会议通过制度考核细则，完善各类考核评价机制。制订个人3年发展规划。开展专家引领和园所交流，派出学习20人次。组织教师基本功比赛1次，学习汇报20次。环节干部带头读书，按月组织读书汇报。通过团体讨论、问卷调查等方式，考核师德师风。改扩建户外活动场地8000平方米，添置50000元教具，改建增建水果切配间、快检室，楼顶不锈钢库房。

【安全工作】 重新规划主体结构，申报消防、卫生间改造、楼体美化等项目。增设防撞等各类安保设施，更新园内视频系统，实现一岗双责、明厨亮灶。

【保教工作】 实行环节干部及家长陪餐制，控制伙食质量，关注孩子饮食习惯。落实课程框架体系，协办幼教年会，获得课程建设集体及个人奖。细化卫生保健工作，为特殊儿童建档立卡，全面关注并帮助体弱、体胖、龋齿、视力异常的幼儿。

【家园共育】 组织大型家长会2次，家长委员会1次，半日开放1周。成立家长社团，家庭教育现状分析课题顺利开题，邀请家长参与园务重大事件决策2次、参与小孩入园活动户外活动数次、陪餐数次。征集家风家规和亲子共同兴趣。

科技·文化·旅游

科　技

【概　况】 杭锦旗科技局系杭锦旗发展和改革局挂牌单位，无内设机构。在职人员 26 人，核定行政编制 7 个、工勤编制 6 个。

2019 年 3 月 30 日，杭锦旗科技局与杭锦旗经济商务和信息化局合并成立杭锦旗工信和科技局。

2019 年，全旗注册有效期内的国家高新技术企业 9 家、自治区工程技术中心 1 家、自治区企业研发中心 3 家、自治区科普示范基地 1 家、鄂尔多斯市农牧业特色科技产业化基地 4 个、自治区众创空间 2 家、国家级星创天地 1 家和高新技术特色产业基地 1 个，涵盖能源化工、医疗卫生、生态环保、农牧业等各个领域，推动企业创新驱动发展。

【科技项目建设】 组织企业申报自治区科技重大专项 1 个、自治区关键技术攻关项目 2 个、市科技计划项目 4 个、自治区科技创新引导奖励 2 个、市科技特派员服务项目 2 个、市科技创新奖补 4 个。

【科普宣传教育】 以科普活动周、“双创”（大众创业、万众创新）活动周为载体，举办新品种新技术引进推广示范、科普宣传和技术培训，开展专题培训 10 场、科普宣传 5 次，发放宣传资料 300 余份。

（高　磊）

气　象

【概　况】 杭锦旗气象局属于科技型、基础型社会公益事业单位，内设综合管理科、防灾减灾科；下设直属事业单位 2 个：气象台（副科级）、气象灾害防御中心（股级）。气象局有在职职工 12 人，核定编制 12 个，其中参照公务员管理编制 4 个、事业编制 8 个。

全旗有国家级自动气象站 2 个、区域自动气象站 26 个（其中八要素自动观测站 1 个、七要素自动观测站 4 个、六要素自动观测站 3 个、其余均为两要素自动气象观测站）、自动土壤水分监测站 2 个、闪电定位仪 1 个、大气电场仪 2 个，建成覆盖全旗重点地域的实时监测站网，苏木（镇）实现称重式降水传感器全覆盖。

【气象服务】 2019 年，提供各类决策气象服务 85 余期（条）、公众气象服务 420 余期（条）、专业气象服务 55 期（条）。与治沙企业亿利资源集团合作，开展沙漠生态环境治理气象服务。在库布齐沙漠建立 2 个生态监测站点，由企业出资自建人工增雨作业基地 1 处，开展库布齐植树造林、植被遥感分析气象服务。与亿利资源集团签署库布其沙漠生态公园气象服务协议，与神华杭锦旗能源公司及乌吉尔风电场达成气象服务协议。

【人工影响天气】 召开全旗防灾减灾暨人工影响天气联席会。全旗拥有移动作业火箭发射系统 4

套，全部实现物联网遥控作业。全年有效作业 20 次，其中飞机增雨作业 5 次，地面火箭作业 15 次，每次作业区域降水量均达中到大雨。

【气象防灾减灾】 建成旗、镇、村三级防灾减灾组织体系，每个苏木（镇）配备 1 名气象助理员，每个嘎查（村）配备 1 名气象信息员。旗、苏木（镇）均编制重大气象灾害应急预案，嘎查（村）均编制重大气象灾害应急行动计划。完善并印发 2019 年苏木（镇）气象防灾减灾工作目标及评分标准，开展基层气象防灾减灾、气象科普、气象服务。与应急管理局等部门联合建立重大气象灾害停工停业停课停运预警信息接收标准，绘制基层防灾减灾作战图，开展基层气象灾害预警和服务。完善防灾减灾传播网络，利用电视天气预报、手机短信、电子显示屏等发布信息，建立杭锦气象微信公众号、微博、防灾减灾微信群、农牧业微信群、应急叫应制度等。

（黄学智）

文化和旅游

【概　况】 杭锦旗文化和旅游局系杭锦旗人民政府正科级部门，2019 年 1 月 29 日挂牌成立，由杭锦旗文化体育广电局与杭锦旗旅游局合并成立杭锦旗文化和旅游局，挂杭锦旗文物局牌子，广播电影电视服务中心划归到融媒体中心。文旅局有工作人员 14 人，核定编制 14 个，其中领导职数一正三副。内设股室 5 个：办公室、公共服务和文物管理股、资源开发和产业发展股、市场监督管理股（行政审批股）、艺术股（乌兰牧骑事业股），下辖二级单位 8 个：乌兰牧骑、文物管理所、影剧院、文化旅游综合执法局、文化馆、图书馆、沙日特莫图庙（菩提济度寺）保护管理中心、文化旅游发展促进中心。

2019 年，以“民族文化强旗”和“特色旅游目的地”为建设目标，完成旗文化宫消防验收；新建 3500 平方米图书馆启动运行；新建 10000 平方米影剧院主体工程完工，筹备室内设备采购；新建二级图书馆分馆 29 个。编制完成《杭锦旗全域旅游建设性详规》《独贵塔拉沙漠越野特色小镇规划》；投资 200 万元专项资金，新建旅游厕所 14 座；旅游集散中心续建项目主体工程基本完工，室内装修完成 90%；实施旅游景区鄂尔多斯草原、七星湖、恒盛兴、察汗部落等 A 级旅游景区基础项目，总投资达 12380 万元，其中七星湖 AAAAA 级旅游景区创建进入预评审阶段。图书馆新增图书达到 54000 册，全旗新组建文艺队 15 支，新发展文化户 40 户。开展大型群众文化活动 8 场次，组织民族特色文化活动 5 场次，影剧院承接演出 30 余场次。争取上级专项资金 916 万元，接待旅游人数 120.9 万人，同比增长 16%，旅游收入 29.24 亿元，同比增长 5%。

【文旅宣传服务】 2019 年 8 月，投入 74 万元打造 500 平方米杭锦文化长廊和 300 平方米穿沙纪念展厅各 1 处，与杭锦博物馆“划点连线”形成看点，同时在主要交通干线设置博物馆标识牌。累计举办旅游行业培训 9 次，参训人数达 1250 余人。奥仕威登国际酒店三星级申评工作完成初评。新制作独具民族文化特色的旅游宣传品，先后赴西安、深圳、云南等地开展大型旅游宣传活动 11 次。举办 2019 年杭锦旗沙漠旅游文化节暨越野 e 族北京大队第九届五一“爱在弓弦”库布奇群英会、第二届库布其七星湖热气球节、嗖谷首届草原达人节等大中型活动 18 场次，在举办 2019 年杭锦旗沙漠旅游文化节期间，50 多家中央、自治区、市级主流媒体报道推荐，打造杭锦旗沙漠旅游文化节旅游品牌。

【公共文化建设】 图书馆 2019 年新增图书达到 54000 册，其中向国家图书馆争取图书 50000 册。全旗新组建文艺队 15 支，新发展文化户 40 户。举办春节元宵节、杭锦文化日、“鄂尔多斯我的家守望相助好家园”第二届杭锦旗农牧民文艺会演、

“我爱你中国”大型合唱比赛、那达慕大会开幕式演出、诗歌那达慕等大型导向性群众文化活动8场次，累计受益人数达到10万余人次。举办蒙古族腊月二十三传统祭火活动、母驼圣火祭祀、剪鬃节、祭敖包等民族特色文化活动5场次。影剧院承接演出30余场次。文艺辅导员深入群众开展文艺辅导200天，辅导人数4000余人。开展非遗普查工作，申报珠拉格乃日（马奶节）为第五批国家级非物质文化遗产代表性项目（待审批）。举办全旗第七届古如歌大赛。接受中央电视台《中国影像方志》栏目组、中国社科院、内蒙古非遗保护中心、“鄂尔多斯牧业文化生态保护实验区规划”编制课题组采访、调研杭锦旗非物质文化遗产传承及保护情况4次。开展非物质文化遗产宣传2场次，发放宣传材料1000余张。10月，完成132万元沙日特莫图庙安防工程项目建设。投入293万元实施霍洛柴登古城及周边墓葬（二期）安全防范工程，筹备项目招投标工作。普提济度寺吉祥谷积塔地采用打井方式解决渗水安全隐患，同时利用井水资源设立微型消防站。开展文物安全专项检查4次，文物安全巡查30次，举办消防知识讲座和消防演练1场次，开展文物法规知识宣传3场次，发放宣传材料4000余份，展出展板48块，接受群众咨询200余人。

【乌兰牧骑管理及服务】 2019年，招聘5名演员，优化演出队伍。组织开展30天春训班1期，派员参加国家级培训1人次，参加市级编导培训班2人次。2名队员（格日乐图、贾瑞）分别荣获全市声乐大赛个人比赛二等奖、自治区声乐大赛个人优秀奖。完成“一、十、百”创作演出任务，完成1台晚会创作、10件文艺作品创作和100场文艺演出任务。

【文旅市场督查】 全年出动执法人员2000余人次，检查经营场所1200余家，开展扫黄打非、文旅市场各类专项行动19次，立案32件，结案25件，罚款3.3万元。以元宵节、文化市场现场日、世界知识产权日等节日节点为契机，开展文化市场法律法规宣传活动6次，发放宣传单、宣传册20000余份。开展校园内图书馆专项排查3场次，依法收缴非法出版物1687件，销毁侵权盗版物及非法出版物1000余件。对网吧、歌舞娱乐场所、演出场所、印刷市场进行监管，下达整改通知书30余份。对旅游、文物、体育、广电市场进行执法检查。对社会市面蒙汉文并用进行规范督查，问题牌匾整改率达到98%以上。召开“扫黑除恶”专题会议12次。不定期开展扫黑除恶行动，通过电子屏滚动播放“扫黑除恶”宣传标语100余条。

【文化交流】 国家级非物质文化遗产项目“鄂尔多斯古如歌”在国内国际艺术舞台大放异彩。2019年6月，杭锦旗古如歌团应邀参加2019亚洲民俗节演出，斩获民俗民风团体二等奖、高质量节目特别奖2项大奖。8月，应邀参加第九届世界民俗锦标赛，在国际艺术大赛上斩获金奖。参加中央电视台网2019年喜迎中秋欢度国庆大型电视晚会获最佳组织奖，呼格吉乐其其格荣获一等奖。杭锦旗乌兰牧骑应泰国旅游体育部、泰国国家旅游局和曼谷市政府邀请，经文化和旅游部批准，组织21人赴泰国参加2019年泰国“欢乐春节”活动。

【乡村文化振兴】 拟订《杭锦旗乡村文化振兴方案》，推进乡村文化振兴“五个一”〔实现全旗各苏木（镇）都有一处功能健全的文化阵地、一支业务较强的文化管理队伍、一处独具特色的文化展厅、一支一专多能的业余乌兰牧骑和一个与旗总馆通借通还的图书分馆〕工程。锡尼镇夭斯图嘎查争取国家扶贫专项资金50万元，开发旅游合作项目1个，鼓励发展乡村旅游示范村和乡村旅游接待户，完成自治区星级接待户初评3户。

（郝志芬）

卫生 · 健康

卫 生

【概 况】 杭锦旗卫生和计划生育局于2019年1月更名为杭锦旗卫生健康委员会，挂蒙中医药管理局和爱国卫生运动委员会办公室牌子。撤销杭锦旗流动人口计划生育办公室，成立杭锦旗健康促进中心，爱国卫生运动委员会办公室职能、编制划入旗健康促进中心。卫健委有在职人员24人，核定编制17个，其中行政编制12个、工勤编制5个。内设股室8个：办公室、财务审计股、宣传与法制监督股、医政医管与体制改革股（行政审批股）、人口家庭与老年健康股、基层卫生健康股、妇幼疾控职业卫生与爱国卫生运动管理股、蒙中医药管理股；下设旗直医疗卫生健康单位6个：杭锦旗健康促进中心、杭锦旗卫生计生综合监督执法局、杭锦旗人民医院、杭锦旗蒙医综合医院、杭锦旗妇幼保健计划生育服务中心、杭锦旗疾病预防控制中心；下设基层卫生院13个：杭锦旗社区卫生服务中心、浩绕柴达木卫生院、伊和乌素中心卫生院、巴拉贡中心卫生院、呼和木独中心卫生院、吉日嘎朗图中心卫生院、独贵塔拉中心卫生院、杭锦淖尔卫生院、巴音乌素中心卫生院、塔然高勒卫生院、阿门其日格卫生院、四十里梁中心卫生院、四十里梁中心卫生院胜利分院。卫生健康系统有工作人员802人，具有卫生专业技术人员699名，其中高级职称110人、中级职称129人、初级及其他人员460人；具有硕士学位7人、大专以上学历443人；各类卫生技术人员中有执业及助理医师执照278人、护理人员254人、其他专业技术人员167人。

杭锦旗卫生计生综合监督执法局是2017年9月在杭锦旗卫生监督所的基础上整合计划生育执法职能而成立杭锦旗卫生计生综合监督执法局，隶属于杭锦旗卫生健康委员会，系副科级公益一类事业单位，内设综合办公室、政策法规股、执法一中队、执法二中队。核定事业编制17个，有工作人员19人，其中副高职称1人、中级职称4人、初级及其他人员14人；具有本科学历9人、中专以上学历10人。

2019年，新建旗蒙医综合医院完成主体工程。完成吉日嘎朗图中心卫生院建设主体工程和内装修工程，进行二次装修。启动阿门其日格卫生院建设，拟建设规模800平方米，完成图纸设计、选址论证等前期工作。完成门诊标准化建设4个。

推进健康杭锦建设，将人民健康工作纳入“五位一体”年度目标考核，形成“政府主导、部门协作、社会动员、全民参与”的工作机制。开展自治区健康促进旗区和国家卫生县城创建工作，7月9日，通过国家卫生县城复核评估。

【医疗卫生信息化建设】 落实远程医疗和智慧医疗工作，完善区域卫生信息平台和公共卫生信息系统，实现预约挂号等3个大类13项信息化服务及管理。全面推广使用“电子健康码”，全旗所有医疗卫生机构实行“扫码看病”。建成全旗远程医疗信息平台，旗内医共体成员单位之间、与上级三级医疗机构之间开展远程影像、心电、诊断、会诊及在线培训等便民惠民医疗服务。

【健康促进】 开展自治区健康促进旗区创建工作。组建“旗、镇、村”三级健康教育联络员和健康促进员队伍。利用旗、镇健康巡讲团、微信平台、健康教育专栏等平台开展宣教活动。对全旗2个社区6个苏木（镇）24个监测点1920户居民开展健康素养基线调查。推进国家卫生县城创建工作，开展爱国卫生“一周一月”活动，7月9日，通过国家卫生县城复核评估。创建健康单位19个（其中年内创建10个）、健康苏木（镇）3个、学校5个、酒店2个、社区5个、企业1个、示范基地2个、无烟单位11个。44个嘎查（村）被评为“自治区卫生嘎查（村）”（其中年内创建2个）。

【妇幼健康服务】 建成国家分娩镇痛中心和自治区危重孕产妇、新生儿急救中心（旗人民医院），组建技术专家救治小组，救助贫困危重孕产妇2人。推广使用互联网+“妇幼健康”线上服务平台和新版母子健康手册，完成5314名儿童生长发育监测与评价、疾病预防与治疗等工作。0—6岁儿童眼保健和视力检查覆盖率达到90%以上，新生儿先天性甲状腺功能减低症、苯丙酮尿症筛查率均达到90%以上，新生儿听力筛查率达到90%以上。完成2880人次妇女“两癌”筛查任务。推进生殖健康和避孕节育知识进校园、进课堂。完成增补叶酸预防神经管缺陷项目。实施艾滋病、梅毒、乙肝母婴零感染项目，孕产妇零死亡。

【完善疾病防控机制】 在旗人民医院、旗蒙医综合医院设立公共卫生科，启动旗人民医院传染病门诊、传染病房。各医疗机构申请完成艾滋病初筛实验室的认证和备案。开展基本和重大公共卫生服务项目技术指导培训考核4次。完善慢性病数据库和死因数据库建设及严重精神疾病信息管理系统。对200名8—10岁非寄宿学生和100名孕妇家中盐样和尿样进行采样检测，碘盐覆盖率均达到100%。完成丰水期和枯水期水质检测和病情调查，开展结核病患者筛查及防治工作。推行布病归口分级诊疗管理工作机制，对患者实行一人一档规范化管理。对职业病防控工作进行督导。

【儿童免疫规划】 预防接种全面使用扫码器和条形码，基础疫苗接种率达到99%以上，预防接种异常反应监测覆盖率100%。

【鼠疫防控】 召开全旗疫情防控工作部署会，不定期深入基层督导鼠疫防控工作。开展保护性灭鼠灭蚤和踏查检测，组织鼠疫防控知识和政策培训200场次，发放爱国卫生倡议书2万份。

【推进社会心理服务体系建设】 出台《杭锦旗全国社会心理服务体系建设试点实施方案》，通过召开启动会、邀请专家讲座、设立社区康复站、设立精神病科、开展重度精神病筛查、慢病防控、健康宣教和健康促进等方式全面推进社会心理服务体系建设。

【完善卫生应急机制】 组建应急专家组及咨询委员会，成立机动队4支和医疗救援队14支，组织各类卫生应急培训9次，开展鼠疫、急性传染病、食物中毒桌面推演。建设应急储备库2个，配备应急药品、急救设备和器械、应急消杀等物资。开展卫生应急宣传活动，成功创建自治区卫生应急规范旗区。

【基层卫生管理及服务】 组建68个家庭医生签约服务团队，贫困人口和计生特殊家庭签约率100%。以线上网络医学教育为平台，通过App线上培训系统对基层198名医务人员开展全天候线上理论和线下实操培训。对在职村医全部实行聘用制管理，利用乡村医生信息管理平台，实现乡村医生信息化管理，并实现乡村级医疗责任保险全覆盖。通过面对面随访、健康体检、诊疗服务等多种途径采集居民健康信息，启用冠新基层管理信息系统，完善健康档案信息系统，实现居民健康档案电子化信息化管理，并实现居民电子健康档案与市级平台互联互通。

【分级诊疗】 推进旗医院与市中心医院医联体建设。以旗人民医院、蒙医院及妇幼保健所为龙头，与12个苏木镇卫生院、社区卫生服务中心及所辖嘎查村卫生室组建3个医共体，牵头医疗卫生机构每月选派副主任以上医师到医共体基层医院坐诊一周。旗人民医院建成医学检验中心及影像中心。运行社区卫生服务中心“名医工作室”。

【现代医院改革及管理】 推动公立医院改革和精细化管理，完成2所公立医院副院长公开选聘、总会计师配备和三医联动等改革任务，实行院长任期目标责任制、考核制、薪酬制，为2所公立医院核定编制461名。搭建相互启发借鉴交流平台，全面组织开展市县院长论坛、宣讲、互讲活动。实行公立医院薪酬制度改革，建立体现医务人员劳务价值的医疗服务价格动态调整机制。实行医保支付方式改革，公立医院将119个病种列为单病种付费。健全药品及高值耗材的价格监管机制，旗直二级医院开展111个病种临床路径管理，逐步降低药品和耗材费用占比。巩固药品供应保障制度和药品采购“两票制”，提供两票制药品比例达到100%。设立检验检查自助查询和住院病人一日清单自助查询等便民服务系统，实行公立医院处方点评制度和抗菌药物分级管理制度。在各基层卫生院设置医疗垃圾暂存点，配备专用车辆收集临时存储点医疗垃圾，并对全旗医疗垃圾进行无害化处置。开展医疗质量安全教育培训、技能大赛、急救演练和绩效考核管理等活动。对6名订单定向医学毕业生进行安置。

【蒙中医药事业发展】 启动全国基层蒙中医药工作先进单位创建活动，建成基层蒙中医馆7所，建成蒙医中医特色优势重点专科1个（风湿科），市级重点专科2个（五疗科、皮肤科），在各医疗卫生机构设置蒙中医科和蒙中药房，配备蒙中医诊疗设备，开展蒙中医“治未病”等特色医疗服务。开展蒙医药中医药师传承工作，申报自治区级蒙医学术指导老师2名、继承人4名，市级蒙医指导老师4名、继承人8名。65岁及以上老年人14952人，接受蒙中医体质辨识和健康指导6151人，蒙中医体质辨识和健康指导率达到59%；0—36个月婴幼儿3057人，接受蒙中医调养保健服务2615人。

【计生工作保障】 将旗镇两级计划生育事业费按照人均26.45元列入财政预算（其中旗级12.95元）。落实计划生育奖励制度，将计划生育各项奖励经费单独列入财政预算。稳定和配齐基层计划生育工作机构和队伍，将计生村主任列入“两委委员”，统一由旗财政发放工资，同时计生村主任协助开展公共卫生、健康教育和健康扶贫等工作。

【老年健康服务】 组织开展全市老年健康周启动和宣传活动。2所公立医院均与养老院建立医养结合合作关系，巴拉贡医养结合试点医院开展中医药理疗、针灸、拔罐、推拿等工作。为全旗65周岁以上1.3万名老年人建立健康档案，为居家老年人提供医疗和护理服务。2所公立医院设立老年医学科，开通老年人就医绿色通道。国家卫生健康委员会一级巡视员张晖巡视杭锦旗老年健康服务工作。

【婴幼儿照护服务】 建立和完善婴幼儿照护服务标准规范体系和服务供给体系，开展婴幼儿照护服务。在旗人民医院、车站设置标准化母婴室，建立0—3岁婴幼儿托幼机构，可满足120名婴幼儿托幼需求。

【计生关怀服务】 推进旗、镇、村三级计生协会组织建设，巴拉贡镇巴音恩格尔嘎查被评为2019年度全区计划生育基层群众自治示范嘎查。为61名计生特殊家庭购买意外伤害保险和住院费用补偿团体医疗保险；组织5080人参加计划生育家庭意外伤害险；争取3年无利息幸福工程创业女星行万里工程款，为5户贫困妇女家庭每户投入20000元创业无息贷款；帮扶16名贫困大学生和16名贫困女孩家庭，紧急救助4户困难计划生育家庭，慰问计划生育贫困户31户，发放救助金、慰问金8万多元。确定杭锦旗锡尼镇、伊和乌素苏木、独贵塔拉镇为少数民族生殖健康促进项目点。

【卫生计生综合监督执法】 推进“放管服”改革，将行政审批事项进驻政务大厅，并实行网上办理。建立526户市场主体名录库和16名执法人员名录库；简化和公开行政审批事项办理流程，平均压缩办理时间50%。规范卫生行政执法行为，开展内部稽查2次，无预警、督办投诉件。组织开展卫生健康系统以案促改暨医德医风专项整治行动，推进“无红包医院”创建活动。

对16家医疗机构进行“扫黑除恶”线索摸排，对51家医疗机构进行医疗乱象督查，对部分医疗机构出具卫生监督意见书。对辖区内388处公共场所、32家集中式供水单位、16家二次供水单位、136所医疗卫生机构、28所中小学及托幼机构，4个放射卫生单位、1个职业病检查机构、3家餐饮具消毒单位进行全方位监督检查。新办、延续、变更75家公共场所。完成第七届库布其国际沙漠论坛、那达慕大会等重大活动卫生监督保障工作。

【卫生计生宣传教育】 组织全旗卫生监督协管员业务培训28人。对社区服务站、诊所、村卫生室医务人员开展静脉输注法律法规培训。对旗内288家公共场所及48家生活饮用水场所从业人员进行卫生知识培训440余人。组织全旗公共场所从业人员鼠疫防范知识培训150余人。参与“3·15”国际消费者权益日等法律宣传咨询活动，出动人员50人次，发放宣传材料1200余份。

（郭夷苏）

医　保

【概　况】 杭锦旗医疗保障局成立于2019年1月，为旗政府直属正科级行政单位。2019年3月，将杭锦旗人力资源和社会保障局承担的城镇职工基本医疗保险、生育保险职能，杭锦旗民政局承担的医疗救助职能，杭锦旗发展和改革局承担的药品和医疗服务价格管理职责及原杭锦旗卫生和计划生育局承担的药品、医用耗材招标采购、配送及结算管理职能划入旗医疗保障局，旗医疗保障局承担全旗城乡居民及城镇职工医疗保障工作任务。内设办公室、综合业务股。核定编制27个，其中行政编制5个、工勤编制1个、事业编制21个，在职工作人员38人（2019年，旗人力资源和社会保障局城乡居民医保中心18人、旗社会保险事业管理局5人、旗发展和改革委员会1人、旗市场监督管理局1人、其他六部门7人）。

2019年，全旗医疗保险参保人数达到136285人，其中，城镇职工医疗保险参保人数18670人，享受待遇382822人次；城乡居民医疗保险参保人数104725人，享受待遇38051人次；生育保险参保人数12890人，累计享受待遇416人次。全旗城镇职工医保基金、城乡居民医保基金、企业职工生育基金、医疗救助基金征缴收入分别为10610万元、13326万元、421万元、219.07万元；支出分别为7393万元、12683万元、298万元、89.48万元；累计结余分别为19733万元、7136万元、520万元、129.59万元。

【医保改革】 建立医保和卫健委等相关部门联动机制，采取单病种付费方式，在旗人民医院推行82种单病种付费，在旗蒙医院推行49种单病种付费。将国家谈判确定的阿扎胞苷等药品纳入杭锦旗基本医疗支付范围，执行乙类药品报销政策。2019年9月，同旗卫健委办理药品和耗材采购管理职能移交手续，全旗公立定点医疗机构全部参与药品和医用耗材网上采购，参与率100%。网上采购药品合计1851.08万元，特殊药品上报844.72万元，医用采购耗材合计713.22万元。

【医保结算管理】 2019年4月，医保中心业务全面进驻政务服务大厅（进驻工作人员15名），开设服务窗口5个，城乡居民、城镇职工（生育保险）基本医保报销，健康扶贫“一站式”结算，大病商业补充险等业务，实现医保报销、咨询事项“只进一扇门”受理，受理率达到95%以上，城乡居民报销审批时间由15个工作日缩短至7个工作日。

开通全国异地就医结算备案电话2部（城镇职工1部、城乡居民1部），实现本地患者在具有异地直接结算资质的医疗机构住院48小时内通过电话形式直接备案。全年职工自治区内备案361人次，结算306人次，结算金额329.27万元；自治区外备案240人次，结算198人次，结算金额373.98万元；城乡居民自治区内备案260人次，结算260人次，结算金额215.95万元；自治区外备案253人次，结算253人次，结算金额349.27万元。

城乡居民大病保险保费人均65元，报销比例60%，起付线14000元，贫困人员报销起付线降低50%，报销比例提高5%。报销446人次、271.64万元。

为1617名贫困人员代缴参保费，为1341人次贫困人口报销442.35万元，包括基本医保报销345.12万元，大病保险报销22.39万元，医疗救助报销42.39万元，脱贫保报销17.92万元，兜底报销14.53万元。1—9月，全旗各类社会救助对象2517人，其中发生医疗费用832人次，基本医疗和商业补充医疗保险报销499.36万元。

【医疗机构和药店检查】 组织开展全旗“两定”机构（定点医疗机构、定点药店）检查1次，参与自治区、市医疗保障局飞行检查和打击欺诈骗保活动。检查全旗18家定点医疗机构，其中公立17家、民营1家；检查药店、诊所48家，对违规违约的“两定”机构拒付医保基金816444.88元。

【医保经办人员培训】 对旗内定点医疗机构和巴彦淖尔市纳入杭锦旗管理的医疗机构医保经办人员进行培训2次，参训人员达到200余人。

（杨　艳）

人民医院

【概　况】 杭锦旗人民医院总占地面积8万平方米，建筑面积3.62万平方米，业务用房面积34103平方米。编制床位320张，开放床位280张，拥有一系列大型先进医疗设备，另有HIS系统、LIS系统、PACS系统、电子病历、体检等信息化系统，固定资产总额2.83亿元。医院设有内一科、内二科、外一科、外二科、妇产科、儿科、新生儿科、急诊科、中医康复科、五官科、手术麻醉科、血液净化中心、感染性疾病科等多个临床科室。有职工298人，其中正高职称20名、副高职称44名、中级职称40名；研究生3名。

2019年，医院门诊急诊量15.3万人次，同比增长6.81%；出院人数8347人次，同比增长1%；手术1130台次，同比增长12.21%。医院总收入6746万元，较上年增长5.16%，其中，医疗收入近3865万元，较上年增长8.21%；药占比35.28%，较上年下降1.77%。患者平均住院日6.55天，较上年缩短0.25天，住院次均费用4950.44元，较上年增长106.95元，增长率2.21%；门诊次均费用170.95元，较上年增长2.53元，增长率1.5%，门诊、住院次均费用增长率均在合理范围。

【基础设施建设】 实施门诊楼、住院楼、医技楼外墙保温工程，保温面积11466.42平方米，合同价为433.12万元，11月完工。实施亮化工程，12月初完工。以创建市级“园林式单位”为目标，完成院内绿化规划设计，重新绿化门诊楼前院落，并建设休闲凉亭。医院自筹资金700余万元，购置腹腔镜、高清关节镜、口腔CT等医疗设备，引进EMR（电子病历系统）、HIS、LIS、PACS等系统和移动医生工作站、移动护士工作站等13个综合管理系统、70多个子系统信息化平台和区域卫生信息平台接口。

【医药卫生体制改革】 完成医院副院长竞聘换届工作，公开选拔聘任副院长5名，任期3年。聘任总会计师1名，聘期2年。

【健康扶贫】 率先在全市实行健康扶贫“一站式”服务，帮扶13户“因病致贫、因病返贫”国贫户脱贫。成立健康扶贫工作队，对国贫户进行一对一帮扶义诊，同时副主任医师以上的医生与国贫户患者建立微信联系，一对一开展健康指导服务。开辟健康扶贫绿色通道，简化就医流程，免除贫困患者住院押金，实行先诊疗后付费。全年住院报销医疗费的贫困户人口182人，报销医疗总费用116.98万元，兜底报销20.72万元，国贫户总报销比例不低于90%。

【医疗质量管理】 对全院运行和终末电子病历进行质量分析，对病危、病重和住院超过30天等病历进行全覆盖重点质控。将病案管理、ICD编码分类分组DRGS引入医院，实行病案管理和医疗质量精细化管理。

【数字化医院建设及管理】 引入东华医信息系统，在信息化建设方面博得头筹，为申报二级甲等医院奠定基础，同时推进以电子病历为基础的医院信息化建设，为医院管理、临床医疗和服务等提供技术支撑。移动医疗为临床查房、辅助诊疗、辅助临床决策等提供服务。手机微信查询支付、门诊预约挂号和自助查询打印检查或者影像为患者就医提供方便。信息系统各子系统之间互联互通实现信息共享。

【医联体和医共体建设】 邀请北京、山西、广东、呼市、包头等医院知名专家30多人到医院坐诊，并开展各类手术示教和教学讲座。市中心医院对口支援专家12批次76人次对各科室进行技术支援。保持与中日友好医院、内蒙古自治区医院、内蒙古医科大学一附院和二附院、包钢医院的医联体专科联盟，与鄂尔多斯市中心医院继续结成医疗联合体协作关系，成立远程会诊中心，实现远程网络会诊与全国知名医院全覆盖、实时互联互通，随时预约会诊，开展远程会诊和讲座17场次。为6家医共体成员卫生院提供医学检验、影像和心电图等会诊交流平台，帮助检验项目40余人次，提供影像、心电会诊20余人次，21名副主任医师以上人员定期到医共体成员医院开展义诊500余人次，开展健康讲座5场、业务讲座7次。

【医院学科建设】 2019年7月25日，妇产科和新生儿科被自治区评为危重孕产妇救治中心和新生儿救治中心（全市仅3家），2项工作走在全市前列。9月16日，妇产科被国家卫健委确定为无痛分娩试点医院（全市5家）。启动胸痛中心和脑卒中心建设。

【医德医风建设】 落实首问负责制、首诊负责制、首诉负责制，开展“科主任接待日、护士长倾听日”活动。2019年，收到锦旗38面、感谢信2封，医生退红包171例，涉及金额84000余元，医生退红包事例成为医院管理的亮点。

（王伟丞）

蒙医院

【概　况】 杭锦旗蒙医院内设五疗科（五疗护办）、内科（内科护办）、外科（外科护办）、急诊科（急诊护办）、蒙药房、西药房、制剂室、影像科、B超室、检验科、药剂科、医务科、办公室、财务科、党建办等20个科室。帮助胜利、浩绕柴达木、伊和乌素、巴音乌素4家卫生院成立蒙医馆。有工作人员148人，其中在职人员118人、自聘人员30人。拥有高级职称30人、中级职称19人、初级职称63人；执业医师57人、药剂人员14人、医技人员9人、护理人员41人。

2019年，医院完成门急诊量41192人次，比2018年增加4331人，住院2413人次，与上年相比增长126人。病床使用率49.97%，与上年相比下降11.5%。业务收入完成1858.68万元，业务收入在上年的基础上增加205.38万元，增长率11.05%；药品收入1077.9万元，完成蒙药收入246.4万元，全院药占比为37.42%，与上年40.73%降低3.3个百分点；非药物治疗收入148.8万元，比上年104.58万增长42%；纳入临床路径患者230人次，临床路径出院比例为17.20%，单病种出院4人，盈利5103元。

2019年11月25日，蒙医院通过二甲蒙医医院复审验收工作。

【基础设施建设】 新建医院内外装修接近尾声，新医院厨房二次深化装修提前介入，投资8万多元对厨房水电线路管道二次铺设，并购置厨房排油烟系统1套。自筹资金对新建医院进行亮化装饰，完成线路管道预埋工作，项目总投资72万元（包括内部牌匾装饰）。投资近8万元，购进15克制剂包装机、滚动筛各1台。投资近55万元，购置日本岛津超高效全自动液相色谱仪1台。

【数字化建设】 8月1日，正式启用电子健康码就诊。11月6日，启用自助机挂号、缴费系统，是全市第一台蒙汉双语操作系统并支持医保卡挂号的自助机，全年通过自助机总收费14万元，处方1951张。11月5日，与医共体成员单位正式开通心电远程诊断，并与伊和乌素、胜利卫生院开通B超远程会诊平台。

【管理工作】 完成医院副院长竞聘换届工作，公开选拔聘任副院长4名，任期3年。投资17万元，为全体医护人员及病床缴纳医疗责任险和人身意外伤害保险。市药监局批复杭锦旗蒙医院制剂药品可调剂至伊旗蒙医院及苏木（镇）卫生院使用，全年调剂至伊旗蒙医院1008千克蒙药成品，苏木（镇）卫生院调剂使用282千克。12月6日，对医疗服务项目规范和价格（2018修订版）部分项目进行价格调整，启用新版诊疗项目。推进医共体建设，专家小组深入基层成员单位进行技术指导10次，义诊免费发放3000余元蒙药。12月中旬，举办蒙医药非药物疗法工作进基层、进病区现场交流会，邀请医共体成员单位到蒙医院五疗科参观学习。对核心制度执行情况进行督导检查，对基础医疗质量和环节医疗质量进行严格把关，对一些不合理用药、无指征用药、超剂量用药，违反药物配伍禁忌等处方进行点评、曝光，并予以通报和处罚。

【合作医疗服务】 全年城乡居民住院1787人次，平均住院费用为3675.2元，报销比例为75.23%，城乡居民住院患者人数比2018年增长10.8%；职工医保住院265人次，平均住院费用为3782.1元，报销比例为80.24%，医保住院患者比2018年下降10.7%；贫困人员患者住院63人次，总费用223118.5元，直接报销197203.6元，报销比例达到88.3%，全部实行先诊疗、后付费，一站式服务。

【医学教研】 开展医疗安全教育及相关法律法规学习4场次；开展业务讲座45场次，三基考试1次，合格率100%。派出8名医护人员到上级医院进修学习。深入基层义诊8次，健康宣讲10场次，发放健康宣传单500多份，组织体检5000多人次。

（魏　倩）

妇幼保健

【概　况】 2019年6月，杭锦旗妇幼保健所更名为杭锦旗妇幼保健计划生育服务中心，加挂杭锦旗妇幼保健所牌子。内设6个部29个科，分别是孕产保健部、儿童保健部、妇女保健与计划生育服务部、蒙中医保健部、医技部、行政综合部6个部；信息管理科、健康教育科、办公室、党务办、财务科、总务科、供应室、医务科、护理部、医院感染管理科、避孕药具管理科等29个科。有职工76人，其中在编职工48人、政府购买19人、借调8人、自聘专家1人。具有大专以上学历58人、中专及以下学历10人；具有卫生技术人员65人，其中高级技术职称18人、中级技术职称23人。

2019年，投入10余万元用于预防接种门诊房屋规范化建设，并购置设备。12月23日，完成与疾病预防控制中心预防接种门诊交接搬迁工作，并投入使用。

2019年，开展妇女病普查工作，全旗20—64岁妇女人数30370人，应查妇女人数10896人，实查人数8746人，其中妇女“两癌”筛查2880人。产妇数1087人，活产数1090人，其中男婴594人、女婴496人，出生人口性别比为84.03。有0—6岁儿童8182人，健康管理7592人。完成各项计划生育技术服务1684例。

【孕产保健服务管理】 2019年，全旗产妇数1087人，活产数1090人，孕产妇系统管理率93.49%，产妇建卡率94.48%，产前检查率99.72%，孕早期检查率95.23%，产后访视率93.94%，住院分娩率100%，高危产妇系统管理率100%，无孕产妇死亡。

全旗结婚登记人数1182人次，婚前医学检查人数950人，婚检率80.37%，检出疾病患者20人。

免费为520对夫妇提供国家免费孕前优生健康检查服务，目标人群覆盖率达到80%以上，对检出疾病患者均给予相应的生育和健康指导。

向目标人群免费发放叶酸1175人次，叶酸服用依从人数918人，叶酸服用依从率78.13%。

为768名孕产妇进行艾滋病、梅毒和乙肝表面抗原检测，发现梅毒感染病例6例，乙肝表面抗原阳性病例15例，对感染者及时进行母婴阻断，并进行保健和随访服务。

产前筛查人数808人，产前筛查率74.33%；产前筛查高危人数86人，产前筛查高危率10.64%。

【儿童保健服务管理】 全旗0—6岁儿童8182人，健康管理7592人，健康管理率92.97%；3岁以下儿童系统管理率92.08%；0—36个月儿童中医药管理目标任务数3208人，中医药服务儿童2954人，儿童中医药管理率92.08%；新生儿访视率94.31%；5岁以下儿童5325人，身高体重检查5169人，其中检出低体重儿童91人，超重儿童282人，肥胖儿童61人；血红蛋白检查4550人，其中贫血患病630人，贫血患病率13.85%，中重度贫血257人，患病率5.65%；5岁以下儿童死亡4人，死亡率3.67‰。

全旗新生儿先天性甲状腺功能低下症、新生儿苯丙酮尿症筛查1063人，筛查率97.52%；新生儿听力筛查1058人，筛查率7.06%。

【妇女保健服务】 开展妇女病普查工作，全旗20—64岁妇女数为30370人，妇女病应查人数10896人，实查人数8746人，其中妇女“两癌”筛查人数2880人，妇女病筛查率80.27%，妇女常见病患病939人次，患病率10.74%。为少数民族育龄妇女免费体检356人。

（薛　姣）

疾病预防控制

【概　况】 杭锦旗疾病预防控制中心业务用房2200平方米，拥有生化分析仪、数字心电图机、DR等千元以上仪器设备70余件，固定资产总值1019.03万元。内设办公室、财务科、疾病预防控制科、鼠疫防治科、结核病防治科、布病防治科、综合门诊慢性病防治科、免疫规划科、卫生监测职业病防治科、检验科、功能科。核定编制31个，在职职工38人，其中正高职称1人、副高职称7人、中级职称8人、初级职称22人，专业技术人员占比89%。

2019年，全旗报告法定传染病11种893例，报告发病率619.44/10万。发现结核病患者16例、人间布病病例226例、艾滋病患者34例、慢性病患者16643例。国家免疫规划疫苗报告接种率均达到99%以上。

【法定传染病管理】 全旗乙类传染病7种476例，报告发病率329.87/10万，占发病总数的52.91%；丙类传染病4种417例，报告发病率289.58/10万，占发病总数的46.75%。无甲类传染病、乙类甲管和重大传染病暴发疫情发生，全旗法定传染病漏报率 1.06%，保持无脊髓灰质炎状态。

【结核病防治】 推行“三位一体”（疾控技术指导、人民医院定点治疗、基层随访管理）结核病管理模式，定点医院接诊疑似结核病患者 311 例，发现结核病患者 16 例。追踪登记疑似肺结核患者 76 例，追踪到位 72 例，死亡 2 例，总体到位率 97%。各医疗机构结核病患者报告率、转诊率、活动性肺结核患者管理率、肺结核及疑似患者追踪率、肺结核患者密切接触者筛查率均达到 100%，全民结核病防治知识核心信息知晓率达到 85% 以上。基层医疗卫生机构肺结核患者规范化管理率达到 100%，艾滋病毒感染者 / 病人的结核病筛查率 89%。

【儿童免疫规划】 国家免疫规划疫苗报告接种率均达到 99% 以上，其中卡介疫苗接种率 100%，乙肝疫苗接种率 99.82%，首针乙肝接种及时率 89.54%，脊髓灰质炎疫苗接种率 99.79%，无细胞百白破三联疫苗接种率 99.77%，白破二联疫苗接种率 99.92%，含麻疹类疫苗接种率 99.43%，A 群流脑疫苗接种率 99.77%，A+C 群流脑疫苗接种率 99.81%，乙脑疫苗接种率 99.80%，甲肝疫苗接种率 99.92%，儿童免疫规划信息系统正常运转率 100%，无疑似急性弛缓性麻痹病和严重疑似预防接种异常反应病例报告。推广手足口、流感等二类疫苗接种，开展入学入托查验接种证工作。

【布病防控】 全年高危人群主动筛查 2734 人，发现人间布病病例 226 例，其中旗内报告布病病例 157 例，旗外报告 69 例，农牧民养殖户病例占病例总数的 92%。对布病患者实行一人一档规范化管理，急性期患者规范化治疗率 94%，治愈率 89%，慢性化率 3%。高危人群防治知识知晓率 95%，医技人员考核达标率 96%。布病宣传教育苏木（镇）100% 覆盖，嘎查（村）55% 覆盖；行为干预苏木（镇）86% 覆盖，嘎查（村）42% 覆盖，各医疗机构均具备开展实验室初筛能力。

【鼠疫防控】 全年未发现鼠间疫情，无人间疫情报告。设样方 44 公顷，平均鼠密度 8.3 只 / 公顷，调查鼠体媒介总鼠数 605 只，带蚤 191 只，获蚤 695 匹，染蚤率 31.57%，总蚤指数 1.15。剖验各种动物 605 只，其中剖验长爪沙鼠 536 只（自毙 2 只）。检验各种蚤 695 匹 / 46 组，未检出鼠疫菌，在疫点内捕鼠用试管法做血凝 138 份，结果均为阴性。

【艾滋病防治】 对辖区内医疗机构进行艾滋病初筛实验室的认证和备案，全年完成 HIV 检测 9510 人，对暗娼等高危人群干预 67 人，其中暗娼 33 人、性病患者 34 人。10 例 HIV 感染者 / 病人均建立管理档案，定期随访 10 人，CD4 检测 9 人，接受免费抗病毒治疗 6 人，结核病拍胸片 8 人，症状筛查 2 人。

【慢性病防治】 全旗常住居民 113400 人，建档 93976 人，建档率 82.87%。高血压患者估计人数 21593 人，高血压患者 13120 人，患病率 17.39%，体检 9303 人，规范管理率 70.91%，血压控制率 53.13%；2 型糖尿病患者估计人数 8330 人，糖尿病患者 2854 人，患病率 3.78%，体检 2071 人，规范管理率 72.56%，血糖控制率 50.63%；全旗严重精神障碍性疾病患者登记在网在册 669 人，报告患病率 5.87‰，规范管理率 98.36%，面访率 98.36%，服药率 95.37%，规律服药率 69.96%，其中精神分裂患者登记在网在册 320 人，服药率 92.50%，规律服药率 62.81%。全旗上报死亡人数 713 人，猝死率 6.03‰。

【地方病防治】 碘缺乏病防治：对 200 名 8—10 岁非寄宿学生和 100 名孕妇尿样和家中盐样进行监测，其中 8—10 岁非寄宿学生家中碘盐覆盖率 100%，合格碘盐食用率 93.50%；孕妇家中碘盐覆盖率 100%，合格碘盐食用率 92%。8—10 岁儿童尿碘中位数 188.8 微克 / 升，尿碘低于 50 微克 / 升的有 9 份，占比 4.5%；孕妇尿碘中位数 134.1 微克 / 升，尿碘低于 100 微克 / 升的有 32 份，占比 32%。

饮水型地方性氟中毒防治：监测 3 个自然村，全部实施改水工程，并采集末梢水样检测水氟含量都合格，覆盖人口 0.95 万人。在 3 个自然村检查 8—12 岁儿童 11 人，检出氟斑牙患者 2 例，氟斑牙检出率 18.18%，氟斑牙指数为 0.36。

饮水型地方性氟（砷）中毒防治：采集水样 1684 份，水氟合格率 29.57%。调查 8—12 岁儿童氟斑牙 641 人，氟斑牙检出率 18.1%，氟斑牙指数 0.34，发现氟骨症患者 4 人。采集水样 1684 份，水砷合格率 100%，未发现砷中毒患者和新增皮肤癌病例。

饮茶型地方性氟中毒防治：调查 76 个行政村 760 户，其中 187 户居民有饮用砖茶的习惯，占调查户数的 24.6%。成人氟骨症调查 1936 人，未发现饮茶型氟中毒病人。8—12 岁儿童氟斑牙调查 301 人，氟斑牙患病率 10.96%。

【公共卫生监测】 完成餐饮具消毒监测 12 份，合格率 100%。食品、公共场所等从业人员体检 7898 人。配合旗水务局、自来水公司完成水质检测 662 份。公共场所床单被罩等检测 162 份，合格率 99.38%。全旗报告食源性疾病例 347 例，无食源性疾病暴发事件发生。

【职业病防治】 完成职业场所有害作业人群岗前、岗中、离岗体检 1213 人，未检出职业病。

【病媒生物防治】 对蚊、蝇、鼠、蟑“四害”密度进行定期监测，并招聘第三方机构开展镇区“四害”消杀工作。投放鼠药 600 公斤，安装毒饵站 400 个，投放灭蟑药物 100 公斤，喷洒灭蝇灭蚊药 200 公斤，镇区“四害”密度达到 C 级标准，通过国家卫生县城验收组考核。

【公共卫生应急】 组建突发公共卫生事件应急处置机动队，应急物资储备率 86.67%。开展人感染高致病性禽流感桌面推演 1 次，人间鼠疫模拟应急演练 1 次，传染病应急风险评估 2 次。

【学校卫生管理】 对 2 所中学、5 所托幼机构、5 所校外培训机构 61 间教室采光系数、照度等指标进行监测；对 7 所各类学校进行调查，学生体检 2150 余人，教室监测 24 间，并进行常见病和健康影响因素监测与干预。

【卫生宣教】 在麻风病日、结核病日、糖尿病日等活动日开展大型专题宣传活动 10 次。利用“三下乡”“健康中国行”等活动开展鼠疫、布病、禽流感等防治知识宣传，并利用 LED 显示屏滚动播放各类宣传信息，制作宣传展板 8 块、条幅 12 条，发放宣传材料 85000 余份、宣传折页 15000 份、布病干预包 1200 套、鼠防干预包 50 套，现场咨询 1800 余人。培训基层防疫人员 2 次，督导基层防疫工作 4 次。

（胡雪松）

社会生活

人力资源和社会保障

【概　况】 杭锦旗人力资源和社会保障局，下设3个二级单位（社保服务中心、就业服务中心、劳动保障监察综合执法局），内设办公室、事业单位管理股、工资福利股、人才流动开发股、社会保险基金监督管理股、劳动保障与就业促进股、行政审批与政策法规股7个股室，局机关核定行政编制11个，劳动人事争议仲裁院事业编制13个，实有人员23名，其中领导职数3个（一正两副）。

承担打好“三大攻坚战”保障和改善民生两个方面6项市对旗考核指标任务，完成率100%；牵头承担全旗100项重点工作中的2项任务，完成率100%；牵头承担的落实促进就业创业有关政策和加强社会保障体系建设两个方面4项深化改革任务，完成率100%。

【创业就业】 全年新增就业937人，完成市级下达任务的104%，城镇登记失业率严格控制在1.94%。农牧民转移就业7099人，完成市级下达任务的101.4%，其中转移6个月以上6138人，完成市级下达任务的105.8%；组织开展转移农牧民培训263人，完成市级下达任务的100%；完成职业技能培训205人，完成市级下达任务的100%；完成创业培训100人，完成市级下达任务的100%；发放创业担保贷款768万元，完成市级下达任务的153.6%；建立面向贫困家庭子女、高校毕业生、城乡未继续升学的应届初高中毕业生、城镇登记失业人员等服务群体的终身职业技能培训制度。支持企业和职业院校、技工学校联合建立职业技能实训基地，扩大新型学徒制试点和校企合作工作，试点引入短期订单式培训模式，推动企业高技能人才培养，与内蒙古伊泰化工有限责任公司、鄂尔多斯昊华国泰化工有限公司、亿利清洁能源股份有限公司热电分公司3家企业初步达成新型学徒制协议。引导劳动者自主选择培训项目和培训机构，以直补个人方式参加就业技能培训和技能提升培训。全年发放职业技能培训补贴11万元，惠及61人，发放创业培训补贴5.8万元，惠及58人；完成大学生创业园改造升级工作，在提高入园率、加强规范化运作等方面取得突破性进展。大学生创业园实现入驻企业37家，创业带动就业200余人，发放大学生创业项目资助60万元，惠及高校毕业生48人，60名高校毕业申请发放中小企业稳定就业生活补贴6万元；举办“春风行动专场招聘会”“春风送暖”等各类活动6次，提供岗位505个，初步达成就业协议125人；多渠道开发就业岗位1056个。健全城乡劳动者平等就业制度，组织实施就业援助专项行动，确保零就业家庭至少有一人稳定就业。全年认定就业见习基地11家，为155名失业青年提供就业见习岗位，发放就业见习补贴资金21万元，惠及高校毕业生50人，发放社会保险补贴87.88万元，惠及就业困难人员177人，发放公益性岗位补贴39.16万元，惠及建档立卡贫困劳动力51人。实施失业保险援企稳岗“护航行动”，鼓励企业开展职工技能提升培训，对依法参加失业保险且累计缴纳失业保险12个月（含12个月）以上的企业职工给予技能提升补贴。全年发放失业保险金176.16万元，惠及失业人员148人次，发放技能提升补贴3.3万元，惠及企业在职职工20人。动态调整完善人才和劳动力信息库建设，了解掌握各类企事业单位用工情况，巩固和推进本土企业吸纳本土劳动力159人。全年发布岗位信息2202条，扩大就业容量、稳定就业岗位。

【社会保障体系】 全年全旗企业职工基本养老保险参保8294人（其中290户参保企业5872名参保职工，个体工商户、灵活就业、下岗失业人员参保2422人），新增参保898人，完成市级下达参保扩面任务的107%，基金收入10924万元；机关事业单位养老保险参保8092人，新增参保166人，完成市级下达参保扩面任务的103%，基金收入12185万元；城乡居民养老保险参保64040人，新增参保3170人，基金收入11026元（其中个人缴费收入2240万元，各级政府补贴及转移支付、利息收入8786万元）；工伤保险参保13410人（其中机关企事业单位参保474户13105人、按建设项目参保施工企业17户305人），新增参保1109人，完成市级下达参保扩面任务的126%，基金收入282万元；失业保险完成参保人数9085人，完成市级下达参保扩面任务的126%，基金征缴486万元；兑付各类社会保险待遇及补贴。全年为40356人次企业离退休人员及抚恤人员支付退休金、抚恤金、丧葬费13069万元；为33060人次机关事业单位离退休人员支付退休金18245万元；为112人次工伤及抚恤人员支付工伤保险费207万元；为234388人次城乡居民支付养老金12377万元、883名城乡死亡退保人员支付丧葬费350万元；完成全旗21813名到龄城乡居民基础养老金调整，调整后城乡居民养老保险基础养老金达448元/月，人均养老金达534元/月；完成全旗6834名退休（退职）人员基本养老金的调整，人均月增加养老金165.02元，调整后退休人员人均月养老金达到3924.87元；启用社会保险待遇发放数据专线，直接接入发放银行，实现待遇发放数据加密、专线传递。

【人才工作】 拟定《杭锦旗乡村人才振兴实施方案》。配合组织部拟定《杭锦旗人才服务绿色通道实施办法（试行）意见》。2019年，分步骤创建全旗乡村振兴战略咨询综合服务团队，由龙头企业、专业合作组织、村集体经济组织组成的引领型人才团队，由“柔性引进+本土培养”的服务型人才团队，由农场主、养殖大户、返乡创业成功人士、田秀才、土专家组成的独立型人才团队。在全旗5个重点示范村建成5个乡村振兴人才工作站，建成新型乡村综合治理、乡村民俗文化旅游、丘陵沟壑区生态治理、城乡产业发展、传统柳编工艺、规模化经营6个主导服务型人才团队和18支技术服务小分队。协调各人才成员单位巩固扩大全旗各类人才载体平台建设成果的同时，发挥部门职能作用，协助组织部门完成自治区第十批草原英才以及市级2019年度产业创新创业人才团队、高层次人才及人才团队滚动支持等申报推荐工作，申报推荐创新人才团队2个、创新人才团队滚动支持1个、高层次人才9人、杭锦旗优秀人才5人；抓好党政人才更新知识、专业技术人才继续教育和职业培训鉴定等各类线上线下培训活动，强化全旗主体班次和行业部门归口培训，创造条件选送各类人才外出学习提高。主要通过公开考试储备的形式，为教育、卫健引进113名专业技术人才；由农牧业局牵头为各苏木（镇）乡村振兴重点产业一线引进若干名园艺、农业生态与环境学、畜牧工程技术、牲畜疫病防治、畜牧兽医等方面紧缺急需专业技术人才，由文旅局牵头引进乌兰牧骑演职人员 5 名。

【人事管理】 按照“编随事走、人随编走”的原则，转隶涉改部门工作人员 412 人，涉及单位 56 家；按照《中共杭锦旗委员会机构编制委员会关于印发杭锦旗事业单位机构及人员编制优化调整工作实施方案的通知》（杭党编发〔2019〕20 号）文件精神，在核定规模和编制数内进行调配、专业对口、照顾基层干部、人往基层走、体现组织温暖、按规矩办事等，推进全旗事业单位人员优化工作，转隶部门工作人员 180 人、配置储备人员 95 人，涉及单位 52 家；开展人事档案“回头看”工作。全年完成 3115 卷在职干部人事档案自查工作，完成总数的 91.2%，按照专项审核集中自查工作要求建立相应的工作台账；拟定并提请政府常务会议议定《关于研究事业单位人员调配有关事宜》，规范人员调配、借调等工作。建立人社干部分组联系服务单位制度，加强平时监管。完成旗属 5 家国有企业收入情况调查，对国有企业负责人年薪做出初步测算。完成机关事业单位政策性调资、退休审批及一次性抚恤金审批等工作；规范事业单位岗位设置工作，提高事业单位高级专业技术岗位比例，教育、卫生、农牧林水提高到 20%，其他事业单位提高到 14%，全部重新核准岗位数。全年完成高级职称申报 58 人、中级职称 372 人，完成 93 家事业单位补岗竞聘工作。

【和谐劳动关系建设】 设立 500 万元农牧民工应急周转金，制定印发《杭锦旗建立健全治理拖欠农牧民工工资问题长效机制》，通过按月调度、治欠保支工作专项执法检查、政府专项督查等方式，整体保持动态清零。全旗开工建设的各类新建、续建工程项目 14 个，“两金三制”（农民工工资保证金、周转金；农民工工资银行代发制、专用账户制、实名制）等长效机制制度落实率达 100%，劳动合同签订率达 98%，劳动保障监察举报投诉案件率达 96% 以上；推进“两网化”（劳动督查网格化、网络化）建设。划分苏木（镇）7 个网格，建立网络信息平台，对全旗各类企业进行网格化管理。全年受理劳动保障监察投诉举报案件 34 起，依法立案 11 起，协调处理 23 起，为 660 名劳动者追回被拖欠、克扣的工资 1660.15 万元。录入主动监察记录 82 条、录入依法移送公安机关处理案件 2 起；通过日常巡查、双随机执法检查、根治欠薪专项检查、多部门联合检查等方式检查用人单位 115 家次，涉及劳动者 10096 人，规范用人单位劳动用工行为；联合开展清理整顿人力资源市场秩序专项行动，检查用人单位 5 家，劳务派遣机构 1 家，其他用人单位 4 家，未发现违法行为。完成各类企业、机关事业单位劳动保障书面审查 88 家，涉及劳动者 6075 人，其中各类企业 71 家，涉及劳动者 5956 人；完成机关事业单位劳动合同合法性审查 17 家，涉及合同制工人 119 名。完成建设领域劳动用工备案 46 家、涉及农牧民工 1601 人；平台录入行政处罚案件 1 起；受理劳动争议仲裁案件 31 起，涉及劳动者 31 人，仲裁办案系统录入办结案件 30 起。当期结案 31 起，涉及金额 103.98 万元，当期结案率达 100%；受理并认定工伤认定案件 22 起，累计审核并申报劳动能力鉴定申请 47 人。

【行业扶贫】 认定旗级就业扶贫车间 16 家、就业扶贫驿站 4 家，吸纳周边农牧民就近就业 173 人，其中建档立卡贫困劳动力 5 人。开发就业扶贫公益性岗位 50 个，人均年度增收 10560 元。搭建校企合作平台，由鄂尔多斯生态环境职业学院与亿利集团签署校企合作协议，面向杭锦旗低收入家庭，特别是国家建档立卡贫困户，成立亿利冠名班，实现毕业即就业。开展贫困人口线上线下就业创业及职业技能免费培训，惠及 291 人；落实社保扶贫政策，推进贫困人口社会保险应保尽保。按每人每年 100 元标准，完成全旗 1060 名建档立卡未脱贫人口、低保、五保、重度残疾、计生困难人员的养老保险代缴工作，代缴 12.12 万元；将7名满60周岁但未领取国家规定基本养老保险待遇的贫困人员，纳入城乡居民养老保险制度，人均月领取养老金达469元；全年入户走访贫困户、农户120余次，整治人居环境次数10次、完善社会治理10次，为群众办实事情况3件涉及300人。为包联村协调争取1.5公里砌渠项目（工程总造价203万元），2019年秋季开工砌渠（毛袋渠）1000余米。为包联村肉牛养殖杭锦旗欣隆沅养殖合作社申请100万元肉牛养殖扶持贷款，资金全部落实。

【"放管服"改革】 完成"互联网+监管"系统监管事项检查实施清单梳理31项，其中行政许可6项、公共服务事项23项、其他事项2项。推行"最多跑一趟""一站式、一网式"智慧政务服务模式。完成各参保单位缴费核定及记账工作。在行政权力清单梳理的基础上，建立网上办理和"最多跑一趟"清单，在政务服务大厅设立人社、社保、就业服务窗口，与税务、市场监管、医保、银行等部门联合办公，实现"一窗式受理、一站式服务"。推进"减证便民"行动，取消养老保险转移接续、注销登记及遗属待遇申领等应取消业务证明事项；取消领取待遇资格集中认证，推行"内蒙古12333"手机App人脸识别技术，实现网上办理资格认证，认证离退休、抚恤人员4954人，认证城乡居民领取待遇人员2.1万人，认证率达98%；利用微信公众号等新型媒体平台，及时向公众发布人社最新政策、最新动态，办事流程、政策解读等。同时建立服务引导岗、开通电话咨询引导服务和业务代办绿色通道。

（刘　硕）

民　政

【概　况】 杭锦旗民政局核定编制27个，其中行政编制8个、工勤编制3个、事业编制16个，在职干部职工31人（其中2人机构改革转隶到旗退役军人事务局，2人优化到旗民政局）。内设办公室、基层政权和社区治理股、社会福利和社会事务股、行政审批股（社会工作和社会组织管理股）。下设二级事业单位3个：城乡居民最低生活保障服务中心（副科级）、四十里梁中心敬老院、殡葬事业管理所。按照机构改革要求，2019年5月将救灾救济职能划转于旗应急管理局，将重要物资和应急物资储备职能划转于旗发展和改革委员会，将优抚安置（双拥）职能划转于旗退役军人事务局，将老龄事业职能划转于旗卫生健康委员会，将医疗救助职能划转于旗医疗保障局。

2019年，农村和城镇低保提高到每人每月514元和675元；"三民"（"文化大革命"期间遭受致残的农民、牧民、城市居民）定补标准提高到每人每月995元；孤儿集中和分散供养标准提高到每人每月2200元和1800元。民政重点对象各类补贴资金发放2256万元。办理结婚登记631对、补发结婚588对、离婚登记276对、补发离婚33对。

【兜底保障工作】 2019年，农村和城镇低保提高到每人每月514元和675元；"三民"定补标准提高到每人每月995元；孤儿集中和分散供养标准提高到每人每月2200元和1800元。开展城乡低保专项治理行动，通过低保对象综合认定、家庭状况定期核对、部门信息共享核查等手段，规范社会救助审批程序，资金全部实现"一卡通"按月发放。民政重点对象各类补贴资金发放3186.2万元（全年城镇低保156户252人147万元，农村低保770户1485人562万元，特困供养493人476万元，特困护理补贴81.3万元，残疾人生活补贴600人72万元，残疾人护理补贴2530人708万元，"三民"补贴141人168.4万元，孤儿补贴19人41.5万元，高龄津贴6081人930万元）。完成脱贫攻坚专项巡视、成效考核及督察检查反馈问题整改，探索2项制度衔接，采取部门联动、"清零达标"、完善制度等措施，推进民政脱贫兜底保障工作，及时将21户36人建档立卡贫困户纳入低保救助，发放低保救助资金 14.8 万元，临时救助 23 人 1.45 万元。

【基层社会治理】 2019 年，民政局重点在加强基层组织建设、社会组织参与社区治理等方面推进基层社会治理。先后 7 次开展村（居）民委员会“回头看”联审工作，届中调整 3 人；配合执法部门多种形式开展基层政权领域“扫黑除恶”专项行动；指导苏木（镇）完善村务公开、民主协商议事决策规则、民主监督制度及村规民约。实施民乐社区“三社联动”（以政府购买为牵引，以社区为平台，以社会组织为载体，以社工为骨干）试点项目，多领域推进社区为老服务、健康护理、亲子家庭、社会帮扶、志愿服务、文体娱乐、社区党建。结合“放管服”改革，将社团登记、变更、备案和年检等 13 项行政审批事项集中在旗政务中心民政窗口统一办理；依托自治区社会组织双孵化基地运营项目，对全旗社会组织和社会工作者开展专题培训 8 次、各类活动 10 次，参与人数达 390 余人；依托双孵化基地联合党支部，加强社会组织党建工作和党员管理，发展党员 7 名。完成 98 万元的居家为老服务、社会工作人员培训、培养为老社会组织和督导培育发展社会组织等政府购买社会力量服务项目招投标。

【民政公共服务】 2019 年，杭锦旗 4 个养老机构床位达 1000 张，入住老人 507 名，入住率超过 50%。集中供养失能半失能特困人员 95 名，集中供养率达 75%，护理床位达 95 张。引进品牌酒店管理企业，启动运行杭锦旗殡仪馆综合服务楼。全国第二次地名普查数据库通过民政部验收，推进杭锦旗地名志、杭锦旗地图等成果转化工作。挂牌成立锡尼镇民乐社区和独贵塔拉镇向阳社区 2 处“儿童之家”。办理结婚登记 631 对、补发结婚 588 对、离婚登记 276 对、补发离婚 33 对，合格率达 100%。

（阿拉腾沙）

退役军人事务

【概　况】 杭锦旗退役军人事务局为旗政府直属正科级行政单位，成立于 2019 年 1 月，内设办公室、权益维护和安置就业股、拥军优抚和褒扬纪念股 3 个股室。核定编制 8 个，实有工作人员 7 人，下设退役军人服务中心，股级事业单位。核定编制 9 个，有工作人员 11 人。

全旗 6 个苏木（镇）、76 个嘎查（村）、13 个社区退役军人服务站全部挂牌运行。全年完成光荣牌悬挂 2197 块；走访慰问生活困难退役军人、优抚对象 40 余人；为 6 位在中华人民共和国成立前参加革命工作的老战士、老干部颁发中华人民共和国成立 70 周年纪念章。全旗各类优抚对象 218 人，拨付下发各类补助金达 430 余万元；审核上报伤残人员 2 名。

【基层服务保障体系建设】 按照“一中心两站”服务保障体系建设的要求，采取“统一设计制作牌匾、上下联动推进挂牌”的方式，全面开展苏木（镇）、嘎查（村、社区）退役军人服务站组建工作。5 月底，全旗 6 个苏木（镇）、76 个嘎查（村）、13 个社区退役军人服务站全部挂牌运行。苏木（镇）退役军人服务站由苏木（镇）党委书记担任站长，由苏木（镇）分管领导担任副站长，配备专兼职工作人员；嘎查（村、社区）退役军人服务站由嘎查（村、社区）党支部书记担任站长，由“两委”中 1 名负责人担任副站长，退役军人和其他优抚对象超过 30 人的配备 1 名兼职工作人员。苏木（镇）退役军人服务站配备人员 26 名，嘎查（村、社区）退役军人服务站配备人员 183 名。苏木（镇）退役军人服务站按照“一窗口三室”标准，在服务大厅专设退役军人服务窗口，设置办公室、退役军人接待室、活动室；嘎查（村、社区）退役军人服务站与嘎查（村、社区）活动阵地合署办公，设有办公室、退役军人接待室。

【退役士兵社会保险】 成立社保接续工作领导小组，结合实际制定《杭锦旗关于建立解决部分退役士兵社会保险问题联席会议制度和工作专班》《杭锦旗推进解决部分退役士兵社会保险接续工作化解风险预案》，对做好退役士兵保险接续工作各项环节作出明确部署。组织业务人员参加培训，与相关部门开展业务交流。利用广播电视、报纸、新媒体以及张贴公告、发放宣传资料等方式全面开展宣传工作，做到让每一名退役士兵都知悉政策。

【退役士兵就业安置和信息采集】 组织参与自治区、市、旗就业招聘会7场，开展就业创业服务活动1场，实现就业19人。通过杭锦发布、杭锦旗退役军人微信公众号，及时发布行政机关和企事业单位招聘信息，为退役军人提供就业信息服务。全市公开招聘留置看护警务辅助人员杭锦旗籍退役军人4人；伊泰化工公司招聘消防队战斗员录用4人。针对受年龄、专长、身体状况等条件限制的部分退役军人，主动与旗内行政事业单位和园林环卫、物业、建筑等公司对接，提供适合岗位，吸纳7名退役军人实现稳定就业。贯彻落实中央和自治区、市退役士兵安置政策，政府带编安置退役士官3人。开展全旗退役军人信息采集审核工作。

【双拥工作】 召开“八一”中国人民解放军建军节座谈会和“不忘初心、牢记使命”专题座谈会，开展“军民团结一家亲”民族团结教育、“军民心连心　建功新时代”主题征文活动。在公共服务场所设置军人依法优先服务标志、国防及双拥永久宣传牌，建设国防和双拥宣传一条街和国防双拥主题广场，利用杭锦发布、杭锦旗退役军人微信公众号和报纸、电视台等新闻媒体广泛开展国防教育和双拥宣传。结合“不忘初心、牢记使命”主题教育，组织开展“传承2019祭英烈”活动。旗委政府班子成员亲自带队上门为烈属、军属和退役军人等家庭悬挂光荣牌，在悬挂光荣牌工作同时搜集、整理退役军人英雄事迹；深入生活困难退役军人、优抚对象家中帮助解决生活困难。

全年完成光荣牌悬挂2197块；走访慰问生活困难退役军人、优抚对象40余人；为6位在中华人民共和国成立前参加革命工作的老战士、老干部颁发中华人民共和国成立70周年纪念章。

【优抚对象优待政策】 为全旗各类优抚对象拨付下发各类补助金；审核上报伤残人员2名。

（巴格那）

民族事务

【概　况】 杭锦旗民族宗教事务局更名为杭锦旗民族事务委员会（挂蒙古语文工作委员会牌子），主管民族工作和蒙古语文工作，将宗教职能划归旗委统战部。杭锦旗民族事务委员会内设办公室、民族股和蒙古语文工作股（行政审批股），成立二级事业单位民族事务综合服务中心。有工作人员29人，核定编制数12个（其中行政编7个、事业编1个、工勤编4个）。

落实少数民族发展资金870万元，实施民族特色产业、嘎查集体经济（合作社）、人畜饮水工程等项目20个。申请到市级少数民族贫困救助金42.95万元，杭锦旗73户少数民族贫困家庭得到及时救助。在全旗范围内组织举办少数民族农牧民职业技能和实用技术等各类培训班3期，培训学员112人。受理2个民族成分变更初审。发放蒙古族在校大学生就学补助金326.8万元，惠及691名蒙古族在校大学生。投入资金300多万元修缮阿拉腾敖包。完成《杭锦民族传统习俗》《杭锦非物质文化遗产民族画册》《乌仁藤乃》第37期等书籍、刊物的出版工作。

【民族团结】 启动创建全国民族团结进步示范旗工作，成立由旗委书记任组长，政府旗长任常务副组长，政府分管领导任副组长，组织部、宣传部、统战部等相关单位为成员的创建全国民族团结进步示范旗工作领导小组。组织召开多城联创工作推进会暨杭锦旗创建全国民族团结进步示范旗动员部署会，制定《杭锦旗创建全国民族团结进步示范旗实施方案》。将创建工作列为2019年全旗97项重大项目重点工作任务之一，列入年度“五位一体”考评范围。旗委组织召开旗委理论学习中心组2019年第11次（扩大）学习会议，专题学习党的民族理论和宗教知识，特别邀请到鄂尔多斯市委党校副校长奇海林作题为《民族团结进步创建》专题讲座。组织蒙古语宣讲团，在全旗35个少数民族聚居嘎查、社区开展“民族团结一家亲　同心共筑中国梦”宣讲活动，开展民族团结进步“六进”活动。打造民族团结进步主题公园和民族团结进步展厅，制作民族团结进步题材微电影《井》，编排民族团结进步文艺晚会。杭锦大众村镇银行获得国家级民族团结进步模范集体称号，独贵塔拉镇道图嘎查治沙能人敖特更花被评为全国民族团结进步模范个人，并对其典型事迹在国家各大媒体进行宣传报道。巴拉贡镇、道图嘎查、扶贫办、总工会、蒙古族幼儿园被命名为第四批“全市民族团结进步创建活动示范单位”。

【民生工程】 落实少数民族发展资金870万元，实施民族特色产业、嘎查集体经济（合作社）、人畜饮水工程等项目20个。建立少数民族发展资金项目库，严格按照《少数民族发展资金管理办法》的要求，规范少数民族发展资金的安排和监管工作。申请到市级少数民族贫困救助金42.95万元，杭锦旗73户少数民族贫困家庭得到及时救助。旗民委承办全市民委系统少数民族发展资金项目管理人员培训班，各旗区民委主任、副主任、具体业务工作人员和苏木（镇、办事处）具体负责人54人参加此次培训。在全旗范围内组织举办少数民族农牧民职业技能和实用技术等各类培训班3期，培训学员112人。受理2个民族成分变更初审。

【活动建设】 争取市级民族教育专项补助金140万元，用于民族学校特色建设、管理经验交流、师资队伍培训及教学资源开发项目。发放蒙古族在校大学生就学补助金326.8万元，惠及691名蒙古族在校大学生。投入资金300多万元，修缮阿拉腾敖包。举办腊月二十三祭火仪式、珠拉格节等民族节庆活动。“杭锦文化日”期间，组织开展阿拉腾敖包祭祀、传统体育那达慕会、“康里艺人”蒙古族传统手工艺品及民族食品展览展销、蒙藏医义诊等活动，举办“民族团结进步杯”全市蒙古象棋邀请赛，协办杭锦旗那达慕大会、全市首届农牧民运动会。塔然高勒巴音布拉格嘎查、独贵塔拉镇道图嘎查被命名为第三批中国少数民族特色村寨。

【蒙古语用文规范】 年初，民委会同旗文旅执法局组织牌匾制作企业负责人参加社会市面用文政策法规的培训，表彰全旗牌匾制作优秀企业。联合旗教体局组织学生参加全市第三次中小学生蒙古语正字大赛，蒙古族中学代表队、蒙古族实验小学代表队分别取得全市第一名、第三名的好成绩。组织相关执法部门对锡尼镇各类广告牌匾进行检查，整治蒙古语、汉语材质不统一牌匾171块，整治无蒙古语、蒙古语不规范横幅180条。经督促整改，蒙古语、汉语并用率达到100%，规范率达98%。翻译审核各类公章、牌匾、文件制度7579个。

（郭　敏）

扶　贫

【概　况】 杭锦旗扶贫开发办公室内设机构3个：综合办公室、项目信息统计检测室、社扶移民室；下设二级事业单位1个：扶贫培训中心。有在职职工28人，核定编制9个，其中行政编制6个、工勤编制3个。

杭锦旗扶贫培训中心系公益类二级事业单

位。核定事业编制6个。

2019年，坚持“精准扶贫、精准脱贫”基本方略，紧盯“两不愁三保障”和饮水安全保障情况，以巩固扶持为重点，构建起集聚效应的产业发展长效机制及健康扶贫为重点的兜底保障机制和惠及民生的防贫机制。全年脱贫建档立卡贫困人口减少到1466户3580人，其中已脱贫享受政策（正常脱贫）567户1351人，已脱贫不享受政策（稳定脱贫）899户2229人；全旗22户43人未脱贫建档立卡贫困人口全部脱贫，实现绝对贫困人口动态清零。

完善贫困地区基础设施，投入专项扶贫资金120万元，完成锡尼镇赛音台格嘎查14公里砂石路建设。投入资金180万元，完成22眼机电井动力电配套工程建设。

全年全旗投入财政专项扶贫资金8618.63万元，其中中央财政专项资金429.7万元、自治区财政专项资金3100.85万元、市级财政专项资金4007.85万元、旗本级财政专项资金1080.23万元，用于产业扶贫项目4599.56万元、医疗扶贫项目111.9万元、扶贫工作经费以及培训费45万元、少数民族发展项目905万元、易地搬迁后续产业发展项目2661.85万元、教育扶贫项目146.77万元、生态扶贫项目25.8万元、危房改造项目122.75万元。全旗76个嘎查（村）集体经济总收入达808.1万元。

【扶贫责任落实】 实行旗委常委包联苏木（镇）、县级领导包联嘎查（村）、各级干部包户的扶贫“三包”责任制。参与旗委常委会议9次、政府常务会5次，召开全旗精准脱贫攻坚工作领导小组会议12次、巡视整改领导小组会议2次。由旗人民政府与各苏木（镇）签订脱贫攻坚责任状，成立精准脱贫攻坚专项推进组21个，对全旗建档立卡贫困户每户落实1名帮扶责任人，对于脱贫户享受政策户和未脱贫户全面开展入户帮扶；对于稳定脱贫户实行动态监测，每季度通过电话访谈、入户走访的形式了解其生产生活情况；对于存在返贫风险的及时上报，落实应急救助措施。

实行严格扶贫问责制，对扶贫相关单位和个人出现脱贫攻坚工作不力、责任落实不到位等10种情况进行严肃问责，并严格监督落实，推动脱贫攻坚责任落实到位。

实行脱贫表彰奖励制度，从全旗科级后备干部中选拔4名精干力量到旗扶贫办挂职，组成驻镇推进组。每年从全旗评选的百名优秀工作者中预留30%名额，用于表彰奖励脱贫攻坚一线的领导干部。明确每一批次干部调整中20%岗位用于任用扶贫一线的干部，每年预留5个科级岗位用于提拔使用脱贫攻坚中实绩脱出的一线干部。全旗76个行政嘎查（村）驻村工作队人员力量达228人，为每个驻村工作队落实工作经费2万—5万元。

【产业扶贫】 对享受政策的建档立卡贫困户继续落实种畜扶贫、牲畜出栏补贴产业扶贫政策。全年发放出栏补贴66.1万元，发放扶贫种畜44只，惠及贫困户487户1205人。投入扶贫专项资金3435万元，实施产业扶持项目33个，包括肉食品加工、红葱种植、柳编扫帚工艺、“西北沟”甘草种植等项目，全力培育致富产业。通过“党支部+企业+合作社+贫困户”等产业扶贫模式，采取订单生产、保底收购、托管服务、土地流转、产销合作、吸纳就业等方式，鼓励龙头企业、专业合作社等新型经营主体与贫困人口建立契约型、分红型、股权型等合作关系，并构建稳定的长效利益联结机制。实施嘎查（村）集体经济“消薄”行动，全旗76个嘎查（村）紧扣优势资源和特色产业，制订发展集体经济“一村一方案”，累计投入专项资金3069万元，包联单位和帮扶企业累计投入资金40万元，全旗76个嘎查（村）集体经济总收入达808.1万元，其中年收入在5万—10万元的49个嘎查（村）、10万—30万元的23个、30万元以上的4个，收益优先用于支持有劳动能力贫困人口产业发展和无劳动能力贫困人口基本生活保障。

【就业扶贫】 全年完成2539户6241名贫困人口摸底调查，其中有劳动能力的3976人。举办招聘会5场，提供岗位信息1618个，认定22个扶贫载体，吸纳贫困人口15人。安置公益性岗位53人，退出13人，在岗40人。对有培训意愿的48人进行就业技能培训。

【易地扶贫搬迁】 对所有易地扶贫搬迁人员进行再识别，对识别不精准的搬迁人员进行清退，并在国家扶贫系统与易地搬迁巡查系统中进行标注。承接到的易地搬迁工程，资金全部拨付到位，旗审计局对易地扶贫搬迁资金跟踪审核，对不符合管理要求的及时指出问题并责令改正。组织苏木（镇）对易地搬迁档案进行整理和整改完善。全旗通过产权分割，明确超出面积的权属，将易地搬迁人均住房面积控制在25平方米/人的标准线内，通过签订出资人证明，将超出规定自筹资金，由亲友赞助用于搬迁户安置房屋简单装修；对不能拆除的连体房，收归村集体管理使用，其余应拆单体房全部拆除。

【生态扶贫】 实行新一轮退耕还林政策，覆盖贫困人口185户446人，每年户均增收5529元。43名建档立卡贫困人口被聘为护林员，年户均增收6000元。

【扶贫小额信贷】 全年累计投放扶贫小额信贷7687万元，其中农牧户小额贷款1797万元，覆盖贫困户397户；新型经营主体贷款5890万元，支持35家新型经营主体发展壮大，并与贫困户构建起稳定的利益联结机制。对4家金融合作机构放贷区域进行分片管理，帮助制订3年还款计划，不得出现“一年一还一贷”现象。

【扶贫综合保障】 对符合低保条件的21户36名贫困人口落实最低生活保障补贴资金15.03万元，对符合临时救助条件的45名贫困人口落实救助资金2.75万元。将9名满60周岁但未领取国家规定基本养老保险的贫困人口纳入城乡居民养老保险参保范围，按月发放养老金，人均月领取养老金达469元；为184名贫困人口落实养老保险代缴政策，落实补贴资金1.84万元；对到达退休年龄的9名贫困人口落实基本养老保险借款5.2万元。为52名建档立卡残疾人落实残疾人生产生活补贴资金26万元。

【光伏扶贫】 推进光伏扶贫工作，将全旗125户无劳动能力贫困人口全部纳入光伏扶贫电站进行扶持，每户每年可增收3000元。

【落实一户一策到户补贴政策】 坚持因人因户施策，投入资金33.2万元，对22户未脱贫户逐户制订帮扶计划，形成“一户一方案”，其中产业扶持17户，实施棚圈建设7户，光伏扶贫15户，纳入低保16户38人，教育资助5人，公益性岗位安置2人，帮扶措施全面落实到户。

【扶贫对象动态管理】 开展扶贫对象动态管理工作2次，严格按照识别、退出、标稳、清退标准和程序，识别边缘户4户11人，脱贫监测户6户13人。

【扶贫资金使用管理】 全旗投入财政专项扶贫资金8618.63万元，用于产业扶贫项目4599.56万元、医疗扶贫项目111.9万元、扶贫工作经费以及培训费45万元、少数民族发展项目905万元、易地搬迁后续产业发展项目2661.85万元、教育扶贫项目146.77万元、生态扶贫项目25.8万元、危房改造项目122.75万元，全部拨付到位。

扶贫项目资金分配和资金使用计划全部通过旗委常委会和旗政府常务会审定后执行。严格实行村、镇、旗三级公告公示制度，严格按照“嘎查（村）申报、苏木（镇）审核、项目主管部门复核、脱贫攻坚项目库评审论证小组论证、脱贫攻坚工作领导小组审定”的程序，所有项目全部纳入项目库管理，由旗审计局牵头对扶贫资金使用情况进行专项审计。出台制度化、规范化相关文件5个，对专项扶贫资金收入、使用、分配进行监管。

【扶贫培训】 组织开展实用技能培训6期，覆盖农牧民244人，其中贫困户48人，主要开展厨师、蒙餐、电焊、柳编等实用技能培训和公益岗位技能培训。

【扶贫监督检查反馈意见和问题整改】 杭锦旗相继接受自治区对鄂尔多斯市党委政府脱贫攻坚成效考核、自治区党委第十三巡视组巡视、市委联动巡察组脱贫攻坚专项巡察、市对旗党委政府上半年脱贫攻坚工作督查、自治区扶贫开发领导小组暗访督查、中央脱贫攻坚专项巡视督查、中央脱贫攻坚专项巡视调研、交叉专项审计等多次监督检查和审计，针对反馈问题，在全旗范围内开展拉网式排查，并进行整改落实，同时对中央脱贫攻坚专项巡视、国务院对省级党委政府脱贫攻坚成效考核反馈全区存在的共性问题进行全面认领、整改。

2019年7月，结合“清零达标”行动，全面启动脱贫攻坚“大体检”，开展政策落实“回头看”督查和扶贫项目资金“回头看”审计调查，对2016年以来实施扶贫项目进行全覆盖审计调查，同时开展脱贫攻坚“回头看”大排查。9月，对全旗74个有贫困人口的嘎查（村）2447户贫困户开展大排查、大体检。11月，对贫困户、嘎查（村）、苏木（镇）、旗四级再次开展“回头看”工作，并进行全面查摆，逐级形成问题清单。

【消费扶贫】 组织全旗优质龙头企业、专业合作社等新型经营主体参加全市第二届农产品展洽会，与相关企业签订现代休闲观光农业田园综合体项目、秸秆加工综合利用示范基地建设项目、精细化分割牛羊肉供销合作项目等产业扶贫项目合作协议。会同团旗委共同举办杭锦旗消费扶贫助力打赢脱贫攻坚战暨“青联扶贫、为爱企航”义卖活动，为24名贫困学生发放助学金4.8万元。全旗“百企帮百村”成员单位、青联委员、青企协会员及社会各界爱心人士认领贫困家庭青少年“微心愿”37个。

【饮水安全】 对全旗2539户贫困户饮水安全进行常态化监测和对全旗2539户贫困户进行饮水安全现状确认，发现127户水质饮水不安全，经过安装127台净水设备后全部达标。

【住房安全】 对全旗农村牧区常住人口住房安全进行常态化监测。对于住房存在安全隐患的34户贫困户及时落实贫困户危房改造政策，每户补贴5万元，投入资金170万元，危房改造全部完工。

【健康扶贫】 为1491名贫困人口代缴合作医疗费和“脱贫保”保费。在全旗16个定点医疗机构和旗政务服务大厅开设“一站式”服务窗口，贫困人口在旗内定点医疗机构就诊实行先诊疗后付费，不缴纳押金，直接通过“一站式”服务窗口结算医药费。全面构建健康扶贫兜底保障机制，做好城乡居民医保、大病保险、医疗救助信息共享和服务衔接。2019年，全旗建档立卡贫困人员门诊治疗883人，产生医疗总费用99.4万元，报销81.4万元，报销比例为82%；住院治疗458人，产生医疗总费用411.5万元，报销361万元，报销比例为88%。

【义务教育】 全面落实国家、自治区、市和旗建档立卡贫困户教育救助政策，全年落实资金80.56万元，全部发放到位，惠及建档立卡家庭贫困学生522人次。对于贫困家庭残疾学生采取随班就读、特教学校就读、送教上门等方式保障其接受义务教育。对在校学生就读情况实行动态监测，及时发现未入学及失学适龄儿童少年，并劝返复学。完成吉日嘎朗图小学风雨操场和龙子心小学足球训练馆改造提升工作。

【扶贫创新和典型经验做法】 紧盯“人脱贫、旗摘帽”的总体目标，采取超常规的举措，形成一些操作性强的经验和做法。构建杭锦旗脱贫攻坚应急救助防贫保障机制。以设立保障资金的形式（首批300万元）对全旗生活处于贫困边缘的农村牧区常住人口和稳定脱贫建档立卡贫困人口“两不愁、三保障”实行动态监测，对于存在致贫返贫风险的及时落实因病、因学、因灾、因意外特别救助。全年申请33户，其中落实救助10户，拨付救助资金164605.78元；1户不符合救助条件；22户在收集票据。

帮助嘎查（村）理思路、落项目、扶产业，形成嘎查（村）集体经济发展联动格局，分年度开展嘎查（村）集体经济“清零”“倍增”“消薄”行动，全旗76个嘎查（村）集体经济收入平均达到5万元，收益优先用于贫困人口发展生产、保障无劳动能力贫困人口基本生活。多元发展促进增收动力，在部门、企业联动帮扶下，探索推进集体经济发展的新路径，一批特色产业项目落地生根，包括肉食品分割加工、红葱种植、柳编扫帚工艺、旅游开发、“西北沟”甘草种植等项目，形成以优势资源开发、产业服务创收、集体资产增值等多元发展模式，引导和鼓励新型经营主体通过订单生产、保底收购、土地流转、产销合作、吸纳就业等方式，把贫困户紧紧吸附在农牧业产业链上。多方监管促进发展活力。切实对集体经济资金收入、使用和分配进行监管。逐步建立起嘎查（村）集体经济村级“民主管理”、镇级“常态监管”、旗级“定期审计”的联动监管机制，切实给群众交一本“明白账”“放心账”。

在旗内媒体开设《新时代的奋斗者》《精准脱贫在路上》等专栏，组织集中采访1次，累计发稿215条（篇）；深入基层下乡演出35场次，逐村开展以“勤劳致富光荣　懒惰依赖可耻”为主题的集中宣讲110余场次、专题宣讲和技能培训7场，培训人数339人；依托嘎查（村）宣教队、驻村工作队入户宣讲精准扶贫政策900余次，张贴扶贫标语210处。为每名贫困人口落实5000元资金用于产业发展，同时要求贫困人口自筹10%，全面激发贫困人口脱贫致富的积极性。引导和激励贫困群众对照典型、学习典型、看齐典型，在全旗范围内选树30户脱贫典型代表进行表彰奖励，每户奖励资金5000元，资金全部用于发展生产或购置生产资料。

（奇书嵘）

镇·苏木

锡尼镇

【概　况】锡尼镇总面积3215平方公里，辖21个行政村6个社区；户籍人口52886人，其中农村户籍人口31964人，城镇户籍人口20922人。常住人口68713人，其中城镇常住人口58267人，农牧业常住人口10446人。党组织30个［党委1个、机关党支部1个、嘎查（村）党支部21个、社区党支部6个、非公党支部1个］，党员1313名（农牧区党员887人）。锡尼镇在职职工188人，其中行政占编41人（副科以上领导干部9人），工勤编1人，事业编54人，编外人员92人。

全镇有耕地21.5万亩，其中水浇地14万亩，有草牧场460万亩，其中有林地面积128万亩。农作物以特色优质的蔬菜、小杂粮、玉米、马铃薯为主。畜种以杭锦白绒山羊、优质肉羊为主，牲畜存栏39万头（只）。镇域境内有鄂尔多斯草原、察汗部落等自然景观，以及匈奴王冠遗址、西汉古钱币遗址等古文化遗产。城镇居民人均可支配收入从2012年的29604元增长到36144元，同比增长22.09%；农牧民人均纯收入从2012年的9800元增长到15354元，同比增长56.67%。城乡居民人均可支配收入分别增长6%和7.5%以上。

【债务化解】2019年，债务化解任务4571.55万元（其中与十项工程直接相关的债务3365.83万元，民营企业1205.72万元）。截至年底，化解债务4322.83万元（其中与十项工程直接相关的债务化解完毕，民营企业债务化解957万元），按要求化解完毕。

【脱贫攻坚】2019年，锡尼镇有未脱贫贫困户5户9人，享受政策贫困户162户370人，年底，未脱贫贫困户全部脱贫并公示。2019年，锡尼镇为贫困户申请农牧局产业补贴9.84万元，教育扶贫资金17.255万元，针对未脱贫贫困户落实各类项目资金4.9746万元，争取到户产业资金7.5万元。为23户贫困户提供护林员等公益性岗位，将3户符合条件的贫困户纳入低保，上报并复核7户特别救助户，对37户贫困户进行光伏扶贫项目扶持，帮助16户贫困户申请小额贷款。对“仅因子女考上大学、仅因家里有病人就被识别为贫困户”“简单地将低保户纳入贫困户”等情况进行分类摸底调查，并对调查中存在“两线合一”（农村居民最低生活保障标准与农村困难群众扶贫标准合一）情况的47户贫困户进行核查。严格按中央脱贫攻坚专项巡视反馈意见进行整改，全镇围绕4个方面24项问题制定82条整改措施。截至年底，24项整改任务全部完成整改。开展扶贫对象动态调整工作，锡尼镇贫困户人口增加30户44人，减少29户39人，回退1户2人，稳定脱贫12户51人，清退366户913人，不存在新识别、边缘户、脱贫不稳定户。2019年，申报扶贫项目21个，其中村集体经济项目6个，企业及合作社项目4个，基础设施建设项目1个，机电井动力电配套工程项目10个，截至年底，除阿门其日格村村集体经济项目办理回退中，其余申报项目均完工。完成贫困户的代缴合作医疗、脱贫保险、危房改造工作，2016—2018年340户贫困户机账核实一致，完成国家对自治区成效考核、自治区对盟市成效考核反馈问题整改和全镇733户1752人回头看入户核实工作。组织召开“百企帮百村”工作洽谈会和市驻村包联锡尼镇脱贫攻坚和乡村振兴座谈会，23家结对帮扶企业重点围绕发展壮大村集体经济、就业扶贫、金融扶贫等方面进行集中帮扶。截至年底，锡尼镇村集体经济收入达到10万元以上的有3个嘎查（村），分别为察哈尔乌素村、扎日格嘎查、胜利村；达到5万元以上10万元以下的有6个嘎查（村），分别为锡尼布拉格嘎查、赛音台格嘎查、广丰村、道劳呼都格嘎查、古城梁村、中图村；剩余其他12个嘎查（村）集体经济运行稳定，年底均能够保证收入达到5万元。

【污染防治】 锡尼镇综合执法局深入嘎查（村）进行环境安全检查。通过现场检查，发现内蒙古田丰源农牧业有限责任公司和杭锦旗迅雷达滴灌塑管有限公司等6家企业从事塑料颗粒加工生产，存在塑料颗粒污染现象，且无合法环保审批手续和无达标的污染防治设备，对上述6家企业及时下达停止违法行为通知书并责令关停；对辖区内2家污水处理厂进行环保检查，通过现场检查，1家无环保手续已被停产，1家正常生产；针对赛音台格嘎查牧民反映有大量污水排入其草牧场，严重影响草牧场生态环境，经镇综合执法局实地勘查、取证调查，污水来源于市政管道排污。

【环保宣传】 印发《关于严禁非法开垦、放牧、凿井等破坏草原的通告》，并发放宣传资料1000余份。禁休牧巡查出动执法80余次，处罚违规放牧18户，罚款8300元；开展治理“两禁”（禁牧、禁垦）工作，全面、彻底清查巡查“两禁”行为，让“两禁”案件减少。锡尼镇2016—2019年非法征占用、非法开垦草原22起，其中2017年1起，办理草原征占用审核审批手续。2016年7起，3起已恢复植被，2起未恢复，1起持有饲草料基地证，1起土地已确定。2018年，2起均办理草原审批手续。2019年12起，其中8起均缴纳罚款并组件办理草原征占用实用审批手续；2起罚款缴纳，植被恢复，1起拒绝恢复。

【督查检查】 组织2个检查组对所管辖区各行业进行全面督查检查，出动检查人员73人次，检查生产经营单位79家，排查发现各类安全隐患问题2项，整治完成2项，整改率100%。

【人居环境整治】 组织动员包村干部、“两委”及监委会成员、社长及农牧民约4600人，动用机械396辆进行环境卫生整治，清理垃圾1709车，清理卫生死角3941处，整理乱堆乱放3515处，拆除残垣断壁189处，清理主干线道路两侧垃圾3983.1公里，清理乡村道路两侧垃圾3810.5公里，修补花栏墙50处。

【农牧业】 完善“一圈四园一体两带”产业结构（“一圈”即环锡尼镇生态经济圈；“四园”即阿门其红公鸡文化产业园、四十里梁生猪产业园、浩绕柴达木绒山羊和肉羊产业园、胜利小杂粮产业园；“一体”即陶赖高勒田园综合体；“两带”即设施农业经济带和特色种植经济带）。在阿门其红公鸡文化产业园，新建成草原爵鸡孵化厂1处。引进杭锦旗中旺种植有限责任公司发展柳编产业，建成300平方米生产车间1处、130平方米柳编展厅1处。在浩绕柴达木绒山羊和肉羊产业园，启用浩绕柴达木活畜交易市场，完善和扩大绿野群羊食品有限责任公司屠宰规模，完成活畜交易8000多只（头），在锡尼布拉格嘎查完成草牧场改良4万亩；在胜利小杂粮产业园，引导周边农牧民有序扩大小杂粮种植面积，2019年，布哈岱村流转闲置集体土地220亩，种植荞麦、糜子、谷子，着力打造规模化、标准化、品牌化的绿色有机种植基地；在陶赖高勒田园综合体，编制陶赖高勒村村庄规划，明确“一园四区”（“一园”即城市主题形象公园，“四区”即陶赖高勒湿地区、农耕文化体验区、现代设施农业区、农业科技博览区）产业布局。2019年，重点对农耕文化体验区、现代设施农业区、农业科技博览区进行建设完善。在民俗文化体验区，将居民区闲置的部分房产进行续建装修，打造集民宿、特色美食、蒙古音乐创作培训、农耕体验、休闲娱乐为一体的特色文化体验区。有5家民宿、2家特色美食店、1家音乐制作工作室入驻，带动产业发展，增加居民收入。复工完成新村幼儿园建设，暂对其功能进行改变，作为党群服务中心、游客接待中心、科普驿站、新时代文明实践站以及古如歌培训、器乐制作展销等群众性活动场所。在现代设施农业区，选定3—5栋大棚进行增温改造试点示范，引进内蒙古沙海兰甜农牧业有限公司建成1180平方米仓储保鲜库1处，向鄂尔多斯包神铁路有限责任公司申请赞助资金200万元对18栋大棚进行修建完善，用于发展村集体经济。在农业科技博览区，建成集全自动滴灌、恒温系统和新研制的LED植物补光灯、LED植物诱虫灯、激光补光灯等于一体的互联网科技大棚2栋，并在帮扶单位市科协的指导下进行示范种植。中图村酸菜腌制、道劳红葱种植、阿拉腾图布希南海渔村等特色项目也取得进步，截至年底，酸菜腌制品销售达100万公斤，红葱种植面积达2000亩，销售红葱1100多亩。

发挥龙头企业、合作社和农（牧）家乐的带动作用，为农牧民增收搭建平台，带动农牧民发展专业化、标准化、规模化种植养殖，形成“党支部+企业+农户”“党支部+合作社+农户”“党支部+合作社+贫困户”“龙头企业+基地+农户”等多种发展模式。杭锦旗中旺有限公司带领帮扶的17户贫困户，年户均增收1000元，同时，为6名贫困户提供就业岗位，年人均增收2000元。杭锦旗鸿阳养殖专业合作社带领帮扶的4户贫困户，年人均增收6000元，年户均增收10000元，为其提供就业岗位。无偿扶持两户无劳动能力贫困户，每年每户不低于1000元。额尔定图畜牧业专业合作社采取“农户+基地+合作社”的运作模式，给贫困户担保贷款购买种畜，以与农牧户签订收购协议、雇用劳动力等方式，带动全镇3个嘎查150户少数民族农牧户发展甘草有机肉羊养殖产业。其中，4户贫困户直接受益，每年每户不低于1000元。多丰长绿合作社生产腌制泡菜带动200户农户，每户每亩纯收入9000元。

全镇21个嘎查（村）紧扣优势资源和特色产业，经集体研究、多方论证、征求包联单位与企业意见、镇党委审核把关后形成发展集体经济“一村一方案”。2019年，投入244.2万元，支持6个嘎查（村）发展村集体经济。

【社区建设】 入户发放宣传材料、牙签筒、水杯、手电筒、牙刷等宣传品、调查问卷累计20000余份，集中发放宣传品7200余份。运用“锡尼风采”、社区微信平台、QQ群等各类媒体刊登“全民创城大行动”“乡风文明大行动”“创城漫画”“创城图片信息”等累计143篇。运用社区电子显示屏、小区宣传栏、宣传展板、条幅宣传社会主义核心价值观、居民公约等创城知识。开展“魅力锡尼·情满家园”特色小区系列评选活动。胜利C区、公路段小区等13个小区获得环境优良小区、品质小区等荣誉称号，借助传统节日、节假日、消夏晚会开展主题为“创建文明城镇，共建美丽社区”“创建文明城市，共建和谐家园”“欢乐过端午，共建文明城”等创城活动45场次。选树先进典型，广泛开展“文明家庭”“文明楼道”“新时代文明实践户”“环境卫生整洁户”等先进典型评选活动，全镇累计评选表彰136户。锡尼镇探索形成“8+N+6+10”（“8”是指“党组织+行业志愿服务组织”“在职党员+志愿者”“驻村工作队+群众组织”“社工+志愿者”“社会组织+志愿组织”“乡贤+农牧民”“志愿者服务组织＋联盟”“社区居民＋居民”组建模式；“N”是指组建文明实践宣讲队、生产志愿服务队、科技志愿服务队、文艺志愿服务队、矛盾调解志愿队、洁净家园志愿服务队、平安志愿服务队、综合便民服务志愿队等多支志愿服务队；“6”是指健全6项机制，即健全领导机制、普及志愿理念、拓展招募渠道、强化培训机制、建立供需订单机制、健全激励积分兑换机制；“10”是开展便民助民、困难帮扶、就业创业、绿色环保、文明创建、文化教育、体育健身、医疗保健、科技服务、法律援助十大领域的37项全民公益志愿服务活动）新时代文明实践志愿服务工作法，开展新时代文明实践志愿活动。新时代文明实践所开展主题为“创城我参与，安全进万家”系列宣传活动，分别走进6个社区活动室、活动广场，讲解创城、安全、环保等知识。

【城乡居民养老保险】 2019年，锡尼镇城乡居民养老保险参保人数19374人，其中待遇享受人员6384人，新参保92人。2019年，审核生存认证6200人次，报恢复工资305人次。全镇城乡居民满60周岁到龄人员533人次，办理退休人员312人次，办理领取养老保险死亡注销登记167人次，领取其他养老保险退保63人次。为困难人员代缴养老保险619人次，全民参保工作完成394人次。

【就业创业】 协助旗就业局开展就业信息发布13条、就业培训3次，小额贷款申请、社保补贴申请、零就业家庭申请120人。调查摸底需培训未就业大学生55人，转移农牧民35人，建档立卡贫困户7人。

【计生奖励申报】 全年登记一孩生育服务证172个，二孩生育服务证251个，办理二孩及以上计划生育服务证16个。经入户调查审核，奖励扶助117人、特别扶助3人。办理农村牧区部分计划生育养老保险补贴282人，城镇无职业养老保险54人。核对并发放2018年的农村养老保险2088人，城镇养老保险400人，核对2018年奖励扶助139人，特别扶助33人，独生子女147户，少生快富2户，手术并发症3人。

【低保工作】 规范低保申报程序，强化民主评议公示，严格旗、镇、村三级审核制度，实现动态管理下的应保尽保、分类施保。2019年，全镇享受城乡低保人数330户624人，其中城镇低保108户177人，农村低保222户447人，发放低保金242.4685万元。

【五保、“三无”人员供养】 严格执行特困人员供养有关制度，推进核实工作，对符合特困供养条件的人员采取主动施保的方式进行保障，对生活自理困难的特困人员及时告知去医院做生活自理能力评估，全镇“三无”、五保对象应保尽保。锡尼镇有在册五保户114人，均采取分散供养的形式供养，对五保对象提高救助标准，基本上实现应保尽保，上半年发放五保金55.9万元，有“三无”人员6户6人，确保五保、“三无”人员的生活。重视留守儿童、孤儿等弱势群体生活情况，有孤儿8人。

【临时救助】 锡尼镇民政办做好临时救助工作，对因病、因残、因灾等各种特殊原因造成基本生活出现暂时困难的家庭，给予临时救助，申请290户553人，其中救助234户440人次，发放救助款20.58万元，解决城乡困难群众突发性、临时性生活困难。

【落实残疾人补贴】 2019年上半年，帮助300名残疾人员进行残疾等级鉴定，将所有符合政策人员纳入残疾人2项补贴范围，整理规范残疾人2项补贴档案。

【高龄、“三民”定补】 完成年度新增高龄老人的统计申报，75—79岁老人有969人，发放高龄补贴54.37万元；80—99岁老人1358人，发放高龄补贴122.22万元。全镇有“三民”人员65人，每月按时与户籍所在地嘎查（村）、社区核实生存情况及时上报旗民政局，按时足额发放“三民”人员生活补助（每人每月931元）。

【优抚工作、退役军人服务】 全镇有优抚对象 89 人，发放补助金 52.58 万元，其中在乡优抚对象 20 人。上半年发放补助金 11.84 万元。每年春节、“八一”建军节等重大节日对他们中的困难户进行慰问。贯彻落实国务院和自治区、市、旗政府关于做好退役军人信息采集工作的安排部署，做好全镇退役军人信息采集工作和全镇退役军人的综合情况摸排，建立完整的数据库。

（达楞花）

巴拉贡镇

【概　况】 全镇总面积 1859 平方公里，其中优化开发区（沿河区）206 平方公里，禁止开发区 1653 平方公里（牧区），辖 1 个社区、6 个行政村（嘎查），总人口 1.7 万人，其中农牧业人口 1.1 万人，城镇人口 0.6 万人。驻镇及镇直机关企事业单位 46 个，行政机构人数为 82 人，党组织 15 个，党员 460 人。巴拉贡镇政府有干部 82 人，其中副科级以上领导岗位 11 人，有 12 个内设机构（党政综合办公室、文化广电服务中心、公共事业管理站、计划生育管理办公室、城镇事务管理办公室、农牧服务中心、草原监理所、财政所、政法综治工作中心、扶贫办、统计站、劳动和社会保障所），核定行政编制 38 人，工勤编制 3 人，事业编制 26 人。2019 年，有耕地 6.9 万亩，其中老滩地 4.7 万亩，草牧场 231 万亩，林地 57 万亩，牲畜总头数 12 万头（只）。境内探明有杭锦 2 号土储量 3.2 亿吨，远景储量 10 亿吨，石膏储量 8000 万吨等资源。

2019 年，巴拉贡镇人民政府被评为“市级民族团结进步创建活动示范单位”，山湾村被评为“自治区文明嘎查村”。

【债务化解】 通过分类评估风险、全力化解债务等措施，超额完成全年债务化解目标，全年化解债务 7380.1 万元。

【精准脱贫】 完成“十项清理达标”专项行动。投入专项财政扶贫资金 579 万元，加大各项脱贫政策落实力度，14 个小型公益性项目全部入库，各类专项补贴全部发放到位。发放小额贷款 63 户，教育资助 92 人次，纳入低保 14 户，代缴合作医疗和脱贫保 107 户，因病致贫户全部签约，医药费报销比例 90% 以上，15 名贫困残疾人补贴全部发放。认定扶贫车间 2 处，聘用护林员 11 人，公益性岗位就业 5 人，评选脱贫典型 5 户。星连星牧业、肉食品加工厂等多个项目利益联结机制发挥作用，嘎查（村）集体经济收入均突破 5 万元。

【污染防治】 整治黄河沿线各类企业污水废水排放问题，星连星牧业粪污堆放问题得到解决，沿线污染隐患企业关停，镇区污水外运处理工作启动。执行河长制工作要求，定期巡河。排查整治“散乱污”企业 2 家。建筑扬尘、餐厨垃圾常态监管。河湖“清四乱”、“清河行动”和陈年积案“清零”行动涉及问题加快解决。卫生片区执法图斑问题全部整改。污水垃圾处理厂前期工作完成。

【乡村振兴】 完成粮食总播面积 5.7 万亩，制种玉米、大田玉米、葵花亩产效益较往年均取得新突破。3558 亩先建后补项目建成并通过验收。山湾越冬温棚建成投运，建成拱棚 92 座，保鲜库实现正常运转。300 亩有机蔬菜试点成功，亩产效益增收翻倍。稻蟹立体种养模式愈加成熟，田园综合体正在推进。肉食品加工厂项目稳定运营，养殖产业链条逐步延伸。星连星牧业千头进口奶牛成功入园，入园奶牛达到 3500 多头，日产鲜奶突破 60 吨。渠道衬砌加固、防洪治理等一批农田水利工程全部开工，智能滴灌配套面积达 3 万亩。培育乌力吉、泽祥、泰胜等示范合作社 7 个，培训新型职业农牧民 50 人次，认定家庭农牧场 3 个，新增“三品一标”〔无公害农产品、绿色食品、有机食品（农产品），农产品地理标志〕认证产品 2 个，规模化流转土地 5000 亩。

【工业经济】 鲁能、大漠、富强等风电项目和大唐、华盛、锋威等光伏发电项目实现稳定运营，新能源装机总量突破100万千瓦。硒蒙水泥、三星粮油等企业运营状况良好。汉威酚业投入生产。年产20万吨石英砂加工项目，进入试生产。科奇饲料、双源有机肥等项目前期手续基本完成，新建厂房。引进华通能源300兆瓦光伏发电项目和山东能源、国电、华润3家30兆瓦风能发电项目。六村联建700千瓦光伏项目快速推进。推进乡村旅游工程、乡村旅游示范村建设和特色小镇创建工作。完成全镇旅游产业科研规划编制和乡村振兴规划，启动景区南门建设与山湾村、昌汉白村总体规划项目。组织龙头企业和专业合作社参加农畜产业展销会4次，销售收入突破200万元。在全市第二届农村产品展洽会上，与科奇农业、渲源农业签订项目落地协议。

【基础设施建设】 完成镇区及沿河四村自来水供水管网改造工程。镇区防洪工程前期工作、初步设计和公开招标等工作如期完成，具备施工条件。开工实施农区913线改造工程，农业产业发展用电制约逐步消除。实施偏远农牧区农网升级改造工程，全年建设高低压线路335公里，安装配变器116台，牧区用电难问题得到改善。深入推进“气化杭锦”工程，分片完成镇区通气工作。全面完成S316线巴拉贡段改造项目扫尾工程，兴建大桥通车运行，开展锡磴线养护工程，落实路长制工作要求，修补损坏水毁道路，完成包银高铁巴拉贡段前期工作，启动牧区10公里小油路建设项目。

【人居环境】 推进人居环境综合整治工作。坚持街道、公园、小区融合绿化，完成巴拉贡广场等9处绿化改造。整治城区私搭乱建、店外经营、乱停乱放，常态开展精细化保洁，镇区管理全面加强。统筹推进农村垃圾、污水、厕所“三大革命”，完成垃圾污水处理厂前期工作，镇区排污管网工程设计通过评审。完成户改厕631户，新增吸污、清运、清扫等车辆和设备。开工建设秸秆处理、颗粒饲料加工项目，扩大打捆面积。

【民生保障】 完成绿洲家苑小区加固工程，配套完成管道更换、院落硬化和供暖维修工作。争取市旗两级民委资金，为牧区打机井170眼，配套建成大型水窖7座、入户水窖400座。中心卫生院、寿康养老院“医养结合”模式全面运行。新增两名医护人员、8名乡村医生。巴拉贡学校和幼儿园完成整体消防工程，教师周转房投入使用。发放各类困难群众救灾救助近30万元。

【文化建设】 开展“壮丽70年，奋斗新时代”国庆文艺会演、演讲比赛等庆祝中华人民共和国成立70周年系列活动。民生集市、“三下乡”、“爱我杭锦、相约巴拉贡”等大型文体活动深入开展。新村规民约制定公示，自治、法治、德治相结合的乡村治理体系初步建立。

【社会治理】 全年开展安全生产大检查15次，食药安全检查12次，实现安全生产“零”事故。非洲猪瘟、鼠疫防控有效。

（刘志国）

呼和木独镇

【概　况】 呼和木独镇总面积1225.68平方公里，牧区占总面积的3/4，是以蒙古族为主体，汉族占大多数的民族镇，全镇总户数3926户9976人，其中少数民族1521人，常住人口1920户5860人。杭锦旗呼和木独镇领导干部总人数114人，在职人员74人、退休人员40人。2019年12月，完成苏木（镇）机构编制改革，政府内设机构6个，具体为党政综合办公室、基层党的建设办公室、乡村振兴办公室、平安建设办公室、社会事务办公室、城市管理办公室，有行政编23人、工勤编2人。下设机构有党群服务中心（15个编制）、综合保障和技术推广中心（17个编制）、呼和木独镇综合行政执法局（23个编制）。

全镇总耕地面积20万亩，其中水浇地15.5万亩、河滩地4.5万亩。

2019年，全镇地区生产总值完成11.38亿元，完成财政收入2480.65万元，农牧民人均纯收入17930元。

2019年，呼和木独镇被评为旗、市、自治区“先进基层党组织”及市级“文明苏木镇”，巴音温都尔嘎查被评为市级“文明嘎查村”。

【债务化解】 2019年，化解债务1953.04万元，其中完成民营企业债务化解任务19.35万元，超额完成旗级下达任务。

【脱贫攻坚】 2019年，全镇建档立卡贫困户99户256人，其中稳定脱贫46户116人、正常脱贫53户140人。

【污染防治】 开展中央环保督察“回头看”，整治污染企业1家；全面落实河长制工作，开展巡河22次，集中清理“四乱”（乱占、乱采、乱堆、乱建）18户，完成黄河流域生态保护任务。

【重点项目】 S316线、G242道路呼和木独镇段交工通行，完成水源地57.7公里通电工程和自来水提质增效二期工程，实施户改厕533户，完成全镇常住户1157户自来水换水表工程，完成公共供水管网覆盖改造19公里，光伏新村屋顶光伏电板实现并网发电。配合完成水生态库区引水渠39公里、污水处理厂征地工作。1.24兆瓦村级光伏电站建成，实现并网发电。

【乡村振兴】 全镇牲畜存栏达12.8万头只，农作物总播种面积达到20万亩，其中葵花6万亩、玉米4.7万亩、大豆1.8万亩、小麦0.22万亩、优质牧草5.3万亩，露地瓜果蔬菜2700余亩。引进德晟公司万头肉牛养殖项目，达成初步协议，项目总投资16亿元。实施轮作换茬0.5万亩、耕地深松0.5万亩，推广农业生产社会服务化项目1.733万亩，实施标准化农田建设0.12万亩。完成3万亩嘉烨公司碳汇林生态建设、1.2万亩蚂蚁森林建设。完成农村牧区集体产权制度改革5个嘎查（村）资产清产核资、成员认定工作。

【人居环境整治】 探索出“3+6”（“三项机制”：建立监管机制、建立考核机制、建立奖惩机制；“六个一”助力管理常态化：一场“民生集市”——宣传动员、一个“主题党日”——示范引领、一份“村规民约”——民主管理、一张“红黑榜”——公示督促、一种“网格化管理”——分工负责、一套公司化外包——专业运营）乡村治理模式，作为典型经验做法在全旗推广。完成户改厕533户，购置自卸车、吸污车各1辆，新增垃圾箱113个、垃圾桶20个。

【社会综合治理】 开展“扫黑除恶”专项斗争，保持“扫黑除恶”高压态势，全镇未发现涉黑涉恶线索。在大套子村打造标准化“警务室”1处，办理服务事项6000余项，处理矛盾纠纷128起，化解125起，化解率97.7%。2019年，全镇5个嘎查（村）集体经济收入均实现5万元以上，其中10万元以上2个。以“五村联建”形式建设1座1.24兆瓦村级光伏电站并网发电。评选出103名“清风干部”，受理问题线索10件、办结7件，开展“上访变下访”及矛盾“大排查、大调查、大整治”活动，化解20起矛盾纠纷。

【社会事业】 挂牌成立新时代文明实践站、所各1处，打造移风易俗示范嘎查（村）1个，举办查汗淖尔嘎查第五届母驼圣火祭祀仪式、新时代文明实践活动暨那达慕大会、“五四”素质拓展活动等活动13场次，呼和木独镇被评为“鄂尔多斯市老年人体育文化工作先进集体”。发放农村低保金76户146人299772元、城镇低保金6户12人48033元、临时救助金88980元；发放残疾人生活补助金130人37.21万元。实施计生奖励扶助44人、特别奖励扶助5人、独生子女家庭奖励48户、城镇农村独生子女双女户养老保险补贴823人。完成残疾人重新认证工作，成立退役军人服务站和嘎查（村、社区）6个服务站，颁发退伍军人光荣牌 115 块，完成兵役登记，输出优质兵源 2 人。

（余东梅）

吉日嘎朗图镇

【概　况】 全镇总面积 2871 平方公里，辖 1 个社区、12 个行政村（嘎查）。总人口为 6759 户 15489 人，其中少数民族 2870 人。驻镇单位 22 个，党组织 14 个，党员 495 人。杭锦旗吉日嘎朗图镇有干部职工 84 人，其中副科级以上领导岗位 9 人，6 个内设党政机构（党政综合办公室、基层党的建设办公室、乡村振兴办公室、社会事务办公室、平安建设办公室、城市管理办公室）、3 个副科级公益一类事业单位（党群服务中心、综合行政执法局、综合保障和技术推广中心），核定行政编制 30 人，事业编制 61 人，实际占编情况行政编制 25 人，事业编制 51 人。耕地 23 万亩，河滩地 10 万亩。牲畜年存栏量 15 万头（只）。

2019 年，地区生产总值 5.19 亿元，财政收入 2985.15 万元，农牧民人均纯收入 2.38 万元。

【农牧业】 加强“东烁”南美白对虾、“亿道”肉牛、“赛诺”优质种羊、“吉日客”向日葵等农畜产品品牌推广；扶持东烁商贸有限公司发展南美白对虾养殖特色产业项目，建设光茂村东烁水产养殖基地 210.33 亩，带动周边水产养殖户发展南美白对虾养殖；扶持龙头企业鄂尔多斯市吉日客食品有限责任公司成立吉日客葵花籽农牧业产业化联合体，为成员提供“种—产—销”一体化服务；引进龙头企业内蒙古绿杭农牧业科技有限责任公司建立现代农业服务中心，实施“耕地保护与质量提升和化肥减量增效”项目，推广测土配方肥示范土地面积 6.2 万亩；扶持鄂尔多斯市荣旺种养殖有限责任公司在乃玛岱村实施 3000 亩水稻试验田项目，促进农业种植结构优化调整。以格更召嘎查和黄芥壕嘎查为重点，由“亿道”生态牛业牵头，培育肉牛养殖专业合作社 10 个，培育肉牛规模化养殖大户 50 家，全镇肉牛养殖规模达到 1.5 万头；推进“赛诺”肉羊新品种培育和肉羊规模化养殖项目，培养 200 只以上肉羊规模养殖大户 100 户。发展土地适度规模经营。按照“支部引领、党员示范、群众参与”的原则，以光茂村四社、五社为项目试点，99 户农户入股土地 1790.98 亩，实施适度规模化种植项目。组建种植专业合作社 2 个，推进以专业合作社为经营主体的新型经营模式，农户按照土地面积入股，由种植专业合作社实施统一经营、机械化作业。

【基础设施建设】 新开排干渠 680 米，新衬渠道 60 米，新衬段面 4500 平方米，衬砌膜袋渠 1.6 公里，新建开口闸 44 个、节制闸 3 个、桥 4 个、排干水泵站 1 座，新开出水口 1 个，维修渠道 2.7 万平方米，清淤 17 公里。实施美丽乡村项目亮化工程，安装风光互补路灯 167 盏。完成南街排水设施工程项目选址及初步设计规划。配合实施自来水提质增效二期工程，对全镇自来水管网进行升级改造；配合实施第一批农网改造工程，年内完成 10 千伏线路新建及改造 63.7 公里，0.4 千伏线路 33.87 公里，配变 19 台容量 1950 千伏安，实现镇区以西动力电覆盖。

【化债工作】 2019 年，债务化解任务总额为 8775.58 万元，按类型分，与“十个全覆盖”工程直接相关债务 8738.94 万元，化解完成 100%；民营企业债务 36.64 万元，年底联系办理化债。

【脱贫攻坚】 2019 年，第二季度动态调整清退 6 户，没有动态调整新增贫困户，全镇有建档立卡贫困户 215 户 569 人。有未脱贫建档立卡贫困户 2 户 3 人，继续享受政策 33 户 83 人，完成 2019 年动态管理工作。完成入户信息采集、召开村民代表大会、入户核实、公示公告等工作。分别于 11 月 1 日和 4 日召开动态管理推进会，通过充分讨论、研判，决定对 2019 年未脱贫的 2 户 3 人予以正常脱贫，对正常脱贫继续享受政策的 21 户

35人予以稳定脱贫，并分别于会议当日将名单进行公示。为10名贫困学生发放上半年教育补贴资金15475元，为9名符合条件的贫困学生申请下半年教育补贴13050元；落实金融扶贫政策，为2017年贴息贷款贫困户发放补贴利息907855元，为5户符合条件的贫困户发放贴息贷款；落实就业扶贫政策，为5人提供公益性岗位，按月足额发放岗位工资880元/人；为8户危房贫困户实施危房改造工程，其中1户自愿放弃改造，申请资金退回旗扶贫办，7户建设完成，基本具备入住条件，并通过旗住建部门验收；奖励脱贫典型，为3户脱贫典型每户奖励资金5000元用于发展生产；落实产业扶贫政策，为1户贫困户发放2.5万元产业扶持资金，为1户符合条件的贫困户申请种公羊，发放上半年出栏补贴1.97万元，其中，出栏羊补贴16户1.52万元，出栏生猪补贴9户0.45万元；落实健康扶贫政策，为享受政策的27户62人代缴合作医疗，继续落实“脱贫保”政策。完成全镇13个集体经济项目和两个带动产业发展项目的申报工作，将12项纳入脱贫攻坚项目库，4项批准为2019年实施的项目，分别为黄芥壕嘎查旅游服务中心项目（投入300万元）、五苗树村肉牛养殖项目（投入50万元）、光茂村水产养殖续建项目（投入11万元）、光茂村农机服务队项目（投入175.6万元）。

【民生和社会事业】 协调推进吉日嘎朗图小学风雨操场和教师周转房项目建设，推进佳佳幼儿园东门停车场建设，年内投运吉日嘎朗图卫生院；实行全民参保登记计划，推进养老、失业、医疗等社会保险扩面提标；开展劳动用工、农民工工资等专项整治，解决农民工工资纠纷事件3起105人，对镇内企业负责人和农民工进行宣传教育；落实兵役登记、征兵工作，向部队输送优秀青年，挂牌成立吉日嘎朗图镇退役军人服务站和13个嘎查（村、社区）退役军人服务站，对全镇退役军人开展登记建档、光荣牌发放等工作，保障8名优抚人员和60周岁农村退役老兵享受补贴政策，充分保障退役军人的合法权益；为368名残疾人发放残疾人2项补贴70.65万元、5名孤儿发放生活补助6.6万元、108户220名困难群众发放临时救助金15.86万元，发放高龄补贴654人482.4万元，将156户296人城乡低保和62户五保户纳入保障范围，城乡居民低保标准分别提高到每人每月675元和514元，五保金提高到每人每月790元。争取防汛救灾资金，做好应急物资储备工作，完成暴雨灾害受灾情况统计核实工作，为1665人（20683.28亩）受灾群众申请救灾资金。

【社会综合治理】 开展与群众自身生产、生活密切相关的法律法规宣传教育，培养提高群众法治意识，引导群众通过合理方式依法表达利益诉求；畅通信访渠道，密切沟通；坚持领导包案制度，抓好矛盾纠纷排查化解，推进村居共治共享；扎实推进“扫黑除恶”专项斗争和“扫黄打非”专项监督检查工作，开展反邪教宣传教育工作。推进公安“四化”（打防管控一体化、执法规范化、管理精细化、服务亲民化）建设，强化社会治安综合管控；落实安全生产责任制，坚决遏制安全事故发生。推进“河长制”工作，完善河库管理制度。开展农技推广工作，组织开展农技知识培训，开展草地贪夜蛾防治宣传及现场排查工作。

（崔向庭）

独贵塔拉镇

【概　况】 独贵塔拉镇位于北纬40°36′，东经108°42′，位于杭锦旗东北部，北靠黄河与巴盟乌拉特前旗隔河相望，东与东胜区泊江海子镇、达拉特旗中和西镇接壤，南临旗政府所在地锡尼镇，西与伊和乌素苏木、吉日嘎朗图镇相邻。总面积3227.4平方公里，全镇下辖15个嘎查（村）、1个社区，总人口27036人，其中少数民族约 4381 人。

杭锦旗独贵塔拉镇有干部 110 人，其中副科级以上领导岗位 9 人，有 7 个内设机构（党政综合办公室、经济发展办公室、社会事务办公室、杭锦旗独贵塔拉镇农牧业服务中心、杭锦旗独贵塔拉镇文化广电服务中心、杭锦旗独贵塔拉镇计划生育服务中心、杭锦旗独贵塔拉镇财政所），核定行政编制 55 人（其中工勤编制 4 人），事业编制 74 人，实际占编 31 人（工勤编制 4 人），事业编制 57 人。

【农牧业】 全镇完成农作物总播种面积 30 万亩、划定粮食生产功能区 10.8 万亩。引导农牧民转变种植方式，逐步拓展瓜果蔬菜、水稻、优质牧草及甘草等作物多元化种植，种植水稻和小麦分别达到 0.5 万亩、优质牧草 2.5 万亩、马铃薯 0.8 万亩、瓜果蔬菜 1000 亩、甘草 22.2 万亩、羊柴和柠条等饲草料作物 7.4 万亩、玉米和葵花等传统作物种植 25.5 万亩。向上争取项目，完成耕地轮作 0.5 万亩、秸秆还田打捆 1 万亩、社会化服务项目 1.55 万亩。全镇牲畜总存栏量 20.78 万头（只）、禽类存栏数 4.5 万羽、水产养殖面积 1.2 万亩。

【旅游服务业】 举办第九届五一“爱在弓弦 爱在库布奇”群英会暨沙漠旅游文化节、库布其沙漠第七届农牧民运动会暨珠拉嘎节、第七届库布齐国际沙漠论坛等旅游文化活动。S215、S316 线通车，提高了杭锦旗路网快速通行能力，推动独贵塔拉镇公路网络完善，为观光旅游越野爱好者、沙漠探险者和游客提供便捷出行条件。

【乡村振兴示范村建设】 道图嘎查建成蔬菜大棚 11 栋，种植时令瓜果蔬菜；发展壮大西门塔尔肉牛养殖规模，配套建设风干肉厂房，通过放牛收肉增加牧民收入；建设蒙古包 29 座，用于发展蒙古包民宿，通过租赁增加集体经济收入。争取民委少数民族发展资金 38 万元，建设草棚 9 个、羊棚 7 个、牛棚 3 个，用于牧民发展壮大养殖业，为牧民新村民宿经营优化发展环境，配套充足电力；打造建设古如歌演艺厅、古如歌展示厅，实现非物质文化遗产与旅游业融合发展。投资 45 万元，改造高压电线路 1 公里、低压电线路 2 公里、增设变压器 2 台，投资 210 万元，硬化路面 1.3 万平方米、绿化 9326 平方米。杭锦淖尔村平整 380 亩盐碱地，完善渠系、灌排等水利设施，通过合作社经营，试种盐碱地水稻 50 亩；以村集体名义，流转村民盐碱土地 1000 亩，进行盐碱地改良试验；整合利用村集体闲置土地，投资建设 13 亩集体水产养殖基地，进行南美白对虾养殖。隆茂营村实施 1.5 万亩高效节水灌溉项目；发展林业经济，建成“人参果”采摘园 1 处；深入推进集体产权制度改革，对集体的资源、资产、资金进行登记核实，量化到每一个村民。

【盐碱地改造】 通过赴青岛考察学习，邀请袁隆平团队先后 2 次到独贵塔拉镇进行水稻种植技术指导。袁隆平团队青岛九天智慧农业集团专家完成千亩盐碱地改良示范项目区踏勘工作及水稻培育研发中心和人才工作站设计方案。引进亿利集团在解放村疏通排干 2300 米、主灌溉渠道 2800 米，进行盐碱地改造，并种植水稻 2000 亩；在沙日召嘎查开挖主排干 4325 米，打机电井 5 眼，改造盐碱地 1500 亩；在杭锦淖尔村建成 380 亩盐碱地改良示范点 1 处。

【招商引资】 引进信义光伏公司，并签订 1 吉瓦意向合同；引进晶科光伏公司、通威渔光一体公司，并进行实地考察。

【化债工作】 全年化解十个全覆盖工程类债务 6229 万元，化解中小企业债务 183 万元。

【脱贫攻坚】 对全镇 2 户 5 人建档立卡，111 户 267 人已脱贫，落实教育补助 7.49 万元、牲畜出栏补贴 6.11 万元、易地搬迁后续产业发展资金 116 万元、公益性岗位 4.224 万元、生态扶贫（护林员）1.2万元，代缴医疗保险费和“脱贫保”五项保险11.85万元，完成3户贫困户危房改造，发放1.5万元表彰2018年3户脱贫典型户。审批推荐并帮助32户贫困户完成扶贫贴息贷款160万元。实施扶贫资金发展村集体经济项目4个，全镇村集体年收入达到234万元，联结带动贫困户79户。完成中央巡视脱贫攻坚反馈意见、国家脱贫攻坚成效考核自治区脱贫攻坚成效反馈问题、自治区脱贫攻坚暗访发现问题和杭锦旗脱贫攻坚工作大排查发现问题。

【生态建设】 开展河道清“四乱”和大棚房排查工作，拆除孔兑沟违法沙场3家，整治关停2家，拆除孔兑沟违法围堰1处，拆除黄河行洪区违章建筑2处，拆除大棚房4处，并且全部复垦。查处违法违规使用林地54个（违法图斑）。全年完成老促会羊柴、柠条等种植项目0.19万亩；配合亿利集团完成杨树、柳树、松树等乔木种植1万亩；完成政府义务植树乔木94亩；实施灌木平茬项目2万亩；实施京津风沙源人工造林1.05万亩；实施天保工程乔灌混交林900亩。

【人居环境整治】 按照3P模式由内蒙古水投公司牵头建设独贵塔拉污水处理厂、垃圾填埋场，前期立项、选址、环评、稳评、征地等手续全部完成。在杭锦淖尔村和道图嘎查牧民新村完成2处小型污水处理厂建设。完成杭锦淖尔村垃圾转运站建设工作，辐射周边4个村。道图嘎查牧民新村闪蒸炉建成并投入使用，对生活垃圾进行焚烧处理。在各嘎查（村）划分网格，常态化开展星期五“洁净家园、人人行动”活动，形成“四抓两化两行动”（抓示范引领、抓村民自治、抓长效机制、抓督查整改，设施配套化、管理网格化，“星期五”行动、“小手拉大手”行动）环境卫生清扫保洁长效机制，实现整治无死角、责任到人的网格化管理模式。推进“厕所革命”，实施户改厕1493户，在达拉图小聚居、永兴村、二圪旦湾村建设立方模压玻璃钢化粪池6处。

【社会文化事业】 城乡居民养老保险参保5861人，完成4522人生存认证工作，发放低保金85.4万元、临时救助款14.8万元、五保金77.7万元、老龄生活补贴172.1万元、“三民”定补生活补贴31.2万元、防灾救灾专项资金79.2万元、困难残疾人护理补贴143.4万元。完成退役军人登记及信息采集258人，悬挂光荣牌254块，发放退役军人、重点优抚对象生活补贴43.1万元。严格落实发放独生子女户、双女户父母养老保险补贴，计划生育家庭3项补贴全面兑现。紧扣“团结、稳定、发展”目标，强化统战工作，完成全镇港澳台同胞、侨胞人员摸底调查工作。深入宗教活动场所，对从教人员规范管理，开展宗教活动场所安全检查8次。开展“民生集市”活动12场次；评选星级文明户、美丽庭院、文明家庭、好婆媳、诚信农牧户等各类典型15户；举办文化物资交流大会2次；在镇区、嘎查（村）主要出入口、活动广场等地，设置宣传专栏30余处。举办庆祝中华人民共和国成立70周年暨全旗首届门球邀请赛、“三八”国际妇女节万人广场舞比赛、“华聚杯”第二届独贵塔拉镇社区文化节等群众性文化体育活动9场次。

【综合治理】 通过多部门联合执法，开展安全生产宣传5次，重点行业领域安全生产隐患排查和专项整治13次，食品药品检查13次。利用疏堵结合工作模式，常态化开展小商小贩整顿管理工作。坚持把信访工作作为经济社会发展的根本前提，坚决防止小矛盾发展成大问题，答复市长热线202条；处理信访案件17件。开展扫黑除恶专项斗争，收集到举报线索18条，13条移交派出所上报旗公安局扫黑办。推进“警司联调”工作机制，创新“三治”（自治、法治、德治）结合和网格化基层社会治理模式，成立矛盾调解小组，配备网格专员，共同参与矛盾纠纷处理工作，化解矛盾纠纷270余件。

（杨　科）

塔然高勒管理委员会

【概　况】杭锦旗塔然高勒管委会核定编制35个，其中行政编制16个、工勤编制2个、事业编制17个。内设党政办、经济发展办、社会事务办，所属事业单位有：财政所、农牧业服务中心、计划生育服务中心、文化广电服务中心。2019年，实施农牧业项目7项，发放农业补贴530.39万元，招商引资107.7亿元，发放五保金、高龄津贴等保障金316.68万元。

【农牧业经济】实施京津风沙源二期工程，总投资130万元；实施苏达尔沟治理工程，总投资640万元，治理面积1495.74公顷，抚育196.6公顷，设置沙障51.95公顷，围封围栏9607米；实施沙棘种植项目1.4万亩，总投资112万元；新挖大口井20个，实施节水灌溉项目15处600亩；新建水土保持监测站1处，投资50万元；实施农网升级改造线路151.59公里，安装变压器125台；实施草原围栏项目8万亩，建设草棚20处4000平方米、暖棚8处800平方米，新建青储窖4处1200立方米；种植玉米2.9万亩，种植山药等其他作物0.2万亩；发放农业补贴530.3883万元，农作物种植参保面积达3.1万亩。扶持家庭农场、龙头企业等新型农业经营主体，建成家庭农牧场5个、龙头企业1家，并与农牧民建立紧密型利益联结机制。依托“塔拉沟”羊肉品牌，发挥龙头企业示范带动作用，2019年羚丰合作社收购肉羊2813只，销售额达782万元，肉羊存栏量达2856只。推进土地草牧场确权颁证及农村牧区集体产权制度改革工作。完成超标公墓整改及土地卫片执法检查和例行督察整改工作。

【工业经济】神华塔然高勒1000万吨煤矿项目手续齐全，与中核集团对接进行铀矿资源勘探；蒙能煤矸石电厂并网发电，2台机组运行，全年发电37亿千瓦时；兴泽建材水泥厂稳定运行，全年销售水泥8.9万吨；供气母站及CNG、LNG加气站正常运营。

【招商引资】全年完成招商引资107.7亿元，其中中广核新能源有限公司预计投资100亿元，与鄂尔多斯市鸿亿新能源有限责任公司建设煤矿供热项目、杭锦旗亿科园生物科技有限公司发展黑蘑种植产业、内蒙古大营绿康有限公司发展生态散养牛产业等。引进煤炭储运销企业8家，建成区面积达到1000亩，服务重点企业发展。

【规划设计】编制完成涵盖村庄、土地利用、产业、人口布局等“多规合一”的《塔然高勒乌定补拉格村乡村振兴规划》。

【示范村建设】乌定补拉格村作为2019年乡村振兴示范村，研究制定“党建+”特色工作法，实施乡村振兴战略。

【优化产业】按照因地制宜、企业经营、群众参与、适度政策激励的原则，通过“引、领、建、培、带”创新模式，推动形成“2+5”产业发展格局。“2”就是培育疏矸水、电厂余热供煤矿2个项目五村抱团入股，联企共建集体经济，疏矸水项目完成并投入使用，煤矿供热项目完成可研报告，神华杭锦能源公司该项目列入2020年项目计划。“5”就是5个嘎查（村）分别形成以黑蘑、花卉、肉驴、肉牛、散养鸡、奶山羊等为主的特色养殖产业基地，其中乌定补拉格村扩大黑蘑种植规模，新建拌料池1个、发酵隧道3处、标准化菇房4座，带动3户贫困户种植，种植面积400平方米；肉驴养殖项目完成棚圈改造10处、饲草料库改造1处，实施配种站、冷库及道路等建设项目，养殖规模达1100头。塔然高勒村扩大生态散养鸡养殖规模，新建散养鸡二场1处，占地350亩，建成1500平方米鸡舍及相关配套设施，村集体经济集中养殖达1万羽，农牧民分散养殖4万羽，村集体养殖出栏2000羽，销售额达30万元。巴音布拉格嘎查发展奶山羊养殖项目。2019年，完成配种站、生产加工车间附属设施、养殖区附属设施及粪便无害化处理设施建设，购置奶源生产线设备1套，养殖规模达370余只，与8户（贫困户）农牧民建立合作关系和利益联结机制；巴音庆格利嘎查发展生态散养牛产业，总投资300万元，建设检疫室、草棚、保育室及牛棚等。查干补拉格嘎查实施滴灌带生产项目，以合作入股经营方式建成滴灌带加工厂1处，并与嘎查所有贫困户建立利益联结机制；在镇区以“三村联建”模式建设集土特产品展销为主的工厂化民族特色产品加工展销中心，以解决农牧民畜产品销售难的问题。

【人居环境综合整治】 以乡风文明推动城乡环境综合整治，加强人员配备，制定任务清单，实行网格化管理。围绕“五化”（居民点亮化、主干道路硬化、房前屋后绿化、农户庭院净化、人居环境美化）工作重点，制定工作台账和任务清单。建立健全村规民约及农牧民道德诚信评价管理体系，与农牧户签订“门前屋后三包”责任状。发动群众2000余人次修路植树。依托宣传栏、LED显示屏、微信等平台，以及“主题党日”“民生集市”“三下乡”等重要活动，宣传《鄂尔多斯市人居环境整治条例》。对市委人居环境督查反馈问题及时进行整改。

【社会民生】 全面落实社会保障政策，发放五保金、高龄津贴、临时救助、最低生活保障金316.68万元。实施“户改厕”520座，新建旅游厕所1座。在各嘎查（村）、社区设立便民服务代办点。开展文明创建活动，每季度在每个嘎查（村）定期举办一次文化、科技、卫生“三下乡”活动，开展群众性文体活动以及禁毒、环保、普法等宣传活动。

【安全生产】 2019年，对煤矿、天然气井田、电厂、水泥厂、砂石厂、酒店、加油站等企业以及道路交通、建筑施工等领域进行常态化重点检查。开展定期检查12次，不定期针对性检查18次，配合相关部门集中开展安全生产大检查8次。检查单位（企业）32家，发出整改通知书32份，提出安全整改意见44条，要求立即整改36条，限期整改8条。对整改落实情况进行跟踪督办，开展巡查“回头看”，对整改落实不到位、限期未完成整改的，立即启动追究问责，采取关停整改、行政处罚等手段。

【扫黑除恶】 发放宣传资料2400余份，固定宣传条幅168条，悬挂安装扫黑除恶灯杆旗68个，张贴墙体宣传条幅168条。

【疫情防控处置】 做好“非洲猪瘟”和鼠疫疫情宣传、稳控工作，保障食品药品安全。

【退役军人管理】 围绕“八一”中国人民解放军建军节开展活动，发放慰问金2人共2000元，召开座谈会。采集退役军人、“三属”及现役军人家属信息并录入上报87条。

【社会治理】 建立领导接访和包案化解机制，推动信访案件的化解，对各类矛盾隐患再排查再化解，重大活动、重要时间节点等重要时期赴区进京实现“零非访”。争取政法委“雪亮工程”项目，总投资200万元。

（王　东）

伊和乌素苏木

【概　况】 伊和乌素苏木位于鄂尔多斯西北部，地势平坦、草原辽阔，境内有鄂尔多斯最长的内流河——摩林河，故又名摩林河草原。伊和乌素苏木是杭锦旗唯一的苏木。苏木总面积4918平方公里，其中草牧场702万亩、耕地面积17.2万亩、林地面积17万亩；下辖12个嘎查、2个社区，总人口7500户16258人，其中常住人口5375户9985人，少数民族5175人，是一个以蒙古族为主体，汉族占多数的少数民族聚居区。城乡居民人均可支配收入达到42041元和18292元。

伊和乌素苏木有干部81人，其中副科级以上领导7人，设置6个党政机构，具体为党政综合办公室、基层党的建设办公室、乡村振兴办公室、社会事务办公室、平安建设办公室、城市管理办公室；设3个相当于副科级公益一类事业单位，分别为党群服务中心（挂便民服务中心、退役军人服务站、新时代文明实践所牌子）、综合行政执法局、综合保障和技术推广中心。核定行政编制35人（其中工勤编制4人），核定事业编制50人；实际占编情况：行政编制23人（工勤编制3人），事业编制38人。

【农牧业产业】 伊和乌素苏木培育新型经营主体，培育农牧业产业化龙头企业市级1家、旗级2家，认定家庭农牧场28家，规范提升专业合作组织4个以上。加大对种养殖业的扶持力度，构建杭锦白绒山羊养殖带和野生、半野生甘草种植带，提升“两高一优”（产肉量高、产羔量高，绒质优）杭锦白绒山羊良繁体系和西北沟甘草的知名度。在巴音孟和嘎查、巴音乌素嘎查分别建立规模养殖场，养殖西门塔尔牛和草原沙漠肉牛。加深希日摩仁嘎查马文化挖掘、研究、传播和推广，对养殖基础母马50匹以上牧户给予蒙古马保种项目资金5.3万元，并注入38万元，建成300平方米马配种站1处。推进粮经饲统筹发展，促进种养业良性循环，农作物总播面积达18.2万亩，逐步扩大青贮玉米、紫花苜蓿等优质饲草料的种植面积，紫花苜蓿种植面积2万亩，青贮玉米种植面积3万亩，完成6万亩玉米粮食功能区划定，引进上级惠农项目，在桃日木嘎查、乌日更嘎查实施节水灌溉项目9100亩，在巴音孟和嘎查实施社会化服务项目9000亩，实施108眼抗旱井项目，京津风沙源二期工程新建储草棚29处、暖棚7处、青储窖4处。推动农牧区产权制度改革工作，完成成员排查、界定。发放产权抵押贷款154.9万元，土地流转面积1.7万亩，草原流转面积3万亩。

【乡村旅游业】 组织举办第八届非遗文化剪鬃节、乡村旅游系列活动之希日摩仁第三届马兰花节、“阿拉腾敖包”祭祀等形式多样的群众文体活动40余次。完善马兰滩周边设施，修建砂石路、停车场、旅游集散中心等；以锡尼其日格嘎查为核心，整合周边吉祥圆满寺、乌兰阿贵庙、温泉、特色民族食品厂等资源，逐渐形成新的旅游区域，带动周边农牧民增收致富。

【乡村振兴战略】 深入实施乡村振兴战略，推动水电路气讯厕等基础设施建设向农村牧区延伸，在脑高岱嘎查、锡尼其日格嘎查实施一事一议项目，修建砂石路11.7公里，完成巴音乌素至宝日呼舒公路、巴音乌素嘎查至菩提济度寺道路拓宽改造工程，锡磴线32公里至穿沙公路18公里砂石路开工建设。增设移动、联通通信基站2座，解决巴音嘎查信号弱的问题。实施户改厕项目780户，危房改造户4户，完成污水处理厂、垃圾处理厂建设项目征地工作。制定出台《农村牧区人居环境长效管理指导意见》，对嘎查环境整治实施“两委包社、党员联户”网格化管理模式，成立环卫理事会，强化村民自治组织，落实农牧户门前“三包”责任制。落实《伊和乌素苏木嘎查村干部绩效报酬管理考核办法》等长效管理办法，创新奖惩机制，推行“环境卫生评比流动红旗”“人居环境整治示范户”“红黑榜”等活动，推动党建与农村牧区人居环境整治工作深度融合。全年检查环境卫生40次，公示“红榜”34户，曝光“黑榜”8户，集中整治农牧户庭院环境卫生58户，拔除枯死树木560余苗，清理生活垃圾1200多吨，收取“农维费”33.7万元。

【项目落地攻坚】 通过招商引资和争取上级项目，全年总投资约2500万元实施7个项目。各嘎查以抱团发展的形式，7村联建650千米的村集体光伏发电项目，5村联合入股冰峰泉饮业公司，所有嘎查集体经济年底收益全部突破5万元。

【化债工作】 全年化解债务4610.01万元，其中包括华亿资产公司债务2944.33万元，完成年度化债任务的386.4%。

【脱贫攻坚】 伊和乌素苏木以提升贫困户内生

动力为工作重点，在产业扶贫、健康扶贫等方面与贫困户建立利益联结机制，全年申请发放各类产业扶持资金42.75万元，落实各类政策性补贴30.03万元。苏木剩余4户7人贫困人口全部脱贫，稳定脱贫总数188户466人，巩固扶持75户171人。

【污染防治】 巩固中央环保督察及“回头看”反馈意见问题整改成果，严格实行“河湖长”制，配合旗环保局对盐海子周边环境及巴音乌素9家化工企业重点污染源进行综合整治，完成摩林河河道清理和两处水源地保护工作。推进土壤污染管控和修复，实施净土行动，推广测土施肥，秸秆还田和增施有机肥技术，推进增肥增效、控药减害、控水降耗、控膜增效“四控行动”，减少畜禽粪污等农业面源污染。

【生态文明建设】 争取生态建设项目，种植甘草、羊柴等共计3.5万亩；在乌日更嘎查实施蚂蚁森林项目3000亩、封禁保护项目5万亩；在希日摩仁嘎查实施1000万元水土保持工程，进行小流域综合治理。严格贯彻落实各项草原法律法规和政策规定，严厉打击非法开垦草原、严格执行禁休牧和草畜平衡管理保护制度，组织实施各类草原生态保护与建设工程，严守草原生态保护红线。重点对易发生非法开垦草原的嘎查，在每年的4月1日至6月30日实行24小时巡查。全年查处非法开垦案件2起，征占草原案件1起，开展禁牧督查11次，查处偷牧抢牧行为22起，通报6起。年末开展鼠疫联防联控工作，配合旗林草局开展草原灭鼠面积达12万亩，组织苏木职工、嘎查“两委”及监委开展集体灭鼠16次。

【社会治理】 推进“一网、一门、一次”政务服务改革，加大对低保户、五保户、优抚对象、退役士兵、残疾人、高龄补贴人员、“三民”定补人员等特殊人群保障力度，发放各类补助资金141.55万元，养老保险共计收取62.04万元，生存认证率达98%。医疗保险费收取18.3万元，住院报销率达90%、门诊报销率达80%，全苏木发放退役军人光荣牌151人。建设以社区与文化服务活动中心为一体的1000平方米活动阵地。与动检站、市场监管联合开展整治行动。全年进行安全检查18次，持续加强安全生产和重大风险防范工作。完善“党政同责、一岗双责、齐抓共管”的责任体系，全年受理各类信访案件43起，未留下遗留未办案件。将民族团结进步活动纳入苏木重点工作，使民族团结进步年活动覆盖各行各业、千家万户。投资7万元对政府大楼、文化广场等多处进行民族风格打造。在伊和乌素苏木第三届人民代表大会第四次会议上票决出2019年度民生实事项目5项，全部落实完成。

（李美玲）

园 区

新能源产业示范区

【概　况】 鄂尔多斯新能源产业示范区核定编制25人，其中，行政编制10人、工勤编制15人，在职职工45人。内设办公室、党群工作部、经济发展局、财政局、建设局、环境保护局、安全生产监督管理局、人力资源和社会保障局。

2019年，工业总产值完成35.4亿元，同比增长9%；工业增加值完成11.6亿元，同比增长37%；销售收入完成35.6亿元，同比增长7.3%；固定资产投资完成13.03亿元，同比下降9.8%；公共财政预算收入2495万元。

【重点项目】 新建、续建、技改项目12个，其中，新建项目2个，库布其20万千瓦光伏发电项目，总投资8.4亿元，设备安装基本完成，完成投资5.6亿元。兴圣提氦项目，总投资0.6亿元，所有设备采购完成，土建工程完成80%，完成投资0.2亿元。续建项目4个，万瑞天然气日处理100万立方米LNG项目，总投资3.5亿元，项目完工收尾，完成投资3.5亿元。杭锦旗聚野煤化有限责任公司煤焦电热循环项目，总投资6亿元，累计完成投资4.5亿元。库布齐酒业搬迁及升级改造项目，总投资1.88亿元，土建及设备安装正在实施中，累计完成投资0.33亿元。亨东天然气公司日处理60万立方米LNG项目，总投资2.1亿元，5月建成投产。技改项目2个，总投资0.4亿元兴圣闭式循环项目和总投资360万元苏里格窑炉脱硝除尘项目年内均完工。基础设施建设项目4个，投资754万元续建中水泵站雨水调节池工程，全部完工，进入调试阶段；投资366万元完成穿公路、一环路、纬八路道路两侧绿化工程，新增绿化面积5.5公顷；投资60万元，完成穿沙公路两侧人行道硬化工程；投资200万元，完成经二北路道路工程，实现园区与109国道的连接。

【招商引资】 引进上海晶科电力公司1吉瓦平价上网光伏发电项目、都城绿色7.5兆瓦分散式风电项目、500千伏新能源汇流站项目、上海庙至山东特高压线路配套60万千瓦风电20万千瓦光伏项目、山拓羊绒加工项目、世珍酒业年产2400吨清香型白酒产能搬迁技术改造项目、加和油气10万立方米天然气液化项目、京天润公司1200兆瓦风电项目等10个项目，计划投资230亿元。

【环境保护】 实行污染防治督查及重点环境问题挂牌督办、环保约谈制，定期召开专题会议推进落实。推进三大领域污染防治工作。贯彻国务院大气、水、土壤污染防治行动计划和自治区有关配套办法，整改落实2019年杭锦旗环境保护（污染防治）任务清单，完成同圆库布其环保砖厂原料库全封闭工程、苏里格玻纤脱硝、除尘设施改造工程、污水处理厂在线监控设施安装工程和推进园区建成常规六参数空气自动站工作。专项排查企业危险废物存储和处置情况，从源头预防和控制环境污染。开展第二次全国污染源普查工作。完成全面普查阶段工作任务，在规定时间内完成相关工作任务。

【安全生产】 制定印发《鄂尔多斯新能源产业示范区安全生产五个常态化重点工作实施办法》。定期开展安全隐患排查整治活动，对重大安全隐患实行挂牌整治。开展各类安全生产大检查行动8次，其中聘请专家开展隐患排查3次。检查企业168家次，查出隐患628条，整改518条，其余110条在整改中。

【债务化解】 2019年，园区化债任务67.49万元，均完成年初预算，督促相关债权单位进行决算和审计，核对并确认债务。

（张建祥）

独贵塔拉工业园区

【概　况】 鄂尔多斯独贵塔拉工业园区管理委员会内设党政办公室、党群工作部、经济发展局（挂招商局牌子）、财政局、建设局、环境保护局、安全生产监督管理局、人力资源和社会保障局。核定人员编制60个。

2019年，园区工业总产值完成98.2亿元，销售收入完成108.6亿元，企业上缴税收完成2.58亿元。

【重点项目】 2019年，实施重点项目11个，总投资40亿元。其中，续建项目5个：伊泰宁能年产50万吨费托烷烃精细分离项目，总投资5.44亿元,2019年总投资5.4亿元，完成投资1.4亿元，建成并通过安全验收，开始试生产。安德力精细化学品深加工项目，总投资5亿元，完成投资3.3亿元，试生产后停车检修完毕重新启动。汇通物流停车场项目，总投资0.3亿元，完成投资0.2亿元，项目建设基本完成，开始试运行。伊霖年产20万吨乙二醇项目，总投资15亿元，完成投资1.1亿元，因资金问题停建。兴熙天然气输气管道项目，总投资0.59亿元，完成投资0.4亿元，列入自治区规划，办理立项手续，手续办理齐全后复工。新建项目6个：联博化工年产40万吨食品级二氧化碳项目，总投资1.23亿元，累计完成投资0.8亿元，项目总体进度完成80%，12月试生产。新杭年产10万吨技改乙二醇项目，总投资3.5亿元，完成投资2.6亿元，年底完工投产。布尔科技云计算项目，总投资1.92亿元，完成投资300万元，7月开工建设，完成场平、围墙工程，计划2020年投运。绿丰环保年产10万吨聚氯化铝及年产5万吨氯化石蜡项目，总投资1.6亿元，进行工艺修改，修改完成后，开始环评及土地等前期手续办理。伊诺年产2万吨高碳醇产业化项目，总投资2亿元。华洲药业年产11500吨药物中间体项目，总投资3.5亿元，林草手续办理完毕，编制施工图纸。

【基础设施】 全年计划完成基础设施建设投资1.2亿元，完成投资4400万元。年底，南项目区综合服务中心项目，总投资3.5亿元，完成投资0.36亿元，4栋商业楼完工，1栋主体完工，便民中心在装修，部分管网硬化完工。北项目区绿化、亮化、管网改造完成投资800万元。高能时代渣场扩容项目立项、环评、设计完成，办理临时用地手续后开工，年内完成投资5000万元。宁能、联博、伊霖十字联通道路工程及南区综合服务区道路管网工程总投资7500万元，完成立项、环评、选址意见和初步设计审批，林草手续报至自治区，年内完成投资2000万元。

【招商引资】 园区以商招商和产业链招商作为重点，重点是年产80万立方米煤制气项目和年产60万吨烯烃项目。2019年，引进备案总投资约8亿元的年产5000吨特种蜡项目，年产1000吨煤基烷基苯绿色制备项目，年产10万吨煤基烯烃项目，年产20万吨基础油项目。引进伊联化工年产15万吨总投资1.5亿元的焠取蜡项目。与山东宇田化石有限责任公司对接合作事宜，以共搭平台、共建基地、共同招商的方式，构筑北项目区精细化工基地，占地 1.5 平方公里，拟建项目 10 个，总投资约 40 亿元。

【安全环保】 年底，组织开展安全生产例行检查 16 次，与旗应急局联合开展专家查隐患活动 3 次，查处隐患 416 处，均整改完成；配合市旗相关部门开展环保执法检查 6 次，督促企业按季按月开展环保工作自查，对辖区内企业及周边的地表、地下水做监测评估并严格按要求完善环保设施配套。2019 年，园区未发生重大安全事故和环境突发事件。

（郝云雷）

企 业

供 电

【概　况】 杭锦供电分局内设综合管理室、市场营销室、生产技术室、计划工程室、安全监督室、党群管理室、配网工程组；下设供电所 11 个、专业班组 13 个。在职职工 324 人，其中正式工 210 人、劳务派遣工 114 人，外委工 44 人。

2019 年，实施扶贫电力项目，解决巴拉贡、呼和木独、吉日嘎朗图三镇 4 万多户农牧民生活用电抽水问题，停止柴油发电机抽水，为政府节省日开销 1.2 万元。实施动力电工程项目，解决 578 户农牧民动力电问题。全年售电量突破 10 亿千瓦时。

2019 年，供电分局被鄂尔多斯市供电局评为先进基层党组织、党风廉政先进单位、先进工会；被旗总工会授予杭锦旗“五一劳动奖状”。

【电网建设及督查】 成立全旗电网建设领导小组，供电分局实行“包片负责、责任捆绑”制，班子成员整体管控责任区内配网工程；实行配电网工程“片长制”，层层压实责任；实行绩效与问责双项考核，结合抽查和自查的方式进行工程督查，同时开展各项电力安全督查。

【电力安全】 推进输、变、配设备标准化建设，实行配电专业精益化管理。开展“一强四化”（强化生产基础管理，实现班组建设标准化、人员技能专业化、作业现场规范化、设备运维精细化）劳动竞赛活动，巴音乌素供电所被内蒙古电力公司评为“一强四化”优秀班组。开展安全文明生产治理，组织安全教育培训 5 次，观看自制微电影《假如我有超能力》。开展各类应急演练 49 次，参与人数达 400 余人次。组织 23 个班组开展防人身专项检查 11 次，查出问题 324 条，全部完成整改。结合春秋查工作完成 68 条线路登杆检查消缺工作，登杆 22350 基，发现缺陷 13215 处，其中消除缺陷 12944 处，其余未处理部分在下一年工程中解决。全年完成带电作业 132 次，减少停电 6129.737 时户，增加供电量 53.7545 万千瓦时，超额完成市电业局下达的任务。组织“电力穿沙突击队”深入施工现场，推进各项工程建设。新航线创新工作室获得内蒙古电力（集团）有限责任公司命名。完成“第七届库布其国际沙漠论坛”和节假日等保电工作，实现“零报修、零停电、零事故、零投诉”的保电目标。

【电力营销】 2019 年，完成营销基础数据核查 23485 户，开展变台信息核查 1020 台。全面推进老旧计量改造及智能费控转换工作，采控指标位居全局前列。推广使用“蒙电 E 家”App，采取线上报装和上门受理的服务方式，完成业扩工程带电作业 18 次，压缩办电环节时限 50% 以上。利用微信和网格化服务群，精准推送计划停电、故障停电信息。实时跟踪重大项目办理进度，全力协调启动大工业项目，抢占工业园区用电负荷。利用农闲替换变压器，解决电采暖受限的同时增加售电量，满足农牧民生产生活用电。实现“95598”“12398”热线责任“零投诉”。

【电力经营管理】 执行预算管控，将工作计划与预算有机统一，实现财务管理规范化制度化。健全和完善绩效管理制度，实行考核结果与薪酬兑现挂钩。局机关部门人员每周下基层服务，与基层工作人员共同生活和工作。开展基层班组人员轮岗、调训，将新入职大学生和急抢修工全部充实到班组一线。培养17名年轻骨干走到管理岗位，在市局金牌班组长选拔中9人推荐入选，另有1人选为金牌班组长。通过竞聘选拔，为局机关部室补员4人，班组充实9人，有10名优秀青年员工被聘为供电所挂职副所长。在市局技能大赛上供电分局获得2个团体第一和2个个人第一；在鄂尔多斯电业局首届配电带电专业技能竞赛中获得团体第二名和个人第四名；在鄂尔多斯电业局首届电缆头制作技能竞赛中获得团体第二名和个人第一名的好成绩。组织各类专业培训班30余次，同时通过“夜校讲堂”对工作人员进行业务能力和服务意识等方面的培训。

（杨 欢）

同圆投资控股集团

【概 况】 鄂尔多斯市同圆投资控股集团有限责任公司成立于2013年5月，是杭锦旗国资中心出资设立的国有独资企业，注册资本8.066亿元，总资产135.71亿元。集团公司有职工69人，其中政府任命高管8人，聘用人员57人。公司下设6个部室和11家子公司，部室分别是办公室、财务部、企管部、资本运营部、工程部、纪检监察审计部；子公司分别是鄂尔多斯市同圆农贸联合有限责任公司、鄂尔多斯市同圆库布齐生态工业治沙股份有限公司、鄂尔多斯市同圆建设有限责任公司、鄂尔多斯市同圆城市建设管理有限责任公司（拥有房地产开发四级资质）、鄂尔多斯市同圆水务有限责任公司（拥有水利、市政三级资质）、鄂尔多斯市同圆城市建设有限公司（拥有公路三级资质）、鄂尔多斯市同圆煤业有限责任公司、鄂尔多斯市同圆融资性担保有限责任公司、鄂尔多斯市同圆能源扶贫开发实业有限责任公司、鄂尔多斯市同圆汽贸有限责任公司、鄂尔多斯市同圆药业有限责任公司。

2019年，同圆投资集团承接贷款23笔，贷款余额309990万元。2019年完成到期贷款展期5笔，展期金额81400万元。2019年，协助政府化解债务8834.51万元。

【旧城改造遗留问题处理】 2019年，清收旧城抵押借款案件工作完成45%，完善执行回转的抵押资产后续工程和产权办理、合理处置等相关工作，解决锡尼镇旧城改造回迁安置工程遗留工作。

【棚户区改造项目】 东棚户区改造项目。涉及拆迁365户，总投资24811万元，安置方式为新建安置，截至2019年全部完成。承建金泰通小区二期建设工程，3号、4号、5号、12号楼具备交房条件，6号楼主体完工，砌块、二次结构到6层；同时，金泰通小区一期工程竣工验收备案和商品房预售许可证完成，办理网签手续及拆迁户不动产权证书。

北棚户区改造项目。申报改造1085户，总投资4.86亿元，安置方式为货币化安置。安置补偿980户，达到89%，拆迁占地面积约450亩；北区基础设施配套友谊大街项目前期手续全部办理完毕，等待发改立项。

南棚户区改造项目。申报改造1029户，项目总投资60855万元，安置方式为货币化安置。安置补偿126户，另外完成基础设施配套吉日嘎朗图街罩面工程。

城市棚户区（城中村）改造项目。申报改造404户，总投资19276万元，安置方式为货币化安置。拆迁完成 43 户。

【天然气项目】 鄂尔多斯市北方油气扶贫有限公司完成锦 72 井区小集输 CNG 项目、LNG 项目的招投标手续，其中锦 72 井区小集输 CNG 项目正式投产，锦 72 井区小集输 LNG 项目进场平整场地，长周期设备下订单。

【光伏扶贫项目】 项目委托市能源公司运营，按照《杭锦旗光伏扶贫项目收益分配监督管理办法》，同圆公司取得项目投资收益后，与杭锦旗扶贫办将投资收益分配给 125 户光伏扶贫对象，做到一户一卡、专款专用。扶贫收益由杭锦旗财政局进行兜底，确保每户每年增收 3000 元以上，持续扶贫 20 年。

【生态工业治沙项目】 同圆生态工业治沙公司 2019 年生产各类环保市政砖 600 万块，销售收入 460 万元，实现销售利润 170 万元，销售天然气收入 630 万元，实现销售利润 140 万元。2019 年 5 月，经旗委政府同意，以租赁的形式与第三方合作，以每年 731 万元的租金，签订 3 年期租赁合同。

【市政工程项目】 2019 年，承接锡尼镇背街小巷和市政维修 2 项工程。

【水生态项目】 项目通过黄河汛期水引入库布齐沙漠，用于恢复和治理生态环境。项目总投资 14094.18 万元。一期沙漠重点水生态综合治理保障工程投资 5331 万元，二期实施的巴音温都尔湿地工程总投资 1993 万元。

（李骁哲）

伊泰化工公司

【概　况】 内蒙古伊泰化工有限责任公司成立于 2009 年 10 月 29 日，是由内蒙古伊泰集团有限公司、内蒙古伊泰煤炭股份有限公司共同出资设立的有限责任公司，注册资本金 59 亿元，主要负责年产 120 万吨精细化学品示范项目的投资、建设、开发和运营管理。

120 万吨 / 年精细化学品项目位于杭锦旗独贵塔拉工业园区南项目区，装置区占地面积约 196 公顷，总投资 168 亿元。项目产品包括（正构）稳定轻烃、费托重烃、轻质液状石蜡、重质液状石蜡、1 号费托粗液蜡、2 号费托粗液蜡、（正构）费托软蜡、（加氢）液化石油气、硫黄、硫酸铵、混醇等。主要用于生产烯烃、洗涤剂、油墨涂料等原材料，广泛应用于轿车、高铁、航空、化妆品等领域。项目于 2014 年 6 月正式开工建设，2016 年年底主装置全部建成。2017 年 6 月 8 日第一台气化炉投料成功，7 月 7 日加工装置顺利产出合格产品，9 月 15 日装置达到满负荷运行。装置稳定高效运行，负荷保持在 100% 左右。

根据项目可研，项目综合能效转化率为 43.59%。年需煤耗 584 万吨（吨产品 3.25 吨标煤），其中原料煤 437 万吨，燃料煤 147 万吨。年用水量 556 万吨，项目年设计用电负荷约 160 兆瓦，自备热电站发电机组装机容量 2×50 兆瓦，正常生产时发电量为 100 兆瓦，需外供电 60 兆瓦。

120 项目采用多项自主研发创新的关键新技术，开发出煤基精细化学品工艺路线，该工艺路线属国内首创，达到国际先进水平和国内领先水平。主要工艺技术采用拥有中国自主技术产权的中科高温浆态床费托合成工艺技术和航天长征粉煤加压气化技术。生产的产品和石油基产品相比具有鲜明特点，产品不含芳烃、低硫、低氮。120 项目废气、废水、废渣的处理均采用先进技术，环保投入约 12.7 亿元，重点技改项目——水系统技术改造，计划投资 3 亿元，各项指标均达到或优于国家标准的要求。

120 项目产品是生产其他化学品的优质原料。引进并落地延长产业链项目 14 个，发展乙二醇、高端润滑油等下游产品深加工产业，新增投资约 40 亿元，预计可增加产值 80 亿元，上缴税金约 4 亿元，可为当地增加 400—500 个就业岗位。围绕高质量发展和新旧动能转化要求，伊泰还通过资本合作推进浓盐水、工业危废物处理等环保产业的建设和运营。

120项目是伊泰集团加快产业升级和结构转型、打造千万吨级清洁能源生产基地的重要产业布局。化工公司是集团构建清洁能源与现代煤化工“研、产、运、销”一体化实业平台为基础、“产、融、投”一体化产业经营平台为战略方向的煤基能源产业中的重要节点。

产业链项目明细：宁能精细化工项目、恒瑞新科轻烃改质项目、安德利烷基苯项目、伊霖乙二醇项目、伊诺高碳醇项目、暨泰润滑油项目、联博食品级二氧化碳项目、AP空分项目、科领环保、4个蜡厂、盈创新科。

【主要工作】 2019年，累计运行243天，连续运行243天，截至9月底，全年累计生产主产品84.65万吨，累计销售主产品83.44万吨，实现营业收入386450.17万元，吨产品平均不含税售价单价为4138元，吨产品完全成本4155元。从2017年7月6日至2019年9月30日项目累计运行795.46天，连续运行430.19天（以费托合成双系列同时中断原料气进气为停车标准），累计生产主产品216.09万吨，累计销售主产品210.35万吨，主产品累计销售收入89.12亿元。

推进“四体系”融合，取得职业健康安全管理体系、质量管理体系、环境管理体系、能源管理体系认证证书，三级安全生产标准化通过市应急管理局达标评审。构建风险预控和隐患排查治理双重预防机制。

组织开展星级班组建设工作及“横大班”竞赛评比活动。组织各车间对各装置高负荷运行中出现的瓶颈问题进行梳理，并就梳理出的问题设立专项技术攻关组，进行技术攻关。统筹组织公司年度大检修，比计划提前2天完成大检修的各项任务。成立公司成本控制专项组与各降本项目技术攻关小组，出台相应考核奖励办法，确保降本增效工作充分落地。实施组织机构变革，并根据调整后的组织机构情况，重新梳理各部门、车间职能职责，及公司制度、流程。组织开展“卓越班组长”特训营暨“班组建设专项培训计划”，开展团队协作拓展活动、班组精品课程培训等。

（裴燕霞）

杭锦发电公司

【概　况】 内蒙古能源发电杭锦发电有限公司（简称“杭锦发电公司”）由内蒙古能源发电投资集团有限公司、杭锦旗鑫河国资投资经营有限公司共同出资设立，公司注册资金5.794亿元，其中：蒙能集团公司持股60%，出资额3.4764亿元；杭锦旗鑫河国资投资经营有限公司持股40%，出资额2.3176亿元。经营范围包括电力、热力供应与销售和煤炭购销。杭锦发电公司位于鄂尔多斯市杭锦旗塔然高勒，南邻109国道0.5公里，北距神华塔然高勒煤矿12公里。

杭锦发电公司组织机构设置有董事会、监事会、经理层和14个部室。14个部室包括综合工作部、党委工作部、工会、财务部、人资部、市场开发部、供应部、安环部、燃管部、设备部、运行部、纪委办公室、前期办公室、电量营销办公室，董事会办公室与综合部合署办公，工会与党委工作部合署办公，在册职工471人。

杭锦发电公司2×330兆瓦煤矸石机组工程项目于2008年10月7日获得国家发改委核准，于2010年8月25日正式开工建设，2010年12月29日成立公司，2012年10月至2014年7月因国电集团公司管理期间未下达投资计划停工缓建，于2016年12月完成1、2号机组168小时试运，2017年1月1日正式移交生产进入商业运营。

杭锦发电项目三大主机均产自上海电气集团公司，锅炉选用上海锅炉厂自主研发型1130吨/时循环流化床锅炉；汽机选用330兆瓦亚临界、单轴、双缸、双排气中间一次再热直接空冷式汽轮机；冷却系统采用直接空冷装置，年均用水总量为178.5万立方米；年消化煤矸石181.8万吨，劣质煤121.2万吨，通过采用电袋复合除尘器和设有炉内、炉外联合脱硫工艺，主要污染物排放符合国家新环保要求，年发电量可达36.3亿千瓦时。

杭锦发电公司500千伏送出工程于2012年12月21日获得国家发改委核准，以一回500千伏电压等级接入距离71公里处的布日都500千伏变电站，2014年4月10日整体移交予内蒙古电力（集团）有限责任公司超高压供电局负责投资建设和运营。杭锦发电公司生产生活用水是由杭锦旗政府引进民营企业建设的截伏流工程供水。

2019年11月11日12时30分，公司累计完成发电量32.338亿千瓦时，提前50天追平2018年度总发电量。12月12日23点38分，公司提前19天完成集团公司下达的年度发电任务35.4亿千瓦时。12月30日23时48分，公司完成年初37亿千瓦时厂定发电目标。

杭锦发电公司是蒙能集团第一个股份制企业。公司先后荣获内蒙古自治区五一劳动奖状、内蒙古自治区文明单位、中国国电集团先进党组织、蒙能集团先进党组织、功臣单位等荣誉称号。公司有2名职工荣获自治区劳动模范，多名职工荣获自治区国资委、中国国电集团、蒙能集团优秀共产党员、先进生产（工作）者荣誉。6月21日，公司参赛代表队参加集团公司举办的2019年安全生产月“安康杯”知识竞赛，获得团体第二名。公司选送的歌曲《杭锦发电赞》参加中国能源化学地质工会系统“上海华谊杯”优秀职工歌曲评选活动获三等奖，同时该奖项也是公司工会所获的最高级别荣誉。

【党建及企业文化活动】 1月29日，公司一届二次职代会暨2019年工作会议召开，部署安排2019年重点工作。会后，举行“2019杭电启航职工迎新春”联欢会，公司领导及职工计200多人参加活动。4月23日晚，开展“重温时代经典韵味、推进九项重点工作”主题党日活动。通过“听前奏，猜红歌”“描述事迹，猜人物”“补齐工作内容，牢记工作初心”3项活动，以及《把信送给加西亚》情景剧，引导广大党员学习老一辈革命者的先进事迹，唤醒党员干部的“初心”，保持党员的先进性，践行“罗文精神”，用革命者的工作作风推进公司9项重点工作。在中国共产党成立98周年之际，公司党委召开先进表彰大会，表彰13名优秀共产党员、4名优秀党务工作者和2个先进党支部。举办“党性不动摇 · 企兴我荣耀”先进事迹分享会，5名先进个人和1个先进党支部进行事迹分享。7月1日，召开“不忘初心、牢记使命”主题教育工作会，公司党员干部检视问题，采取一系列措施，完成一系列难事。开通发往东胜、包头的通勤车，把直饮水铺设至每一个专业班组，筹划新建夜休楼，实现煤泥掺烧项目开工，办理华夏银行贷款，完成消防、环保验收工作。9月27日，公司党委举办“爱祖国、赞杭电”主题庆祝活动。

【重点工作】 4月3日，公司召开2019年“九项重点工作”动员会，印发《关于推进九项重点工作的决定》，部署“通水供热”“环保消防推进”“煤泥掺烧项目”等一整年主线任务和奋斗目标。5月31日，公司党委举办2019年“安全生产月”启动仪式，5个党支部书记做出安全承诺，接受全体职工监督。2019年6月28日，公司消防工程通过杭锦旗消防大队和住建局联合验收，并取得验收合格意见书。7月18日，公司煤泥综合利用项目启动仪式在厂房东侧举行。该项目降低燃料发电成本，既防治煤粉污染又能提高企业经济效益。9月上旬，组织专家组进行环保验收，9月18日，出具环保验收通过报告，在通过环保验收评审及为期20个工作日的公示期之后，10月23日，环保验收工作正式完成。11月

18 日，疏干水供水工程泵站主体工程完工，管路全部拉通，实现通水。11 月 28 日，历经多次优化设计和公开挂网招标的煤场封闭项目开工。12 月 23 日，水资源论证报告专家评审阶段顺利完成。保证机组用水安全。

（刘　蕾）

文化旅游发展公司

【概　况】 杭锦旗文化旅游发展有限责任公司成立于 2013 年 6 月 9 日，注册资金 6000 万元，是一家由杭锦旗国有资产管理中心出资设立的国有独资企业。公司原为鄂尔多斯市同圆投资控股集团有限责任公司全资子公司，2017 年 7 月，公司调整为旗直属企业，并于 2018 年 5 月更名。公司下设 5 个部室，有工作人员 19 人。经营范围由文化旅游产业开发、经营、管理，旅游资源投资开发及旅游服务、广告业务等 20 多项延展出涵盖土地整理、物业服务、种植养殖、桶装饮用水制造及销售等 40 多项业务的综合性公司。公司资产总额达 3452.28 万元，其中：流动资产 446.69 万元，占总资产的 13%；固定资产 418.07 万元，占总资产的 12%。

围绕杭锦旗沙漠风光、草原民俗、黄河文化三大主题资源，树立“搭建平台、打造产业、促进发展”理念，通过多元化发展模式，盘活杭锦旗旅游资源，以实现国有资产保值、增值。

【旅游规划设计】 公司牵头实施杭锦旗全域旅游建设性详规，项目总投资 139 万元，完成规划设计。公司牵头实施的杭锦旗独贵塔拉特色小镇规划设计项目，项目总投资 151.82 万元，完成初稿设计。公司组织实施的库布齐沙漠生态旅游产业规划项目，项目总投资 315 万元，完成初审。

【旅游集散中心建设项目】 2019 年 5 月，开工建设旗旅游集散中心项目。项目总投资 1877.8 万元，总占地面积 35420.8 平方米，总建筑面积 5326.88 平方米，新建消防泵房 330.46 平方米，实施绿化面积 1600 平方米，硬化路面 3000 平方米。实施装修及室外消防配套工程。工程主体建设及加固修缮完成，内部装修完成 90%，配套管网设施建设完成 90%。项目工程完成总量达到 90%。

【独贵塔拉镇道图嘎查牧民新村乡村振兴项目】 公司通过与亿利库布其沙漠生态旅游有限公司按照股份制合作模式成立合资公司，按照“党支部 + 企业 + 牧户”合作模式，将道图嘎查牧民新村打造为具有地方特色的乡村旅游品牌。项目总投资 1000 万元，占地面积 13793 平方米。含古如歌文化展厅 322 平方米、垃圾处理站 216 平方米、污水处理厂 255 平方米、硬化工程 13000 平方米，完成设施配套建设。独贵塔拉镇道图嘎查硬化工程项目，完成全部规划工程建设内容；垃圾处理站项目，完成全部工程建设内容，待设备最后调试后可投入使用；乡村文化展览厅项目完成总工程量的 85%，剩余部分内部装饰装修工程；污水处理厂项目完成总工程量的 50%（包括设备安装、调试及土建工程），剩余管网修缮工程。

【杭锦旗文化长廊项目】 杭锦旗博物馆资产于 2019 年 4 月划转至文化旅游公司，并由该公司牵头与旗文化和旅游局、乌兰牧骑及古如歌协会合作，引入民间资本完善其基础设施修缮，多渠道运营以达到深度宣传杭锦文化旅游资源。完成投资 63 万元在博物馆入口处建成占地面积 400 平方米的杭锦旗文化长廊。

【纯净水项目】 公司通过与鄂尔多斯市达隆饮业有限公司合作开发“文浯爽泉”纯净水，并于 3 月生产出首批桶装饮用水。

【招商引资】 与鄂尔多斯市茂扬旅游有限公司在库布齐水生态项目地实施建设融合现代化科技的高效恒温生态农业旅游基地达成初步合作意向；和杭锦旗润德产品旅游开发有限责任公司在库布齐水生态项目地建设散养牛基地达成初

步合作意向；与信义光伏产业（安徽）控股有限公司就太阳能光伏项目合作进行对接；与上海胜义环境科技有限公司、陕西旅游集团有限公司等大型企业就库布齐沙漠水生态项目打造及运营进行深度洽谈。

（奇　娜）

新源供热公司

【概　况】 杭锦旗新源供热有限责任公司是山东能源集团内蒙古盛鲁能化有限公司的全资子公司。公司位于杭锦旗锡尼镇北约两公里，南距109国道5.5公里，东距荣乌高速28公里。新源供热公司有3台100吨/时热水锅炉，72座换热站，地下主管网41.8公里，热源厂占地面积7.58公顷，固定资产2.9亿元，在册员工53人，负责杭锦旗锡尼镇城区435万平方米供暖任务。

供热期间实行24小时班子成员值班制度，建立24小时客户服务专线及标准化收费服务站，免费为用户提供上门检查、排气、测温等供热服务，城区室温常年合格率达到99%。全年供热合格率达到98%，服务工作及时率达到100%，群众满意率达到100%。

2019年，公司1名员工荣获能源集团“十佳”青安岗员荣誉称号。

【提前启动供暖】 2019年供暖季，公司加强供热一、二期3台锅炉及附属设备，环保设施和城区各换热站的运行管理，平衡调整供热一、二期负荷分配。2019年9月30日18点，供热一期锅炉点火起炉并投入运行，各换热站也相继启运，杭锦旗城区提前15天实现供暖。

【夏季检修】 4月15日停暖后，组织留勤员工根据夏季检修计划逐项开展内部检修工作。于8月底完成全部外委工程8项、供热系统清理10项、机械检修47项、电气检修82项、外网检修74项等工作。

【服务用户】 接到用户反映电话后，公司“第一时间”安排维修服务人员进行上门服务，进行室内测温的同时，帮助用户排查室内供暖管路存在的问题，并尽最大能力帮助处理，无法处理的给予建议，投诉问题上门服务率100%。公司配合住建局、企事业单位用户、物业和业主委员会处理小区、单位二网管道漏水137次。

【安全生产】 开展雨季“三防”（防汛、防排水、防雷电）、6月“安全生产月”、冬季“三防”（防火、防冻、防风雪）、“安康杯”竞赛、中华人民共和国成立70周年安全生产专项整治行动、安全生产警示教育活动等各项安全生产工作。健全“党政同责、一岗双责、齐抓共管”安全生产责任体系。制定下发《关于加强2019年安全生产工作的决定》等14项安全生产管理文件，建立完善应急管理制度、安全事故报告和调查处理制度在内的应急管理制度体系。成立兼职应急救援队伍和现场应急小组。2019年，开展防火、防洪、锅炉气化、突发环境事件、防触电、阀门井中毒窒息事故等应急演练并进行总结评估，应急物资设备完好率100%。

【安全隐患排查】 公司制定风险防控流程图，建立风险信息库。每周组织一次安全大检查，对查出的安全问题落实责任人、整改时限，并进行复查形成闭环管理。2019年，组织开展各类安全隐患检查59次，查出问题212条，整改率100%。对《领导干部和管理人员上岗制度》进行修订。严格执行领导干部在供暖期间，以及春节、国庆、两会等特殊时期的24小时值班、带班制度。

【安全生产标准化建设】 公司印发《安全质量标准化建设实施方案》，对供热一、二期锅炉房、辅助机房及5个换热站开展安全生产标准化工作。各科室、供热车间对照安全质量标准化建设检查问题落实表进行整改落实。

【教育培训】 公司全年投入培训经费4.68万元，对多个岗位管理人员和一线员工进行专业技能培训 60 人次。其中，特种作业人员培训 3 人，安全生产管理人员培训 8 人，职业卫生培训 2 人，从业人员安全培训 42 人，纪检干部培训 1 人，财务骨干培训 1 人，支部书记培训 1 人，党员发展对象培训 2 人。公司组织全体员工参加 4 月和 10 月普法网上竞赛活动。公司对放假返岗员工和新招聘人员进行“三级培训”，考试合格后正式上岗，签订《师徒合同》，全员安全教育培训率、合格率和持证上岗率均达到 100%。

【新用户接暖和欠费催收】 2019 年，分别办理新公安大楼、新蒙医院、纪检委教育中心、教育局等用户的接暖手续，增加接入面积 4.2 万平方米。2019 年，庭前调解、起诉欠费用户 49 户，累计追回供暖欠费 17.12 万元。

（杜 娟）

新圣天然气公司

【概 况】 鄂尔多斯市杭锦旗新圣天然气有限责任公司是隶属于内蒙古新圣投资集团有限公司的控股子公司，注册成立于 2008 年 6 月，注册资本 6000 万元。企业所在地位于鄂尔多斯市杭锦旗锡尼镇工业园区。经营项目有城市天然气管道安装、天然气销售和天然气的液化与销售，为城市用气提供储备调峰气源，确保城市用气的调峰应急。

公司有员工 69 人，拥有独立的行政办公区、文体中心、职工公寓等。

【安全管理】 截至 2019 年 12 月 25 日，无一般及以上安全生产事故，无人员群伤、重伤、死亡事故，无重大设备损坏事故，无火灾、爆炸事故，无责任交通事故，无较大及以上职业卫生和安全突发事件。2019 年，签订主要负责人公开安全承诺书一份，宣读 2019 年公司安全生产方针和目标，签订目标责任书 69 份，外部同杭锦旗安全生产监督管理局、新能源管委会、派出所、交警队、市场监督局、旗政府、消防队、建设局完成责任状签订，按照承诺书和责任状内容完成 2019 年安全生产工作任务。

【法律、法律识别和符合性评价】 对 2019 安全法律、法规、标准及其他要求进行识别和获取，进行符合性评价，形成法律、法规、标准及政府其他有关要求的清单和文本数据库，并进行公司符合性评价，形成符合性评价报告，并对从业人员进行培训学习，将相关法规要求对公司相关业务公司进行告知，并根据新颁布的《生产安全事故应急条例》进行培训教育工作，并按照培训计划纳入安全活动内容，进行培训效果考核工作。

【目标责任管理】 2019 年年初，公司主要负责人按照《中华人民共和国安全生产法》要求内容修订完善公司安全生产规章制度和操作规程，修订各个岗位责任制制度内容和生产操作要求，按照安全生产培训需求调查表制订 2019 年安全生产培训教育计划和资金表，公司安全培训按照计划内容完成。

【安全隐患排查】 2019 年，按照风险评价准则管理要求对生产区域进行风险评价管理；对作业活动清单和设备进行风险评价形成风险评价报告；对存在较大风险信息的列出风险清单并制定风险消减方案和措施；对内部安全隐患进行排查，对安全监管部门进行隐患排查。12 月 27 日，排查企业内部隐患 96 起，安全隐患整改率 100%，整改完成率 100%。安全生产监督管理部门隐患排查整改 99 项，安全隐患整改率 100%。

【教育培训】 按照内部安全教育培训、国家安全培训教育制度，依据国家、地方及行业规定和岗位需要，完成各部门 2019 年培训需求调查表 10 份，按照需求表制定实施 2019 年安全、职业健康、应急管理、特种作业人员培训计划；管理人员、从业人员、特种作业人员实行全员持证上岗内部安全教育培训，安全培训 515 人次。安全教育、培训主要以外部和内部培训进行。外部培训主要是负责人、安全管理人员参加移动式压力容器充装、气瓶充装、低压电工、防爆电工、锅炉作业、压力容器作业复审和新办证外部培训。完成特种设备操作人员考试取证5人次、特种作业人员制冷培训33人次，成绩合格31人，2人不合格，主要负责人1人、安全管理人员7人，职业卫生主要负责人1人，职业卫生管理人员1人。内部培训主要按照培训内容进行工作考核。2019年5月，进行企业主要负责人、安全管理人员再教育培训（外培）工作，完成8人培训教育考核工作，7人考核合格，1人补考后合格。开展安全知识竞赛、安全演讲活动，悬挂横幅2幅，进行安全月安全知识宣传2次，参训56人次。制订2019年安全活动计划：班组每月进行安全活动2次，部门每月进行安全活动1次，对培训内容进行理论和实践性考核。2019年12月，开展安全生产法宣传周活动，对61名参训人员进行考核。2019年4月，进行《中华人民共和国职业病防治法》《中共中央国务院关于推进安全生产领域改革发展的意见》《国家职业病防治规划（2016—2020年）》《安全生产“十三五”规划》等法律、法规、规章内容学习。2019年9月，进行从业人员每年再教育培训工作，培训人员进行考核，符合要求的列入个人培训档案。

【外部安全管理】 配合政府监督管理部门做好各类检查及整改。制定两会期间安全检查表，每日进行现场检查签字确认，每日将检查结果上报杭锦旗应急管理局。安全部门制定春节及两会期间领导带班值班各部门安全检查表，下发给各部门、班组，让他们每日检查确认，检查表收集汇总后上报杭锦旗应急管理局及管委会安监局。参与安全生产月活动，内部开展安全生产法培训活动和五项技能竞赛等活动。

【新用户天然气安装】 2019年，为新安装天然气小区、廉政教育基地、君鸿假日酒店、福家乐、锦润家园A7、A9等办理天然气安装手续。

（石　乐）

亿利库布其生态能源公司

【概　况】 亿利库布其光伏治沙项目是由亿利集团牵头，引进国内领先的央企、民企，立足库布齐沙漠腹地，建设光伏治沙项目。

项目完全租用农牧民未利用荒沙地建设，运用“板上发电、板下种植、板间养殖、治沙改土、产业扶贫、工业旅游”的“光伏+”立体化新型产业模式，建成并网发电项目710兆瓦，完成投资50亿元，实现治沙面积7万亩，每年发电12.5亿千瓦时。

项目位于杭锦旗独贵塔拉镇工业园区西南侧库布齐沙漠腹地。截至2019年年底，项目实现上网电量近30亿千瓦时，帮扶贫困户、农牧民3000余户，实有员工60人。

2019年，公司立足库布齐沙漠腹地，引进央企中广核太阳能开发有限公司，开发建成并网发电200兆瓦太阳能项目。2019年6月27日，由亿利洁能股份有限公司与中广核太阳能开发有限公司签订合资合作协议，7月初正式开工建设，经过5个月建设，于2019年12月7日22时升压站带电运行，12月8日15时实现正式并网发电，总规模达到710兆瓦。

项目被自治区林业厅评为“林光互补”治沙产业示范基地，被杭锦旗扶贫办评为亿利太阳能扶贫就业基地并挂牌，获得杭锦旗新能源产业示范区项目建设突出奖。

【安全生产】 开展雨季“三防”、“安全生产月”及“安全生产万里行”、冬季“三防”、“安全趣味知识竞赛”等活动，参与亿利集团建国70周年安全生产专项整治行动，参加“安全生产月”“防风险、除隐患、遏事故”文艺会演活动，安全生产警示教育活动等各项安全生产工作。成立HSE领导小组，每季度开展一次安全应急演练活动，每月、每季度开展一次安全隐患排查活动，全年排查隐患200余项，全部实现闭环整改，全年安全、稳定、高效运行，发电 8.5 亿千瓦时。

【接待工作】 2019 年，完成第七届库布其国际沙漠论坛以及其他各类重要参观接待活动，全年接待国内外团体、个人 3500 人次。

【精准扶贫】 全面推行库布齐沙漠生态太阳能光伏光热治沙综合示范项目“板上发电、板下种植、板间养殖、治沙改土、产业扶贫、工业旅游”的“光伏 +”治沙模式，在帮扶 57 户贫困户脱贫、增收、防返贫的基础上，与当地农牧民、贫困户合作，实施生态光伏板下养殖扶贫工程，帮助贫困户分批次养殖太阳能红公鸡、太阳能红母鸡、本地鹅、非洲鸿雁、沙漠天鹅、绵羊、山羊等 3000 余只。2019 年，帮助贫困户销售禽肉、禽蛋增加经济收入 6.58 万元。将板下植物除草、浇水、水系统维护等全部承包给农牧民、贫困户，全年增加收入 12 万元。

【教育培训】 全年进行专业技能培训 300 人次，企业文化培训 240 人次，安全生产管理人员培训 24 人次，团队拓展培训 21 人次，运维人员继电保护培训 7 人次。创造条件组织公司部分管理人员、运维人员外出参观学习。

（田俊廷　李　飞）

康恩贝药业圣龙分公司

【概　况】 内蒙古康恩贝药业有限公司圣龙分公司核心产品为麝香通心滴丸，属于中成药，定位于心血管领域的慢性疾病治疗药品。公司员工 109 人，专业技术人员 25 人。

2019 年，营业收入 15553 万元，实现利润 2200 万元，税金 2470 万元。

【主要工作】 按照药典进行工艺提升，在蟾酥前处理、丹参前处理、蟾酥提取、丹参提取、制剂、生产等方面取得进展，降低产品风险；通过两条生产线 GMP 认证工作；通过知识产权管理体系再认证工作；申请 17 个实用新型专利和 1 个发明专利，17 个实用新型专利在等待授权，1 个发明专利处于实质审查阶段；被评为 2019—2022 年度知识产权优势企业；通过环境管理体系认证；被评为自治区和谐劳动关系单位。

（赵艳云）

库布其沙漠生态旅游公司

【概　况】 2019 年，亿利库布其沙漠生态旅游有限公司（简称“旅游公司”）有在编人员 250 人，设置总经办、财务部、人力行政部、市场营销部、餐饮部、出品部、房务部、景区运营部（含艺术团、康体中心）、工程部、安保部 10 个运营部门，1 个党支部委员会，1 个工会。

度假区拥有沙漠、草原、湖泊、湿地等自然景区，依托生态修复后的沙漠绿洲景色，打造生态观光、休闲度假、沙漠探险、科普教育、文化体验等产品，独创绿色健康养生的库布其味道美食产品，打造一个世界级沙漠生态旅游度假胜地。

2019 年 1 月 29 日，七星湖沙漠酒店通过了由鄂尔多斯市消防支队联合杭锦旗消防大队进行的消防建设工程验收，取得建设工程消防验收意见书。

2019 年 4 月，荣获杭锦旗人力资源和社会保障局颁发的“就业扶贫驿站”。2019 年 5 月，荣获内蒙古行业标志性品牌推荐活动组委会评选的“内蒙古行业标志性品牌证书”。2019 年 11 月，通过对景区内非物质文化遗产发扬传承，荣登第一届内蒙古旅游行业——好资源榜单。

【接待工作】 2019 年，旅游公司承办第七届库布其国际沙漠论坛，接待与会嘉宾，促成论坛各项成果。8 月，旅游公司完成中共中央政治局常委、副总理韩正考察库布齐接待工作，国家四部委调研组接待等接待工作。

【主题活动】 旅游公司组织举办“五一”国际劳

动节、端午、“十一”国庆节等系列活动，并引入各类新颖游玩项目。8月，举办2019第二届库布其七星湖热气球节。

【旅游推广】 旅游公司参加全国大中型旅游推介会、旅交会10余场，现场通过讲解、多媒体视频及宣传折页的方式展示景区丰富的旅游产品，提升景区在旅游业知名度。

【招商与项目改进】 2019年，旅游公司采用“平台+插头”合作模式，招商引进受游客喜爱的项目：走进白垩纪恐龙谷、猛犸象体验馆、南区篝火演艺区、南区美食广场、三角翼飞行体验、沙漠之鹰军事体验区、库布齐风情丝路体验馆，项目投资约5500万元。旅游公司对接呼包鄂、山西、重庆及旅行社与旅游机构，推出100多种不同旅游线路产品。

（李彩娇）

鄂尔多斯草原旅游区

【概　况】 鄂尔多斯草原旅游区是集观光、休闲、度假于一体的国家AAAA级旅游景区，是内蒙古西部地区草原类景区的代表。景区建于2004年，位于鄂尔多斯市杭锦旗，拥有优质草原景观资源16000多亩，累计接待游客150万人次，连续多年被授予“中国最佳创新好景区”“旅游服务优质奖”等荣誉称号。

鄂尔多斯草原景区，将美丽的自然景观与绚丽多彩的民族文化融为一体，着力打造最美草原演艺项目。战马奔腾的实景马术剧，中国非遗项目“鄂尔多斯婚礼”，惊险刺激的杂技戏《飞天草原》，宫廷文化盛宴“诈马宴”和点燃激情与众不同的草原之夜篝火晚会，让游客体验到草原文化。

鄂尔多斯草原景区，打造国内最好的马文化和马产业景区，民族文化体验区有占地30万平方米的现代化赛马场，5000多个看台座位。养殖各种马200多匹，专业赛马、骑马体验、马术俱乐部一应俱全，蒙古马是景区最大的特色和魅力。

鄂尔多斯草原旅游区拥有近2000张床位的各式蒙古包客房，酒店的餐饮是鄂尔多斯市餐饮行业的示范，有7种风格的餐厅，有餐位1800个，能提供不同风味的美食，其中，特色蒙餐“肚包羊”在2019年亮相湖南卫视《天天向上》栏目。

【原创实景马术剧】 2019年，打造的原创实景马术剧《英雄》上演，演出200场次，观众达25万人次。

【经营情况】 鄂尔多斯草原旅游区按照旅游AAAA级标准完成水、电、路、通信、标识标牌、接待服务设施等方面基础设施建设。2019年，全年接待游客量突破28万人次，营业额8000万元。

（乌雅恒）

人　物

2018年度“全旗优秀工作者”表彰名单（共85人）

一、县处级及以上干部（7人）

杜钢峰　内蒙古大数据发展管理局副局长、自治区派驻杭锦旗脱贫攻坚总队总队长、旗委副书记

刘俊杰　旗人大常委会主任

贾玉宝　旗委副书记、政法委书记

闫宗瑞　旗委常委、宣传部部长、政府党组成员

乔小军　旗委常委、政府副旗长

任光飞　旗委常委、政府副旗长

呼格吉乐图　旗政协副主席

二、科级正职（12人）

（一）苏木镇正职（3人）

张扣成　呼和木独镇党委书记

格日勒图　伊和乌素苏木党委书记

王俊峰　塔然高勒党工委书记

（二）政府部门正职（4人）

王永涛　旗财政局党组书记、局长

白新田　旗扶贫办党组书记、主任

吕正威　旗交通运输局党组书记、局长

刘海全　旗水务和水土保持局党组书记、局长

（三）党群部门正职（2人）

赵建龙　旗机构编制委员会办公室主任

贺　琴　旗妇女联合会主席

（四）事业单位正职（2人）

薛埃荣　旗园林环卫局局长

牛少龙　旗基本投资建设管理办公室主任

（五）国企负责人（1人）

陈志强　鄂尔多斯市同圆投资控股集团有限责任公司董事长

三、科级副职（12人）

（一）苏木镇副职（4人）

王　雄　独贵塔拉镇党委委员、副镇长

张勇亮　巴拉贡镇党委副书记、政法书记

赛兴嘎　锡尼镇党委委员、副镇长、武装部长

乌东达来　吉日嘎朗图镇党委委员、组织委员

（二）旗直部门副职（8人）

王存柱　旗人民法院巡回法庭庭长、正科级审判员

刘晓荣　旗委宣传部网信办主任

冯建平　旗环境保护局党组成员、副局长

李治平　旗文明办副主任

杨利清　旗住房和城乡规划建设局党组成员、副局长

孙俊清　旗纪委副书记、监委副主任

乔爱萍　旗审计局党组成员、副科级领导职务待遇干部

额尔定达来　旗公安局党委委员、副局长

四、一线干部（54人）

（一）旗直部门干部（24人）

屈秉正　杭锦旗中学副校长
闫慧源　旗人民医院内二科主任
张兴旺　旗委组织部干部人事档案中心主任、干部室副主任
李致闻　旗委办秘书
冯雨根　旗人大常委会办公室秘书
贾　波　旗交通运输局公路股股长
赛希雅拉图　旗蒙古族实验小学副校长
杨　欣　旗政府办秘书
武帅杰　旗检察院党组成员、综合科科长
黄继平　旗广电中心专题部主任
张宇东　旗城市管理行政执法局广告和市政执法中队中队长
金　花　旗委统战部干部
尔定门肯　旗蒙医综合医院医师
王建平　旗人武部政工科主任
李学刚　旗房屋征收安置局办公室主任
刘　旭　旗住房和城乡规划建设局村镇股股长
冯树爱　旗档案局编研股股长
李海鸣　旗民政局副科级待遇干部
鲍建波　旗安全生产监管综合执法局危化中队中队长
特木尔其劳　旗乌兰牧骑器乐队队长
韩　丽　独贵塔拉工业园区管委会干部
李青锋　旗纪委监委派驻旗委办纪检监察组干部
王建忠　旗委政法委政治部副主任
黎贵英　旗园林环卫局一线工人

（二）苏木镇干部（14人）

张灵智　旗司法局锡尼司法所所长
康俊琴　吉日嘎朗图镇佳佳幼儿园园长
王　虹　锡尼镇人民政府扶贫干事
阿日宾达来　巴拉贡中心卫生院主任医师
刘志平　旗公安局锡尼镇第三派出所所长
王　军　锡尼镇财政所副所长
袁　惠　独贵塔拉镇党政办主任
阿拉腾巴特尔　巴拉贡镇动物卫生监督站站长
萨日娜　吉日嘎朗图镇卫生和计划生育办公室主任
孟庆华　巴拉贡镇扶贫办主任
赵　伟　塔然高勒管理委员会乌定补拉格村包村负责人
乌日恒　呼和木独镇卫生和计划生育办公室主任
那仁巴图　伊和乌素苏木人民政府农牧服务中心主任
崔　强　旗市场监督管理局锡尼市场监督管理一所所长

（三）社区干部（1人）

诺敏其格乐　锡尼镇团结社区党支部书记

（四）嘎查村干部（5人）

贾　俊　巴拉贡镇朝凯村党支部书记
李贵荣　独贵塔拉镇乌兰淖尔村党支部书记
孙凤亮　锡尼镇陶赖高勒村党支部书记兼村主任
敖特根诺日布　伊和乌素苏木锡尼其日格嘎查党支部书记
阿腾宝拉格　呼和木独镇巴音温都尔嘎查党支部书记

（五）扶贫专员（2人）

孟春亮　旗委政法委政治部主任、派驻锡尼镇扶贫攻坚推进组组长
徐贵平　旗保障性住房和房产交易管理中心产权产籍股股长、派驻伊和乌素苏木扶贫攻坚推进组组长

（六）驻村工作人员（8人）

屈子兵　旗水务局派驻吉日嘎朗图镇光茂村驻村工作队队长兼第一书记
斯琴高娃　旗新闻中心派驻锡尼镇阿拉腾图布希嘎查党建指导员

都不兴吉格拉　旗教育信息技术培训中心派驻独贵塔拉镇道图嘎查驻村工作队队长兼第一书记

郭浩林　旗委组织部派驻巴音乌素嘎查驻村工作队队长兼第一书记

赵志坚　旗人大常委会办公室派驻塔然高勒管委会巴音庆格利嘎查驻村工作队队员

高小平　旗黄河灌排管理局派驻巴拉贡镇兴建村驻村工作队队长兼第一书记

岳飞翔　旗规划事业服务中心派驻独贵塔拉镇乌兰淖尔村驻村工作队队长兼第一书记

张永兴　旗政协办派驻伊和乌素锡尼其日格嘎查驻村工作队队长兼第一书记

杭锦旗优秀共产党员、优秀党务工作者、先进基层党组织

一、杭锦旗优秀共产党员（30人）

锡尼镇（3人）

杜和平　杭锦旗“红色电波”党员工作室负责人

张　霞（女）　锡尼镇党政办秘书

李庆娥（女）　锡尼镇民乐社区党支部书记

伊和乌素苏木（3人）

莫日更朝格图（蒙古族）　旗工信和科技局派驻伊和乌素苏木乌日更嘎查第一书记、驻村工作队队长

苏雅拉（蒙古族）　伊和乌素苏木希日摩仁嘎查党支部书记

铁木日巴特尔（蒙古族）　伊和乌素苏木巴音温都尔嘎查牧民

巴拉贡镇（2人）

杨　恒　旗委办派驻巴拉贡镇昌汉白村第一书记、驻村工作队队长

高海燕（女）　巴拉贡镇向阳社区党支部书记

呼和木独镇（3人）

张晓冬　市疾控中心派驻呼和木独镇东红柳村第一书记、驻村工作队队长

冀建军　呼和木独中心卫生院院长

张根才　呼和木独镇巴拉亥村村民

吉日嘎朗图镇（2人）

马　硕　吉日嘎朗图镇党建办主任

乌日古木拉（女、蒙古族）　吉日嘎朗图镇扶贫办主任

独贵塔拉镇（2人）

孟克达来（蒙古族）　独贵塔拉镇道图嘎查委员会委员

宝音图（蒙古族）　独贵塔拉镇图古日格嘎查牧民

塔然高勒管委会（2人）

余春霞（女）　塔然高勒机关党支部书记、党政办副主任、组织干事

陈科玄　市能源局派驻塔然高勒巴音布拉格嘎查第一书记、驻村工作队队长

旗直机关工委（12人）

王永涛　旗财政局党组书记、局长

王国军　旗委宣传部党支部书记、副部长、讲师团团长

孟春亮　旗派驻锡尼镇扶贫专员、杭锦旗中央脱贫攻坚巡视反馈意见整改办公室工作人员、旗委政法委政治部主任

杨学虎　旗园林环卫局垃圾清运队队长

王丽花（女）　旗纪委第三纪检监察室主任

王　瑞　旗政协办公室秘书

陈春艳（女）　旗国有资产与债务管理中心化债办调度组副组长

布仁巴雅尔（蒙古族）　旗给排水局党支部宣传委员、自来水公司副经理

李彩霞（女、蒙古族） 旗委统战部党外联络服务室主任

徐　虎　旗委组织部办公室主任

敖特更其木格（女、蒙古族）

旗妇幼保健所蒙中医保健部部长

道尔吉（蒙古族） 旗蒙古族中学教师

鄂尔多斯新能源产业示范区党工委（1 人）

刘　浩　新能源产业示范区建设局副局长

二、杭锦旗优秀党务工作者（20 人）

锡尼镇（2 人）

孙开亮　锡尼镇党委组织干事

格其叶乐图（蒙古族）

锡尼镇锡尼布拉格嘎查党支部书记兼嘎查委员会主任

伊和乌素苏木（2 人）

阿拉腾乌拉（蒙古族） 伊和乌素苏木党委委员、组织委员

白　忠　伊和乌素苏木党建办主任

巴拉贡镇（1 人）

呼光军　巴拉贡镇兴建村党支部书记兼村民委员会主任

呼和木独镇（2 人）

杨　勇　呼和木独镇党委副书记、政法书记

张娇娇（女，蒙古族） 呼和木独镇常青社区党支部书记

吉日嘎朗图镇（2 人）

照日格图（蒙古族） 吉日嘎朗图镇党政办主任

刘凯伦（女） 吉日嘎朗图镇党政办副主任、组织干事

独贵塔拉镇（1 人）

吴国平　独贵塔拉镇党委书记

塔然高勒管委会（2 人）

王俊峰　塔然高勒党工委书记

胡占彪　塔然高勒管委会塔然高勒村党支部书记

旗直机关工委（6 人）

刘永明　旗能源局党组书记

赵海龙　旗直机关工委办公室主任

戴　霞（女） 旗农牧局党总支组织委员、机关党支部书记

薛　彧　旗公安局党务工作者、政治部科员

冯雨根（蒙古族） 旗人大常委会机关党支部组织委员、办公室秘书

郭　东　旗社保局党总支组织委员、机关党支部书记

旗非公企业和社会组织党工委（1 人）

苏　燕（女） 内蒙古康恩贝药业有限公司党支部组织委员、公司工会主席、行政人事部主管

鄂尔多斯独贵塔拉工业园区党工委（1 人）

杨成杰　独贵塔拉工业园区机关党支部组织委员、党群工作部干事

三、杭锦旗先进基层党组织（20 个）

锡尼镇（3 个）

锡尼镇阿门其日格村党支部

锡尼镇赛音台格嘎查党支部

锡尼镇民乐社区党支部

伊和乌素苏木（2 个）

伊和乌素苏木锡尼其日格嘎查党支部

伊和乌素苏木哈夏图嘎查党支部

巴拉贡镇（1 个）

巴拉贡镇巴音恩格尔嘎查党支部

呼和木独镇（2 个）

呼和木独镇党委

呼和木独镇巴拉亥村党支部

吉日嘎朗图镇（1 个）

吉日嘎朗图镇乃玛岱村党支部

独贵塔拉镇（2 个）

独贵塔拉镇杭锦淖尔村党支部

独贵塔拉镇道图嘎查党支部

旗直机关工委（8 个）

国家税务总局杭锦旗税务局党总支

旗市场监督管理局党总支

旗委办党支部

旗政府办党支部

旗水利局党支部

旗人民医院党支部

旗公安局刑警大队党支部

旗第一幼儿园党支部

旗非公企业和社会组织党工委（1 个）

杭锦大众村镇银行有限责任公司党支部

附　录

领导名录

中共杭锦旗委员会

书记　金广军（蒙古族）

副书记　杜钢峰（挂职）　王羽强　贾玉宝

常委　李文明　闫宗瑞　乔小军　任光飞

孟克图娅（女　蒙古族）

胡建军（2019 年 6 月离任）　贾玉宝

周永强　李治成（2019 年 4 月离任）

杜钢峰（挂职）

侯元松（挂职　蒙古族　2019 年 10 月离任）

杨　峰（2019 年 4 月任）

王东海（2019 年 6 月任）

中共杭锦旗委员会办公室

主任　周永强

副主任　包白力戈（蒙古族）

乔海军（2019 年 6 月任）

刘晓荣（2019 年 6 月任）

中共杭锦旗委员会全面深化改革领导小组办公室

主任　周永强

常务副主任　梁剑钧

副主任　边飞云（2019 年 6 月离任）

附：二级单位领导名录

杭锦旗委决策咨询服务中心

主任　张建军（2019 年 10 月任）

副主任　温　惠（2019 年 6 月任）

杭锦旗接待服务中心

主任　额尔德木图（蒙古族）

中共杭锦旗委员会组织部

部长　李治成（2019 年 4 月离任）

杨　峰（2019 年 4 月任）

副部长　刘春光　张美琴（女）

柴国芸（女　2019 年 1 月任）

哈斯其劳（蒙古族　2019 年 5 月任）

附：二级单位领导名录

杭锦旗老干部服务中心

2019 年 3 月 29 日杭锦旗老干局更名为杭锦旗老干部服务中心。

局长　张美琴（女　2019 年 10 月离任）

主任　张美琴（女　2019 年 10 月任）

杭锦旗党员教育中心

副主任　刘　飞（2019 年 10 月任）

段建刚（2019 年 10 月任）

中共杭锦旗委员会宣传部

部长　闫宗瑞

副部长　王国军（兼讲师团团长）

张勇亮（2019 年 6 月任）

訾林兵（2019年10月任）
朱树平（兼文明办主任
2019年6月离任）
崔　春（女　蒙古族
2019年6月离任）

中共杭锦旗委员会统一战线工作部

部长　孟克图娅（女　蒙古族）
副部长　那仁达来（蒙古族　2019年
6月离任）
张永兴（2019年6月任）　何　军
阿拉腾花（女　蒙古族　2019年
6月任　2019年10月
兼任旗宗教事务局局长）
侨联主席　苏雅拉图（蒙古族　2019年
6月离任）

中共杭锦旗委员会机构编制委员会办公室

主任　赵建龙（2019年1月离任）
齐日迈（蒙古族　2019年1月任）
常务副主任　魏世忠（2019年6—10月）
副主任　魏世忠（2019年6月离任）
李治平（2019年6月任）

杭锦旗事业单位登记管理局

局长　魏世忠（2019年6月离任）
齐日迈（蒙古族　2019年6月任）

中共杭锦旗委员会巡察工作领导小组办公室

主任　李治军
副主任　秦　贵
孟　克（蒙古族　2019年10月任）

中共杭锦旗委员会巡察工作第一巡察组
组长　刘美琴（女　2019年5月任）
副组长　贺有全

中共杭锦旗委员会巡察工作第二巡察组
组长　杨海蓉（女　2019年5月任）
副组长　黄浩斯巴雅尔（蒙古族）

中共杭锦旗委党校

校长　贾玉宝（兼）
常务副校长　杨　勇
副校长　糜永飞　段建勋
苗晓刚（2019年10月任）

杭锦旗广播电影电视服务中心

主任　訾林兵（2019年10月离任）
副主任　高　峰（2019年10月离任）
莫日根苏都（蒙古族　2019年
10月离任）
吕宝柱（2019年10月离任）
袁永平（2019年10月离任）
邢春晓（2019年10月离任）

杭锦新闻中心

主任　杨智凯（兼总编）
副主任　乌云嘎（女　蒙古族
2019年10月离任）

杭锦旗融媒体中心

主任　郝占清（兼党支部书记　2019年
10月任）
副主任　王桂萍（女　2019年10月任）
张　平（2019年10月任）
斯琴高娃（女　蒙古族　2019年
10月任）

杭锦旗档案局（馆）

局长　李忠义（兼党支部书记　2019年
10月离任）
副局长　杨文胜（2019年6月离任）

杭锦旗档案史志馆

馆长　李忠义（兼党支部书记　2019年
10月任）

中共杭锦旗委员会保密机要局

局长　杨建国（2019年1月任）
副局长　杨文胜（2019年6月任）

杭锦旗人民代表大会常务委员会

主任　刘俊杰

副主任　张增明　哈文华（蒙古族）
　　　　刘玉前　席向春（女）

内设机构

办公室

主任　刘玉贺

副主任　郝永峰　孟国峰（2019年6月任）

财政经济委员会

主任　张伊成（2019年11月任）

副主任　高　敏（女　2019年11月任）

社会建设委员会

主任　王伟俊（女　2019年11月任）

副主任　赵文婕（2019年6月任）

民族法制城乡建设委员会

主任　王　强（2019年11月任）

副主任　咏　梅（女　蒙古族　2019年11月任）

农牧业环境资源委员会

主任　刘永喜（2019年11月任）

副主任　杨少云（2019年6月任）

选举任免联络委员会

主任　魏世忠（2019年11月任）

副主任　解咏梅（女　2019年11月任）

杭锦旗人民政府

旗长　王羽强

副旗长　乔小军　任光飞
　　　　侯元松（挂职　蒙古族　2019年10月离任）
　　　　郝生荣（兼公安局局长　蒙古族）
　　　　包德博信其木格（女　蒙古族）
　　　　阿拉腾巴特尔（蒙古族）
　　　　刘志军（2019年4月任）

杭锦旗人民政府办公室

主任　刘文俊

副主任　赵建军（2019年10月离任）
　　　　朱树青
　　　　哈斯毕力格（蒙古族　2019年6月任）
　　　　张二勇（2019年6月任）

杭锦旗信访局

局长　李利军

副局长　莫日更（蒙古族　2019年6月任）
　　　　王宇胜（2019年6月任）
　　　　布仁巴特尔（蒙古族　2019年6月离任）

杭锦旗政务服务局

局长　贾凤彪（2019年2月任　2019年1月兼任党组书记）

副局长　单根良（2019年6月任）
　　　　史存慧（2019年6月任）

副主任　张二勇（2019年6月离任）

杭锦旗机关事务局

主任　张志良（兼党支部书记　2019年7月离任）

副主任　单根良（2019年6月离任）
　　　　孟克德力格尔（蒙古族　2019年10月离任）
　　　　吴　四（2019年10月离任）
　　　　于惊涛（2019年10月离任）
　　　　王　平（2019年10月离任）

杭锦旗机关事务服务中心

主任　张志良（兼党支部书记　2019年7月任）

副主任　王　平（2019年10月任）

中国人民政治协商杭锦旗委员会

主席　乌力吉吉日嘎拉（蒙古族）

副主席　巩智勇　冯玉宽　武　娜（女）
　　　　呼格吉乐图（蒙古族）

内设机构

办公室

主任　李俊文（2019 年 6 月任）

副主任　万吉雅图（蒙古族　2019 年 6 月任）

经科文卫委员会

主任　闫生发

提案与经济委员会

主任　朱树平（2019 年 6 月任）

文史资料委员会

主任　王乐平

提案委员会

主任　张永兴（2019 年 6 月离任）

民族宗教委员会

主任　阿拉腾花（女　2019 年 6 月离任）

文史与社会委员会

副主任　巴图孟克（蒙古族　2019 年 6 月任）

民族宗教与法制委员会

副主任　阿斯日拉图（蒙古族　2019 年 6 月任）

中共杭锦旗纪律检查委员会

书记　李文明

副书记　孟　克（蒙古族　2019 年 1 月离任）

孙俊清（2019 年 10 月离任）

苏　和（蒙古族　2019 年 7 月任）

常委　丁文清　宝音达来（蒙古族）

刘美琴（女 2019 年 6 月离任）

王改珍（女　2019 年 5 月任）

杭锦旗监察委员会

主任　李文明

副主任　孟　克（蒙古族　2019 年 1 月离任）

孙俊清（2019 年 10 月离任）

苏　和（蒙古族　2019 年 7 月任）

委员　宝音达来（蒙古族）

刘美琴（女　2019 年 6 月离任）

段红霞（女　2019 年 5 月离任）

阿拉达日图（蒙古族　2019 年 10 月离任）

王改珍（女　2019 年 5 月任）

李　彦（女　2019 年 5 月任）

派驻纪检监察组

派驻独贵塔拉工业园区纪检监察组组长　吴向志（蒙古族）

派驻独贵塔拉工业园区纪检监察组副组长　斯庆朝格图（蒙古族　2019 年 10 月离任）

派驻鄂尔多斯新能源产业示范区纪检监察组组长　任生忠

派驻鄂尔多斯新能源产业示范区纪检监察组副组长　布　和（蒙古族）

派驻旗公安局纪检监察组组长　郝利君

派驻旗检察院纪检监察组组长　高　在

派驻旗法院纪检监察组组长　田保才

派驻旗教体局纪检监察组组长

闫宗良（2019 年 6 月离任）

侯永强（2019 年 6 月任）

派驻旗卫生健康委员会纪检监察组组长　段永林

派驻旗委办纪检监察组组长

杨海蓉（女　2019 年 6 月离任）

孟克德力格尔（蒙古族　2019 年 10 月任）

派驻旗人大常委会机关纪检监察组组长　杨喜平

派驻旗政府办纪检监察组组长　白瑞雪

派驻旗政协机关纪检监察组组长

王志明（2019 年 5 月任）

派驻旗委组织部纪检监察组组长　包宏霞（女）
派驻旗委宣传部纪检监察组组长
　孟国峰（2019 年 6 月离任）
　王伟云（女　2019 年 10 月任）
派驻旗委政法委机关纪检监察组组长
　格日勒（女　蒙古族）
派驻旗财政局纪检监察组组长
　崔　珉（2019 年 6 月离任）
　高　军（2019 年 10 月任）
派驻旗农牧局纪检监察组组长　郭勇义
派驻旗林草局纪检组监察组长
　李晓荣（2019 年 6 月离任）
　苏志飞（2019 年 10 月任）
派驻旗水利局纪检监察组组长　孙　海
派驻住房和城乡规划建设局纪检监察组组长
　李玉亭

杭锦旗总工会

主席　夏宇飞（2019 年 1 月离任）
　　刘玉前（兼　2019 年 10 月任）
副主席　巴图孟克（蒙古族　2019年6月离任）
　　倪建中（2019 年 1 月兼任书记
　　　2019 年 10 月任副主席）
　　呼木吉乐（蒙古族　2019年6月任）

中国共产主义青年团杭锦旗委员会

书记　石　晶（女）
副书记　孟根沙（蒙古族）
　　张　娟（女　2019 年 6 月任）

杭锦旗妇女联合会

主席　贺　琴（女）
副主席　乌　云（女　蒙古族　2019 年 6 月离任）
　　萨日娜（女　蒙古族　2019 年 6 月任）
　　付　敏（女　2019 年 10 月任）

杭锦旗科学技术协会

主席　贺云雷
副主席　刘　峰（2019 年 11 月任）
　　毕力格（蒙古族）

杭锦旗文学艺术界联合会

主席　王春梅（女）
副主席　巴雅斯呼楞（蒙古族）
　　袁永平（2019 年 10 月任）

杭锦旗残疾人联合会

理事长　郭团荣
副理事长　乌兰巴特尔（蒙古族　2019 年 6 月离任）
　　刘占国（2019 年 6 月任）
　　夏小荣（2019 年 10 月任）

杭锦旗工商业联合会

主席　杨　珊（女）
副主席　史晓东

杭锦旗红十字会

会长　包德博信其木格（兼　女　蒙古族）
常务副会长　李爱民
副会长　莎日娜（女　蒙古族　2019 年 10 月离任）
　　敖海荣（2019 年 6 月任）

杭锦旗革命老区建设促进会

代会长　阿拉腾巴特尔（蒙古族）
常务副会长　杨建平（兼秘书长）
副会长　袁树民　昭日格图（蒙古族）
　　白新田（2019 年 5 月离任）
　　王光荣（2019 年 5 月任）

杭锦旗关心下一代工作委员会

主任　乔小军（兼　2019 年 4 月离任）
　　刘志军（兼　2019 年 4 月任）
名誉主任　李治成（2019 年 4 月离任）
　　杨　峰（2019 年 4 月任）
常务副主任　张荣华
副主任　黄六斤　尚长胜
　　朱树平（兼　2019 年 6 月离任）
　　邢春晓（兼　2019 年 10 月任）

张美琴（兼　女）
秘书长　周世雄
办公室主任　图　雅（女　蒙古族）

杭锦旗政法委员会

书记　贾玉宝（兼）
副书记　赵广义（2019年6月离任）
阿拉腾巴雅尔（蒙古族　2019年6月离任）
高　雄（兼维稳办主任　2019年6月离任）
宝音阿木尔（蒙古族　2019年6月任）
刘泽前（2019年6月任）
马　锐（2019年6月任）
综治办主任　奇惠民（蒙古族　2019年6月离任）
综治办副主任　宝勒德（蒙古族　2019年6月离任）

杭锦旗公安局

局长　郝生荣（蒙古族）
政委　额尔定达来（蒙古族　2019年10月任）
副局长　樊树斌（2019年10月离任）
额尔定达来（蒙古族　2019年10月离任）
阿腾沙（蒙古族　2019年10月离任）
副政委　敖更特巴特尔（蒙古族）

派出机构
锡尼镇第一派出所所长　胡日查（蒙古族）
锡尼镇第二派出所所长
庄晓鹏（2019年10月离任）
锡尼镇第三派出所所长　刘志平
伊和乌素第一派出所所长　其　劳（蒙古族）
伊和乌素第二派出所所长　孙源山
巴拉贡派出所所长　李　强
呼和木独派出所所长　张恒源
吉日嘎朗图派出所所长　朱　亮
独贵塔拉派出所所长　张　勇
塔然高勒派出所所长　海　宝（蒙古族）

杭锦旗交通管理大队

大队长　李晓东
教导员　袁　军

杭锦旗消防救援大队

大队长　刘　刚
政治教导员　韩晓光

杭锦旗森林公安局

局长　贾连明
政委　白云杰

杭锦旗人民检察院

检察长　越祖琨
副检察长　李保荣　刘茂祥

杭锦旗人民法院

院长　张银良
副院长　王怀义　高永华　乔宏刚

派出机构
巡回法庭庭长　王存柱（2019年3月离任）
郭文华（2019年3月任）
沿河地区中心人民法庭庭长　白　艳（女）
巴拉贡地区中心人民法庭庭长
石小勇（2019年2月离任）
阿日古娜（女　蒙古族　2019年2月任）
吉日嘎朗图人民法庭庭长
王建功（2019年2月离任）
塔拉沟人民法庭庭长　刘虎豹

杭锦旗司法局

局长　史　军
副局长　杨永光（2019年10月离任）
赵凯峰（2019年10月任）
赛兴嘎（蒙古族　2019年6月任）
王　琨

派出机构

锡尼司法所所长　张灵智

伊和乌素司法所所长　贾耀飞

巴拉贡司法所所长

杨　军（2019年11月离任）

呼和木独司法所所长　李建忠

吉日嘎朗图司法所所长　李昕儒

独贵塔拉司法所所长　哈斯其劳（蒙古族）

塔然高勒司法所所长　蒋利国（满族）

附：二级单位领导名录

社会矛盾纠纷大调解中心领导小组办公室

副主任　赵志平（2019年10月离任）

孟胜光（2019年10月离任）

公证处主任　任振华

法律援助中心主任　白志坚

杭锦旗农牧业局

局长　刘永喜（兼党组书记　2019年1月离任

局长　2019年2月离任）

副局长　王玉计（2019年6月离任）

李云良（2019年6月离任）

韩金海（蒙古族　2019年6月离任）

张建军（2019年6月离任）

李俊林（2019年6月离任）

杭锦旗农牧局

党组书记　张卫东（2019年1—10月）

姚　俊（2019年10月任）

局长　刘永喜（2019年2月任

2019年11月离任）

姚　俊（2019年11月任）

副局长　王玉计（2019年6月任）

李俊林（2019年6月任）

张建军（2019年6—10月）

郝海荣（2019年6月任）

白奋才（2019年6月任）

赛音吉雅（蒙古族　2019年6月任）

杭锦旗农牧业机械管理局

局长　陈再军（2019年6月离任）

副局长　王　刚（2019年6月离任）

赛音吉雅（蒙古族　2019年6月离任）

杨占宽（2019年10离任）

杭锦旗产业化服务中心

主任　乔小平（2019年10月离任）

副主任　徐建义（2019年6月离任）

中共杭锦旗委员会农村牧区工作部

部长　张卫东（2019年1月离任）

副部长　侯来存（2019年6月离任）

图布兴嘎（蒙古族　2019年4月离任）

白奋才（2019年6月离任）

杭锦旗农业综合开发办公室

主任　郝海宝（2019年1月离任）

副主任　梁永彬（2019年2月转隶）

高永峰（2019年2月转隶）

附：所属事业单位领导名录

家畜改良工作站

站长　高如军（2019年10月离任）

副站长　武玉平　其其格（女　蒙古族）

王平飞

草原工作站

站长　赵云华（2019年2月转隶到林草局）

副站长　郭利军（2019年2月转隶到林草局）

苏雅拉巴特尔（蒙古族　2019年2月转隶到林草局）

李　伟（2019年2月转隶到林草局）

农村牧区经营管理站

站长　张琦英（女）

副站长　乌兰格日乐（女　蒙古族）

王换霞（女）

农村牧区人口转移工作领导小组办公室

主任 巴雅尔（蒙古族）

副主任 贾 军

农业技术推广中心

主任 梅春光

副主任 郝永强 白二云 张雪梅（女）

农畜产品质量安全监督管理站

站长 张义秀（女 2019年12月转隶到旗检验检测中心）

副站长 段翠霞（女 2019年12月转隶到旗检验检测中心）

水产管理站

站长 李俊世

副站长 高 磊（2019年8月任）

农牧业信息中心

主任 孟建国

农业综合开发服务中心

副主任

梁永彬（2019年2月由农业综合开发办公室转隶到农牧局）

高永峰（2019年2月由农业综合开发办公室转隶到农牧局）

内蒙古自治区农业广播电视学校杭锦旗分校

校长 段金如

副校长 康 凤（女 2019年12月转隶）

兽医局

局长 夏小荣（2019年10月离任）

副局长 张 军

动物疫病预防控制中心

主任 何荣利（2019年10月离任）

高如军（2019年10月任）

副主任 包志强（蒙古族）

布仁吉日嘎拉（蒙古族）

农村牧区产权交易服务中心

主任 乔 刚

农村土地承包经营纠纷调解仲裁委员会办公室

主任 乔 刚

副主任 图布希图日（蒙古族）

杭锦旗农牧和水务综合执法局

局长 赵凯峰（2019年10月离任）

乔小平（2019年10月任）

副局长 郭 军

乔海军（2019年6月离任）

布仁巴特尔（蒙古族 2019年6月任）

王 虎（2019年10月离任）

杭锦旗动物卫生监督所

副所长 杨 树

锡尼镇动物卫生监督站

站长 路埃林

副站长 武 军 达布希拉图（蒙古族）

李子清

伊和乌素动物卫生监督站

站长 额定苏雅拉（蒙古族）

副站长 裴建飞 阿拉腾巴雅尔（蒙古族）

巴拉贡动物卫生监督站

站长 阿拉腾巴特尔（蒙古族）

副站长 郭和平 刘永胜

呼和木独动物卫生监督站
站长　斯庆巴特尔（蒙古族）
副站长　古　爱（2019年12月转隶）

吉日嘎朗图动物卫生监督站
站长　周来存
副站长　阿特耐（蒙古族）

独贵塔拉动物卫生监督站
站长　王二全
副站长　苏　永

塔然高勒动物卫生监督站
站长　乌日更达来（蒙古族）
副站长　哈斯宝木（蒙古族）

摩林河种畜场
场长　高永利

哈拉淖尔良种场
场长　徐国华

杭锦旗林业局

局长　哈斯其劳（蒙古族　兼党组书记　2019年1月离任）
副局长　高　勇（2019年6月离任）
　　梁长雄（2019年6月离任）
　　高永杰（2019年6月离任）

杭锦旗林业和草原局

局长　赵建龙（蒙古族　兼党组书记　2019年1月任）
副局长　高　勇（2019年6月任）
　　梁长雄（2019年6月任）
　　韩金海（2019年6月任）
　　高永杰（2019年6月任）

杭锦旗自然保护区管理局

局长　牛斯日古楞（蒙古族　2019年6月离任）
副局长　赵美崇（2019年6月离任）
　　吴双虎（2019年6月离任）
　　苏　平（2019年6月离任）
　　刘世文（2019年6月离任）
　　住日干井（蒙古族　2019年6月离任）

附：二级单位领导名录

杭锦旗森林公安局
局长　贾连明

森林草原防火工作站
主任　格日乐（女　蒙古族）

林业工作站
站长　杨金耀

森林病虫害防治站
站长　杨建军

林木种苗站
站长　贺　平（女）

林沙产业办
主任　宝音太

场站管理站
站长　杨成文

天然林保护中心
主任
　那顺吉日嘎拉（蒙古族　2019年2月由天保局转隶到林草局）

自然保护区工作站
站长　李　进（2019年2月由天保局

转隶到林草局）

草原工作站

站长　赵云华（2019 年 2 月由农牧业局

转隶到林草局）

自然濒危植物保护管理站

站长　曹建飞（2019 年 12 月转隶）

林草服务中心

副主任　李　锋（2019 年 9 月任）

斯　迪（2019 年 9 月任）

郝彦卿（2019 年 9 月任）

浩绕柴达木治沙站

站长　李桂林

阿鲁柴登治沙站

站长　刘永强

改更召治沙站

站长　白治国

甘珠庙柠条林场

站长　刘志军

什拉召治沙站

站长　贾文义

独贵塔拉林工分站

站长　王建飞（2019 年 12 月转隶）

巴拉贡林工分站

站长　韩　勤（女　2019 年 12 月转隶）

伊和乌素林工分站

站长　郝占义（2019 年 12 月转隶）

锡尼镇林工分站

站长　刘东耀（2019 年 12 月转隶）

吉日嘎朗图林工分站

站长　燕　霞（女　2019 年 12 月转隶）

呼和木独林工分站

站长　王长义（2019 年 12 月转隶）

塔然高勒林工分站

站长　李　波

杭锦旗水务和水土保持局

局长　刘海全（兼党组书记　2019 年 1 月离任

局长　2019 年 2 月离任）

副局长　郝海荣（2019 年 6 月离任）

屈子兵（2019 年 6 月离任）

杨永茂（2019 年 6 月离任）

史存良（2019 年 6 月离任）

黄毕力格（蒙古族　2019 年 6 月离任）

杭锦旗水利局

党组书记　白新田（2019 年 1 月任）

局长　刘海全（2019 年 2 月任）

副局长　屈子兵（2019 年 6 月任）

黄毕力格（蒙古族　2019 年 6 月任）

杨永茂（2019 年 6 月任

2019 年 10 月离任）

史存良（2019 年 6 月任

2019 年 10 月离任）

樊文彪（2019 年 10 月任）

附：二级单位领导名录

黄河灌溉管理局、排干管理局

局长　刘瑞春（2019 年 10 月离任）

副局长　贺顺飞（2019 年 1 月离任）

黄河灌排服务中心
主任　樊文彪（2019年10月兼任）

防汛抗旱办
主任　乔兆嘉（2019年4月离任）
　　　陈　燕（女　2019年4月任）

塔然高勒水保站
站长　刘胜前

摩林河水库管理所
所长　白占荣

淘赖沟水库管理所
所长　何拥军

巴拉贡水厂
厂长　马厉兵（2019年12月离任）
　　　赵　起（2019年12月任）

水资源管理中心
主任　王　瑞（女　2019年2月离任）
　　　杜　乐（2019年2月任）

水土保持工作站
站长　奇晓霞（女）

巴拉亥河道管理段
段长　崔德高（2019年12月离任）
　　　贾冬存（2019年12月任）

吉日嘎朗图河道管理段
段长　贾七小（2019年12月离任）
　　　马厉兵（2019年12月任）

独贵塔拉河道管理段
段长　白建平（2019年4月离任）
　　　贾七小（2019年12月任）

巴拉贡河道管理段
段长　刘建军（2019年12离任）
　　　王福荣（2019年12任）

杭锦旗发展和改革局

局长　李麒麟（兼党组书记　2019年1月离任
　　　　局长　2019年2月离任）
副局长　杨　亮（兼粮食局局长　2019年
　　　　6月离任）
　　　王景峰（兼科技局局长　2019年
　　　　1月离任）
　　　王　燕（女　2019年6月离任）

杭锦旗发展和改革委员会

党组书记　李麒麟（2019年1月任）
主任　乔智平（2019年2—6月）
　　　李麒麟（2019年11月任）
副主任　杨　亮（2019年6月任）
　　　王　燕（女　2019年6月任）
　　　孟克毕力格（蒙古族　2019年
　　　　6月任）

附：二级单位领导名录

杭锦旗粮食管理局
局长　杨　亮（2019年6月离任）
副局长　那仁巴特尔（蒙古族　2019年
　　　　6月离任）
　　　鲁　瑞（2019年6月离任）

杭锦旗粮食和物资储备局
局长　杨　亮（2019年6月任）

杭锦旗国土资源局

局长　折晓光（兼党组书记　2019年7月离任）
副局长　吕正强　马长义

杭锦旗规划事业服务中心

主任 何永刚（2019 年 1 月离任）

副主任 白建军（2019 年 6 月离任）

李儒东（2019 年 6 月离任）

杭锦旗自然资源局

局长 折晓光（兼党组书记 2019 年 7 月任）

副局长 吕正强 马长义

杭锦旗煤炭局

局长 刘永明（兼党支部书记和经济商务和信息化局副局长 2019 年 1 月离任）

杭锦旗能源局

党组书记 刘永明（2019 年 1 月任）

局长 李广荣（2019 年 2 月任）

副局长 薛 刚（2019 年 6 月任）

巴雅尔（蒙古族 2019 年 6 月任）

附：二级单位领导名录

杭锦旗能源服务中心

主任 越飞亮（2019 年 10 月任）

杭锦旗人民政府办公室金融外事室

主任 刘文俊

副主任 赵建军

杭锦旗招商引资服务中心

副主任 赵彦飞（2019 年 6 月离任）

副局长 乌云嘎（蒙古族 2019 年 6 月离任）

张润民

杭锦旗投资促进中心

主任 赵彦飞（2019 年 6 月任）

副主任 袁红斌（2019 年 10 月任）

副局长 张润民

杭锦旗经济商务和信息化局

局长 广 荣（兼党组书记 2019 年 1 月离任）

副局长 吴海泉（2019 年 6 月离任）

刘建国（2019 年 6 月离任）

图娜拉（女 蒙古族 2019 年 6 月离任）

刘永明（2019 年 1 月离任）

杭锦旗科技局

局长 王景峰（2019 年 1 月离任）

副局长 刘桂林（女 蒙古族 2019 年 2 月离任）

杭锦旗工信和科技局

局长 郝海宝（兼党组书记 2019 年 1 月任）

副局长 吴海泉（2019 年 6 月任）

刘建国（2019 年 6 月任）

图娜拉（女 蒙古族 2019 年 6 月任）

附：所属事业单位领导名录

杭锦旗商务和煤炭综合执法局

局长 王宇胜（2019 年 6 月离任）

边飞云（2019 年 6 月任）

杭锦旗审计局

党组书记 薛永良

局长 薛永良（2019 年 2 月离任）

郝权伟（2019 年 2 月任）

副局长 赵 军（2019 年 6 月离任）

康飞虎（2019 年 11 月离任）

魏喜荣 苏凤乐（2019 年 6 月任）

杭锦旗统计局

局长 解俊玲（女 兼党组书记）

副局长 王瑞雄

呼木吉乐（蒙古族 2019 年 6 月离任）

闫俊霞（女 2019 年 6 月任）

国家统计局杭锦调查队

队长 额尼日乐图（蒙古族 兼党支部书记）

副队长 铁木尔（蒙古族）

杭锦旗市场监督管理局

局长 王炳耀

副局长 党利生（2019 年 6 月离任）

贾海龙（蒙古族） 任中杰

张秉正（2019 年 6 月任）

付进国

附：所属事业单位领导名录
杭锦旗市场监督管理综合执法局
局长　王秀俊（女）
副局长　赵天军
　　　李海峰（2019 年 10 月离任）
　　　杨　慧（2019 年 10 月离任）

杭锦旗安全生产监督管理局

局长　郝权伟（兼党组书记　2019 年 1 月离任
　　　　局长　2019 年 2 月离任）
副局长　白　云（2019 年 6 月离任）
　　　刘　荣（2019 年 6 月离任）
　　　萨如拉（蒙古族　2019 年 6 月离任）
　　　陈维平（2019 年 6 月离任）

杭锦旗应急管理局

局长　何永岗（兼党组书记　2019 年 1 月任
　　　　局长　2019 年 2 月任）
副局长　白　云（2019 年 6 月任）
　　　刘　荣（2019 年 6—11 月）
　　　萨如拉（蒙古族　2019 年 6 月任）
　　　陈维平（2019 年 6 月任）
附：所属事业单位领导名录
杭锦旗安全生产监管综合执法局
局长　李　龙

杭锦旗供销合作社联合社

主任　杨少云（2019 年 6 月离任）
副主任　王殿飞　李国强（2019 年 6 月任）

杭锦旗烟草专卖局

局长（经理）金　锐
副局长　梁国宏

杭锦旗财政局

局长　王永涛（兼党组书记）
副局长　郝海宝（兼旗农业综合开发办公室
　　　　主任　2019 年 1 月离任）
　　　阿腾敖其尔（蒙古族）
　　　郝凤呈（2019 年 6 月离任）
　　　崔　珉（2019 年 6 月任）

附：所属事业单位领导名录
杭锦旗政府采购监督管理办公室
副主任　冯杭生（2019 年 10 月离任）

杭锦旗工资发放中心
主任　高　敏（女　2019 年 10 月离任）

杭锦旗非税收入管理局
副局长　何国志（2019 年 10 月离任）

杭锦旗财政投资评审中心
主任　刘俊峰

杭锦旗债务化解服务中心
主任　王海荣（2019 年 1 月任）
副主任　陈春燕（女　2019 年 10 月任）

杭锦旗财税监督办公室
主任　贺玉清（2019 年 10 月离任）

杭锦旗农业综合开发办公室
主任　郝海宝（2019 年 1 月离任）
副主任　梁永彬（2019 年 2 月转隶到农牧局）
　　　高永峰（2019 年 2 月转隶到农牧局）

杭锦旗国有资产管理中心
副主任　刘　霞（女）

杭锦旗税务局

局长　赵　耀（兼党委书记）
副局长　孙树华　杨占清　张旭强
　　　王励国（满族）
　　　李春林（女　2019 年 3 月离任）
　　　巴音毕力格（蒙古族）
　　　史建飞　王　卓
纪检组长　李双喜
附：派出机构领导名录

巴拉贡创业园区税务分局

局长　韩长林（蒙古族）

第一税务分局

局长　苏海峰

独贵塔拉工业园区税务分局

局长　孙庆林

杭锦旗住房和城乡规划建设局

局长　倪建中（兼党组书记　2019年1月离任）

副局长　吴耀光（2019年6月离任）

刘　毅（兼房屋征收安置局局长　2019年6月离任）

杨利清（2019年6月离任）

靳　华（女　2019年6月离任）

杭锦旗住房和城乡建设局

局长　张培林（兼党组书记　2019年1月任）

副局长　杨利清（2019年6月任）

金　峰（蒙古族　2019年6月任）

靳　华（女　2019年6月任）

附：二级单位领导名录

杭锦旗保障性住房和房产交易管理中心

主任　何永岗（2019年1月离任）

副主任　杨　军（2019年10月离任）

李　杰（蒙古族　2019年6月离任）

杭锦旗人防办

主任　方晓光（2019年6月离任）

副主任　巴特尔（2019年6月离任）

王　飞（2019年6月离任）

杭锦旗城市管理综合执法局

局长　张培林（兼党组书记　2019年1月离任）

陈再军（2019年6月任）

副局长　贺其叶乐图（蒙古族　2019年10月离任）

孙桂林（2019年10月任）

杭锦旗基本投资建设管理办公室

主任　牛少龙（兼党支部书记　2019年10月离任）

副主任　李　彪（2019年10月离任）

白晓云（女　2019年10月离任）

杭锦旗政府投资项目代建中心

主任　牛少龙（兼党支部书记　2019年10月任）

副主任　李　彪（2019年10月任）

李永奇（2019年10月任）

杭锦旗房屋征收安置局

局长　刘　毅（2019年10月离任）

副局长　宝勒德（蒙古族　2019年10月离任）

杭锦旗房屋征收安置服务中心

主任　刘　毅（2019年10月任）

副主任　宝勒德（蒙古族　2019年10月任）

鄂尔多斯市住房公积金管理中心杭锦旗管理部

主任　王占忠

副主任　呼志刚

鄂尔多斯市杭锦旗公共资源交易中心

主任　马　军

副主任　刘建军　王翠琴（女）

杭锦旗园林环卫局

局长　薛埃荣（兼党支部书记　2019年10月离任）

副局长　边三玺（2019年6月离任）

张　勇（2019年10月离任）

刘鹏飞（2019年10月离任）

杭锦旗给排水事业管理局

局长　白学良（兼党支部书记　2019年10月离任）

副局长　杨晓东（2019年10月离任）

郝少军（2019年10月离任）

杭锦旗城市公共事业服务中心

主任　薛埃荣（兼党支部书记　2019年10月任）

副主任　杨　军（2019年10月任）

　　　　郝少军（2019年10月任）

　　　　张　勇（2019年10月任）

杭锦旗环境保护局

局长　杜　强（兼党支部书记　2019年12月离任）

副局长　冯建平（2019年12月离任）

　　　　王　平（2019年12月离任）

　　　　白毕力格（蒙古族　2019年12月离任）

　　　　张世明（2019年10月离任）

鄂尔多斯市生态环境局杭锦旗分局

局长　杜　强（兼党支部书记　2019年12月任）

副局长　冯建平（2019年12月任）

　　　　王　平（2019年12月任）

　　　　白毕力格（蒙古族　2019年12月任）

杭锦旗交通运输局

局长　吕正威（兼党组书记）

副局长　韩和平

　　　　石中玉（兼铁路民航办公室主任）

　　　　杨　强　段学峰

附：二级单位领导名录

杭锦旗交通运输综合执法局

局长　郝　健

杭锦旗农村牧区养护管理所

所长　高　原（2019年10月离任）

副所长　宝力德（蒙古族　2019年10月离任）

　　　　李永奇（2019年10月离任）

　　　　郝　丽（女　2019年10月离任）

杭锦旗铁路民航办公室

主任　石中玉

副主任　苏志飞（2019年10月离任）

　　　　袁红斌（2019年10月离任）

中国邮政集团公司内蒙古自治区杭锦旗分公司

总经理　井　梅（女）

中国移动通信集团内蒙古有限公司杭锦旗分公司

总经理　肖战中

副总经理　陈宇星　李艳霞

中国联合网络通信有限公司杭锦旗分公司

总经理　苏雅拉图（蒙古族　兼支部书记）

副总经理　郭　琦（2019年1月离任）

　　　　　张海宾（2019年1月任）

中国电信股份有限公司杭锦旗分公司

总经理　吴南昊（兼支部书记）

副总经理　李　娟（女）

总经理助理　秦　刚（2019年5月任）

内蒙古广播电视网络集团有限公司杭锦分公司

经理　辛建雄

副经理　朝格吉乐图（蒙古族）

中国人民银行杭锦旗支行

行长　朱占军（2019年3月离任）

　　　韩建军（2019年3月任）

副行长　呼玉平　李春力

纪检组长　项国胜

中国农业银行杭锦旗支行

行长　郭宝旗

副行长　王忠礼　李世俭（2019年7月任）

　　　　刘晓燕（女　2019年8月任）

　　　　王玉海（2019年8月离任）

中国农业发展银行杭锦旗支行

行长　王　峰（2019年10月离任）

　　　照日格图（蒙古族　2019年11月任）

副行长　郝　桃（女　2019年1月任）

　　　　苏金彩（女　2019年1月任）

中国工商银行杭锦旗支行

行长 马晓宇（2019 年 1 月离任）

王 敏（2019 年 1 月任）

副行长 马永平

杭锦旗农村信用合作联社

理事长 贾建国

监事长 张 晟

主任 韩彦彪（2019 年 5 月离任）

屈秀兰（女 2019 年 8 月任）

副主任 屈秀兰（女 2019 年 8 月离任）

柴 钧

杭锦旗大众村镇银行

董事长 赵俊良

监事长 郑茂萍

行长 李晓刚

副行长 黄建龙

中国银行股份有限公司杭锦旗支行

行长 高 平

副行长 俞 亮（2019 年 5 月离任）

斯攀峰（2019 年 6 月离任）

赵雅楠（女 2019 年 5 月任）

中国建设银行股份有限公司杭锦旗支行

行长 梁富贵（2019 年 8 月离任）

杨向东（2019 年 11 月任）

副行长 杨向东（2019 年 11 月离任）

尹文斌（2019 年 8 月任）

鄂尔多斯银行杭锦旗支行

副行长 曹政军

中国邮政储蓄银行杭锦旗支行

行长 杨耀峰

中国人民财产保险股份有限公司杭锦旗支公司

经理 杨秀莲（女）

经理助理 侯瑞锋

中国人寿保险股份有限公司杭锦旗支公司

经理 刘威辰

副经理 万昱鑫

杭锦旗教育局

局长 乔智平（兼党委书记 2019年1月离任）

副局长 苏忠义（2019 年 1 月离任）

李俊文（2019 年 6 月离任）

杨占雄（2019 年 6 月离任）

杭锦旗教育体育局

局长 苏忠义（兼党组书记 2019 年 1 月任

局长 2019 年 2 月任）

副局长 鲁 瑞（2019 年 6 月任）

杨占雄（2019 年 6 月任）

吉日木图（蒙古族 2019年6月任）

附：二级单位

杭锦旗体育事业服务中心

主任 梁涌钧（兼党支部书记）

杭锦旗教育教学研究中心

主任 张文斌（兼党支部书记）

杭锦旗教育信息技术培训中心

党支部书记 段 平

主任 高 祥

杭锦旗青少年活动中心

主任 巴音青格勒（蒙古族）

杭锦旗中学

校长 苏忠义（兼党支部书记 2019 年 1 月离任）

王俊锋（兼党支部书记 2019 年 8 月任）

副校长 王俊锋（2019 年 8 月离任）

杜 平（2019 年 8 月离任） 屈秉正

付 军（2019 年 11 月任）

郝志军（2019 年 11 月任）

武 慧（女 2019 年 11 月任）

杭锦旗蒙古族中学

校长　宝音达来（蒙古族　兼党支部书记　2019年8月任）

副校长　迎　春（女　蒙古族）

那顺乌力吉（蒙古族　2019年11月离任）

朝格吉勒图（蒙古族　2019年11月离任）

阿拉达尔图（蒙古族　2019年11月任）

哈斯满都拉（蒙古族　2019年11月任）

杭锦旗城镇初级中学

校长　张　军（兼党支部书记　2019年8月离任）

杜　平（兼党支部书记　2019年8月任）

党支部副书记　杜光耀

副校长　李　荔（2019年11月任）

杜兴华（2019年11月任）

杨　军（2019年11月任）

杭锦旗实验小学

校长　孟志强（兼党支部书记　2019年8月离任）

杨　勇（兼党支部书记　2019年8月任）

党支部副书记　张仲义

副校长　段淑英（女）　张海燕（女）

段建英（女）

杭锦旗蒙古族实验小学

校长　吉日木图（蒙古族　兼党支部书记　2019年8月离任）

赛希雅拉图（蒙古族　兼党支部书记　2019年8月任）

副校长　赛希雅拉图（蒙古族　2019年8月离任）

傲特根巴雅尔（蒙古族　2019年11月任）

阿拉腾图雅（女　蒙古族）

额日德木图（蒙古族）

杭锦旗龙子心小学

校长　苏艳峰（兼党支部书记　2019年8月任）

党支部副书记　王鹏程

副校长　杨永忠　边林梅（女）

闫丽花（女　2019年11月离任）

李玉明（2019年11月任）

杭锦旗第四小学

校长　闫晓兰（女　2019年8月离任）

韩　茹（女　2019年8月任）

党支部书记　白玉花（女　2019年11月任）

副校长　贺　洁（女）　朱建兵

白玉花（女　2019年11月离任）

白鲜桃（女　2019年11月任）

杭锦旗第一幼儿园

园长　杜新林（女　兼党支部书记　2019年8月离任）

萨仁花尔（女　蒙古族　兼党支部书记　2019年8月任）

副园长　李　灵（女）

娜仁青克力（女　蒙古族）

杭锦旗蒙古族幼儿园

园长　乌东图雅（女　蒙古族　兼党支部书记　2019年8月任）

副园长　苏布德（女　蒙古族）

萨仁高娃（女　蒙古族　2019年11月离任）
乌云达日哈（女　蒙古族　2019年11月任）

杭锦旗蒙古族第二幼儿园
园长　萨仁图雅（女　蒙古族　兼党支部书记　2019年8月任）

杭锦旗第三幼儿园
园长　萨仁花尔（女　蒙古族　2019年8月离任）
乌云娜（女　蒙古族　2019年8月任）
副园长　王凤莲（女）　郭　霞（女）

杭锦旗第四幼儿园
园长　乌云娜（女　2019年8月离任）
藏　芬（女　2019年8月任）
副园长　高白其其格（女　2019年8月离任）
其木格（女　蒙古族　兼党支部书记　2019年8月任）
魏丽香（女）

杭锦旗第五幼儿园
园长　张海渊（女　2019年8月离任）
闫学敏（女　2019年8月任）
副园长　王　敏（女　2019年11月离任）
贺美霞（女　2019年11月任）

杭锦旗第六幼儿园
园长　乌日娜（女　蒙古族　2013年8月任）
副园长　杨雪芹（女　2016年8月任）

杭锦旗第七幼儿园
园长　藏　芬（女　兼党支部书记　2019年8月离任）
张海渊（女　兼党支部书记　2019年8月任）
副园长　高　丽（女　2019年11月任）
王　敏（女　2019年11月任）

杭锦旗气象局

局长　鲍彩霞（女　兼党支部书记　2019年4月任）
副局长　冯日升
纪检书记　郭文杰

杭锦旗文化体育广电局

局长　赵建章（兼党组书记　2019年1月离任　局长　2019年2月离任）
副局长　刘　峰（2019年6月离任）
杨额尔德木图（蒙古族　2019年6月离任）
邢春生（2019年6月离任）
郝占清（兼旅游局局长　2019年1月离任）

杭锦旗文化和旅游局

局长　赵建章（兼党组书记　2019年1月任　局长　2019年2月任）
副局长　刘　峰（2019年6月任　2019年10月离任）
额尔德木图（蒙古族　2019年6月任　2019年10月离任）
赵文焕（2019年6月任）
邢春生（2019年6月任）
阿拉腾花（女　蒙古族　2019年6月任）

杭锦旗卫生和计划生育局

局长　张永乐（兼党组书记　2019年1月离任　局长　2019年2月离任）
副局长　康海浪（2019年6月离任）
李　军（兼爱卫办主任　2019年6月离任）
苏子荣（2019年6月离任）
辛晓继（2019年6月离任）

杭锦旗卫生健康委员会

主任　张永乐（兼党组书记　2019 年 1 月任
　　2019 年 2 月任主任）
副主任　李　军（2019 年 6 月任）
　　辛晓继（2019 年 6 月任）
　　康海浪（2019 年 6 月任
　　2019 年 10 月离任）
附：二级单位领导名录
杭锦旗人民医院
院长　张建平

杭锦旗蒙医综合医院
院长　杨永忠

杭锦旗妇幼保健计划生育服务中心
主任　刘美清（女）

杭锦旗疾病预防控制中心
主任　王建明

杭锦旗卫生计生综合监督执法局
局长　赵文婕（2019 年 6 月离任）
　　付　军（2019 年 6 月任）
副局长　郝　飞

杭锦旗社区卫生服务中心
主任　王永明

浩绕柴达木卫生院
院长　宝音德力格尔（蒙古族）

伊和乌素中心卫生院
院长　德力格尔（蒙古族）

巴拉贡中心卫生院
院长　王　刚

呼和木独中心卫生院
院长　冀建军

吉日嘎朗图中心卫生院
院长　闫　明

独贵塔拉中心卫生院
院长　王贵良

杭锦淖尔卫生院
院长　苏园才

巴音乌素中心卫生院
院长　额尔定其劳（蒙古族　2019年4月离任）
　　伊布格勒图（蒙古族　2019 年 4 月任）

四十里梁中心卫生院
院长　张慧平

胜利卫生院
院长　贺　伟

阿门其卫生院
院长　苏凤义

塔然高勒卫生院
院长　邬占清（2019 年 8 月离任）
　　段永飞（2019 年 8 月任）

杭锦旗新型农村牧区合作医疗管理委员会办公室

主任　王德胜（蒙古族　兼党组书记
　　2019 年 1 月离任
　　局长　2019 年 2 月离任）
副主任　刘永平（2019 年 6 月离任）
　　陈　良（2019 年 6 月离任）
　　苏凤琪（女　2019 年 6 月离任）

杭锦旗医疗保障局

局长　王德胜（蒙古族　兼党组书记　2019年1月任　局长　2019年2月任）

副局长　边三玺（2019年6月任）

莎日娜（女　蒙古族　2019年10月任）

附：二级单位领导名录

杭锦旗医保中心

主任　王海祥（2019年9月任）

杭锦旗人民医院

院长　张建平（兼党支部书记）

副院长　苏文先　史　勇（蒙古族）

杨　森（兼党支部副书记）

于晓勇　杨国栋（2019年3月任）

杭锦旗蒙医综合医院

院长　杨永忠（蒙古族　兼党组书记）

副院长　金巴特尔（蒙古族　2019年3月离任）

万额尔德尼（蒙古族　2019年3月离任）

色林花（女　蒙古族）

杨呼格吉力图（蒙古族）

孟克吉日嘎拉（蒙古族　2019年3月任）

额尔定其劳（蒙古族　2019年3月任）

杭锦旗妇幼保健所

所长　刘美清（女　2019年10月离任）

副所长　安晓明（2019年10月离任）

王永明（兼社区卫生服务中心主任　2019年10月离任）

刘美丽（女　2019年10月离任）

杭锦旗妇幼保健计划生育服务中心

主任　刘美清（女　2019年10月任）

副主任　安晓明（2019年10月任）

刘美丽（女　2019年10月任）

花　日（女　蒙古族　2019年10月任）

杭锦旗疾病预防控制中心

主任　王建明（兼党支部书记）

副主任　姜增怀（兼党支部副书记）

苏雅拉图（蒙古族）　武向春

杭锦旗人力资源和社会保障局

局长　王树飞

副局长　张杭林

石建平（兼机关党支部书记　2019年10月任）

乌云嘎（蒙古族　2019年10月任）

杨维斌（2019年10月离任）

附：二级单位领导名录

杭锦旗社会保险服务中心

杭锦旗社会保险事业管理局2019年7月更名为杭锦旗社会保险服务中心。

局长　石建平（2019年6月离任）

主任　杨维斌（2019年10月任）

副主任　巴特尔（蒙古族）

格日乐（女　蒙古族）

杭锦旗就业服务中心

杭锦旗就业服务局2019年7月更名为杭锦旗就业服务中心。

局长　杨永强（2019年10月离任）

主任　杨永强（2019年10月任）

副主任　刘挨祥

杭锦旗劳动保障监察综合执法局

局长　何　杰（2019年6月任）

杭锦旗民政局

局长　姚　俊（2019年11月离任）

赵建峰（2019年11月任）

副局长　张世明（2019年10月任）

敖特更花（女　蒙古族）

邬荣祥（2019 年 10 月离任）

杭锦旗退役军人事务局

局长　夏宇飞（2019 年 1 月任）

副局长　崔　春（女　蒙古族　2019 年 6—10 月）

孙俊其（2019 年 6 月任）

杭锦旗民族事务委员会

主任　乌日更达来（蒙古族　2019 年 2 月离任）

孟　克（蒙古族　2019 年 2 月任）

副主任　贡达来（蒙古族　2019 年 10 月离任）

杨金山（蒙古族）

斯庆朝格图（蒙古族　2019 年 10 月任）

杭锦旗扶贫开发办公室

主任　白新田（兼党组书记　2019 年 1 月离任主任　2019 年 2 月离任）

王光荣（2019 年 2 月任）

党组书记　萨日娜（女　蒙古族　2019 年 1 月任）

副主任　王光荣（2019 年 1 月离任）

敖特更巴雅尔（蒙古族）

柴　琴（女　2019 年 10 月任）

杭锦旗锡尼镇

书记　刘志军（兼）

人大主席　张月飞

镇长　哈斯额尔德尼（蒙古族）

副书记　张　明（兼政法书记　2019 年 1 月离任）

李海军（兼政法书记　2019 年 6 月任）

韩利民（挂职　2019 年 5 月离任）

纪检书记　米二霞（女）

副镇长　孟肯吉日嘎拉（蒙古族）

赛兴嘎（兼武装部长　蒙古族　2019 年 6 月离任）

赵小琴（女）　李文伟（蒙古族）

组织委员　康　强（2019 年 10 月任）

宣传委员　莫日更（蒙古族　2019 年 6 月离任）

乌音嘎（蒙古族　2019 年 6 月任）

杭锦旗巴拉贡镇

书记　孟和朝鲁（蒙古族）

人大主席　浩斯巴雅尔（蒙古族）

镇长　苗　平

副书记　张勇亮（兼政法书记　2019 年 7 月离任）

赵书军（兼政法书记　2019 年 10 月任）

纪检书记　王建东

副镇长　刘泽前（兼武装部长　2019 年 6 月离任）

付　敏（女　2019 年 10 月离任）

阿拉腾图亚（蒙古族）

刘鹏飞（兼武装部长　2019 年 10 月任）

格日勒（女　蒙古族　2019 年 10 月任）

组织委员　高　建

宣传委员　孙　凤（女）

杭锦旗呼和木独镇

书记　张扣成

人大主席　李文奇

镇长　萨日娜（女　蒙古族　2019 年 1 月离任）

副书记　杨　勇（兼政法书记）

纪委书记　石润利

副镇长　呼格吉勒图（兼武装部长　蒙古族）

孙俊其（2019 年 6 月离任）

史存慧（2019 年 6 月离任）

武　明（2019 年 6 月任）

路建光（2019 年 10 月任）

萨日娜（女 蒙古族 2019年
6月任）
组织委员 武 明（2019年6月离任）
魏爱民（蒙古族 2019年10任）
宣传委员 萨日娜（女 蒙古族 2019年
6月离任）
其 伟（蒙古族 2019年6月任）

杭锦旗吉日嘎朗图镇

书记 巴音孟克（蒙古族）
人大主席 宝音阿木尔（蒙古族 2019年
6月离任）
王飞军（2019年6月任）
镇长 刘文天
副书记 王学峰（兼政法书记 2019年
6月任）
纪检书记 王学峰（2019年6月离任）
副镇长 孟克毕力格（蒙古族 2019年
6月离任）
邬海军（兼武装部长）
张 娟（女 2019年6月离任）
乌东达来（蒙古族 2019年10月任）
组织委员 乌东达来（蒙古族 2019年
10月离任）
姜 伟（2019年10月任）
宣传委员 张光荣

杭锦旗独贵塔拉镇

书记 吴国平
人大主席 阿拉腾巴雅尔（蒙古族
2019年6月任）
镇长 苏永权（蒙古族）
副书记 王飞军（兼政法书记
2019年6月离任）
王 雄（兼政法书记
2019年11月任）
纪检书记 张海林
副镇长 王 雄（2019年10月离任）
王 虎（2019年11月任）
哈斯毕力格（兼武装部长 蒙古族
2019年6月离任）
崔瑞粉（兼武装部长 2019年
10月任）
吉雅图（女 蒙古族 2019年
6月离任）
住日干井（蒙古族 2019年6月任）
组织委员 崔瑞粉（2019年10月离任）
宣传委员 武红梅（女）

杭锦旗塔然高勒管理委员会

党工委书记 王俊峰
管委会主任 齐日迈（蒙古族
2019年1月离任）
党工委副书记 王海荣（2019年1月离任）
杨学冬
武装部长 奇巴雅尔（蒙古族
2019年10月离任）
政法综治中心副主任
哈斯毕力格（蒙古族 2019年10月离任）
纪检书记 王志明（2019年6月离任）
政法书记 刘占国（2019年6月离任）
管委会副主任 刘喜宽（2019年6月离任）

杭锦旗伊和乌素苏木

书记 格日勒图（蒙古族）
人大主席 杨建国（2019年1月离任）
刘云峰（2019年6月任）
苏木长 赵永军
副书记 刘云峰（兼政法书记 2019年
6月离任）
纪检书记 孟 克（蒙古族 2019年
10月离任）
副苏木长 巴雅尔图（兼武装部长
蒙古族）
巴雅尔（蒙古族 2019年
6月离任）

柴　琴（女　2019年10月离任）
阿拉腾乌拉（蒙古族
2019年10月任）
组织委员　阿拉腾乌拉（蒙古族
2019年10月离任）
撖　刚（蒙古族　2019年10月任）
宣传委员　敖特更纳（蒙古族）

鄂尔多斯新能源产业示范区

党工委书记　王永明
党工委副书记　白子新
发电园区管委会主任　杨世军
管委会副主任　王志平
党政办公室主任　杨为祺
副主任　高　远
经济发展局副局长　青克利（蒙古族）
党群工作部副部长　柴占义
财政局副局长　乌兰其劳（蒙古族）
建设环保局副局长
金　峰（蒙古族　2019年6月离任）
刘　浩
环境保护局局长　李　荣
副局长　吴建平

鄂尔多斯独贵塔拉工业园区管理委员会

党工委负责人　乔小军（2019年5—12月）
管委会主任　王永明
管委会副主任　达布拉干（蒙古族）
田伊丰
财政局局长　王凤换
经济发展局局长　赵亮明（2019年6月任）

鄂尔多斯电业局杭锦供电分局

党总支书记　张　伟
局长　赵　飞（2019年3月离任）
高　强（2019年3月任）
副局长　付战利（2019年4月离任）
白文选
项智平（2019年3月离任）
闫轶栋（2019年3月任）
工会主席　王云霞（女　2019年3月离任）
徐瑞军（兼纪检员　2019年3月任）

鄂尔多斯市同圆投资控股集团有限责任公司

董事长　陈志强（兼党支部书记）
监事会主席　巴雅尔（蒙古族）
总经理　邓育仁（兼支部副书记）
副总经理　李　光　闫永宽　吕　立
工会主席　王　墨（女）

内蒙古伊泰化工有限责任公司

董事长　刘尚利
总经理　王春生
副总经理　周建强　褚振辉　郭小江
苏占明　雷世兴　张世奇
徐延鹏　牛少云

内蒙古能源发电杭锦发电有限公司

董事长　那贵挺（兼党委书记　蒙古族）
总经理　栗志强（兼党委副书记）
监事会主席　万巴特尔（蒙古族）
副总经理　云　平（2019年5月离任）
吕荣富
工会主席　薛淑敏（女）
副董事长　副总经理　郭永胜
纪委书记　康平生（2019年5月任）
副总经理　总工程师　焦新福
副总经理　总会计师
乔景明（2019年5月离任）
杜殿明（2019年6月任）

杭锦旗文化旅游发展有限责任公司

董事长　李　勇
总经理　莫日根毕力格（蒙古族）
副总经理　井海刚

杭锦旗新源供热有限责任公司

执行董事长　贺金水（兼书记）
总经理　张建军
副总经理　高永进（兼工会主席）

鄂尔多斯市杭锦旗新圣天然气有限责任公司

执行董事长　窦宝成

总经理　李　瑞

副总经理　方亮军

内蒙古亿利库布其生态能源有限公司

董事长兼总经理　张永春

副总经理　越建军

党委书记　田俊廷

内蒙古康恩贝药业有限公司圣龙分公司

执行总经理　宋永标

生产总监　刘晓燕（女）

质量总监　麻懿文（女　蒙古族）

亿利库布其沙漠生态旅游有限公司

总经理　武陆奇（2019 年 12 月离任）

任建鹏（2019 年 12 任）

副总经理　李先存（蒙古族）韩洪全

张志敏（蒙古族）

内蒙古蒙之旅度假旅游有限公司鄂尔多斯草原旅游区

董事长　余海忠

副总经理　刘　琦　张剑廷　高政飞